O mercado do prestígio

Consumo, capitalismo e modernidade na
São Paulo da "Belle Époque"
(1890-1914)

CONSELHO EDITORIAL
Ana Paula Torres Megiani
Eunice Ostrensky
Haroldo Ceravolo Sereza
Joana Monteleone
Maria Luiza Ferreira de Oliveira
Ruy Braga

Milena Fernandes de Oliveira

O mercado do prestígio

Consumo, capitalismo e modernidade na
São Paulo da "Belle Époque"
(1890-1914)

Copyright © 2014 Milena Fernandes de Oliveira

Grafia atualizada segundo o Acordo Ortográfico da Língua Portuguesa de 1990, que entrou em vigor no Brasil em 2009.

Edição: Haroldo Ceravolo Sereza
Editor assistente: João Paulo Putini
Projeto gráfico, capa e diagramação: Gabriel Patez Silva
Assistente acadêmica: Danuza Vallim
Revisão: Rafael A. Freitas
Assistente de produção: Gabriel Patez Silva
Imagens de capa: *A vida moderna*, nº 221, 14 de maio de 1914.

Este livro foi publicado com o apoio da Fapesp.

CIP-BRASIL. CATALOGAÇÃO NA PUBLICAÇÃO
SINDICATO NACIONAL DOS EDITORES DE LIVROS, RJ

O45m

Oliveira, Milena Fernandes de
O MERCADO DO PRESTÍGIO: CONSUMO, CAPITALISMO E
MODERNIDADE NA SÃO PAULO DA 'BELLE ÉPOQUE' (1890-1914)
Milena Fernandes de Oliveira. - 1. ed.
São Paulo: Alameda, 2014
438 p.; 23 cm

Inclui bibliografia
ISBN 978-85-7939-247-4

1. São Paulo (Estado) - História. 2. Capitalismo - Brasil -
História. I. Título.

13-07865   CDD: 330.1220981
                CDU: 330.142.23(81)

ALAMEDA CASA EDITORIAL
Rua Treze de Maio, 353 – Bela Vista
CEP 01327-000 – São Paulo – SP
Tel. (11) 3012-2403
www.alamedaeditorial.com.br

"Monotonias das minhas retinas...
Serpentinas de entes frementes a se desenrolar...
Todos os sempres das minhas visões!" "Bom giorno, caro."

"Horríveis as cidades!
Vaidades e mais vaidades...(...)
Estes homens de São Paulo,
Todos iguais e desiguais,
Quando vivem dentro dos meus olhos tão ricos,
Parecem-me uns macacos, uns macacos".

(Mário de Andrade, "O cortejo")

Acervos e siglas

- Arquivo Edgard Leuenroth (AEL)

- Instituto de Estudos Brasileiros (IEB)

- Archives des Grands Magasins – Galleries Lafayette et Archives du Printemps (AGM)

- Archives Nationales de Paris (ANP)

- Bibliothèque Nationale de France (BNF)

Sumário

Prefácio 11

O consumo e a problemática da formação do(s) capitalismo(s) 17

Capítulo I: São Paulo: construção de uma metrópole da Belle Époque 35

São Paulo de Piratininga: a cidade de taipa 35

Da cidade de taipa à metrópole do café 39

A reforma urbana: modernização, embelezamento e racionalização 54

Capítulo II: Cidade e comércio na São Paulo da Belle Époque 91

A Pauliceia e o comércio 91

A Rua XV de Novembro: variedades 96

A moda na Rua Direita 108

A Rua São Bento: novidades do mundo moderno 124

O comércio e as outras ruas 136

As ruas, a cidade e o comércio na São Paulo da Belle Époque 145

Capítulo III: A tecnologia do fin-de-siècle e as novas necessidades da Pauliceia 157

As novidades do *fin-de-siècle* 157

O Novo Século e suas máquinas maravilhosas 162

Alimentação 168

Higienismo: cuidado com o corpo; cuidado com a casa 173

A moda e as vaidades criadas pelo capitalismo 184

Capítulo IV: Consumo e dinâmica de classes 211
na Belle Époque paulistana

Ocupação do espaço urbano: formas de morar e organizar o espaço privado 218

Trajes, acessórios e divisões de classes 268

Lazer e espaços de sociabilidade da elite paulistana 296

O lugar do consumo na formação do capitalismo nacional: tentativa de síntese 320

Capítulo V: Consumo, indústria e modernização 329
capitalista em São Paulo (1890-1914)

Cafeicultura, consumo e indústria em São Paulo: 339
possíveis combinações rumo ao capitalismo periférico

Embates entre modernização e modernidade capitalista na periferia do sistema 376

Os limites da modernidade capitalista periférica 385

Conclusão: O sentido do consumo na periferia do capitalismo 397

Fontes e Bibliografia 405

Agradecimentos 435

Prefácio

JOÃO ANTONIO DE PAULA[1]

"Eu sou trezentos, sou trezentos-e-cinquenta" disse Mário de Andrade, e ele, que é o poeta paulistano por excelência, prefigurou, naquelas centenas, um pouco do inumerável da cidade gigante, a cidade que recebeu Macunaíma e os milhões "de todo canto e nação" que a têm procurado. Cidade arlequinal, disse Mário de Andrade, em que os losangos coloridos de sua vestimenta são a melhor representação da heteróclita matéria de que é feita. Arlequim, a esperteza jovial, o pragmatismo lúcido, que antes de servir a qualquer patrão, serve a si mesmo contra a força bruta do poder, com as armas da astúcia e do realismo ativo.

"Cidade dos 'quatrocentões'" São Paulo é a cidade da mais plural das acolhidas, de nacionais e estrangeiros. Seus salões aristocráticos não traduziram toda a paisagem da cidade que o Brás, o Bexiga, a Barra Funda, a Mooca e as recentíssimas novas periferias também lhe conformam a fisionomia, que Mário de Andrade fixou em verso e Antônio de Alcântara Machado deu-nos em prosa enxuta e viva, com um não sei-que de dialeto urbano da grande cidade.

Maior cidade brasileira, entre as maiores cidades do mundo hoje, o crescimento de São Paulo deu-se vertiginosamente. Em 60 anos, de 1880 a 1940, a cidade urbanizou-se, modernizou-se, industrializou-se, aceleradamente. E as paisagens transfiguraram-se: do Tietê que leva os "Borbas-gatos", "das manhãs cheias do Sol do entusiasmo" para o "Tietê das águas podres de fel", "de majestades falsas"; "da minha Londres

---

1   Professor do CEDEPLAR/FACE/UFMG.

das neblinas finas", "Arlequinal", para as "Luzes do Cambuci", "Lá para as bandas do Ipiranga as oficinas tossem; "Deus recortou a alma da Paulicéia"; "A Casa Kosmos não tem impermeáveis em liquidação" ... "Mas neste Largo do Arouche posso abrir o meu guarda-chuva paradoxal"; "E o largo coro de ouro das sacas de café"; ..."Mas as ventaneiras da desilusão! A baixa do café!"; "As bandeiras e os clarins dos armazéns abarrotados..."; "oh!, este orgulho máximo de ser paulistamente!!!"

Na poesia de Mário de Andrade toda a história de São Paulo, dos "Borbas-gatos" ao "burguês-níquel", ao homem-curva", ao "homem-nádegas, ao burguês-funesto". Muitos têm fixado a cidade do ponto de vista econômico, político, cultural, sociológico, antropológico, demográfico, geográfico: de Frei Gaspar da Madre de Deus a Alfredo Ellis Júnior; do Padre José de Anchieta a Auguste Saint-Hilaire; de Johann Moritz Rugendas a Paulo Prado; de Afonso de Taunay a Ernani Silva Bruno; de Gabriel Soares de Souza a Jaime Cortesão; de José Bonifácio de Andrade e Silva a Francisco Adolfo de Varnhagen; de Spix e Martius a Sérgio Buarque de Holanda; de Oliveira Viana a Pierre Monbeig; e mais: Caio Prado Júnior, Cassiano Ricardo, Ribeiro Couto, Oswald de Andrade, Guilherme de Almeida, Antônio de Alcântara Machado, Rubens Borba de Moraes, Sérgio Milliet, Antonio Candido, Hilário Tácito, Júlio Ribeiro, Monteiro Lobato, Menotti Del Picchia, Florestan Fernandes, Paul Singer, Mário Neme, Juó Bananère (Alexandre Ribeiro Marcondes Machado), entre muitos outros.

Vem acrescentar considerável contribuição à bibliografia sobre a cidade de São Paulo, o livro de Milena Fernandes de Oliveira, *O mercado do prestígio: consumo, capitalismo e modernidade na São Paulo da "Belle Époque" (1890-1914)*. Bem documentado, repleto de rica iconografia, lastreado em ampla e pertinente bibliografia, o livro de Milena Fernandes de Oliveira surpreende São Paulo no momento em que se aclimatavam na cidade os processos e instituições típicos da modernização capitalista. O foco do estudo é o consumo, as práticas e hábitos do consumo, o que permitiu que, ao lado da discussão dos aspectos especificamente econômicos do consumo, também fossem consideradas as relações entre as classes sociais, os rebatimentos sócio-político-espaciais decorrentes da estratificação social do consumo e do desigual acesso da população aos bens simbólicos.

Estudo inter e transdisciplinar *O mercado do prestígio* reivindica Marx como sua referência central. Um Marx autêntico, isto é, aberto e complexo em sua capacidade de aprender o fenômeno social nas suas "múltiplas determinações". É essa efetiva disponibilidade para abarcar o todo que permitiu a leitura crítica que Milena

Fernandes de Oliveira empreendeu do consumo como decisiva manifestação das contradições decorrentes da instauração do seletivo processo de modernização do capitalismo monopolista na periferia.

O texto de Milena, tendo Marx como referência central, não fez disso um obstáculo à mobilização de outras perspectivas pertinentes ao objeto de estudo como são as obras de Georg Simmel, sobre a metrópole; de Thorstein Veblen sobre o consumo conspícuo; de Norbert Elias, sobre a transformação dos comportamentos; de José Ortega y Gasset e Elias Canetti sobre a emergência das massas; de Walter Benjamin sobre a nova sociabilidade da cidade do grande capital, a cidade dos fluxos, das intermitências, das derivas.

Com ponderável coragem intelectual Milena não hesitou em escolher o consumo como objeto privilegiado de seu estudo. Havia o risco de que tomando a mais imediata das manifestações das relações econômicas, o consumo, as determinações estruturais do processo se lhe escapassem. Mas, não foi isso o que se deu. O consumo, e Milena aprendeu isso com Marx, articula-se numa cadeia de conexões com a produção, ponto de partida do processo, que só se realiza mediante o consumo. Toda produção, nesse sentido, pressupõe o consumo, como disse Marx na "Introdução" aos *Grundrisse*: "A produção aparece como o ponto de partida, o consumo como o ponto final, a distribuição e a troca como o termo intermediário, termo que por sua vez é duplo já que a distribuição é determinada como momento que parte da sociedade, e a troca como momento que parte dos indivíduos". Nesse sentido, é preciso não perder de vista que produção – distribuição – circulação (troca) – consumo são elos de uma cadeia *necessária* de determinações, em que qualquer um de seus termos remete, indescartavelmente, aos outros mesmo quando isso não é explicitado.

Não será ocioso, também, lembrar que ao contrário do que pensa certa crítica *naif* a Marx, seu conceito de mercadoria apreende-a em suas múltiplas manifestações, como "objetos que satisfazem tanto o estômago, quanto a fantasia".

A São Paulo da *Belle Époque*, experimentou, nos trópicos e na periferia, isto é, nos limites do desenvolvimento capitalista do Brasil de então, a vertigem daqueles tempos de explosão do consumo de uma indústria que se massificava, que se padronizava. No coração da cidade, no "Triângulo", nos "triângulos que reuniam as conferências das ruas do consumo do luxo e do consumo popular, São Paulo é a capital do desvairismo, a Paulicéia desvairada:

"Ruas do meu São Paulo,
Onde está o amor vivo,
Onde está?"
(…)
"Quando eu morrer quero ficar,
Não contem aos meus inimigos,
Sepultado em minha cidade,
Saudade."

"Meus pés enterrem na rua Aurora
No Paissandu deixem meu sexo,
Na Lopes Chaves a cabeça
Esqueçam.

No Pátio do Colégio afundem
O meu coração paulistano:
Um coração vivo e um defunto
Bem juntos." (…)

Mário de Andrade é o poeta da cidade de São Paulo no perfeito sentido de que a cidade é o grande sujeito de sua poesia. A cidade do burguês odiado, das gentes humildes e dos "snobs", do imigrante e do operário. A cidade e sua geometria política e sua geografia afetiva, e seu traçado sentimental, em que os espaços urbanos são a materialização do poder e do desejo, da força do capital e da capacidade de resistência dos que se recusam a entregá-la aos que a querem pura venalidade e coerção. A cidade dos barões do café, dos "capitães da indústria", das matronas sofisticadas e seus "salons". É essa cidade que Milena Fernandes de Oliveira nos oferece em seu momento de constituição, momento em que a energia elétrica vai modificar os transportes, a iluminação pública, em que a estrutura urbana se moderniza, em que a avenida Paulista é o marco da nova hegemonia da cidade, a representada pelos interesses da indústria e do comércio. Diz Milena Fernandes de Oliveira: "A Avenida Paulista representará um limite claro entre as fortunas tradicionais, acumuladas principalmente a partir do café, e as novas fortunas assentadas sobre a indústria e o comércio."

Foi John Kenneth Galbraith quem falou da "feia economia da opulência". Essa caracterização seria tributária da ainda muito difundida e falsa tese que vê o capitalismo como sistema baseado na frugalidade, na contenção do consumo, na austeridade pretensamente constitutiva do *ethos* puritano. Muito antes que Galbraith publicasse a "Sociedade afluente", o grande historiador inglês, R. H. Tawney, em 1921, em *A Sociedade Aquisitiva*, já tinha mostrado algo que voltou a ser discutido hoje a partir do livro de Thomas Pikety, *"O capital no século XXI*, isto é, a concentração da renda e da riqueza que, intermitentemente, marca o capitalismo como resultado da transmissão de bens, da concentração patrimonial para além da tão propalada meritocracia e funcionalidade do capital.

Com efeito, considerar o consumo, considerar a radical estratificação dos padrões de consumo entre as classes e as frações de classes sociais, reconhecer os rebatimentos especiais da estratificação social expressos na segregação sócio-espacial da estrutura urbana é uma extraordinariamente rica via de acesso à compreensão de aspectos centrais da realidade capitalista. Nesse sentido, para ficar com exemplos atinentes ao período estudado por Milena Fernandes de Oliveira, a compreensão da sociedade francesa do final do século XIX não será menos efetiva se em vez do "naturalismo naturalizante" de Émile Zola, buscar-se no esteticismo decadentista de J. K. Huysmans, no personagem des Esseintes, de *As Avessas*, testemunha exata de um mundo algo apoplético pelos excesso de consumo, de ócio, de injustiças e de privilégios.

O triângulo do comércio paulistano, formado pelas ruas da Direita, XV de Novembro e São Bento, fez as vezes, nos trópicos, no planalto paulistano, daquele turbilhão de luzes, espelhos, passagens parienses que Walter Benjamin viu como o território mais característico da modernidade capitalista.

A análise da moradia, do mobiliário, do vestuário, do lazer dos paulistanos no início do século XX, permitiu a Milena Fernandes de Oliveira, fazer contribuição importante e original à compreensão do desenvolvimento do capitalismo no Brasil: "A dinâmica contraditória instaurada entre consumo, já de traços capitalistas, e a indústria, estruturalmente insuficiente e, portanto, incapaz de massificar, acarretou a acentuação dos traços deficientes dessa última. Quanto mais traços capitalistas o consumo adquiria, tanto mais lançava mão de mecanismos espúrios na esfera da produção para se fazer generalizar. A antecipação do consumo em relação à produção seria então uma das tantas explicações para o atraso e para a continuidade da dependência que, segundo Celso Furtado, não se manifesta somente no plano econômico, mas também no cultural."

São Paulo tem uma outra grande voz historiográfica.

O consumo e a problemática da formação do(s) capitalismo(s)

O consumo em perspectiva historiográfica

Objeto de estudo clássico nos domínios da Economia, da Sociologia e da Antropologia, o interesse de historiadores pela temática do consumo é, no entanto, bastante recente. Nesta introdução, faremos um breve percurso historiográfico sobre os trabalhos que se debruçaram sobre tal temática, reunindo-os sob um ponto em comum, qual seja, o estudo do consumo como forma de apreender as especificidades de uma sociedade capitalista nascente. O passo seguinte é o de, a partir da análise desses trabalhos, pensar o consumo para o Brasil, também sob o mesmo recorte: o nascimento de uma sociedade capitalista específica. A consequência lógica da discussão deste ponto será a justificativa do recorte do objeto, seus limites espaciais e temporais. Apresentada a problemática concreta, partimos para a discussão da metodologia do trabalho, sua escolha, seus ajustes a partir do objeto proposto.

Um dos primeiros estudos de história a voltar-se para o tema foi o de Neil McKendrick que, em 1982, elaborou uma primeira interpretação do papel do consumo na Inglaterra oitocentista. O trabalho *The Consumer Revolution of Eighteenth-Century England* foi publicado numa coletânea de artigos organizada por John Brewer e John Harold Plumb, além do próprio McKendrick.[1]

Neste trabalho, McKendrick analisa os desdobramentos de uma possível *Revolução do Consumo*, que teria ocorrido em paralelo à primeira Revolução Industrial: "(...) a revolução do consumo foi o análogo necessário da Revolução Industrial, a necessária convulsão do lado da demanda para ajustar a convulsão

---

1   Neil McKendrick, John Brewer and J. H. Plumb. *The Birth of a Consumer Society: The Commercialization of Eighteenth Century England*. Bloomington: Indiana University Press, 1982.

do lado da oferta".[2] Seguindo o mesmo caminho esboçado por David Landes em *Unbound Prometheus*, obra na qual Landes aponta a influência das transformações do mercado sobre a revolução das estruturas produtivas,[3] Neil McKendrick aprofunda o significado das transformações da demanda para a consolidação do salto tecnológico, que, particularmente na Inglaterra, teria a forma da "venda de produtos simples a vastos mercados".[4] A proposta de uma nova relação entre demanda e oferta, consumo e industrialização, inaugura, do ponto de vista mais geral, uma análise inovadora da transição do feudalismo para o capitalismo.[5]

Para McKendrick e outros pioneiros no tema, a formação do capitalismo estaria menos relacionada a transformações no lado da oferta, do que a transformações na demanda, capazes de estimular a produção. A partir de uma expansão do mercado, tanto interno, quanto externo, devido, principalmente, ao crescimento populacional, às transformações na estrutura agrária inglesa[6] e à consolidação do

---

2 McKendrick, *op. cit.*, p. 9. Para considerações a respeito do conceito de *Revolução do Consumo* e da obra de McKendrick, vide Grant McCraken. *Culture & Consumption-New Approaches to the Symbolic Character of Consumer Goods and Activities.* 2nd edition. Bloomington, Indiana University Press, 1990; Gisela Black Taschner. "A Revolução do Consumidor". Relatório de Pesquisa FGV, nº 34, 1997. A fonte principal que influenciou os pioneiros no estudo do consumo, a partir de seus estudos sobre a vida material e o seu papel na formação do capitalismo: Fernand Braudel. *Civilização Material, Economia e Capitalismo.* Vol. I. Trad. Telma Costa. São Paulo: Martins Fontes, 1996.

3 Vide debate sobre as origens da Revolução Industrial. David Landes. *The Unboud Prometheus: Technological Change and Industrial Development in Western Europe from 1750 to the Present.* 2nd edition. Cambridge, Cambridge University Press; 2003; Eric Hobsbawm. *Da Revolução Industrial Inglesa ao Imperialismo.* Trad. de Donaldson Magalhães Garshagen, 5ª ed. Rio de Janeiro: Forense Universitária, 2003.

4 McKendrick, *op. cit.*, p. 9. Tradução nossa.

5 Na base das influências sobre McKendrick, encontramos ninguém menos que Fernand Braudel, que, ao interpretar a Revolução Industrial como um processo de longa duração, abre espaço para as transformações sociais importantíssimas que matizam a ideia da ruptura brusca: "A Revolução Industrial é, portanto, dupla, pelo menos Revolução no sentido comum da palavra, preenchendo com suas mutações visíveis os sucessivos curtos prazos, ela é também um processo de muito longo prazo, progressivo, discreto, silencioso, muitas vezes difícil de discernir". (Braudel, *Civilização Material...*, *op. cit.*, p. 500).

6 "Mas o que impulsiona a indústria e provavelmente suscita a inovação é a intensa ampliação do mercado interno, por duas razões que se somam. Primeiro, o fortíssimo crescimento demográfico calculado em 60% ao longo do século XVI. Depois, um considerável aumento nos rendimentos agrícolas, que transformou muitos camponeses em consumidores de produtos industriais". (Braudel, *Civilização Material...*, *op. cit.*, p. 514).

O mercado do prestígio

Império ultramarino,[7] a demanda pelos artigos do comércio inglês sofreu uma radical alteração. O capital sairia de "sua casa", a esfera da circulação, para apropriar-se em definitivo da esfera da produção.[8] Na visão de Josep Fontana:

> A causa fundamental deste crescimento econômico anterior à industrialização foi o desenvolvimento do mercado, com seus corolários de aumento de demanda e especialização produtiva, sendo que a origem da industrialização deve ser buscada na mobilização da mão-de-obra camponesa que possibilitou o que denominamos de "protoindustrialização" (...) um sistema de produção de base rural, em que os trabalhadores são artífices-camponeses que combinam o trabalho de fiar ou de tecer com o cultivo da terra e cujo produto é vendido, geralmente, em um mercado distante, por empresários que o comercializam.[9]

Menos do que tomar partido sobre se as transformações determinantes seriam as do lado da oferta ou as do lado da demanda, preferimos considerar que produção e consumo, no capitalismo, têm uma dinâmica contraditória e, portanto, complementar. Um olhar sobre a produção, no estilo clássico marxista, permite apreender a dinâmica da formação e luta de classes, bem como a consolidação das formas de propriedade. As mudanças tecnológicas e os conflitos de classes dão o tom dos

---

7   A relação entre expansão do mercado externo e revolução no consumo não consta das análises de Neil McKendrick, para quem, a revolução industrial teria impacto sobre o consumo, a partir de um acréscimo extraordinário das rendas pessoais, permitindo ao indivíduo médio comprar produtos a eles antes inacessíveis: "Objetos que, por séculos, tinham sido possessões privilegiadas dos ricos passaram a estar ao alcance de uma grande parte da sociedade como nunca estiveram antes". (*Idem, ibidem*, p. 1, tradução própria). As análises clássicas sobre a revolução industrial enquadram-se, no entanto, em um imenso debate a respeito de se suas causas primeiras seriam internas ou externas, ou, ainda uma conjunção entre ambas. Dentre os fatores apontados pelos adeptos da tese dos fatores externos, o elemento central seria a expansão ultramarina. Partidários desta tese são: Arthur Redford. *The Economic History of England (1760-1860)*. London: Longman, 1960; Ephraim Lipson. *The growth of economic society: a short economic history*. 4th edition. London: A.& C. Black, 1959; H. Habakkuk and P. Deane. "The take-off in Britain". In W. W. Rostow. (ed.). *The Economics of Take-Off into Sustained Growth*. London: Macmillan, 1963, p. 63-82; finalmente, Landes, *The Unbound...*, *op. cit.*, p. 42.

8   Braudel, *op. cit.*, vol. II.

9   Josep Fontana. *Introdução ao estudo da História Geral*. Trad. Heloísa Reichel. Bauru, Edusc, 2000, p. 177-183.

estudos históricos sobre a produção. Um olhar sobre o consumo, por outro lado, permite captar como se criam e recriam as estratificações sociais no capitalismo. Permite mostrar como as classes sociais definem-se como estamentos, minimizando a mobilidade social. É desse olhar que nos apropriamos no presente estudo.

Cabem aqui algumas considerações sobre o debate já clássico da transição do feudalismo ao capitalismo, para termos clareza de que o nosso problema também pretende refletir uma determinada transição ao capitalismo, que é captada pela ótica do consumo à periferia do sistema. A cultura de consumo é a concretização da diferenciação social inaugurada pelo processo de transição, lógica e historicamente anterior à sociedade de consumo, se aqui nos é permitido um anacronismo. Por esse motivo, nosso argumento é o de que seu estudo pode lançar luz sobre algumas das contradições e relações da sociedade capitalista nascente, seja esta central, seja periférica.

O primeiro ponto a ser desenvolvido é o da relação entre urbanização, cultura de consumo e capitalismo. A diferenciação social, que caracteriza o consumo, é eminentemente urbana. Somente quando as distâncias do mundo rural são suprimidas é que a necessidade de ostentação torna-se um processo permanentemente reiterado. Nesse sentido, a transição do feudalismo ao capitalismo é marcada pela ruptura entre vida material e consumo, que é apropriado pelo andar que lhe é superior, o andar do mercado.[10] No pós II Guerra Mundial, o processo de consumo seria apropriado não mais pelo mercado (diferenciação social associada à produção artesanal e sua circulação), mas pelo próprio capitalismo em um processo em que não somente se produzem bens, mas necessidades.[11]

Desde o Renascimento Comercial do século XIV até seu apogeu no século XVI, o mercado foi o principal intermediador das relações entre campo e cidade, definiu o mundo urbano em contraposição a um mundo rural e criou uma divisão de trabalho que alimentaria a revolução da demanda, apontada por McKendrick. No século XVII, o século que antecede o século das Revoluções, algumas mudanças já estavam consolidadas: as unidades fabris, principalmente têxteis, eram essencialmente urbanas; o campo fornecia alimentos e matérias-primas, a cidade fornecia manufaturados. O campo torna-se mercado para os produtos industriais mais simples, como as cerâmicas, e a cidade, mercado para alimentos e

---

10 Braudel, *op. cit.*, vol. I.

11 Jean Baudrillard. *O sistema dos objetos*. Tradução Zulmira Ribeiro Tavares, 5ª ed. São Paulo: Perspectiva, 2009.

matérias-primas. Claro que a produção para a subsistência não desapareceu, mas, em algumas regiões da Inglaterra, as saídas para a crise do século XVII culminaram em verdadeiras especializações regionais, segundo Trevor-Roper.[12]

Além das mudanças econômicas, que propiciaram o renascimento das trocas mercantis, o surgimento de uma nova estrutura da propriedade agrária e, com esta, de novas classes sociais, culminaram nas transformações políticas que conformaram a sociedade de corte, que, é o fundamento dessa cultura de consumo urbana.

É importante salientar que a sociedade de corte nasce da destruição das relações sociais verticais e horizontais características da sociedade feudal.[13] Aqui, as relações de classe eram de dois níveis: um que abrangia as relações essencialmente econômicas, travadas entre senhor e servo – a servidão – e outro que abrangia as relações, principalmente de natureza política, entre senhores – a vassalagem. Se a dissolução se dá tanto em um nível de relações sociais quanto no outro, pelo acirramento das contradições inerentes ao modo de produção feudal, é preciso analisar quais foram os impactos nas alterações de poder inter e intraclasses e o que isso representa para o nascimento do sistema capitalista, enquanto consumo e produção capitalista. O surgimento e consolidação do mercado não somente acelerou a dissolução dos laços de subordinação dos servos a seus antigos senhores. Também as relações internas à nobreza, ponto do debate entre Maurice Dobb e Paul Sweezy,[14] foram abaladas.

No interior da classe nobre, as relações modificam-se no sentido da concentração do poder nas mãos do rei e da formação do Estado absolutista. O rompimento das relações de suserania e vassalagem deu lugar a uma nova relação entre o rei e a alta nobreza. Em diferentes sentidos, com diferentes tons e combinações, as distintas formações estatais nacionais apresentaram composições diversas da sociedade de corte. Nas palavras de Norbert Elias: "À autoridade do rei enquanto senhores de suas cortes

---

12 A respeito do debate sobre a crise do século XVII, vide Eric Hobsbawm. "A crise geral da economia europeia no século XVII". Theo Araujo Santiago (org). *Capitalismo: transição*, 2ª ed. Rio de Janeiro: RJ, Eldorado, 1975; H. P Trevor-Roper. "A crise geral do século XVII". Santiago (org.), *op. cit.*

13 Marc Bloch. *A Sociedade Feudal*, 2ª ed. Trad. Liz Silva. Lisboa, Edições 70, 1998.

14 Eduardo Barros Mariutti. *Balanço do debate: a transição do feudalismo ao capitalismo*. São Paulo: Hucitec, 2004.

responde o caráter patrimonail do Estado absolutista cujo órgão central não é senão a casa do rei no sentido largo do termo, ou seja, a corte".[15]

Essa nova formação social, a corte, se, por um lado, complexifica o estudo da estrutura social de transição, também explica muito de sua lógica de funcionamento, contribuindo para novas interpretações da sociedade pré-capitalista e do nascimento da cultura de consumo. A lógica de sobrevivência da formação social de corte é a da diferenciação em relação aos demais, por meio da ostentação de artigos de luxo. Muitos dos produtos pela corte consumidos vêm de um artesanato urbano especializado, que se torna muito influente, particularmente na França. No século XVII, a produção artesanal de luxo, calçados, roupas, perucas, concentra-se na *Île Saint-Louis* em Paris: « (…) a mansão aristocrática que se teria constituído em seus arredores e reúne os fiéis de um grande senhor, a nobreza de espada e de pluma, mas também artesãos e comerciantes ».[16] Todos esses atores, distribuídos em diferentes estratos, pertenciam à corte francesa.

Segundo Elias, a França do século XVIII apresenta o modelo de corte mais próximo ao de um tipo ideal.[17] Com ela, inaugura-se a história do consumo como um processo de diferenciação social, alimentado por um mercado de bens mais refinados. Trata-se do primeiro momento em que as classes e frações de classe diferenciam-se por aquilo que consomem, rompendo ou reafirmando a estratificação social tradicional. Tanto a burguesia ascendente quanto as diversas frações da nobreza são agrupadas pela corte, e o consumo dessas classes, no contexto de consolidação do Estado

---

15   Norbert Elias. *La société de cour*. Traduit de l'allemand par Pierre Kamnitzer et par Jeanne Etoré. Paris, ed. Gallimard, 1985, p. 17. Sobre a formação do Estado Absolutista no Ocidente vide Perry Anderson. *Linhagens do Estado absolutista*. Trad. José Roberto Martins Filho. São Paulo: Ed Brasiliense, 1985; Charles Tilly. *The formation of national states in Western Europe*. Princeton, Princeton Univ. Press, 1975. A respeito da formação dos Estados modernos absolutistas no Ocidente, vide também: Perry Anderson. *Linhagens do Estado Absolutista*. Trad. João Roberto Martins Filho, 3ª ed. São Paulo: Brasiliense, 2004.

16   Natacha Coquery. *L'hôtel aristocratique. Le marché du luxe à Paris au XVIIIe siècle*. Paris, Publications de la Sorbonne, 1998, p. 32.

17   No Brasil, a Império português transferido para sua ex-colônia criaria uma sociedade de corte sem paralelos, que inventaria, à sua imagem e semelhança, a escravidão urbana. Em São Paulo, a construção de uma cultura de consumo passa por um caminho distinto. (Luiz Felipe de Alencastro. "Vida Privada e Ordem Privada no Império". Cap. 1 de *História da Vida Privada no Brasil*, vol. II, *Império: a corte e a modernidade nacional*. Fernando Antônio Novais (coord. da coleção); Luiz Felipe de Alencastro (org. do volume). 7ª reimpressão. São Paulo: Companhia das Letras, 2004).

absolutista francês, assume um significado essencialmente político, de afirmação de posições dentro da própria corte:

> Se a corte foi o primeiro grupo da modernidade a ter um estilo de vida marcado pelo consumo ostensivo, esse consumo pouco tinha de discricionário, uma vez que, embora abrangesse itens distantes das necessidades de sobrevivência física no sentido estrito, eram necessários para a sobrevivência dos cortesãos dentro da corte. É impossível compreender esse estilo de vida, que se irradiou para outras cortes europeias e permaneceu como referência última para o consumo posterior, primeiro imitado pela burguesia ascendente e depois popularizado com adaptações entre as demais camadas sociais, sem considerar a sua dimensão política.[18]

É o fim da sociedade de "coisas banais"[19] e o nascimento da sociedade mercantil de consumo, que mescla elementos do sistema capitalista nascente e a lógica de diferenciação social herdada das sociedades estamentais.

Para Baudrillard é esse desprendimento em relação às necessidades físicas que, na sociedade capitalista, dota o consumo da possibilidade da diferenciação, subordinando a concretude da mercadoria ao que ela representa – ou, em outras palavras, o valor de troca ao valor-signo.[20] O consumo de corte – cuja lógica é a da diferenciação sem generalização, uma vez que não existe produção em

---

18   Taschner, *A Revolução...*, *op. cit.*, p. 25.

19   Daniel Roche. *Histoire des Choses Bannales – naissance de la consommation dans les sociétés traditionnelles (XVIIe-XIXe siècle).* Paris, Librairie Arthème Fayard, 1997. O termo é utilizado pelo autor para se referir à transformação de recursos naturais em artigos de consumo, o que se dá em paralelo à consolidação do modo de viver em cidades e em todas as suas implicações materiais, como a construção da infraestrutura urbana, por exemplo.

20   A categoria valor-signo é o cerne da crítica de Baudrillard à teoria do valor marxista. Para ele, Marx subsumiu a ordem da representação – que corresponde ao estatuto do signo – à ordem da produção, eixo explicativo da economia política: "Il est à peu près clair que l'analyse de la forme/représentation (le statut du signe, du langage qui commande toute la pensée occidentale), la réduction critique de cette forme dans sa collusion avec l'ordre de la production et de l'économie politique, a échappé à Marx. (…) Il faut voir que les deux ordres sont inséparables et que, si paradoxal que cela paraisse, la *forme/production n'est pas davantage soumise à une analyse radicale chez Marx que la forme/représentation*. Ce sont ces deux grandes formes, inanalysées, qui lui imposent ses limites, celles mêmes de l'imaginaire de l'économie politique". (Jean Baudrillard. *Le miroir de la production ou l'illusion critique du matérialisme historique.* Paris: Galilée, 1975, p. 7. Grifos do autor).

massa – seria então o primeiro momento da manifestação do "valor-signo", ou, mais precisamente, sua forma "arqueológica".[21] Há quem marque o nascimento da produção e consumo de massa nos anos 30 nos EUA e, nos anos pós II Guerra, na Europa. Há, no entanto, aqueles que datam o seu nascimento no próprio século XIX. A nosso ver, essa visão é anacrônica.[22]

Para o historiador francês Daniel Roche, a incipiente urbanização francesa do século XVII é responsável por uma radical mudança nos valores, que acarretaram uma nova postura em relação ao consumo:

> (…) o debate econômico enfatiza a natureza positiva do aumen-
> to dos gastos e do consumo. Também mostra a importância dos
> fatores culturais na transformação das sociedades rurais. O pro-
> gresso na educação foi decisivo (…) o século XVIII assistiu a um

---

21 Utilizamos aqui o termo arqueologia como referência às condições de possibilidade lógico-históricas da sociedade capitalista de consumo de massas. O termo arqueologia encontra-se sistematizado em Michel Foucault. *L'archéologie du savoir*. Paris, Éditions Gallimard, 1969. Gisela Taschner denomina a condição de possibilidade da sociedade de consumo como cultura de consumo, já que a primeira somente existe no sistema capitalista plenamente formado. Para a autora, uma cultura de consumo seria assim definida "(…) a partir do momento em que 'não os bens', mas a 'imagem' desses bens se torna acessível a todos na sociedade". (Gisela Taschner. "Raízes da cultura do consumo". *Revista USP*, nº 32, *Dossiê Sociedade de Massa e Identidade*, p. 26-43. São Paulo, dez-fev, 1996-7, p. 28).

22 Referimo-nos aqui aos estudos dos autores que adotam o determinismo do consumo sobre a pro-dução. Nesse caso, dá-se enfoque menos às transformações caracterizam a II Revolução Industrial do que às que caracterizam o processo de generalização dos padrões de consumo. "No século passado, estes padrões antigos e universais [utensílios de cozinha, peças de mobiliário e roupa] foram abalados pelo advento do consumo de massa. Suas características são uma divisão radical entre as actividades de produção e consumo, a prevalência de mercadoria padronizada vendida em grande volume, a introdução incessante de novos produtos, a confiança generalizada no di-nheiro e no crédito e publicidade onipresente (…). A mercadoria em si não é, de forma alguma, acessível a todos. No entanto, a visão de que uma profusão aparentemente ilimitada de bens está disponível é, na verdade, quase inevitável". (Rosalind Williams. *Dream Worlds: Mass Consumption in Late Nineteenth-Century France*. Berkeley; Los Angeles; Oxford, University of California Press, 1996, p. 3, tradução própria). Entretanto, para nós, a massa é um produto dos anos 30 e, portanto, é anacrônico falar em consumo de massa antes da crise de 1929, que lhe dá origem, e da II Guerra: "As cidades estão cheias de gente. As casas, cheias de inquilinos. Os hotéis, cheios de hóspedes. Os trens, cheios de passageiros. Os cafés, cheios de consumidores. Os passeios, cheios de transeuntes. Os consultórios dos médicos famosos, cheios de pacientes. Os espetáculos, não sendo muito fora de época, cheios de espectadores. As praias, cheias de banhistas. O que antes não costumava ser problema agora passa a sê-lo quase de forma contínua: encontrar lugar" (José Ortega y Gasset. *A Rebelião das Massas*. (1931, 1ª ed.). São Paulo: M. Fontes, 1987, p. 36).

> reajuste geral a começar pelas cidades, que evoluem no mesmo sentido que as regiões onde se implantaram (...) O importante é a difusão direta e indireta, por exemplo, da quantidade de notícias e informações sobre as atividades agrícolas, colocando em contato o mundo camponês e o ambiente urbano.[23]

Há que enfatizar, ainda, que o processo de urbanização e a constituição das sociedades de corte contribuíram para a formação de uma classe média, que também afirma-se socialmente por pelo seu estilo de vida. Para Colin Campbell, que critica McKendrick por não avançar em relação à teoria de Veblen sobre consumo conspícuo.[24] Para Campbell, a camada média inglesa, formada por aqueles que forneciam serviços à corte inglesa, permaneceu relativamente forte, dada sua posição na sociedade no pós Revolução Gloriosa. Por esse motivo, as propensões a consumir desta camada média devem ser olhadas não pela imitação dos padrões da corte, mas pela criação de seus próprios modelos.[25] Essa pequena burguesia afirmaria-se por uma ética do consumo relacionada ao hedonismo do período do Romantismo inglês, e não como se poderia afirmar, uma ética de ascese em relação ao consumo, classicamente apontada nos estudos sobre o puritanismo inglês à la Weber. A constituição de novos modelos está ligada a mudanças mais profundas na mentalidade dos grupos: "It is natural that those who see emulation as the key to the origin of the consumer demand should see it as the mechanism through which the once

---

23 Roche, *Histoire...*, *op. cit.*, p. 44, tradução própria. Segundo o autor, o que causa essa mudança da mentalidade rural frente aos produtos urbanos: "A divulgação pelos distribuidores de almanaques, que mudam parcialmente de tom e de conteúdo, a multiplicação dos intercâmbios postais favorecida pelos melhoramentos das estradas e dos correios depois de 1750, a distribuição estendida da imprensa por meio da assinatura privada e coletiva, tudo contribui para uma primeira abertura cujos efeitos são unificadores do ponto de vista de consumo de todos ». (*Idem, ibidem*, p. 44, tradução própria)

24 Enquanto a formulação de McKendrick segue o princípio da emulação, formulado primeiramente por Veblen, que afirma que são as classes subordinadas que imitam a ociosa e não esta que se diferencia em relação às demais, outras construções sobre o consumo, como-a de Bourdieu, por exemplo, seguem o princípio da diferenciação. (Pierre Bourdieu. *La Distinction-Critique Social du Jugement*. Paris, Les Éditions de Minuit, 1979).

25 Jean Baudrillard. *A sociedade de consumo*. Tradução de Artur Morão, 3ª ed. Lisboa: Editora 70, 2008.

puritanically inclined middle ranks of English society came to abandon this commitement and adopt a more indulgent and 'aristocratic' way of life".[26]

Em síntese, tanto os historiadores ingleses do consumo, quanto os franceses, concordam em um ponto: a Revolução Industrial não constituiria, por si só, uma ruptura brusca em relação ao período anterior, inaugurando em definitivo o capitalismo. É na relação contraditória entre produção e consumo que a ruptura se produz, embora os seus resultados sejam mais evidentes na longa duração do que na média ou na curta, uma vez que o consumo pertence à vida cotidiana e situa-se na intersecção entre a dimensão material e a cultural, que muda muito lentamente. De acordo com Mckracken:

> "A comunidade histórica, seguindo o exemplo de Braudel eo exemplo de McKendrick, reconheceu que a" grande transformação "do Ocidente não incluídos apenas uma" revolução industrial ", mas também uma" revolução do consumidor ". Esta comunidade agora argumenta que essa revolução do consumo não representa apenas uma mudança nos gostos, preferências e hábitos de compra, mas uma mudança fundamental na cultura do mundo moderno e moderno adiantado. A revolução do consumo é agora vista como um fator de mudança dos conceitos ocidentais de tempo, espaço, sociedade, o indivíduo, a família e o Estado".[27]

O consumo na apreensão das contradições de um capitalismo periférico

Uma vez arroladas as preocupações levantadas pelos estudos sobre o consumo, podemos concluir sobre a importância deste para a compreensão de algumas das contradições inerentes aos capitalismos em formação, que não são captadas pelos estudos do processo de industrialização. Apontamos, em especial, para a dinâmica da estratificação social em uma sociedade capitalista, dada pelo consumo de bens, que

---

26 Colin Campbell. *The Romantic Ethic and the Spirit of Modern Consumerism*. Nova York: Blackwell, 1987, p. 32.

27 Grant McCraken. *Culture & Consumption-New Approaches to the Symbolic Character of Consumer Goods and Activities*. 2nd edition. Bloomington: Indiana University Press, 1990, p. 3. Tradução própria

O mercado do prestígio

dá contornos mais rígidos às relações entre as classes, conferindo-lhe não somente uma dimensão material, mas também simbólica.[28]

Apesar de centrada no consumo, a análise não é, de forma alguma, incompatível com o método materialista da história, método adotado na consecução deste trabalho. Ao contrário, o recorte da base material a partir do consumo dá fluidez a categorias do marxismo que, utilizadas indiscriminadamente, conduzem a uma rigidez formal excessiva.

Algumas das interpretações terminaram por se prender às rígidas definições circunscritas pelo conceito de "modo de produção" e não conseguiram levar a interpretação adiante. Não poucas vezes se incorreu no equívoco de tomar capitalismo como sinônimo de industrialização.[29] A dificuldade de enquadramento em categorias de desenvolvimento pré-determinadas dá-se em razão da convivência entre elementos modernos, que apontam para uma determinada fase do capitalismo, e elementos arcaicos, principalmente no que tange às relações de produção, relações escravistas de produção no caso de países de passado colonial.

A base produtiva periférica é compósita e heterogênea porque suas estruturas remetem a diferentes tempos marcados por um processo de modernização distribuído de forma irregular no tempo e no espaço. Também suas relações de produção capitalistas são específicas porque originam-se de um outro tipo de transição que é a transição da sociedade mercantil escravista para a sociedade capitalista e não a transição do feudalismo ao capitalismo.[30]

Ainda que a modernização da estrutura produtiva se dê em um período muito longo de tempo, dada a dinâmica do processo de substituição de importações, que é descontínua, o consumo, no interior do capitalismo periférico, já adquire traços

---

28 « Para entender a relação entre a produção dos objetos e o seu consumo, temos de questionar a oposição clássica entre as infraestruturas e as superestruturas, entre as realidades e as representações, entre os fatos relevantes de explicações simbólicas ou intelectuais e aquelas que mobilizam as significações materiais e econômica (Daniel Roche, *Histoire...*, *op. cit.*, p. 11).

29 Para uma interpretação alternativa e crítica a essas interpretações que tomam capitalismo como sinônimo de industrialização, vide Sérgio Silva. *Expansão cafeeira e origens da indústria no Brasil*, 7ª ed. São Paulo: Alfa Ômega, 1986.

30 Sobre o debate sobre o modo de produção colonial, vide José Roberto do Amaral Lapa (org). *Modos de produção e realidade brasileira*. Petrópolis, Vozes, 1980. Também Carlos Alberto Cordovano Vieira. *Interpretações da colonia: leitura do debate brasileiro de inspiração marxista*. Dissertação de mestrado. Campinas, IE-Unicamp, 2004.

capitalistas, mesmo sem um DI (departamento de bens de produção) e um DII (departamento de bens de consumo) constituídos. Isso remete ao velho problema de a colônia já ter sido parte de um sistema capitalista em formação e os desdobramentos desse sistema em nível mundial conformam um centro e uma periferia, que, embora não industrial, não deixa de ter traços capitalistas.[31] A dinâmica de consumo é um exemplo.

Além disso, o consumo anuncia não somente as mudanças materiais, como também as mudanças culturais, que compõem uma modernidade capitalista muito particular, mas que se fundam em um contato mais estreito com o mundo industrial europeu. O século XIX, que assiste à formação do capitalismo monopolista na Europa, e à sua expansão para o mundo, na forma da criação de uma periferia fornecedora de alimentos, matérias-primas e mão de obra barata, é emblemático no que se refere às transformações materiais e culturais de grande monta. No Brasil, assiste-se à proclamação da República, à abolição da escravatura e à expansão da cafeicultura no oeste paulista, fatos que criam as bases de uma cultura urbana e cosmopolita que fornece os elementos para o nascimento de uma cultura de consumo bastante peculiar.[32]

Se o objetivo do trabalho é apreender o momento particular de formação do capitalismo historicizando a categoria consumo, não podemos prescindir das relações travadas entre o movimento de formação do capitalismo e o de formação da modernidade periféricos, tanto em nível nacional, como em nível global.

Os estudos de João Manoel Cardoso de Melo e de Sérgio Silva avançaram na problemática da formação do capitalismo periférico ao tratar a acumulação cafeicultora como especificamente capitalista porque trazia em seu bojo relações de produção capitalistas. Dentre outros trabalhos que contribuíram originalmente para a interpretação da formação e do desenvolvimento capitalista no Brasil, citamos

---

31 "Aquele sentido é o de uma colônia destinada a fornecer ao comércio europeu alguns gêneros tropicais ou minerais de grande importância: o açúcar, o algodão, o ouro. (...) A nossa economia se subordina inteiramente a este fim, isto é, se organizará e funcionará para produzir e exportar aqueles gêneros. Tudo mais que nela existe (...) será subsidiário e destinado unicamente a amparar e tornar possível a realização daquele fim essencial". (Caio Prado Jr. *Formação do Brasil Contemporâneo*, 24ª ed. São Paulo: Brasiliense, 1996, p. 131).

32 João Manoel Cardoso de Melo & Fernando Antônio Novais. "Capitalismo tardio e Sociabilidade Moderna". Capítulo 9 de *História da Vida Privada no Brasil*, Vol. 4, *Contrastes da intimidade contemporânea*. Org. Lilia Moritz Schwarcz. Coord. Fernando Antônio Novais. São Paulo: Companhia das Letras, 1998, p. 562.

os de Caio Prado Júnior, Celso Furtado, Florestan Fernandes, Maria da Conceição Tavares. A elaboração das interpretações do capitalismo brasileiro foi ficando cada vez mais sofisticada à medida que este adentrava as décadas de 1960/70 e novas especificidades, novos obstáculos, novos desdobramentos se faziam mais evidentes.

Todos estes trabalhos foram significativos porque encararam o desenvolvimento capitalista brasileiro derivado de condições específicas, que não podem prescindir do passado colonial que lhe incutiu o sentido da produção voltada para fora.[33] O que propomos aqui é avançar no debate buscando as raízes do Brasil contemporâneo, quando surge a relação peculiar que se travou entre consumo e produção, pela qual se podem compreender os rumos tomados pelo desenvolvimento capitalista ulterior.

Não por outra razão escolhemos o período compreendido entre 1890-1914. Além de ser o momento em que, economicamente, o capitalismo lança suas primeiras bases no Brasil, a partir da acumulação empreendida pela economia cafeeira em São Paulo, é também o momento em que a sociedade brasileira assiste a intensas transformações que marcam o nascimento de sua modernidade, a qual tomaria um novo impulso a partir dos acontecimentos da década de 20.

O desenvolvimento da cafeicultura em bases capitalistas, a proclamação da República, a instituição do trabalho livre conduziram a uma nova configuração de classes, despontando no cenário novas frações, como a elite cafeicultora do oeste paulista e seus filhos formados bacharéis pelo Largo São Francisco, e os imigrantes enriquecidos pelo comércio. Como consequências imediatas dessa nova hierarquização surgem novos conflitos e, com estes, novos comportamentos de classe que legitimassem as posições adquiridas e os devidos distanciamentos em relação aos inferiores na escala social.

Esse complexo jogo de classes instaurado a partir das transformações de finais do XIX no Brasil é o ponto de partida desse trabalho. Partimos das classes e frações de classe formadas a partir do processo de complexificação de uma sociedade indecisa que marcha rumo ao capitalismo. E aqui evidencia-se o método adotado, o método materialista da história. Ao invés de partirmos da base produtiva, decidimos partir daquilo que confere movimento à História, ou seja, suas classes. Restringir-nos-emos, no entanto, à dinâmica de consumo no interior da classe dominante e de suas frações, marcando tensão travada entre a elite cafeicultora e os *nouveaux riches* representados principalmente pelos imigrantes enriquecidos. O consumo aparece como

---

33   Prado Jr., *Formação...*, *op. cit.*

instrumento legitimador das posições sociais atingidas e sua fonte é principalmente externa porque é daí que vêm os artigos de luxo, fonte da diferenciação.

Além disso, o consumo tem uma função civilizadora bem delineada: em uma sociedade que recém derrubara o Império e a escravidão, tem a função de acelerar a superação de um passado colonial, do qual o Império não passara de uma extensão. Nesse sentido, o consumo de produtos importados aproxima as elites brasileiras das europeias, legitimando a sua entrada no mundo civilizado. Juntamente com as transformações urbanas – a reforma das ruas e avenidas, o higienismo urbano, a iluminação elétrica –, o consumo constitui um dos principais pilares da modernidade periférica que se caracteriza menos pelos ideais de inclusão social do que desejo em apagar o passado colonial identificado como fonte do atraso. Esta é a base do projeto nacional portado pelas novas classes e facções de classes oriundas das transformações de finais do século XIX.

Devido à presença do setor externo como fonte de novidades, a dinâmica diferenciação/generalização característica do consumo ganha outras formas. O movimento das novas classes oriundas da expansão da economia cafeeira dita o ritmo da aquisição de novidades, mas estas não conseguem ser produzidas internamente devido à insuficiência técnica da base produtiva. A fonte do consumo de luxo, sinônimo de modernidade no contexto do nascimento do capitalismo no Brasil, é, portanto, o setor importador que proporciona o acesso à última moda estrangeira. Lembremos que o acesso a tais produtos não teria sido possível sem a correspondente revolução nos transportes, em especial nas ferrovias e nos transportes marítimos.[34]

O acesso aos produtos estrangeiros provoca uma separação entre consumo e produção capitalistas, inaugurando uma contradição, que, específica do capitalismo periférico, gravar-se-ia ao longo de toda a sua história. A dinâmica característica do consumo, caracterizada pelo jogo entre diferenciação e generalização, não é contínuo nas nações de capitalismo tardio. A diferenciação é permanente devido à presença do setor externo, mas a generalização é bem pequena e oriunda de outras fontes que não a produção em massa, como a falsificação de produtos, por exemplo.[35] A dinâmica

---

34 Hobsbawm, *Da Revolução Industrial...*, *op. cit.*, p. 101-123.

35 Daí a falsificação ser tema permanente na documentação e de fundamental importância para entender uma sociedade que tem acesso à diferenciação, mas que exclui permanentemente porque não consegue generalizar os produtos que são consumidos no ápice da pirâmide social.

da diferenciação e da generalização deficiente mostra bem a convivência entre dois tempos em uma só sociedade: o tempo do capitalismo e o da sociedade tradicional.

A escolha da cidade de São Paulo então se justifica pelas razões acima expostas. São Paulo toma, ao final do século XIX, a frente ao tentar construir uma metrópole moderna que ocultasse todos os seus traços coloniais. Produto de seu contrário, o campo, e de seu principal produto, o café, a cidade de São Paulo sofreu uma série de transformações que converteram a cidade de taipa em metrópole do café.

São três grandes blocos de transformações materiais pelos quais passou a cidade, o que a torna especial para o estudo desta temática. Em primeiro lugar as reformas urbanas sob as influências do urbanismo higienista de Haussmann, prefeito de Paris durante o II Império, que iniciara a empreitada da construção dos grandes *boulevards*. No Rio de Janeiro, sob a intendência de Pereira Passos, foram construídas as avenidas centrais, uma forma de melhorar a imagem da cidade aos olhos do estrangeiro. Em São Paulo, o projeto urbanizador foi conduzido pelo arquiteto Ramos de Azevedo.

O segundo grande bloco de transformações foi consequência da ascensão do café a produto principal da exportação brasileira. Enquanto o café fluminense do Vale do Paraíba entrava numa decadência irreversível devido ao esgotamento das terras e da escassez de mão de obra escrava, o café do oeste paulista prosperava com a vinda da mão de obra livre imigrante e o plantio em terras mais propícias ao café. A cidade de São Paulo então se converteria em centro comercial e financeiro visando ao controle de todas as atividades ligadas ao café, incluindo a expansão da malha ferroviária e o despacho do produto no porto de Santos. Estes dois primeiros blocos de mudanças são objeto do primeiro capítulo que trata das reformas urbanas.

Finalmente, o terceiro bloco de transformações materiais compreende os novos rumos tomados pelo comércio na cidade, particularmente, sua ressignificação com a ascensão do Triângulo comercial. Tornado um lugar especializado em vendas de produtos de luxo, o Triângulo, formado pelas ruas da Direita, XV de Novembro e São Bento, contava tanto com lojas de importação como com lojas de vendas de produtos nacionais. Dentre as *maisons* estrangeiras, estavam a Casa *Garraux*, especializada na venda de livros, mas também de vários produtos outros de origem francesa, como vinhos, queijos, tecidos finos, perfumaria; a *maison Levy*, especializada em produtos musicais; a Casa *Allemã*; a Casa *Fretin*, dentre tantas outras das quais o trabalho se ocupará em seu segundo capítulo.

Além desses novos estabelecimentos, as transformações urbanas converteram o Triângulo Comercial em um centro de lazer. Era o núcleo das diversões das famílias abastadas e também da boemia paulistana, contando entre outras novidades as confeitarias, bares e casas noturnas. As diversões são descritas no segundo capítulo, mas a análise de seu significado para o consumo e para a diferenciação de classes foi posta somente no quarto capítulo. Além do lazer, o capítulo trata de outros dois elementos centrais no processo de diferenciação que caracteriza o processo de consumo: as habitações e o mobiliário, e as vestimentas.

Estes três elementos – moradia e mobiliário; vestuário e lazer –, e não outros dentre tantos que caracterizam o processo de consumo, foram os escolhidos para o trabalho porque, para nós, além de melhor expressarem a diferenciação específica que caracteriza o nascente capitalismo periférico também manifestam uma gradação que vai das diferenciações não tão claras na arquitetura dos palacetes até distinções que exprimem um maior contraste entre as facções de classe, como as presentes no vestuário e, principalmente, nos hábitos de lazer.

O capítulo terceiro faz a relação entre as transformações urbanas, as comerciais e o consumo. Neste capítulo, são tratadas as novidades do mundo moderno que caracterizaram a *Belle Époque*, desde a tecnologia, passando pelas novas formas de comercializar até os novos padrões de consumo. Procuramos acentuar o que há de específico nos contornos assumidos pela *Belle Époque* no Brasil. Aliás, se fôssemos respeitar a historicização do termo *Belle Époque* para São Paulo no que concerne à dimensão cultural exclusivamente, deveríamos prolongar o período até 1922, ano que em que o modernismo rompeu com as tendências culturais trazidas pela *Belle Époque* tropical.[36] Como trabalhamos sobre a dimensão econômica, o recorte se fecha em 1914, quando, com a eclosão da Primeira Guerra Mundial, novos rumos seriam dados à produção interna e também à dinâmica de consumo.

O que torna o estudo sobre a cidade de São Paulo particular é a vinda da enorme massa de imigrantes durante o período escolhido, imigrantes estes que chegavam tanto para o trabalho na cafeicultura do oeste, como instalavam-se na capital tornando-se comerciantes e homens de negócios. Muitas vezes começando de origens modestas, imigrantes italianos, espanhóis, franceses, ingleses, alemães e libaneses, ascendiam

---

36 O termo "*Belle Époque* tropical" está em Jeffrey D. Needell. *Belle Époque Tropical: sociedade e cultura de elite no Rio de Janeiro na virada do século.* Trad. Celso Nogueira. São Paulo: Companhia das Letras, 1993.

socialmente, aderindo aos padrões de consumo típicos da elite cafeeira. Portanto, a busca pelo reconhecimento social, tanto nas frações de elite tradicional, como na fração ascendente, passa a manifestar-se pela aquisição de bens e não mais somente em privilégios imateriais, como o nome de família. A legitimação da conquista de novos postos dá-se pelo consumo, em um movimento já tipicamente capitalista.

Os primeiros estabelecimentos industriais de cunho capitalista reproduziriam esse perfil assumido pelo consumo, cuja fonte de diferenciação era o setor externo, e pelos anseios de generalizar antes o que era restrito do que o que era necessário. Assim, os primeiros estabelecimentos visavam à imitação dos produtos estrangeiros, como foi o caso das fábricas de pentes, de chapéus, de tecidos, ou à comercialização de variedades mais baratas de artigos de luxo, o que fazia a Loja do Japão, por exemplo. Ao lado dos produtos que diferenciavam, os importados, considerados de melhor qualidade, havia os produtos nacionais que apresentavam uma tendência à generalização e, por isso, abertamente refutados pela elite.[37] A relação entre a dinâmica de generalização e diferenciação que liga consumo à produção, bem como os fatores constitutivos da modernidade periférica que direcionaram essa relação, serão objeto de estudo do quinto e último capítulo deste trabalho.

---

37 Jorge Americano. *São Paulo naquele tempo (1895-1915)*. São Paulo: Saraiva, 1957, p. 80-81.

Capítulo I
São Paulo: a construção de uma metrópole da Belle Époque

"Os desgraçados não se sentem de todo sem o auxílio dos deuses enquanto diante dos seus olhos uma rua abre para outra rua. A rua é o aplauso dos medíocres, dos infelizes, dos miseráveis da arte. A rua é a eterna imagem da ingenuidade. Comete crimes, desvaria à noite, treme com a febre dos delírios..."

(João do Rio, A Alma Encantadora das Ruas)

São Paulo de Piratininga: a cidade de taipa[1]

As condições geográficas de São Paulo contribuíram para um processo de colonização muito especial, que contrariou a principal característica da colonização portuguesa: a fixação ao longo da costa. Desde cedo, a colonização da capitania de São Vicente se voltara para o interior devido à presença da serra muito próxima ao mar que limitava o estabelecimento no litoral. Ao contrário das demais regiões

---

1 O sentido deste primeiro capítulo é o de traçar as especificidades histórico-geográficas da formação da cidade de São Paulo em suas linhas mais gerais, ressaltando somente aquilo que for de maior importância para o nosso recorte. Para maiores detalhes sobre o período anterior, vide Mário Neme. *Notas da revisão da história de São Paulo.* São Paulo: Anhambi, 1959; Richard M. Morse. *Formação histórica de São Paulo. De comunidade à metrópole.* São Paulo: Difel, 1970. Edição revista e ampliada da obra *De comunidade à metrópole: biografia de São Paulo.* Trad. Maria Aparecida Madeira Kerberg. São Paulo, Comissão do IV Centenário da Cidade de São Paulo, 1954; Ernani da Silva Bruno. *História e tradições da cidade de São Paulo.* Vol. I. *Arraial de sertanistas (1554-1828),* 4ª ed. São Paulo: Hucitec, 1991; Ernani da Silva Bruno. *História e tradições da cidade de São Paulo.* Vol II. *Burgo de estudantes (1828-1872).* São Paulo: Hucitec, 1991; Ernani da Silva Bruno. *História e tradições da cidade de São Paulo.* Vol. III. *Metrópole do Café (1872-1918)-São Paulo de Agora (1919-1954).* São Paulo: Hucitec, 1984; Paula Porta (org.). *História da cidade de São Paulo.* Volumes I, II e III. São Paulo: Paz e Terra, 2004; Jaime Cortesão. *A fundação de São Paulo, capital geográfica do Brasil.* Rio de Janeiro: Livros de Portugal, 1955

colonizadas, cujas faixas litorâneas formavam extensas planícies agricultáveis, São Vicente não pode contar com esse fator, uma vez que a estreita faixa formada era de baixo relevo, pantanosa e imprestável para a agricultura.[2]

Esse é, outrossim, o ponto de partida do livro *Caminhos e Fronteiras*[3] de Sérgio Buarque de Holanda, que assume uma tônica diferente em relação a seu outro livro clássico, *Raízes do Brasil*.[4] Neste último, o autor busca as raízes ibéricas da colonização portuguesa no Brasil, investigando os condicionantes históricos gerais que resultaram em uma sociedade litorânea e estável, reprodução fiel das hierarquias nobiliárquicas metropolitanas. Já a tese apresentada em *Caminhos e Fronteiras* é a da ruptura desta ordem a partir dos movimentos populacionais para o interior: as Bandeiras, no século XVII, e as Monções, no século XVIII. Ao invés de o meio inclinar-se aos ditames do colonizador, a regra é, ao contrário, a prostração do português não somente ao meio, como também ao nativo, do qual assimila as técnicas de conquista e adaptação: "Sabemos como era manifesta nesses conquistadores a marca do selvagem da raça conquistada. Em seu caso, ela não representa uma herança desprezível e que deve ser dissipada ou oculta, não é um traço negativo e que cumpre superar".[5] Assim formou-se toda uma cultura material sobre a absorção dos modos e padrões de vida dos indígenas e não sobre a reprodução dos padrões europeus. Se o fio condutor de *Raízes do Brasil* vai do passado colonial a uma nação moderna que se projeta sobre o futuro a despeito desse passado, podemos concluir que tal transição também se dará de forma especial em São Paulo, tão especial quanto esse seu passado colonial.

A despeito dessas primeiras tendências à mobilidade e frente à impossibilidade em se fixar no litoral, optou-se pelo povoamento no planalto, que apresentava condições muito favoráveis à fixação: terras férteis, temperaturas amenas e a mão de obra indígena em abundância, utilizada largamente na capitania devido à deficiência de abastecimento de escravos negros na região. "Existe, portanto, desde o início da colonização paulista, um nítido deslocamento de seu centro, do litoral, onde teve começo, para o planalto. Isto constitui o primeiro fator que vai influir na constituição

---

2   Caio Prado Júnior. "O fator geográfico na formação e no desenvolvimento da cidade de São Paulo". In *Evolução Política do Brasil e outros estudos*, 2ª ed. São Paulo: Brasiliense, 1957.

3   Sérgio Buarque de Holanda. *Caminhos e fronteiras*, 3ª ed. São Paulo: Companhia das Letras, 1994.

4   Sérgio Buarque de Holanda. *Raízes do Brasil*. 26ª ed. São Paulo: Companhia das Letras, 1995.

5   Holanda, *Caminhos…*, *op. cit.*, p. 21.

e desenvolvimento, no planalto, do maior núcleo da capitania e de todo o Sul da Colônia".[6] A colonização se faria ali mesmo nos Campos de Piratininga, a partir de uma clareira na mata, cujo tipo de solo impedia o crescimento da vegetação cerrada.

A partir deste primeiro sentido da colonização em São Paulo nasce a cidade de taipa. As habitações de palha ou taipa correspondiam a essa cultura material móvel, que permitia o abandono da habitação e a movimentação para um e outro lugar. Eis uma descrição de tais habitações em carta de José de Anchieta de 1º de setembro de 1554: "casa pobrezinha, feita de barro e paus, e coberta de palha de 14 passos de comprimento e 10 de largura que é ao mesmo tempo escola, enfermaria, dormitório, refeitório, cozinha e despensa".[7]

O sistema hidrográfico paulista traça as redes de comunicação e as rotas de comércio que serão, posteriormente, substituídas pelas estradas de ferro. A cidade de São Paulo é erigida no entroncamento dessas rotas e é isso que lhe dá especificidade. Isso, mas também a colonização de base jesuítica. Pelos caminhos naturais – e, depois, pelos de ferro – dava-se o intercâmbio entre as populações habitantes do planalto. Também eram vias de envio de entradas e bandeiras, expedições de reconhecimento e exploração, respectivamente.

Outro aspecto histórico que se grava no desenvolvimento ulterior da província é a separação espacial entre o centro da capitania e o seu porto marítimo:

> Desde logo, há entre esses dois núcleos, São Paulo e Santos, uma ação recíproca permanente, e a importância de um se projeta fatalmente sobre o outro. Ambos se completam, e no sistema econômico da capitania satisfazem cada qual uma destas funções desconexas e inseparavelmente ligadas: centro natural e porto marítimo. Não fosse a fatalidade da Serra do Mar, e estas duas funções caberiam a um só centro, que englobaria o que hoje constitui as duas cidades.[8]

Essa separação completa-se a partir de meados do XIX. À proporção que as fazendas de café expandiam-se a oeste do estado, a capital assumia a função de

---

6   Prado Jr., "O fator geográfico...", In *Evolução Política...*, Op. cit, p. 99.

7   *Cartas dos primeiros jesuítas do Brasil,* vol. II (1553-1558). Organização Serafim Leite. São Paulo: Comissão do IV Centenário da Cidade de São Paulo, 1956, p. 105.

8   Prado Jr., "O fator geográfico...", in *Evolução Política..., op. cit.,* p. 111.

centro administrativo e tornava-se local de habitação dos grandes fazendeiros. O porto de Santos crescia e, em volume cada vez maior, despachava mercadorias e pessoas. Antes do desenvolvimento da malha ferroviária no estado, era comum que as famílias abastadas passassem os veraneios no litoral, descendo a Serra do Mar em lombo de burro.[9]

O fato de termos feito essa pequena introdução visa a acentuar as principais características geográficas estruturais que caracterizam a São Paulo do nosso recorte. Seguindo a inspiração dos estudos de Caio Prado Jr., a geografia é parte do substrato material mais elementar de qualquer estudo da vida econômica: "Um sobretudo, que, em última análise explica e condiciona os demais, e que é a posição relativa que a cidade ocupa no conjunto do sistema econômico, político e social de que é o centro geográfico natural e necessário".[10] Com uma geografia peculiar, que tornava indefinidos os contornos entre o homem e o meio, a cidade de São Paulo tornaria-se o centro da vida econômica. Até mesmo a distribuição populacional da província respeitou a forma de faixas que irradiavam de um centro, a capital paulista.[11] A expansão da malha urbana no século XIX se faz a partir do núcleo inicial localizado no planalto:

> A colonização se desenvolve principalmente para norte e para oeste, tomando como ponto de partida, os extremos já alcançados

---

9   Duas viagens eram bastante importantes para as famílias afortunadas que moravam na cidade, mas tinham propriedades no campo. Na primeira, durante o inverno paulistano, as famílias retiravam-se para passar alguns meses na fazenda. Noutra, de puro recreio, para Santos. A viagem era feita a cavalo já que não existiam as estradas de ferro. (Maria Paes de Barros. *No Tempo de Dantes*, 2ª ed. São Paulo: Paz e Terra, 1998). Nesta memória, a autora descreve em detalhes as sensações provocadas nas crianças ao movimentar toda a família em ambas as direções.

10 Caio Prado Jr. "Contribuição para a geografia urbana da cidade de São Paulo". In *Evolução Política do Brasil e outros estudos,* 2ª ed. São Paulo: Brasiliense, 1957.

11 Prado Jr., "Contribuição…", in *Evolução Política…, op. cit.*, p. 119. "O centro de irradiação desse leque de faixas, servidas cada qual por sua linha de estrada de ferro, bem como de rodagem, é a região da Capital, que se torna assim o nó onde se articulam todas as vidas de comunicação, e para onde se volta, portanto, toda a vida do estado. Aliás, a distribuição do povoamento e ocupação do solo paulista está de fato tão subordinada a uma tal disposição em faixas que acompanham as linhas ferroviárias radiantes de um centro comum, que a nomenclatura das regiões em que se divide o Estado, caso talvez único, não encontrou nada melhor que empregar as denominações com que são conhecidas aquelas estradas; e temos assim as zonas da Central, da Bragantina, da Mojiana, da Paulista, da Noroeste, da Alta Paulista e da Sorocabana". (*Idem, ibidem*, 122).

e que tinham São Paulo por centro. (...) Basta observar o mapa atual de São Paulo para se verificar que as estradas de ferro repetem, com pequenas variantes, os antigos caminhos de penetração, fluviais e terrestres, da Capitania.[12]

Da cidade de taipa à metrópole do café[13]

Com o advento do café e das ferrovias, a província assiste a uma inflexão dos padrões de ocupação, que apresenta rupturas, mas também continuidades em relação ao período anterior, particularmente no que se refere às linhas de ocupação inicial do planalto. Não nos esqueçamos de que a fronteira móvel a oeste exerce um papel crucial no processo de ocupação. Esse processo não está desvinculado da escolha da cidade de São Paulo como capital e das reformas urbanas que assinalam o seu fim como cidade de taipa. A própria Lei de Terras, promulgada em 1850, tem impactos sobre a expansão da fronteira agrícola, mas também sobre os loteamentos urbanos. Outros aspectos, no entanto, merecem atenção no que concerne a essa relação entre o oeste e a cidade, porque é isso que dá contornos específicos à *Belle Époque* paulistana.

O primeiro de tais aspectos corresponde à especificidade sintetizada no termo "metrópole do café": uma metrópole que se ergue a partir de uma relação particular com o campo, diferente da relação que caracteriza os processos urbanização europeus. O segundo aspecto nos remete à forma como lançaram-se as bases capitalistas no Brasil – e como isso se deu em São Paulo – de forma que a cidade, nesse contexto de formação do capitalismo necessariamente tem de romper com sua antiga função colonial. A questão é a de como uma sociedade originariamente fundada em bases móveis, com uma concepção mais "medieval que moderna de cidade",[14] conseguiu

---

12   Prado Jr., "Contribuição...", in *Evolução Política...*, *op. cit.*, p. 113.

13   A terminologia aqui usada é a de Benedito Lima de Toledo exposta em seu livro *São Paulo: três cidades em um século*. São Paulo: Duas Cidades, 1983. Para o autor, a "cidade de taipa" incorpora as heranças coloniais, persistindo até o século XIX; a "capital do café" emergiria a partir da expansão cafeeira do XIX adotando feições europeizadas que condissessem com a opulência das elites; finalmente, a "metrópole industrial" surgiria após 1930.

14   "A cidade, no entanto, conservava hábitos um tanto feudais e aparência medieval. Nas ruas tristes, com passeios tão estreitos que apenas davam para duas pessoas lado a lado, não se viam senão casas baixas e pequeninas, habitadas por profissionais de vários ofícios: sapateiros, latoeiros, caldeireiros. E, qual conta a disjuntiva naquele sombrio rosário, aqui e ali um vasto casarão, grave

construir uma metrópole que se tornou o avesso da imagem da cidade de taipa em alguns poucos anos. Segundo Janice Teodoro e Rafael Ruiz, o cotidiano da cidade de taipa era marcado por formas de sociabilidade tipicamente coloniais:

> O que fundamentava as relações sociais, econômicas e, mesmo, políticas não era a lei escrita e, sim, a própria vida, vivida dentro de um marco de autossuficiência, fazendo com que moradores e indígenas fossem conjugando as suas tradições e costumes para sobreviver e tornar a Vila viável (...) em São Paulo, as leis e instituições eram eficazes apenas quando eram traduzidas em termos locais. As relações entre os homens eram primárias e pessoais. Os serviços públicos realizavam-se pela força e boa vontade dos moradores, e às suas custas, como fruto de um movimento de ajuda mútua.[15]

Para que entendamos os motores da formação do capitalismo no Brasil, tomando como recorte a cidade de São Paulo, e, portanto, a função do consumo nessa sociedade, é preciso passar pelo papel que a cidade adquire nesse contexto. Em São Paulo, o processo passa pelas transformações da cafeicultura, que cria cidades ao longo de sua expansão e recria a cidade de São Paulo como metrópole cosmopolita.

1870 é o marco inicial da expansão da capital paulista, sendo 1890 o ponto em que tal expansão atinge o seu ápice. Se olharmos para a tabela demográfica abaixo, veremos que, enquanto em 1872, São Paulo contava com apenas 26.000 habitantes, estes já serão quase 70.000 em 1890. Em 1900, a população apresenta um salto extraordinário para quase 240.000 habitantes, quase dez vezes a população de 30 anos antes.

---

e soturno, residência de família mais abastada, com suas janelas de rótulas, sempre cerradas ... Talvez que, por trás dessas gelosias, espreitassem uns belos olhos negros, procurando divisar algum passante". (Morse, *Formação Histórica...*, *op. cit.*, p. 30).

15 Rafael Ruiz e Janice Theodoro. "São Paulo, de Vila a Cidade: a fundação, o poder público e a vida política". Cap. 2 de *História da cidade de São Paulo: a cidade colonial*, vol. I. Org. Paula Porta. São Paulo: Paz e Terra, 2004, p. 72.

O mercado do prestígio

Participação da População sobre o Total do Estado 1872-1890-1900-1920			
Anos	Estado	Capital	%
1872	837. 354	26.040	3,1
1890	1. 384. 753	69. 934	5,0
1900	2. 282. 279	239. 820	10,5
1920	4. 592. 188	579.033	12,6

Fonte: *Reconstituição da Memória Estatística da Grande São Paulo.*

Comparando os dados acima com a curva demográfica seguinte, vemos que, entre 1872 e 1890, a curva de inclinação é bastante sutil e quase linear, aumentando seu ângulo bruscamente entre 1890 e 1920.

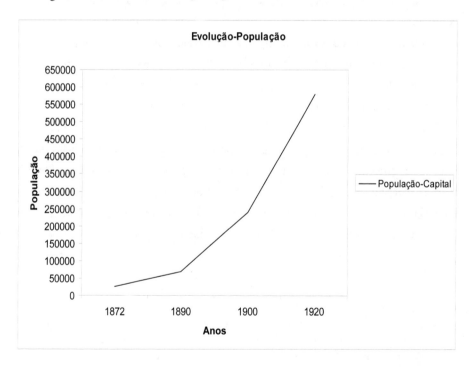

Até 1870, São Paulo situava-se em uma área bastante restrita, demograficamente esparsa, compreendida entre os rios Tamanduateí e Anhangabaú. Em 1905, assistimos a uma expansão que avança para os limites impostos pelos demais rios: a norte, rumo ao Rio Anhangabaú, a sul, em direção ao Rio Pinheiros, aparecendo os bairros que ocuparão as várzeas e, a leste, rumo ao Tietê.[16] Já em 1925, poderia ser assim delimitada a área urbana: um bloco cujos limites a norte eram compostos pelas vias férreas, a leste, pelo Vale do Anhangabaú, a oeste, pelo Vale do Pacaembu e a sul pelo Espigão da Paulista; a leste do Tamanduateí, tínhamos o Brás, a Mooca e o Belenzinho, região esta cortada em três pontos por estradas de ferro; na várzea, ao norte das linhas férreas, víamos o Bom Retiro, a Luz e a Baixa Casa Verde; a oeste do Pacaembu, Perdizes, Vila Pompeia, Água Branca, Lapa e o início do Alto da Lapa; bairros novos na margem esquerda do Tietê e na colina da Penha; a sudeste do Espigão da Avenida Paulista, encontraríamos a Vila Cerqueira César, Pinheiros, Vila América e Jardim América; ao sul da mesma avenida, a Vila Mariana; ainda mais ao norte do Tietê, o pequeno núcleo de Santana.[17]

A expansão geográfica da cidade de São Paulo acompanha a dinâmica econômica da província. A partir de 1870, data em que a marcha da cafeicultura para oeste adquire um ritmo mais intenso, o perímetro urbano vai para além dos loteamentos das chácaras que circundavam o núcleo demográfico inicial. A expansão assenta-se em dois vetores: a diversificação dos serviços e das atividades comerciais e o surgimento dos bairros de elite, que surgiriam da residência fixa da oligarquia cafeeira na cidade.

Por volta de 1888, essa oligarquia fixa-se ao redor do centro da cidade, constituindo bairros como Santa Ifigênia e Campos Elíseos. Segundo a documentação oficial, eram todos "moradores do interior da província que vinham à capital procurando distrair-se da vida atarefada e muitas vezes insípida em lugares ermos e longínquos e que de lá concorriam com o produto de seu trabalho".[18] Com a expansão comercial no centro, que traz consigo a diversificação das atividades e da gente que compõe a classe

---

16 Para o censo de 1890 foram criados os seguintes "distritos": Norte e Sul (que correspondiam à Paróquia de N. S. da Assumpção da Sé); Santa Ifigênia e Santana (englobando a paróquia de N. S. da Conceição de Santa Ifigênia); Consolação (N. S. da Consolação de S. João Baptista); Braz (Senhor Bom Jesus de Matosinhos do Braz); N. S. do Ó (N. S. da Expectação do Ó); e Penha de França (N. S. da Penha de França). Neste Censo já não faziam parte do Município de São Paulo as Paróquias de N. S. da Conceição de Guarulhos, N. S. da Conceição de São Bernardo e N. S. do Desterro do Juquery que, mais tarde, passaram a integrar outros municípios ao redor de São Paulo.

17 Pasquale Petrone. *São Paulo no século XX*, Cap. 3 de *A cidade de São Paulo: estudos de geografia urbana*, parte 2, *A evolução urbana*. Org. Aroldo Azevedo. São Paulo: Cia. Ed. Nacional, 1958, p. 101.

18 Atas da Câmara Municipal de São Paulo, LIX. *Apud* Bruno, *História...*, *op. cit.*, vol. III, p. 904.

rica, essa fração mais antiga da elite passa a procurar lugares mais tranquilos, como Higienópolis, a Avenida Paulista e Jardim América.[19]

Para Eurípedes Simões de Paula, o mandato do prefeito João Teodoro Xavier, nos anos 70 do século XIX, poria fim à vila de taipa, inaugurando uma "Segunda Fundação de São Paulo":[20] A expansão cafeeira tornou São Paulo a província mais rica em princípios do XX; as ferrovias, integraram a província e transpuseram os limites entre campo e cidade; o imigrante urbano deu feições mais cosmopolitas à cidade.

Em 1885, São Paulo torna-se o maior produtor de café do país e, dois anos depois, assiste à entrada de 34. 710 imigrantes somente para sua província. Em 1888, ano da Abolição da Escravatura, esse número salta para 92 mil. Ao todo, o país recebia 131. 268 imigrantes.

Para se ter uma ideia da dimensão dessa estatística, a média anual de entrada de imigrantes estrangeiros, no período que vai de 1866 a 1873, era de somente 21. 771, sendo o total recebido pelo país de 304. 796 imigrantes. Entre 1881 e 1891, essa seria a cifra dos imigrantes já radicados na província paulista, que perfaziam um total de 330. 392 pessoas. A cidade de São Paulo saltara de 44.033 habitantes em 1886 para 239. 820 em 1900, ou seja, um crescimento de 545%.[21]

Os italianos que, no início do século XX, chegaram a representar mais de 50% da população da cidade de São Paulo, "transformando a Pauliceia em uma cidade italiana",[22] vinham para trabalhar nas fábricas ou no comércio. Muitos dentre eles, como Francisco Matarazzo, enriqueceram e passaram a compor uma nova fração de classe, em certos aspectos conflitante com a fração oriunda da expansão cafeeira.[23] O estereótipo do italiano enriquecido, "quer pelo seu linguajar, quer pelo seu tipo físico, quer ainda pelos seus usos e costumes característicos: cachimbo,

---

19 Pierre Monbeig. *Croissance de la ville de São Paulo*. Grenoble, Institut et Revue de Géographie Alpine, 1953.

20 Eurípedes Simões de Paula. "Contribuição Monográfica para o Estudo da Segunda Fundação de São Paulo." In *Revista de História*. São Paulo, FFCL/USP, n° 17, 1958.

21 *Reconstituição da Memória Estatística da Grande São Paulo*. São Paulo: Secretaria dos Negócios Metropolitanos-Empresa Metropolitana de Planejamento da Grande São Paulo S/A, 1983, p. 166.

22 *Reconstituição da Memória...*, *op. cit.*, p. 17.

23 José de Souza Martins. *Conde Matarazzo: o empresário e a empresa. Estudo de sociologia do desenvolvimento*. São Paulo: Hucitec, 1973.

bigodes a Humberto I, boné de pano", passaria a ser motivo de troça nas ruas, nas caricaturas e nas poesias do período.[24]

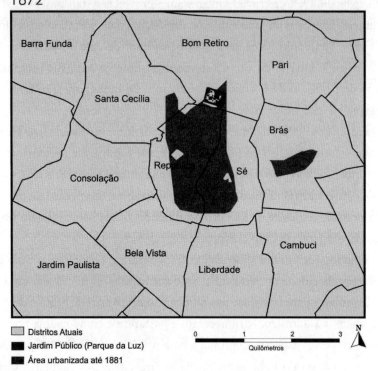

Mapa 1
Área Urbanizada
1872

Fonte: Empresa Paulista de Planejamento Metropolitano – Emplasa.
Mapa de Expansão da Área Urbanizada da Região Metropolitana de São Paulo, 2002/2003.
Adaptação: Secretaria Municipal de Planejamento – Sempla/Dipro

---

24 Juó Banére. *La Divina Increnca* (1915). São Paulo: Editora 34, 2001. Juó Bananére é o pseudônimo literário do engenheiro, poeta e jornalista paulista Alexandre Ribeiro Marcondes Machado. Nasceu em 1895 em Pindamonhangaba, morou em Araraquara, Campinas e em São Paulo onde estudou na Faculdade Politécnica da USP. Ainda no ano em que muda para São Paulo, 1911, Marcondes Machado faz sua estreia no *O Pirralho*, substituindo Annibale Scipione, pseudônimo de Oswald de Andrade, que escrevia na mesma seção da revista. Juó Bananére é um sujeito ítalo-paulistano, morador do 'Abax'o Pigues', como era conhecido o bairro do Bexiga, e que possui um falar todo particular e espalhafatoso, numa mistura de português italiano, que parodiava a fala inculta da primeira leva de imigrantes italianos que ocupou os bairros do Brás, Barra Funda, Bexiga e Bom Retiro, em São Paulo. Inspirava-se nas cenas cotidianas que se passavam na São Paulo do começo do século. Sua biografia foi assunto tratado em livro por Cristina Fonseca. *Juó Bananére: o abuso em blague*. São Paulo: Ed. 34, 2001.

Mapa 2

Área Urbanizada
1882/1914

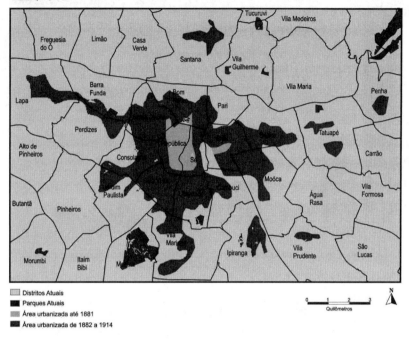

- Distritos Atuais
- Parques Atuais
- Área urbanizada até 1881
- Área urbanizada de 1882 a 1914

Fonte: Empresa Paulista de Planejamento Metropolitano – Emplasa.
Mapa de Expansão da Área Urbanizada da Região Metropolitana de São Paulo, 2002/2003.
Adaptação: Secretaria Municipal de Planejamento – Sempla/Dipro

Devido à enorme produção cafeeira de São Paulo, o Brasil passaria, em 1890, ao primeiro lugar na lista dos países exportadores mundiais de café. Entre 1890 e 1900, produziria, ao todo, 4. 405.000 sacas contra 4.015.000 dos demais países. Só em São Paulo, seria produzida mais da metade dessas sacas: 2. 874. 900: "O café – que condicionou o desenvolvimento econômico da província – teve assim em São Paulo a sua metrópole indiscutível".[25]

---

25 Bruno, *História...*, *op. cit.*, vol. III, p. 900.

Gráfico representando a exportação cafeeira do Brasil diante da de outros países cafeicultores e a de São Paulo frente aos demais estados

Produção Mundial de Café: 1890-1900		
Anos	Brasil	Outros Países
1890	4. 405.000	4.014.000
1891	5. 525.000	3. 760.000
1892	7. 695.000	4. 245.000
1893	6. 535.000	4. 740.000
1894	5.040.000	4. 360.000
1895	7. 235.000	4. 530.000
1896	6.005.000	4. 390.000
1897	9. 315.000	4. 600.000
1898	11. 210.000	4. 840.000
1899	9. 320.000	4. 405.000
1900	9. 425.000	4. 380.000

Fonte: Edgard Carone. *A República Velha (instituições e classes sociais)*. Difel, 1970.

1) em sacas de 60 kg

Produção de Café: 1882/1891	
Período	Produção em Sacas
1882-1883	1. 837. 840
1883-1884	1. 929.029
1884-1885	2. 106. 740
1885-1886	1. 508. 195
1886-1887	2. 346. 485
1887-1888	1. 202. 681
1888-1889	2. 510. 890
1889-1890	1. 972. 691
1890-1891	2. 874. 900

Fonte: *Reconstituição da Memória Estatística da Grande São Paulo*, 1983.

A cidade que, na época colonial era um simples "Arraial de Sertanejos",[26] passando a "Burgo de Estudantes" com a fundação da Faculdade de Direito em 1827,[27] tornava-se agora, "Metrópole do Café". A década de 80 do século XIX marcaria essa reversão. A cidade passa a ter uma divisão espacial de trabalho própria: um centro comercial e financeiro; um espaço destinado à frequentação da elite; os bairros de "boa família" e as ruas coloniais ostracizadas pela cidade civilizada.[28]

Essa reversão só foi possível a partir do advento da estrada de ferro, que tornou mais curtas as distâncias entre o campo e a cidade, entre a cidade e o porto. Além de permitir o escoamento rápido da produção do café do oeste pelo porto de Santos, a linha férrea ligava o fazendeiro a seus negócios no campo e a parte de sua família na cidade. Paulo de Almeida Nogueira, cujo diário utilizamos em nossa pesquisa, viajava duas, três ou até quatro vezes por semana para o interior, deixando na capital sua mulher Ester e seus dois filhos. O autor relata suas viagens, uma, em particular, na ocasião da morte de seu irmão Sidrack em setembro de 1912.[29] Outras viagens

---

26 Bruno, *História...*, *op. cit.*, vol. I.

27 Bruno, *História...*, *op. cit.*, vol. II.

28 Morse, *Formação...*, *op. cit.*

29 Paulo de Almeida Nogueira. *Minha vida (diário de 1893 a 1951)*. São Paulo: Imprensa Oficial do Estado, 1955, p. 200.

mais corriqueiras eram feitas para visitar suas fazendas e a usina Ester, assim batizada em 1900, em homenagem à sua esposa.[30]

Número de Passageiros, Volume de Carga e Saldo das Ferrovias				
Anos	Passageiros	Carga	Saldo (1)	
São Paulo Railway Co.				
1870	75. 399	68. 433	1. 187: 425$106	
1880	130. 584	177. 482	2. 577: 730$530	
1890	422. 355	607. 809	4.007: 503$800	
Cia. Paulista				
1872	33. 531	26. 150	124: 886$716	
1880	178. 373	99. 198	1. 313: 378$103	
1890	348. 150	300. 857	3. 484: 385$534	
Cia. Mogiana				
1875	28. 659	11. 881	20: 616$409	
1880	98. 336	35. 362	410: 422$473	
1890	409. 482	141. 234	2.080:066$086	

(1) em contos de réis

Fonte: *Reconstituição da Memória Estatística da Grande São Paulo.*

Movimento Financeiro e Expansão da Rede Ferroviária da Cia. Mogyana e da Cia. Paulista					
Médias Anuais	Via Férrea Km (a)	Receita	Despesa (Contos de Réis)	Saldo	Saldo/Receita (%)
1876-1880	431	2. 589,4	1.054,2	1. 535,2	59,3
1881-1885	611	4. 179,2	1. 833,6	2. 345,6	56,1
1886-1890	1.034	4. 714,1	3. 287,6	1. 426,5	30,3
1891-1895	1. 624	21. 385,1	12. 520,4	8. 864,7	41,5
1896-1900	1. 726	36. 657,1	18. 460,2	18. 196,9	49,6
1901-1905	2.078	38. 346,6	18.086,0	20. 350,6	53,1
1906-1910	2. 327	43. 285,5	19. 677,4	23. 608,1	54,5

Fonte: Wilson Cano, *Raízes da Concentração Industrial*, p. 63

(a) Quilometragem no último ano de cada período

A ferrovia caminhou, na província de São Paulo, ao lado do café. E fez da vida do café também a vida das cidades que brotavam ao longo de seus trilhos. De 1867 até 1930, foram implantadas 18 ferrovias, sendo que, as menores, com quilometragem

---

30 Nogueira, *Minha vida...*, op. cit.

O mercado do prestígio

inferior a 100 km, serviam para a captação de carga e sua distribuição pelos ramais férreos maiores. A primeira ferrovia de São Paulo, a São Paulo Railway, ligava a capital ao porto de Santos e foi fundada em 1870.

Em 1872, prevendo já a grande expansão do café para o oeste, reuniam-se, no Paço da Câmara Municipal de Campinas, os futuros acionistas da Cia. Mogiana. Dentre estes, encontravam-se alguns notáveis barões do café: integrantes da família Prado, Antônio Queiroz Telles, o visconde de Parnaíba, e José Estanislau do Amaral. A ferrovia, que iniciaria suas obras ainda em 1872, com a ligação entre Campinas e Jaguariúna, seguiria para Mogi Mirim, passando por Ribeirão Preto em 1880, por Poços de Caldas, em 1886 e chegando a Franca em 1889. A Mogiana representa o retrato da marcha do café para oeste e do papel dos barões do café na conexão entre o remoto oeste e a grande cidade. Também a Sorocabana, que, começada em 1875, chegaria a Presidente Prudente em 1919.

Em 1877, inaugurou-se a São Paulo-Rio de Janeiro, ligando a cidade de São Paulo à capital federal. Quem perfazia o trecho, descrevia o conforto dos meios de transporte digno dos grandes centros civilizados:

> Já se sentia ser obrigatório tomar o rumo da Pauliceia, famosa então pela sua academia e pelos seus templos (...) Por volta de 1884, várias melhoras foram introduzidas nos carros de passageiros para proporcionar maior conforto aos usuários. Nos trens de longo percurso, as longas cadeiras de madeira foram substituídas por outras de encostos móveis com assentos de molas guarnecidos com marroquim e capa de linho para se reclinar a cabeça.[31]

Lembrando o paralelo por Caio Prado Jr. entre o mapa dos rios e o das ferrovias da província, podemos reafirmar a importância que a cidade de São Paulo adquiriu nessa transição. O sentido das vias de comunicação foi mantido, mas os meios de transporte mudaram. São Paulo conservou-se no centro das irradiações, mantendo contato com as cidades do interior, com o porto e com a capital federal:

> toda esta região que é por sua situação tributária de São Paulo, tem nesta cidade o seu centro natural. Assim, a capital da

---

31 João Emílio Gerodetti & Carlos Cornejo. *Lembranças de São Paulo – a capital paulista nos cartões-postais e álbuns de memórias,* 3ª ed. São Paulo: Solaris Edições Culturais, 2000, p. 47.

província, ameaçada momentaneamente na sua hegemonia pela fixação da sua principal riqueza em zonas excêntricas a ela, recupera integralmente sua posição de centro econômico da província. O sistema ferroviário que então se constitui amolda-se, como é natural, a tal estrutura, e é de São Paulo que vão irradiar as novas vias de comunicação.[32]

Na visão de um viajante, São Paulo já se mostrara, desde muito cedo, um centro: "Não pode haver dúvida que São Paulo está destinada a ir para frente como capital da província e pivô central das comunicações ferroviárias".[33] O trabalho de distribuição de alimentos, antes realizado pelo lombo do muar passaria a ser feito pelas ferrovias; os vagões também levavam o café até Santos, de onde saíam os paquetes carregados para distribuí-lo pelo mundo todo. Era o mundo do capital centralizado e concentrado estreitando os seus laços.

Mapa 3

Carta das Estradas de Ferro da Província de São Paulo (1878)

---

32   Prado Jr., "O fator geográfico...", *op. cit.*, p. 113.
33   William Hadfield. *Brazil and the River Plate, 1870-1876*. Sutton, W. R. Church, 1877, p. 169.

O processo de concentração e centralização de capital, começou a ocorrer nos países centrais a partir da primeira depressão, a de 1876, também encontrou expressões específicas no capitalismo periférico em formação. Os investimentos ferroviários mostram o processo de diversificação de investimentos promovida pelas grandes famílias da província de São Paulo. Somente em parte, o montante de investimentos em ferrovias explica-se pelo excedente liberado da compra de escravos. A maior parte explica-se por um conjunto de fatores que se relacionam ao processo de compra e venda de terras, tornando-a um ativo, às ferrovias, à produção do café e à introdução de novas relações no campo, como a parceria e o assalariamento.

Um incipiente espírito capitalista fora-se então condensando em torno dos barões do café, que, manteriam uma postura tipicamente aristocrática frente aos seus ganhos.[34] Essa postura deixou, entretanto, de estar atrelada à posse da terra ou do escravo, para se relacionar ao consumo de bens. Essa é uma das particularidades da cultura do consumo no capitalismo periférico. Sua dinâmica é dada pela combinação entre uma mentalidade tradicional patrimonialista e uma mentalidade racional moderna, que também dá a tônica da mobilidade social. Estes são os primeiros traços do comportamento dessa burguesia de base familiar, da qual Paulo de Almeida Nogueira é um exemplo. Em seu diário pessoal, também um livro de contabilidade, anotava rigorosamente todas as perdas e ganhos, os lucros ou prejuízos com a usina, os lucros acionários e até os gastos com ternos, gravatas e calçados importados.

Nesse ímpeto da diversificação de investimentos pelas grandes famílias paulistas, apareceram as primeiras unidades industriais urbanas, como a vidraria Santa Marina, da família Prado. Com a indústria viriam os primeiros bairros operários,

---

34 A forma como controla-se a produção e o comércio é o que diferencia fundamentalmente o empresário do café do empresário do açúcar: "Se se compara o processo de formação das classes dirigentes nas economias açucareira e cafeeira percebem-se facilmente algumas diferenças fundamentais. Na época da formação da classe dirigente açucareira, as atividades comerciais eram monopólio de grupos situados em Portugal ou na Holanda. As fases produtiva e comercial estavam rigorosamente isoladas (...) A economia cafeeira formou-se em condições distintas. Desde o começo, sua vanguarda esteve formada por homens com experiência comercial. Em toda a etapa da gestação, os interesses da produção e do comércio estiveram entrelaçados. A nova classe dirigente formou-se numa luta que se estende em uma frente ampla: aquisição de terras, recrutamento da mão-de-obra, organização e direção da produção, transporte interno, comercialização nos portos, contatos oficiais, interferência na política financeira e econômica". (Celso Furtado. *Formação Econômica do Brasil*. 24ª ed. São Paulo: Ed. Nacional, 1991, p. 115-116).

como Brás, Belenzinho, Mooca, Luz e Bom Retiro,[35] que se estabeleceriam ao longo das vias férreas e nos terrenos de baixa qualidade, como as várzeas, constantemente assoladas pelas enchentes. Iniciava-se, assim, um processo de divisão do trabalho particular, em que a mão de obra assalariada não vem da destruição do trabalho compulsório no campo e da liberação da mão de obra livre dos meios de produção para a cidade. A escravidão é abolida, mas o típico trabalhador livre, pequeno proprietário, é o imigrante urbano, que se dedica ao comércio ou ao artesanato. Alguns deles, como Francisco Matarazzo, acabariam rompendo com a sina de operário, e chegariam a tornar-se grandes empresários.[36] No campo, as relações de trabalho são recriadas, na forma do colonato, da parceria e da empreitada, acompanhando a formação do mercado de terras e a expansão da fronteira agrícola. O trabalhador livre é o imigrante europeu, geralmente vindo de regiões pobres. O antigo escravo ou se mantém em relações de trabalho de caráter compulsório ou ocupa trabalhos marginalizados na cidade.

Imigração no Brasil, por nacionalidade – períodos decenais 1884-1893 a 1924-1933					
Nacionalidade	Efetivos decenais				
	1884-1893	1894-1903	1904-1913	1914-1923	1924-1933
Alemães	22. 778	6. 698	33. 859	29. 339	61. 723
Espanhóis	113. 116	102. 142	224. 672	94. 779	52. 405
Italianos	510. 533	537. 784	196. 521	86. 320	70. 177
Japoneses	-	-	11. 868	20. 398	110. 191
Portugueses	170. 621	155. 542	384. 672	201. 252	233. 650
Sírios e turcos	96	7. 124	45. 803	20. 400	20. 400
Outros	66. 524	42. 820	109. 222	51. 493	164. 586
Total	883. 668	852. 110	1.006. 617	503. 981	717. 223

Fonte: Brasil: 500 anos de povoamento. Rio de Janeiro: IBGE, 2000.
Apêndice: Estatísticas de 500 anos de povoamento. p. 226

---

35 Edgard Carone. *Evolução Industrial de São Paulo (1889-1930)*. São Paulo: Senac, 2001.

36 Dean, *A industrialização...*, *op. cit.*, p. 69.

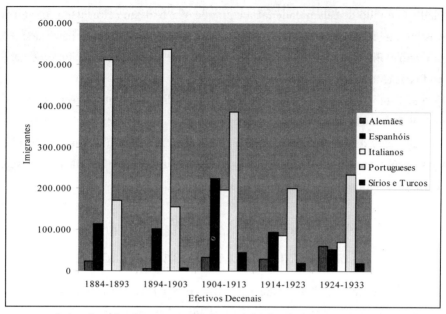

Imigração no Brasil, por nacionalidade – períodos decenais 1884-1893 a 1924-1933

Número de Imigrantes (1885-1899)	
Período	Imigrantes
1885-1889	168. 127
1890-1894	219. 780
1895-1899	415. 296

Fonte: *Reconstituição da Memória Estatística da Grande São Paulo,* 1983

A escolha da cidade de São Paulo como centro provincial respeitou sua posição central. Apesar de Santos e Campinas serem economicamente também importantes, em 1880, as duas cidades seriam fortemente abaladas pela febre amarela, tornando-as praticamente inabitáveis, assim como acontecera com a corte em 1850.[37] Em Santos, milhares morreriam vítimas da malária, febre amarela e varíola: "A situação era calamitosa. Entre 1890 e 1900 morreram vítimas das epidemias 22. 588 pessoas. Este número correspondia a mais ou menos metade da população da

---

37 Segundo José de Souza Martins, as escolhas ainda se fariam por motivos climáticos e/ou higienistas: "Campinas era muito quente e Santos vivia assolada por febres". (José de Souza Martins. "O migrante brasileiro na São Paulo estrangeira". Cap. 5 de Porta (org.), *História da Cidade de São Paulo, op. cit.*, p. 184).

cidade. O estado de calamidade fazia com que os navios que atracassem no porto tivessem que fazer quarentena afetando a principal fonte de riqueza da cidade – o comércio".[38] Em Campinas, o forte surto entre 1889 e 1897 provocaria, finalmente, o êxodo das elites para São Paulo.[39]

São Paulo fez-se capital por ser cruzamento de vias, centro econômico, comercial e financeiro, morfologicamente e climaticamente propícia. Restava, não obstante, fazer dela também um centro cultural. As reformas urbanas, conduzidas pelas frações da oligarquia cafeeira convertidas em uma elite,[40] abriria as portas da cidade para o mundo. E o mundo para a cidade.

A reforma urbana: modernização, embelezamento e racionalização

Conforme diz Cândido Malta Campos em seu livro *Os rumos da cidade – Urbanismo e Modernização em São Paulo,*[41] apesar de a periodização "cidade de taipa"/"metrópole do café" ser útil, ela esconde as descontinuidades e contradições internas que marcaram a passagem de uma situação para outra:

---

38 Ana Lúcia Duarte Lanna. *Uma cidade na transição. Santos: 1870-1913.* São Paulo; Santos, Hucitec; Prefeitura Municipal de Santos, 1996, p. 69-83.

39 Cândido Malta Campos. *Os rumos da cidade – Urbanismo e Modernização em São Paulo.* São Paulo: Senac São Paulo, 2002, p. 53. Sobre a epidemia de febre amarela que assolou Campinas, vide Ricardo de Souza Campos Badaró. *Campinas: o despontar da modernidade.* Campinas, Unicamp, 1996, p. 30-32. A febre amarela que assolou Campinas em 1889 também é *leitmotiv* do romance de Eustáquio Gomes: "Nos dias negros, com as esquinas desertas clareadas por fogueiras de alcatrão, podiam ser vistos pelas ruas dois ou três tílburis, não mais. Dentro, sonolentos, sacolejavam os médicos entre baforadas de charutos. Iam de um extremo a outro da cidade contabilizando o mortos (...) em 89 isto já era uma legítima região intertropical, propícia às doenças e à prevaricação. Para piorar, os hotéis andavam cheios e proliferavam os cortiços. Mas posava de capital agrícola da província e dizem que a febre veio por pura mandinga paulistana". (Eustáquio Gomes. *A Febre Amorosa – Romance Bandalho,* 2ª ed. São Paulo: Geração Editorial, 2001, p. 3-10).

40 "A cidade guardou fortemente, por muito tempo, as marcas do familismo de elite, a eficácia da rede de parentesco, a endogamia e as lealdades fundamentais que daí decorriam. Os fatores econômicos e sua eficácia se determinavam por essas mediações sociais poderosas. E elas foram essenciais na conversão da elite de proprietários de terra e fazendeiros de café numa elite empresarial diversificada e dinâmica, capaz de compreender e administrar as diferentes funções do capital numa economia moderna: o capital agrícola, o capital comercial, o capital industrial, o capital financeiro". (Campos, *Os rumos...*, *op. cit.*).

41 *Idem, ibidem.*

> Embora útil essa periodização não deixa de apresentar alguns perigos. A projeção ideal das características marcantes de cada fase alimenta a ilusão de totalidades coesas sucedendo-se sobre o mesmo espaço. Perdem-se de vista as disputas e contradições internas presentes em cada momento, a existência de direções divergentes nos caminhos que poderiam pautar a evolução urbana.[42]

Todavia, captar as descontinuidades presentes na passagem da cidade colonial para a metrópole do capitalismo nascente são importantes para entender as sutilezas do consumo como um processo de diferenciação social à periferia do sistema capitalista. Não se pode entender a reforma urbana como um mero transplante dos modelos europeus de urbanização. A reforma é produto de um processo de urbanização específico, atrelado ao nascimento de um capitalismo com suas contradições específicas. É da combinação entre a cidade arcaica e a moderna, entre uma utopia de cidade e a expressão concreta que a desvirtua,[43] que se produzem descontinuidades:

> Enquanto a posição subordinada e dependente do país facilitava, ao longo da primeira metade do século XX, a transferência dos conteúdos do urbanismo moderno, a efetiva aplicação de muitos de seus princípios (...) tornava-se problemática. Os projetos modernizadores locais não partilhavam as prioridades que presidiam às reformas urbanísticas do Hemisfério Norte, como o reformismo social, a integração fordista e a racionalização do espaço urbano no interesse do capital produtivo.[44]

Dessa forma, os projetos de urbanização do século XIX, que perpassariam várias das capitais brasileiras, São Paulo, Rio de Janeiro, Recife, Salvador e Manaus, não podem ser entendidos senão por uma modernização paradoxal, que consistiu na implantação de modelos análogos aos das sociedades centrais sem que, no entanto, aqui se verificassem os mesmos alcances quando de sua aplicação.[45] Enquanto, nas economias centrais, o urbanismo aparece como resposta prática às demandas

---

42 *Idem, ibidem*, p. 18.

43 Sobre as utopias urbanas, conferir Heliana Angotti Salgueiro. *La casaque d'Arlequin: Belo Horizonte, une capitale écletique au XIXe siècle*. Paris, Éd. de l'EHESS, 1997.

44 Campos, *Os rumos da cidade...*, *op. cit.*, p. 20.

45 Salgueiro, *La casaque...*, *op. cit.*, p. 8.

da cidade que se industrializa e precisa garantir as condições de reprodução da força de trabalho, em contexto periférico, o urbanismo atrela-se à modernização da sociedade agrária que, embora não industrial, é urbana e precisa ser aceita como tal nos grandes centros urbanos. A utopia urbana é permeada por esse ideal civilizador muito particular.[46] As capitais brasileiras, centros da organização de uma economia primário exportadora em um mundo de uma nova divisão internacional do trabalho, assumem que "a emulação de padrões europeus definia o *status* dos espaços dominantes na hierarquia urbana e comercial que amparava o sistema internacional de trocas".[47]

Se, no plano das reformas urbanas, o urbanismo inspirado nas transformações haussmannianas em Paris, era o responsável por mudar a feição das capitais, no plano do consumo, os padrões estrangeiros eram responsáveis por civilizar a nova elite. Urbanização e cultura de consumo são processos interligados no capitalismo:

> A tipologia, a hierarquia das «cidades são baseadas na troca, na concentração da riqueza, na circulação monetária. A demanda dá origem a uma geografia e a uma sociedade. (...) É o consumo que funda o crescimento a partir de um 'modo de vida'. As pessoas, antigos ou novos, confrontam-se com novos comportamentos e adquirem novos hábitos.[48]

Aliás, na sociedade capitalista moderna, a cidade é em si mesma objeto de consumo. O *flâneur* é um dos produtos da síntese contraditória entre consumo e cidade:

> Esta fantasmagoria, que ora aparece como uma paisagem, ora como um quarto de dormir, inspirou, por conseguinte, a decoração (...) que torna a própria flânerie lucrativa às cifras

---

46 "As diferenças residem no fato de que São Paulo, como outras tantas cidades, era um centro periférico no sistema capitalista industrial da segunda metade do século XIX. Assim, a nosso ver, a adoção, aqui, dos padrões haussmannianos prende-se muito menos àqueles objetivos que presidiram o estabelecimento do modelo na França (circulação e visibilidade como soluções de zoneamento e controle para os problemas sociais dos novos aglomerados urbanos) do que às necessidades de inserção no sistema capitalista mundial". (Heloisa Barbuy. *A Cidade-Exposição: Comércio e Cosmopolitismo em São Paulo, 1860-1914*. São Paulo: Edusp, 2006, p. 72).

47 *Idem, ibidem*, p. 22.

48 Daniel Roche. *Histoire des choses banales. Naissance de la consommation au XVIIe-XIXe siècle*. Paris, Fayard, 1997, p. 50.

> dos negócios (...) No âmago do flâneur, a inteligência se rende ao mercado; ao acreditar fazer um simples passeio, é um comprador que, em realidade, se encontra na pessoa do flâneus. Nessa fase intermediária onde ela [a fantasmagoria] ainda tem patrocinadores, mas já começa a se familiarizar com as leis do mercado, é nessa fase que ela se transforma em boemia.[49]

O conflito entre a transformação forçada das capitais e o seu crescimento desordenado expressa o embate entre modernidade e modernização. Destituída das lutas políticas que dão lugar à transição para uma sociedade inclusiva nos centros do capitalismo, a sociedade periférica acaba por optar pela transformação da imagem da cidade sem que se revolucionem suas estruturas. O resultado são conflitos reproduzidos em outra escala, ao invés de minimizados pelas reformas urbanas:

> O dilema da modernização periférica nos condenaria a sempre perseguir o moderno sem nunca atingir a modernidade – a qual pressupõe uma ruptura estrutural, não apenas nas hierarquias sociais internas, mas também no que se refere à própria estrutura que preside ao princípio modernizador, distinguindo centro e periferia, desenvolvimento e atraso.[50]

À modernidade periférica chamaremos de "modernidade restrita" por não conseguir se sustentar em conquistas universais, em razão do processo modernizador acelerado que recria mais rapidamente a exclusão do que os meios para que esta seja superada: "Na modernização periférica, a transformação jamais será completa, pois parte de um modelo de modernidade que nunca poderá ser adotado *stricto sensu* sem que sejam questionadas as próprias bases de sustentação do grupo modernizante".[51]

---

49 Walter Benjamin. *Paris capitale du XIXe siècle. Le livre des passages*. 3e édition. Paris, Éd. du Cerf, 2006, p. 42. Grifos nossos. A respeito da cidade como consumo e como direito, vide Henri Lefèbvre. *O direito à cidade*. Tradução de Rubens Eduardo Frias, 5ª ed. São Paulo: Centauro, 2008.

50 "A visão modernizante escamoteia, portanto, as contradições que marcam a urbanização capitalista, assim como as contradições estruturais – revoluções políticas, rupturas históricas, lutas de classe – que definem a própria modernidade. Vendo tais conflitos como meras dificuldades temporárias, a perspectiva da modernização inverte a visão da modernidade, transmutando suas fraturas num mero salto temporal: a distância entre a situação 'atrasada' existente e um futuro modelar". (Campos, *Os rumos da cidade...*, *op. cit.*, p. 26).

51 *Idem, ibidem*, p. 22.

Uma outra característica dessa modernidade é a inversão de esferas e de funções, por exemplo, a tradicional inversão entre esferas pública e privada que continua a existir no contexto urbano.

Uma outra inversão evidente da modernidade periférica é quanto às relações entre consumo e produção. Não ocorre generalização de padrões antes restritos, constituindo um mercado de massa. Ao contrário, a dinâmica de consumo reproduz a estratificação da sociedade pré-capitalista, conferindo-lhe um feitio patrimonialista. As clivagens remontam ao acesso privilegiado de alguns grupos aos produtos estrangeiros de melhor qualidade, enquanto os demais recorrem aos produtos nacionais, de qualidade muito inferior.

Em síntese, a cidade moderna, em contexto periférico, nasce sob o signo de uma utopia, a utopia da construção de uma sociedade moderna. Não obstante, os instrumentos utilizados para levar tal projeto a cabo acabam por perpetuar a condição do atraso, recriando a exclusão social sobre novas bases. A seguir, veremos como essa exclusão social já começa com a transplantação do modelo haussmanniano para a cidade de São Paulo, e, então se prolonga nos padrões de consumo, a serem estudados no capítulo quarto. O consumo nesse contexto não pode ser separado da construção da cidade porque ambos têm um papel fundamental na compreensão do nascimento do capitalismo e da modernidade periféricos.

A cidade que se moderniza

As cidades de finais do século XIX criam-se ou reinventam-se com as inovações trazidas pelas Revoluções Industriais. As novas fontes de energia (carvão, gás, eletricidade), as novas técnicas produtivas (mecânica, maquinário a vapor), os meios de transportes (canais, ferrovias, pontes metálicas, viadutos), novos meios de comunicação (imprensa diária, telégrafo) e a própria organização espacial oriunda do processo de industrialização mudam a imagem das cidades e os seus antigos modos de vida.

A modernização da cidade de São Paulo veio com a expansão do café e começou no governo do presidente de província João Teodoro. A cidade deveria expressar a promessa de desenvolvimento que a província trazia:

> A capital, engrandecida, chamará a si os grandes proprietários capitalistas da província, que nela formarão seus domicílios (...) O comércio lucrará, ampliando seu consumo. As empresas se

O mercado do prestígio

59

> fundarão (…) homens ricos e abastados procurarão comprar casa de elevado preço na capital para (…) gozarem por algum tempo das comodidades que oferece.[52]

Dentre as mudanças, ressaltamos o primeiro Código de Posturas (1875), que fixava os limites para a expansão das casas. A partir deles foram impostas a largura mínima das ruas e a altura mínima para as edificações particulares, além da obrigatória substituição da taipa pelo tijolo: "Tudo isso foi proibido (…) pelo Código de Posturas (de 1875), que passou além disso a não permitir construções de ranchos cobertos de sapé, capim ou palha, casas de meia-água dentro da cidade e sótãos de cumieira para frente".[53]

O Código de Posturas seria motivo de um embate entre público e privado em contexto urbano, que expressa, em certa medida, a inversão entre as esferas pública e privada, observada, já no século XVII, por Frei Vicente do Salvador.[54] As heranças coloniais conformam estruturas que se reordenam a todo o momento, configurando uma modernidade específica, que conserva e reinventa, no entanto, os aspectos estruturais.[55]

Um dos exemplos clássicos destes embates entre público e privado foi a demolição do sobrado do Barão de Tatuí em 1888 para a construção do Viaduto do Chá, que seria inaugurado em 1892. A ideia inicial de Jules Martin, litógrafo francês radicado em São Paulo e indicado para o projeto, era a de construir um viaduto que ligasse o

---

52 "Relatório apresentado pelo presidente da província Dr. Theodoro Xavier de Mattos à Assembleia Provincial em 14 de fevereiro de 1875", *apud* Eugênio Egas, *Galeria dos presidentes de São Paulo: período monárquico (1822-1889)*, vol. II. São Paulo, O Estado de S. Paulo, 1926, p. 499, 3 vols. A transferência de proprietários de terra para as cidades, procurando usufruir de um novo modo de vida, é um processo geral também retratado por Daniel Roche na formação da sociedade urbana francesa: "A atração exercida pela cidade sobre os proprietários foi justificada pelo 'gozo de uma sociedade agradável'". (Roche, *Histoire...*, *op. cit.*, p. 49).

53 Bruno, *História...*, vol. III, *op. cit.*, p. 920. Ainda sobre o Código de Posturas de 1875, vide Antônio Egídio Martins. *São Paulo Antigo (1554-1910)*. Org. Fernando Góes. Pref. e notas Byron Gaspar. São Paulo: Conselho Estadual de Cultura, 1973, p. 123.

54 "Notava as cousas e via que mandava comprar um frangão, quatro ovos e um peixe para comer e nada lhe traziam, porque não se achava na praça nem no açougue e, se mandava pedir as ditas coisas e outras mais às casas particulares, lhas mandavam. Então disse o bispo: verdadeiramente que nesta terra andam as coisas trocadas, porque toda ela não é republica, sendo-o cada casa." (Frei Vicente do Salvador. *História do Brasil*, *op. cit.*, p. 17).

55 Fernando Antonio Novais. "Condições da privacidade na colônia". In *História da Vida Privada no Brasil*, vol. I, *Cotidiano e vda privada na América Portuguesa*. Org. Laura de Mello e Souza. São Paulo: Companhia das Letras, 1997, p. 13-39.

"triângulo" formado pelas ruas Direita, São Bento e Imperatriz ao Morro do Chá. A essa construção se opunha Francisco Xavier Pais de Barros, o Barão de Tatuí, pertencente a uma das famílias mais tradicionais do estado de então. O conflito, que começara em 1877, arrastar-se-ia por cerca de 10 anos até que a demolição do sobrado de taipa do patriarca fosse cumprida.

Um dos aspectos que faltava a esse poder público era a capacidade em integrar as diferentes regiões da cidade, criando um espaço que legitimasse o governo municipal dentro do conjunto urbano. A cidade carecia de meios de transporte; de saneamento de base; de ruas que facilitassem a circulação de pessoas e veículos; de aterro nas várzeas, constantemente assoladas por enchentes. A cidade como produto da coletividade, e sua visão como direito, é um dos pressupostos da construção de uma esfera pública.

Uma das primeiras propostas de integração ocorreu com João Alfredo Correia de Oliveira, presidente da província de São Paulo em 1885-1886 e, em seguida, chefe do Gabinete da Abolição (1887-1886), que incluiu a proposta de um *Boulevard Circular* em seu relatório à Assembleia Provincial em 1886:[56] "Esse esquema ambicioso prefigurava soluções viárias 'circulares' que integrariam a prática urbanística em São Paulo. Propunha-se a resolver não apenas problemas de circulação, mas também questões sanitárias e estéticas".[57]

Embora tal obra não tenha sido executada, é possível traçar as influências que sobre ela pesaram, em particular a do engenheiro Pereira Passos. João Alfredo, que havia trabalhado com o engenheiro e futuro prefeito da cidade do Rio de Janeiro, pretendia, no projeto do *Boulevard Circular*, realizar um plano de regularização, saneamento e extensão da capital, promovendo a abertura de avenidas que transpassariam o centro da cidade. Tal *Boulevard* assemelha-se ao *Ringstrasse* de Viena, obra de inspiração modernista construída em finais do século XIX.[58]

---

56 Sobre a vida de João Alfredo, que começou integrando as correntes progressistas da política imperial para passar à cabeça do movimento abolicionista no Brasil, vide Balduíno Coelho. "O Conselheiro João Alfredo", em *Revista do Brasil*, n° 44, vol. IV, São Paulo, agosto de 1919, p. 291-304.

57 Campos, *Os rumos da cidade...*, op. cit., p. 56.

58 A grande inspiração do *Ringstrasse* foi a revolução de 1848, que depôs o Imperador Ferdinando e o Príncipe Metternich, exilados por vários anos. Sob o governo do novo imperador Franz Josef, intelectuais liberais começaram a trabalhar para que o *Ringstrasse* tomasse forma. Da mesma forma como as transformações haussmannianas em Paris durante o Segundo Império foram o resultado

A influência de João Alfredo e de seus princípios de racionalização urbana se verificariam ainda nas gestões subsequentes. Sua gestão, embora breve, lançou as bases para a modernização de São Paulo, que apresenta traços comuns com as reformas urbanas do Rio de Janeiro e da Paris do II Império, em razão das relação de João Alfredo com Pereira Passos e deste com a Paris de Haussmann.[59] Foi criada uma Comissão Geográfica e geológica, chefiada por Orville Derby; organizado um levantamento estatístico da província de São Paulo; e, em 1886, elaborado um novo Código de Posturas que substituiria o de 1875.

A ligação de João Alfredo com Antônio da Silva Prado, nomeado chefe dos gabinetes da Agricultura e dos Estrangeiros por aquele, seria definitiva nos desdobramentos desse processo de modernização, que colocava no horizonte o fim do trabalho compulsório na província. Tanto que, à participação de João Alfredo no Gabinete da Abolição, segue-se o fim da escravidão em 1889. A este acontecimento, sobrevém um outro de importância crucial: a promulgação da Constituição de 1891, que ampliava enormemente as atribuições da esfera estadual. A partir destes dois fatos, São Paulo passava a ser cabeça da economia e da política nacionais e, para isso, precisava ter uma cidade apresentável e com uma poderosa infraestrutura. A gestão do Conselheiro Antônio da Silva Prado seria de importância categórica para essa transformação, protagonizando, juntamente com a gestão de Raymundo Duprat, uma terceira fundação de São Paulo.[60]

---

de uma era de renovação e embelezamento urbanos, assim também se dá com o *Ringstrasse*. Embora muitos edifícios para as classes altas tenham sido construídos durante essa reforma urbana, também houve melhor abastecimento de água para as classes baixas. A respeito das transformações de Viena do final de século, vide Carl E. Schorske. *Vienne, fin de siècle: politique et culture*. Paris, Seuil, 1983.

59 Jaime Larry Benchimol. *Pereira Passos: um Haussmann tropical. A Renovação Urbana da cidade do Rio de Janeiro no início do século XX*. Rio de Janeiro: Secretaria Municipal de cultura, turismo e esportes, 1990.

60 "Dentro, ainda, da primeira década do século XX, registrou-se o que poderíamos denominar de terceira fundação da cidade. (…) Na realidade, sob a administração dos prefeitos Antônio Prado e Raimundo Duprat, passou a cidade por tais transformações urbanísticas e recebeu tais melhoramentos que somos levados a compará-los aos realizados durante a Presidência de João Teodoro". (Petrone, *São Paulo no século XX…, op. cit.*, p. 121)

Os transportes na Pauliceia

Os primeiros bondes puxados a burros chegaram a São Paulo também no governo João Teodoro. Nos cruzamentos das linhas, fazia-se a muda dos animais para lhes dar de comer e beber. Alguns garotos ficavam esperando a muda para, em troca do auxílio na alimentação dos animais, conseguirem passagem de graça até o ponto desejado.

A sete de maio de 1900 seria inaugurado o primeiro bonde elétrico, ligando o Largo São Bento ao terminal Barra Funda. Outras linhas se seguiriam a esta, associando-se a cada uma delas uma cor de lâmpada, o que permitia que os bondes circulassem até altas horas da noite. À linha Barra Funda seria dada a lâmpada vermelha; à do Bom Retiro, a lâmpada azul; a linha da Ponte Grande seria colorida com a luz verde; e, as linhas Vila Buarque e Avenida receberiam, respectivamente, as cores amarela e branca. Se, durante o período de vigência da tração animal, foram construídos ao todo 60 km de linha, a *Light*, somente neste primeiro ano de tração elétrica construiria 56,3 km de linha.[61]

A inauguração da linha de bondes da Avenida Paulista seria ovacionada pelos jornais, que viam o evento como o marco para a entrada do país no mundo civilizado:

> The *São Paulo Railway Light & Power* CO. LTD. Inauguração Hoje dos bondes elétricos da avenida Paulista. Esta nova linha oferece ao público um longo e esplêndido passeio, passando pelos pontos mais aprazíveis desta capital, partindo do Largo do Ouvidor e seguindo em toda a extensão da Avenida Paulista. O público poderá aproveitar a excelente condução de bondes elétricos, fazendo magníficas excursões pelo bairro mais pitoresco desta capital.[62]

A chegada do bonde elétrico foi um acontecimento de grande monta e seu significado pode ser percebido na produção literária do período. Em crônica escrita na revista *A Semana*, Machado de Assis tenta apreender a profusão dos sentimentos gerados pela novidade a partir da conversa entre dois burros, antes puxadores de bondes, e, agora, prestes a se aposentarem. No gesto do cocheiro, o escritor sintetiza

---

61 Disponível em: http://br.geocities.com/bonde103/Hbd3.html

62 *O Estado de S. Paulo*, 17/06/1900.

O mercado do prestígio 63

o conflito premente entre a tradição, representada pelo bonde de tração animal, e a modernidade, representada pelo bonde elétrico:

> Para não mentir, direi o que me impressionou, antes da eletricidade, foi o gesto do cocheiro. Os olhos do homem passavam por cima da gente que ia no meu *bond* [puxado a burro], com um grande ar de superioridade. Posto não fosse feio, não eram as prendas físicas que lhe davam aquele aspecto. Sentia-se nele a convicção de que inventara, não só o *bond* elétrico, mas a própria eletricidade.[63]

Em suas memórias, Oswald de Andrade tenta expressar as sensações provocadas pela chegada do bonde elétrico, um misto entre admiração e medo:

> Uma febre de curiosidade tomou as famílias, as casas, os grupos. Como seriam os novos bondes que andavam magicamente, sem impulso exterior? Eu tinha notícia pelo pretinho Lázaro, filho da cozinheira de minha tia, vinda do Rio, que era muito perigoso esse negócio de eletricidade. Quem pusesse os pés nos trilhos ficava ali grudado e seria esmagado facilmente pelo bonde. Precisava pular (...)".[64] Os primeiros bondes elétricos atemorizavam as pessoas porque era comum se escutar que, em outros países onde fora implantado, "o bonde dera choque em muita gente.[65]

A *Light*, para quebrar com essa mística do bonde e atrair passageiros, concedia, em troca da passagem de 200 réis, um cupom com direito a presentes para os que fossem sorteados. Ao encampar o serviço dos bondes a burro da Companhia Viação Paulista, a *Light* aboliria, entretanto, as premiações.

---

63 Machado de Assis. Crônica de 16/10/1892. *A Semana*. (1892-1897). In *Obras Completas de Machado de Assis*, vol. I. São Paulo: W. M. Jackson Inc. Editores, 1959, 3 vols.

64 "Anunciou-se que São Paulo ia ter bondes elétricos. Os tímidos veículos puxados a burros, que cortavam a mesma cidade, iam desaparecer para sempre. Não mais veríamos, na descida da ladeira Santo Amaro, frente à nossa casa, o bonde descer sozinho, equilibrado pelo breque do condutor. E o par de burros seguindo depois". (Oswald de Andrade. *Um homem sem profissão: memórias e confissões: sob as ordens de mamãe* (1954). In *Obras completas de Oswald de Andrade*. São Paulo: Globo, 2002).

65 *Fernando Portela. Bonde – Saudoso paulistano.* São Paulo, Editora Terceiro Nome, 2006, p. 34.

Em 1906, os bondes de tração animal desaparecem do centro da cidade, mas continuam a servir os bairros afastados, por conta da ausência da tração elétrica ali. Em 1907, os habitantes de Santana, revoltados pela não inclusão do bairro no serviço de transporte movido a eletricidade, apedrejam e depredam os bondes puxados a burros. O levante se deu em janeiro e, em maio de 1907, era implantada no bairro a primeira linha de bondes elétricos. Enquanto isso, os moradores, na maior parte imigrantes italianos, iam ao trabalho a pé.[66]

Para se ter uma ideia da dimensão da cobertura atingida pelos bondes, em 1900 a *Light* possuía 15 bondes de passageiros e alguns outros de serviço. Em 1910 havia um total de 152 bondes de passageiros, 49 reboques, e 12 bondes de serviço.

Evolução da frota de bondes da *Light* na cidade de São Paulo	
1900......... 15 carros	1907........... 81 carros
1901......... 46 carros	1908......... 105 carros
1903......... 64 carros	1910......... 201 carros
1904......... 71 carros	1939......... 567 carros

Fonte: www.wvp.hpg.ig.com.br, acessado em 05/02/08

Para os bairros de elite, tanto o serviço de transporte, como a relação do morador com o bonde era totalmente diferente daquela dos bairros populares. Os jardineiros das famílias abastadas esperavam o bonde à frente da casa e, quando este chegava, iam chamar o patrão:

> Na Avenida Paulista, os moradores mandavam os jardineiros à porta, ao fim do almoço, para esperar o bonde. (...) Quando se aproximava o bonde, o jardineiro mandava parar e corria para casa, a avisar o patrão, que vinha apressado, acompanhado pela mulher, despedia-se dela, tomava o bonde, cumprimentava os outros nove passageiros, todos seus conhecidos, e palitava os dentes".[67]

Igualmente aos demais elementos da rede infraestrutural, o desenho das linhas de bondes comprovava a concentração dos serviços nos bairros elitistas, reforçando os contornos patriarcais da esfera pública em uma sociedade de passado colonial.

---

66   *Memória Estatística, op. cit.*

67   Jorge Americano. *São Paulo naquele tempo 1853-1915*. São Paulo: Saraiva, 1957, p. 210.

Contrariamente ao processo de constituição da modernidade dos países centrais, que tornara a esfera pública um espaço da expressão crítica da burguesia aos seus próprios valores, a esfera pública nos países de passado colonial é uma expressão do tradicionalismo patriarcalista, que se reinventa em meio urbano. Os bairros de elite, a apropriação das ruas mais privilegiadas por poucas e grandiosas famílias, representam esse novo do patriarcalismo, que estrutura uma dada relação entre o público e o privado.[68] Não à toa, a primeira linha de bondes elétricos, antes de chegar ao ponto final na Barra Funda, passava pela Alameda Barão de Limeira, onde ficava a Chácara do Carvalho, propriedade do Conselheiro Antonio Prado.[69] O mesmo acontecia com as outras linhas, que se situavam nas direções mais adequadas ao deslocamento da classe mais abastada, para a realização de seus lazeres e de suas compras, já que é ao longo das linhas de bonde onde se concentra o principal comércio. A esse respeito, é bastante ilustrativa a observação do cronista Jorge Americano: "Não me lembro se havia a linha da Mooca, mas penso que sim, por causa das corridas no Hipódromo. Ou porque a Mooca fosse bairro fino, habitado por gente que tinha dinheiro para andar de bonde".[70]

Embora a infraestrutura urbana reproduzisse a desigualdade social, o bonde em si constituiu-se num dos poucos espaços democráticos criados pela metrópole. Nele se via o rico de fraque e cartola viajando ao lado do pobre trabalhador de usina. Embora os preços pudessem ser diferentes – 200 para a viagem no carro e 100 no reboque –, não eram abusivos – a não ser no início – e, qualquer um poderia viajar de bonde: "O padre, a moça, o velho, a velha, a criança, o jovem perdido; e o ciúme, a traição, o crime; a ambição, o pânico, a humilhação; todos os movimentos sociais, reivindicatórios; a religiosidade – os santos e os canalhas."[71] Em versos de *Lira Paulistana*, de Mário de Andrade, o traço democrático aparece no anonimato do viajante de bonde, que emerge do encontro com os demais passageiros:

---

68 Jürgen Habermas. *Mudança estrutural da esfera pública: investigações quanto a uma categoria da sociedade burguesa.* Tradução de Flavio R. Kothe. Rio de Janeiro: RJ, Tempo Brasileiro, 1984.

69 Anunciava-se que a primeira linha construída era a da Barra Funda. É pra casa do prefeito! – O bonde deixava o Largo de São Bento, entrava na Rua Libero Badaró, subia a Rua São João, entrava na Rua do Seminário". (Oswald de Andrade, *Um homem..., op. cit.*).

70 Americano, *São Paulo..., op. cit.*, p. 206.

71 Portela, Bonde..., *op. cit.*, p. 29.

O bonde abre a viagem
No banco ninguém
Estou só, e estou sem.
Depois sobe um homem,
No banco sentou,
Companheiro vou.
O bonde está cheio.
De novo, porém,
Não sou mais ninguém.[72]

Também Amadeu Amaral, em seu livro *Memorial de um passageiro de Bonde*, traz as recordações dos cruzamentos sociais que se efetivavam no interior dos bondes e como todos acabavam por se reduzir a um só estatuto: o de passageiro.

> Viajei ao lado de um homem que, pela casca, devia ser negociante de secos e molhados. Era, de fato. Cheirava a suor, tinha os dedos grossos e encardidos, trazia um casaco de casimira cinzenta semeado de respingos, coscorões e tintas de várias cores (…) *No bonde, o Sr. Joaquim já não é um negociante, é um passageiro.* Aí, já não sente os limites que de ordinário lhe circunscrevem a personalidade, pungindo-lhe a carne; dá liberdade ao corpo; reveste, como uma roupa larga, os gestos e modos comuns do passageiro. A este não lhe incumbem senão três coisas: pagar a passagem, não fumar nos três primeiros bancos, e só ocupar o lugar de uma pessoa (…). De resto, todos iguais perante o condutor e o motorneiro. Todos podem ser brutos, dentro das regras, bastante amplas, que presidem a vaga polícia dos carros. – O Sr. Joaquim está igualmente compenetrado deste princípio, que da mesma forma já se lhe incorporou à maquinalidade dos reflexos.[73]

Não raro, a origem social mostra-se nos trajos portados pelo passageiro do bonde. Acima, o negociante, talvez um imigrante, porta casimira suja e tem dedos encardidos, o que denota sua profissão. Tem até mesmo o direito de ser um bruto. Mas logo, tal estat ito é anulado porque, no interior do bonde, todos são passageiros

---

72 Mário de Andrade. *Lira Paulistana* (1944). In Mario de Andrade. *Poesias Completas,* 3ª ed. São Paulo: Martins, 1972, p. 391.

73 Amadeu Amaral. *Memorial de um passageiro de bonde.* São Paulo: Hucitec, 1976.

e, portanto, iguais, submetidos às mesmas regras que regem a circunscrição específica do bonde. Poderíamos dizer que o bonde é uma instituição.

Contudo, bondes de luxo, destinados exclusivamente ao deslocamento das classes abastadas, seriam colocados em circulação pela *Light*. Em 1906, chegava ao porto de Santos um bonde luxuosíssimo encomendado pela *Light* à empresa norte-americana *St. Louis*. Pintado na cor azul, o *truck* duplo vinha com janelas em arco, salão de bufê, gabinete, lavabo e o nome *Ypiranga* gravado em letras douradas. A viagem inaugural recebeu a benção do Cardeal Arcoverde. O uso do *Ypiranga* era reservado para os dias festivos ou às sextas-feiras, quando transportava os diretores da *Light* para seu *weekend* em Santo Amaro. Depois, passou a ser alugado para festas de casamentos e batizados realizados pelas famílias mais ricas da província. Só para se ter uma ideia da disparidade de tratamento entre os estratos sociais, um bonde destinado ao transporte de operários, operando com tarifas reduzidas, seria lançado pela *Light* somente três anos depois, em 1909. Era o primeiro bonde produzido pela empresa no Brasil e, não por coincidência, seria destinado ao transporte de operários.

O interior do bonde reproduz em proporções diminutas as contradições que atravessavam a sociedade paulistana naquele momento. Nesse sentido, não deixa de ser curiosa a observação de Nicolau Sevcenko a respeito da relação entre o bonde e a inversão de entre as esferas pública e privada, da qual acima falávamos. O autor comenta esse traço da modernidade periférica a partir de uma crônica escrita por Machado de Assis na revista *A Semana*. A crônica gira em torna da violação da regra de não fumar dentro do bonde, que, paradoxalmente, é a regra considerada mais democrática por Amadeu Amaral:

> "Os cocheiros podem fumar em serviço?" Fê-lo em voz baixa, tranquila, como quem quer saber só por saber. O condutor, não menos serenamente, respondeu-lhe que não era permitido fumar. "Mas ele fuma só aqui, no arrabalde; lá para centro da cidade, não fuma não senhor".[74]

---

74 Parte do trecho selecionado por Nicolau Sevcenko em Nicolau Sevcenko. "A capital irradiante: técnica, ritmos e ritos do Rio". Capítulo 7 de Nicolau Sevcenko (org.). *História da Vida privada no Brasil – República: da Belle Époque à era do rádio*. Coordenador geral da coleção Fernando Antônio Novais. vol. 3. 4ª reimpressão. São Paulo: Companhia das Letras, 2001, p. 530.

Segundo Nicolau Sevcenko, a contradição seria assim expressa:

> Assim, na periferia, nosso cocheiro refaz as regras, assumindo a iniciativa do jogo social. No centro, ele se submete ao código que o anula. Diante da ausência de uma norma de cidadania que o reconheça, ele responde com a desestabilização do privilégio social que o direito à privacidade se tornou aqui.[75]

Embora uma diferenciação hesitante entre uma esfera pública e privada já esteja presente nas regiões centrais da cidade, nos arrabaldes continuam a reger, em forma quase pura, as leis herdadas do privatismo patriarcalista colonial.[76] Estes traços, a serem apenas visualizados neste capítulo, serão objeto de tratamento mais acurado no quarto capítulo deste trabalho.

Energia: iluminação a gás e iluminação elétrica

Dando continuidade ao argumento de que o processo de urbanização acompanha a industrialização (daí ser importante ressaltar o processo de urbanização à periferia do sistema capitalista, uma vez que o processo de industrialização é distinto), é importante dizer algumas palavras sobre a iluminação. Importante porque, da mesma forma que os transportes, a iluminação tem impactos relevantes sobre o modo de vida urbano.

Com a II Revolução Industrial, criou-se o queimador Bunsen, capaz de misturar o ar ao gás natural, facilitando sua combustão. Em meados do século XIX, o dispositivo já era aplicado na iluminação urbana.

No Brasil, a técnica foi trazida pelos ingleses e continuou, por longo período de tempo, dominada por estes. Tanto a iluminação a gás pela combustão do carvão, quanto, a seguir, a construção de usinas para a geração do combustível eram empreendimentos ingleses. Em 1890, foi criado em São Paulo, também pelos ingleses, um gasoduto à prova de vazamentos, o que tornou a distribuição segura e eficiente.

---

75 Nicolau Sevcenko. "A capital irradiante: técnica, ritmos e ritos do Rio". Capítulo 7 de *História da vida privada no Brasil*, vol. 3, *op. cit.*, p. 530.

76 Gilberto Freyre. *Sobrados e Mucambos: Decadência do Patriarcado Rural e Desenvolvimento Urbano*. Rio de Janeiro: Record, 1996.

Antes disso, a iluminação pública era feita por lampiões de óleo de peixe ou de mamona que pendiam das paredes das casas das principais ruas e infestavam a cidade com seu mau cheiro. Assim seria durante anos quando, em 1872, construiu-se a primeira usina de gás pela *San Paulo Gas Company*. A empresa seria responsável pela instalação de setecentos lampiões a gás nas ruas da cidade ainda no mesmo ano e pelas primeiras instalações residenciais em 1880.[77]

O acender do lampião era um espetáculo à parte. Dezenas de meninos ficavam em torno do incumbido de fazê-lo com a esperança de que um deles seria o escolhido para atear a chama da lâmpada "Auer":

> Com o gancho, o homem torcia o registro do bico maior, e, premendo a seringa, soprava a chama contra o bico aberto, e o acendia. Às vezes qualquer menino do quarteirão fazia amizade com ele. Então era cedido ao menino o favor de acender o lampião. De madrugada vinha outro homem (ou talvez o mesmo), fechava o registro grande e deixava só o filete de chama.[78]

As empresas internacionais responsáveis pelo fornecimento de serviços públicos vieram com a diversificação das possibilidades de investimentos, trazida pela cafeicultura. Contudo, a cidade crescia, e com ela, os problemas de abastecimento, dos quais a iniciativa pública não conseguia dar conta.

A *San Paulo Gas Company* foi a primeira empresa estrangeira a se instalar na cidade, mas os constantes problemas de insuficiência de abastecimento de gás exigiram novas soluções. Em 1878, seis anos após a instalação da primeira usina, ensaiaram-se as primeiras tentativas de utilização da energia elétrica. Em 1889, os ricos donos de casas localizadas nas ruas da Imperatriz, São Bento e no Largo do Rosário, tomaram a iniciativa de utilizar a energia elétrica, antecipando-se ao seu fornecimento pelo governo municipal.

Somente em 1900, a energia a gás seria substituída pela elétrica nos espaços públicos. Em projeto municipal de 1885, previa-se que a substituição de uma forma de energia por outra teria a *San Paulo Gas Company* à frente das operações. No entanto, foram os serviços da empresa canadense *Light and Power Co. Ltd.* que foram

---

77 Renato Nunes Rangel. "A pauliceia iluminada: o gás canalizado na cidade de São Paulo, 1870-1911". Dissertação de Mestrado em História da Ciência, PUC-SP, 2002.

78 Americano, *São Paulo...*, *op. cit.*, p. 139.

contratados. Em 1901, seria construída a primeira usina hidrelétrica no rio Parnaíba. Em 1907, a barragem do Rio Guarapiranga. Em 1910, apesar da resistência de Antônio Prado, que sairia da prefeitura no ano seguinte, a *Light* adquiriu a *San Paulo Gas Company* e, portanto, o monopólio dos serviços de energia e transporte.

A construção de sucessivas usinas hidrelétricas atesta a íntima relação entre energia e transporte. Para tracionar um bonde elétrico, era necessário eletricidade de 550 volts corrente contínua. A Companhia de Água e Luz do Estado de São Paulo, estabelecida em 1881 e operando ainda com maquinário antigo, motores a vapor, fornecia energia elétrica do entardecer até a meia noite, mas, logo, tampouco seu fornecimento seria suficiente.

A forma como se distribuiu a energia, assim como as vias de transporte, acentuou as clivagens espaciais. Isso aconteceu tanto com o abastecimento de gás que foi destinado somente aos bairros de classes médias e altas, enquanto que as classes mais humildes continuavam a se servir da lenha, como com o abastecimento da energia elétrica. Afinal, somente as classes mais abastadas poderiam ter acesso aos aparelhos necessários à utilização das novas formas de energia.[79]

A energia elétrica revolucionaria a cidade, tanto do ponto de vista infraestrutural, quanto dos costumes. Surge o culto à vida boêmia e à *flânerie*:[80] "A nossa capital já é um centro onde as manifestações da vida mundana se fazem sentir fortemente. Já não somos os tristes moradores de uma cidade provinciana que às nove horas da noite dormia a sono solto depois dos mexericos através das rótulas ou à porta das farmácias".[81]

Com a energia elétrica, a cidade é transformada em espaço de exposição, que também é objeto de consumo. Os produtos se exibem nas vitrines, com suas cores e tonalidades evidenciadas pelas lâmpadas. As novas formas de exibição abrem espaço ao surgimento da publicidade no Brasil. Em 1906, o primeiro projeto de letreiro com iluminação elétrica seria aprovado, dando relevo à nova organização comercial da cidade.

---

79 Raquel Rolnik. *São Paulo*. São Paulo: Publifolha, 2001.

80 "Je gagnai les Champs-Élysées où les cafés-concerts semblaient des foyers d'incendie dans les feuillages. Les marroniers frottés de lumière jaune avaient l'air peints, un air d'arbres phosphorecents. Et les globes électriques, pareils à des lubes éclatantes et pâles, à des oeufs de lune tombés du ciel, à des perles monstrueuses, vivantes, fasaient pâlir sous leur clarté nacrée, mystérieuse et royale, les filets de gaz, de vilan gaz sale, et les guirlandes de verres de couleur". (Guy de Maupassant. *Clair de lune* (1909). Paris, Ollendorff).

81 Jayme Gama. Crônica de *O Pirralho*. São Paulo, 11/08/1911.

Ainda com o mister das luzes, aqueles que tivessem acesso aos produtos "iluminados" veriam e seriam vistos de forma mais enfática. Na verdade, esse era o tempo das exposições em todos os sentidos, inclusive das exposições universais, síntese de todas as demais: "(...) das grandes avenidas às exibições de produtos industriais, a ordem era abrir os espaços amplos, iluminados, arejados – expostos. Não se queria mais deixar lugar às vielas, casas toscas, ambientes escuros e esfumaçados".[82]

O advento da energia elétrica, uma das principais conquistas da II Revolução Industrial aplicadas ao processo de modernização urbana, tornaria a utopia da São Paulo civilizada cada vez mais real. Agora estava mesmo muito próxima de ser uma *Ville Lumière*.

Os serviços de saneamento

Luz, transporte e saneamento básico completam o quadro de transformações infraestruturais que marcaram o processo de modernização da cidade de São Paulo no século XIX. Apontam também para as contradições específicas do processo de urbanização em contexto periférico, que apresenta segregações espaciais coerentes com o processo de formação do capitalismo no Brasil.

No que se refere às obras de saneamento, a partir da Proclamação da República, as Câmaras Municipais são responsáveis por legislar sobre serviços públicos como limpeza, calçamento, construção de ruas e praças, conservação de obras e prédios públicos, organização de serviços ligados à manutenção da ordem sanitária.[83]

Em 1890, Antônio Francisco de Paula Sousa, engenheiro formado na Escola Técnica Superior de Zurique e na Politécnica de Karlsruhe, assume a Superintendência de Obras Estadual, subordinada à Secretaria da Agricultura, Comércio e Obras Públicas.

O crescimento da cidade, sem a correspondente expansão da infraestrutura urbana, era evidente. Os imigrantes chegavam e instalavam-se de forma precária em cortiços que, sem os cuidados de saneamento, tornavam-se focos de doenças. Com o recrudescimento da febre amarela em Santos e no interior, que tomou contornos epidêmicos em 1890, aquelas aglomerações tornaram-se particularmente preocupantes.

---

82 Barbuy, *A cidade-exposição...*, *op. cit.*, p. 71.

83 Fábio Alexandre dos Santos. "Domando as águas. Salubridade e ocupação do espaço na cidade de São Paulo, 1875-1930". Tese de Doutoramento em História Econômica pela Unicamp. Campinas, 2006.

Para resolver o problema do saneamento urbano, que ia desde a questão do abastecimento de água, do sistema de esgoto até a das várzeas inundáveis, focos do mosquito transmissor da febre amarela no período das chuvas, montou-se uma comissão formada de engenheiros sanitaristas, dentre os quais se destacaria Francisco Saturnino Rodrigues de Brito. Essa Comissão de Saneamento seria a precursora do primeiro conjunto de obras do Tamanduateí.

Dadas as precárias condições, não demoraria a que uma epidemia de cólera explodisse na capital. A ação do governo foi rápida e radical.[84] Houve quarentenas, desinfecção das casas atingidas e fiscalização das habitações populares. Devido à resistência de alguns moradores, seria criada uma Intendência de Polícia e Higiene, responsável por inspecionar os cortiços e vacinar a população, exigindo ainda a demolição de edifícios, se necessário. Tal medida seria selada pela Lei nº43, de 1892, que subordinava o recém-criado Serviço Sanitário do Estado de São Paulo à Diretoria de Higiene.

Apesar de o governo municipal ter-se norteado pela teoria dos miasmas, segundo a qual as doenças alastravam-se pelos fluidos localizados no ar e nas águas, a ação foi bastante eficiente.[85] Associando os miasmas às águas e a outros elementos físicos propagadores de fluidos contaminados, o governo promoveu, juntamente com as novas posturas sanitárias, a drenagem, o aterramento, a canalização e a retificação dos rios. Somente alguns anos mais tarde descobririam, em Havana, que a transmissão da doença não se dava por miasmas, mas sim pelo mosquito *Stegomya Fasciata*.[86]

Para que a distribuição de água também fosse controlada, a Companhia Cantareira de Água e Esgotos, criada em 1877, foi encampada pelo governo municipal. Com isso, fizeram-se novas obras de abastecimento de água na Serra na Cantareira, a rede de esgotos foi ampliada, foram abolidos os chafarizes públicos em 1893 e promulgado um Código Sanitário a partir do Decreto Estadual de 1894.

Não obstante as sucessivas reformas nos Códigos Sanitários Promulgados, a cidade não conseguira superar a situação de calamidade pública. Corria-se o risco de que as regiões insalubres, exatamente as mais carentes, desprovidas dos serviços sanitários, passassem a contaminar as regiões mais nobres da cidade. Por isso,

---

84 Campos, *Os rumos...*, *op. cit.*, p. 61.

85 "Usavam um líquido verde ou creolina, ainda movidos pela teoria dos miasmas". (Americano, *São Paulo...*, *op. cit.*, p. 484)

86 *Idem, ibidem.*

O mercado do prestígio   73

em 1911, já na gestão Duprat, seriam também encampados pela municipalidade os serviços de limpeza pública, acrescentando-se a essa medida a cobrança de taxa sanitária, promulgada pela Lei nº 1. 413, de 20 de abril de 1911, e regulamentada pelo Ato nº 402, de 24 de maio de 1911.[87]

A cidade se foi assim dividindo, desde a qualidade dos serviços de infraestrutura, como transporte e saneamento, até os projetos de cunho paisagísticos, impreterivelmente destinados às regiões mais elegantes, como a Avenida Paulista, Higienópolis e Campos Elíseos. Embora a racionalização fosse conduzida conscientemente para esse fim, a partir de determinado momento, entraria em contradição consigo mesma porque, ao invés de eliminar os traços coloniais em um nível, simplesmente os transferia para um outro. A exclusividade dos serviços de saneamento aos bairros abastados passa a ameaçá-los com o crescimento inconstante da cidade:

> os bairros novos abasteciam-se de águas em cisternas, e os rios eram grandemente utilizados pelas lavadeiras; para os esgotos, utilizavam-se fossas sem condições higiênicas elementares, comunicando-se, às vezes, por infiltrações subterrâneas, com as cisternas de água de beber, o que explica a frequência do tifo. Bairros como a Vila Mariana, Perdizes, Água Branca e Lapa ainda em fins da década de 1910 não contavam com quaisquer serviços de esgotos.[88]

A cidade no papel: imprensa e urbanização no século XIX

As três partes anteriores desta seção tratam das transformações da infraestrutura urbana e apontam para a criação de determinadas condições que complexificam e enriquecem o universo dos bens e das relações de consumo.

O objetivo de analisar-se também nesta parte o processo de difusão da imprensa reside no fato de que esta cria um novo canal para a cidade espetáculo, que é o da sua exposição no papel.[89] As intrincadas relações que se estabelecem entre o processo

---

87   Fábio Alexandre dos Santos. *Urbanização da cidade de São Paulo: trabalhadores imigrantes, ocupação do espaço e salubridade, 1911-1930.* XXV Encontro da Associação Portuguesa de História Econômica. Universidade de Évora, 18 e 19 de Novembro de 2005, p. 3.

88   Marisa Saenz Leme. *Aspectos da evolução urbana de São Paulo na I República.* Tese de doutoramento. São Paulo, Departamento de História da FFLCH-USP, 1984, p. 46-48.

89   Sobre a relação entre cidade e imprensa, permeada pelos novos papéis que o consumo assume no capitalismo de finais do XIX, vide Walter Benjamin, *Rua de mão única.* Obras escolhidas, vol.

de urbanização, a expansão da malha comercial, a difusão de novos produtos e a revolução no consumo são sintetizadas pela imprensa paulista no ideário da cidade que conquista os louros do progresso, superando o legado colonial. Ainda que as artes gráficas paulistanas fossem bastante arcaicas até as últimas décadas do século XIX, com pouca utilização de material fotográfico, o processo se reverte ao longo do século XIX. A utopia da cidade civilizada aparece nos anúncios dos produtos farmacêuticos que prometem a erradicação de doenças endêmicas e dos "males do século", como as histerias femininas; nos anúncios das últimas novidades vindas da Europa e da técnica mais avançada; nos índices da exportação do café, da expansão da malha ferroviária e dos serviços urbanos. Trata-se de um projeto nacional que visa a, não somente abolir as heranças do passado, como remeter a nação para o grupo dos países considerados o suprassumo da civilização:

> no correr deste século, os Estados Unidos se farão a primeira potência mundial, com todos os respeitos. O Brasil será a segunda ou a terceira, pondo-se à frente da Itália e da França. Seguir-se-ão a Argentina, o México, o Chile e a Colômbia. (…) A entrada vitoriosa dessas nações cheias de viço, no primeiro plano do teatro da civilização moderna, será certamente o fato capital do século XX, que ficará na história com o nome de *século americano*.[90]

Não se pode falar do desenvolvimento da imprensa sem relacioná-lo à fundação Academia de Direito em 1827, que é tida como um marco da história cultural de São Paulo:[91] "Tudo partiu da Academia de Direito de São Paulo. Ligada está ela ao Brasil pelo parentesco de afinidade, mas presa a São Paulo, à velha cidade das repúblicas e dos estudantes, da garoa e das serenatas, pelo umbigo da maternidade".[92] Os bacharéis passam a constituir a intelectualidade da capital, constituindo, em certo sentido, uma espécie de elite, que se contrapõe aos hábitos pitorescos da ala mais tradicional da

---

II, Trad. de Rubens Rodrigues Torres Filho. São Paulo: Brasiliense, 1987. O autor trabalha sobre a relação entre a linguagem da mercadoria e a mercadoria impressa, anunciando os primórdios de uma sociedade do espetáculo, cuja ideia seria depois retomada por Henri Lefebvre e Guy Debord.

90   "O século americano". *O Estado de S. Paulo*. São Paulo, 10/08/1906.

91   Bruno, *História…, op. cit.*, vol. II.

92   Paulo Cursino de Moura. *São Paulo de Outrora – evocações da metrópole*, 3ª ed. São Paulo: Livraria Martins Editora, 1943, p. 52.

O mercado do prestígio

oligarquia do café. Os estudantes relatam em suas memórias a vida nas repúblicas, os encontros nas praças, as serenatas, a boemia e os hábitos cosmopolitas que dividiam espaço com a pequenez dos roubos de galinhas e de porcos, com as ruas de terra e com os hábitos provincianos, ainda arraigados na vida cotidiana da capital.[93]

Com o processo de urbanização do final do século, a cultura letrada receberia um novo alento. A imprensa nascente captou os novos movimentos da cidade, confundindo-se com ela. O título Pauliceia, dado à capital em 1888 sob sugestão de um periódico de mesmo nome, marca a cumplicidade entre a imprensa e a urbe:

> A cidade intromete-se na imprensa. O crescimento da cidade, a diversificação das atividades econômicas, a ampliação do mercado e o desenvolvimento da vida mundana são incorporados às formas e conteúdos dessas publicações. Através de novas temáticas, personagens e linguagens, o processo social que transforma a cidade passa também a configurar as publicações.[94]

Os novos produtos, as notícias da alfândega e do estado das relações exteriores, o comércio redimensionado passam a ser temas constantes dos periódicos. Acontecimentos dos círculos familiares, como enterros e casamentos confundem-se com as notícias sobre a última moda de Paris e das óperas recém-chegadas à capital: "No dia seguinte, a notícia do enterro aparecia no jornal com os nomes de todos os que o acompanharam e todos os dizeres de coroas de flores que foram enviadas aos defuntos. Estes detalhes eram exclusividades dos enterros de tipo fino".[95] No lugar dos anúncios de compra e venda de escravos, de descrições de negros foragidos,[96] o jornal falava da capital e de suas aquisições, ajudando a concretizar e a difundir a utopia de uma sociedade civilizada nos trópicos. Nesse processo, elementos novos vão se enleando aos elementos tradicionais reciclando a sociedade e conformando um todo original.

---

93 José Luiz de Almeida Nogueira. *A Academia de São Paulo: Tradições e Reminiscências. Estudantes, Estudantões, Estudantadas.* São Paulo: Lisboa, Typographia Vanorden; Typ. A. Editora, 1909-1912, 9 vols.

94 Heloisa de Faria Cruz. *São Paulo em papel e tinta: periodismo e vida urbana 1890-1915.* São Paulo: Educ, 2000, p. 80.

95 Americano, *São Paulo...*, *op. cit.*, p. 316.

96 Lilia K. Moritz Schwarcz. *Retrato em branco e negro.* São Paulo: Companhia das Letras, 1987.

Da mesma forma que o bonde, o jornal se constituiu com um perfil mais democrático. O livro continuava a ser um artigo de luxo, reservado somente às classes mais abastadas, tanto em razão da natureza do material ali empregado – vinham com capas de madrepérola, sem contar que o papel era um dos mais caros artigos de importação –, como em razão da leitura difícil. Já os jornais eram vistos nas mãos de muitos moradores da capital. Em uma casa de classe mediana, as leituras das seções livres dos jornais tornou-se um costume matinal corriqueiro: "Cada manhã, em cada casa, o mais importante era ler a Seção Livre. (…) O chefe da casa (…) ia direto à sessão livre. A mulher pedia que lesse alto".[97] Aí se mandavam de forma velada recados entre casais apaixonados ou trocavam-se farpas entre desafetos: "O Dr. Fulano de Tal, que era um homem pobre, foi nomeado há dois anos tutor de uns menores. Por coincidência, o Dr. Fulano está construindo casa e consta que comprou carruagem. Por que será? Assinado: Olho Vivo".[98]

Tendo-se em consideração a expansão da alfabetização – não obstante restrita à classe média –, a imprensa diária era lida tanto pelo bacharel passageiro do bonde, que comentava as últimas novidades da política, quanto pelo funcionário público, que engraxava os seus sapatos na praça pela manhã e lia em voz alta os anúncios publicitários. A publicidade pré-modernista, ainda não tomada pela influência *Art Nouveau,* que alteraria radicalmente a relação entre significante e significado,[99] tem uma função bastante simples: a de criar uma identidade entre o morador da cidade e a própria cidade:

---

97   Jorge Americano. *São Paulo naquele tempo,* 2ª ed. São Paulo: Carrenho Editorial/Narrativa Um/ Carbono 14, 2004, p. 391.

98   Americano, *São Paulo…, op. cit.* (2004), p. 389.

99   A respeito da função dos signos na publicidade, vide Roland Barthes, *Mythologies.* Paris, Éditions Seuil, 1957. Inspirado em Saussure, primeiro formulador das concepções de significante e significado como aspectos estruturantes do signo, noções que ficaram restritas à Linguística por cerca de 40 anos, Barthes é um dos primeiros a aplicá-los na análise do discurso publicitário: "Aqui encontramos duas determinações: de um lado, uma crítica ideológica sobre a linguagem da chamada cultura de massa; de outro, uma primeira remoção semiológica dessa linguagem: eu tinha acabado de ler Saussure e dali eu tirei a convicção de que, ao tratar das "representações coletivas" como sistemas de signos, poderíamos esperar sair da denúncia piedosa e se dar conta em detalhe da mistificação que transforma a natureza pequeno-burguesa em natureza universal." (Barthes, *Mythologies, op. cit.*). Neste seu livro, com o qual se fez respeitável no mundo da semiologia, o autor discute mitos velados na vida cotidiana do francês comum, como o vinho, a Citroën, o semblante de Greta Garbo, os sabões e detergentes: "Eu acho que o carro é hoje o equivalente quase exato das grandes catedrais góticas, ou seja, a criação de um grande momento, concebida com paixão por artistas desconhecidos, consumida em imagem se não em uso por um povo inteiro que se apropria de tal imagem como um

O mercado do prestígio

> A publicidade era um dos elementos constitutivos da vida urbana e, como tal, tinha sua participação na construção da cidade (…) os anúncios apresentavam imagens que, embora não correspondessem imediatamente ao espaço no qual circulavam, correspondiam às expectativas correntes sobre a organização da cidade.[100]

Por isso, os meios de veiculação das primeiras imagens impressas eram os mais variados possíveis e a linguagem utilizada pouco complexa:

> Folhinhas, cartões postais, opúsculos, correspondências e principalmente almanaques, são materiais pioneiros na difusão da palavra impressa do periodismo em São Paulo. (…) As mesmas tipografias e litografias prometem, através de vinhetas e clichês, embelezar tanto rótulos de bebidas, cigarros e outros produtos, como também folhinhas de casas comerciais, almanaques bem organizados, brochuras com a mais fina encadernação, jornais etc.[101]

Em contexto periférico, a publicidade de finais do XIX tem a função de informar o leitor, tornando-o um perfeito conhecedor dos produtos difundidos pelo novo *modus vivendi*. Contribui ainda para o endossamento da utopia urbana a partir de sucessivas reinvenções da cidade.

A difusão do periodismo, que associa o hábito da leitura diária à circulação de periódicos, também foi impulsionada com crescimento da malha ferroviária, que levava os jornais para o interior. Surgidos desse movimento, os primeiros periódicos diários foram: *Correio Paulistano* (1854), *Diário de São Paulo* (1865), *A Província de São Paulo* (1875), O *Diário Popular* (1884), *A Plateia* (1888), *O Estado de São Paulo,* que de uma tiragem de 4 mil exemplares em 1888 passa a uma tiragem diária de 35 mil exemplares por volta de 1913. Os periódicos dividiam-se em matutinos e vespertinos. Os jornais matutinos entre 1900 e 1915 eram: *O Estado de São Paulo,* sob direção de Rangel Pestana na monarquia e de Júlio de Mesquita, na República,

---

objeto puramente mágico. O novo Citroën cai claramente do céu na medida em que se apresenta pela primeira vez como um objeto superlativo." (*Idem, ibidem,* p. 151.).

100 Márcia Padilha. *A cidade como espetáculo-Publicidade e vida urbana na São Paulo dos anos 20.* São Paulo: Annablume, 2001, p. 99.

101 Cruz, *São Paulo…, op. cit.,* p. 83.

o *Correio Paulistano,* o *Comércio de São Paulo,* sob direção de Eduardo Prado. Já os jornais vespertinos eram: *Diário Popular, Plateia, Gazeta.*[102]

Com esse perfil de imprensa e de publicidade por ela veiculada, o almanaque exerceu um papel crucial: o de transmitir as informações o mais rápido possível ao maior número de pessoas. Segundo Werneck Sodré, o almanaque "era o livro de um país que não tinha ainda público para suportar a impressão de livros",[103] congregando em si alguns esboços de um processo de massificação no interior de uma sociedade altamente excludente:

> além de calendário, informações gerais sobre importações e exportações, impostos e taxas, horários de trens, tabelas de conversão de preços e medidas, repartições públicas e atos administrativos, os almanaques foram paulatinamente assumindo uma feição mais generalizada e amena, incorporando de forma crescente conteúdos lúdicos e de entretenimento.[104]

Além do almanaque, existiam as revistas que difundiam os espetáculos de variedades. As principais eram: *Kosmos,* na qual escrevia Olavo Bilac; *Ilustração Brasileira; Revista da Semana,* que tinha como cronista Machado de Assis; *O Malho; A Careta;* o *Fon-Fon,* todas cariocas. Em São Paulo, a revista de maior difusão era *A Cigarra.* Ainda para os espetáculos de variedade, havia as folhas que saíam aos domingos e que mostravam

> uma cidade que aos domingos passeia no Jardim Público, no Parque Antártica, no Jardim da Aclimação; que pratica esportes, joga futebol nos campos do Bosque da Saúde ou nos times de várzea, que assiste a *matchs* no velódromo e frequenta os prados da Mooca, que aplaude as *troupes* de malabaristas e dançarinas no Polyteama, frequenta o botequim *chic* do Municipal, assiste às matinês no Éden, frequenta as elegantes *soirées* do Germânia e os animados bailes do Salão Celso Garcia.[105]

---

102 Americano, *São Paulo...*, *op. cit.* (1957), p. 460.

103 Nelson Werneck Sodré. *História da Imprensa no Brasil.* Rio de Janeiro: Graal, 1977, p. 276.

104 Cruz, *São Paulo...*, *op. cit.*, p. 84. Sobre os primeiros almanaques e suas funções sociais, vide: Ana Maria de Almeida Camargo. *Os Primeiros Almanaques de São Paulo: Introdução à Edição Fac-Similar dos Almanaques de 1857 e 1858.* São Paulo: Imesp/Daesp, 1983.

105 *Idem, ibidem,* p. 94.

O mercado do prestígio   79

Para o público feminino, os principais periódicos eram os figurinos de moda: *La Mode Ilustrée, La Saison* (moda feminina de Paris), *Estação* (trimensário nacional de modas), *L'illustration, Black & White* (revistas estrangeiras).[106] Os fascículos traziam não somente informações sobre a última moda na Europa, como conselhos pensados a partir das novas atribuições da mulher no contexto da *Belle Époque* brasileira.

Curiosamente, havia revistas que não passavam de um mês de publicação, às vezes sequer atingiam um segundo exemplar. Jorge Agudo, em *Gente Rica*, chama esse fenômeno ironicamente de "o mal de sete dias das revistas".[107] Somente nas últimas duas décadas do século XIX, vieram a público mais de 600 publicações, o quíntuplo das quatro décadas anteriores. As que sobreviveram destas por mais de uma semana foram muito poucas.

A imprensa contribui ainda para a criação de uma camada média que surge de serviços tipicamente urbanos. Com a difusão das letras e o aumento da cobertura dos serviços de educação, foram criadas as funções de guarda-livros, contadores, professores de primeiras letras, auxiliares de escritório. Com o aumento do número de tipografias e litografias, surgiu também a figura do tipógrafo: "Olhe o caso daquele tipógrafo. Era o melhor empregado da tipografia. Mas sempre que havia greve, ia--se ver, era ele quem imprimia e espalhava os boletins. É a tal 'meia instrução'. Um tipógrafo considera-se intelectual. Fazer propaganda socialista! Que absurdo!".[108] Essa camada média via o seu trabalho de uma forma diferente da forma dada pela moral vigente no interior de uma sociedade de passado escravista. Contudo, o surgimento da classe média, não foi menos eivado de contradições, como a desse tipógrafo socialista e com pretensões revolucionárias, que se julga intelectual, quando, não passa daqueles tantos que gozam da *meia instrução*.

A "haussmanização" da cidade: beleza, limpeza e racionalização

O século XIX assistiu paulatinamente à construção de um modelo de "cidade moderna", que começara na Paris de Haussmann do II Império e se espraiara para outras capitais europeias e americanas. Os princípios norteadores foram sempre

---

106 Americano, *São Paulo...*, *op. cit.* (1957), p. 462.

107 José Agudo. *Gente Rica – Cenas da Vida Paulistana*. São Paulo: Tipographia Editora O Pensamento, 1912, p. 15.

108 Americano, *São Paulo...*, *op. cit.* (2004), p. 321.

os mesmos: a visibilidade e uniformidade, que se casavam perfeitamente com os ideais do higienismo:

> um modelo de "cidade moderna", caracterizado pelas grandes avenidas ordenadoras do tráfego, de linhas retas e axiais, pela presença de esculturas monumentais e imponentes edifícios públicos estrategicamente situados para ser referências espaciais, pelos parques e jardins também minuciosamente planejados, entremeando o tecido urbano.[109]

Para Walter Benjamin, a intenção principal da reforma urbana haussmanniana, mascarada na beleza dos grandes *boulevares,* era a de conter as tensões da cidade grande: "A finalidade real das reformas de Haussmann era a de proteger a cidade contra a guerra civil. Ele queria tornar impossível a construção de barricadas em Paris".[110] As reformas urbanas higienistas alargaram as ruas, ampliaram a circulação de capital e trabalho, construíram monumentos grandiosos visando à minoração dos conflitos inerentes à produção espacial capitalista.

Em São Paulo, o poder público, desde finais do século XIX, começou a alinhar-se com as novas concepções desse modelo de "cidade moderna". A partir da Constituição de 1891, os estados ganham autonomia política e uma série de obras públicas seria concretizada, especialmente porque, os impostos alfandegários, cuja arrecadação aumentara bruscamente com as exportações de café, eram de competência estatal.[111]

O princípio que primeiro norteou a construção de edifícios públicos, foi a necessidade de se constituírem edificações condizentes com o período que se segue à Proclamação da República, "corporificando, no espaço da cidade, o reaparelhamento institucional empreendido pelo novo regime".[112] As primeiras obras públicas

---

109 Barbuy, *A cidade-exposição...*, *op. cit.*, p. 70. Além de abranger as melhorias das condições sanitárias, o controle dos focos epidêmicos, os princípios sanitaristas visavam também à educação da população, que devia ser "saneada" de suas ideias provincianas.

110 Benjamin, *Paris...*, *op. cit.*, p. 45.

111 Para Daniel Roche, a autonomia fiscal das cidades é um elemento importantíssimo na explicação do desenvolvimento de novos hábitos de vida: "O imposto confere às cidades uma segunda fonte de financiamento que desfavorece o campo, uma vez que se inverte, essencialmente, em infraestrutura urbana: edifícios e monumentos de poder, urbanismo de grandes empreendimentos, construção de grandes hospitais (...)". (Roche, *Histoire...*, *op. cit.*, p. 52).

112 Campos, *Os rumos...*, *op. cit.*, p. 62.

foram empreendidas pelo arquiteto Francisco de Paula Ramos de Azevedo, formado em Gand, na Bélgica. Dentre os projetos a seu cargo, enumeramos: a conclusão da Tesouraria da Fazenda (1891), a construção da Secretaria da Agricultura (1896), a Escola Normal na Praça da República (1894), a Escola Prudente de Morais e o Liceu de Arte e Ofícios (1897-1900), a Escola Politécnica (1895-1900). Ao fim e ao cabo, as construções se norteiam por um princípio higienista que, em contexto do nascente capitalismo periférico, tem um sentido diferente: o da constituição de uma nação de cidadãos civilizados que supere as heranças coloniais.

Em 1896, estando a Câmara Municipal sob o governo de Antônio Proost Rodovalho, um dos nomes da nascente indústria paulista, criou-se a Intendência de Obras, instrumento de intervenção pública sobre o crescimento urbano. Foi também criada uma Comissão Técnica de Melhoramentos que acabou priorizando "os aspectos visuais, ambientais e higiênicos do quadro urbano, em detrimento da integração ou funcionalidade viária."[113] Durante sua vigência, foram elaboradas novas regras para a reforma dos edifícios, como, por exemplo, o respeito aos novos recuos e a proibição do uso do bairro ou da taipa como material de construção,[114] medida essa que vigia desde o código de posturas de 1875, conforme visto acima.[115] Os materiais importados, como as telhas e tijolos franceses, seriam os mais procurados para as reformas dos batimentos antigos e construção de novos.

No mesmo ano em que surgia a Intendência de Obras, as Intendências da Higiene e da Polícia fundiram-se, deixando claro o perfil despótico da intervenção pública. Seu objetivo era menos o da funcionalidade, como visava o plano viário de Gomes Cardim,[116] e mais o da sedução:

> Acentuava a ideia de uma 'capital' do café: atraente para os fazendeiros, cômoda para os comerciantes, imponente para seus governantes, vitrine exemplar para imigrantes e visitantes

---

113   *Idem, ibidem*, p. 75.

114   Barbuy, *A cidade exposição, op. cit.*, p. 44-52.

115   Bruno, *História…, op. cit.*, p. 920.

116   Gomes Cardim tinha formação em Direito e dedicava-se às Letras, tendo sido consagrado como dramaturgo e jornalista. Intendente de Obras do Governo Municipal em 1897, exatamente durante o período das quatro intendências, Gomes Cardim postulou a solução perimetral para a integração viária em São Paulo. De cunho mais pragmático e menos estético, seria uma das primeiras tentativas do Governo Municipal em intervir no campo das reformas urbanas.

estrangeiros – expressão do avanço material, moral e cultural trazido pelo sucesso da atividade exportadora.[117]

Em 1899, foi criado o cargo de prefeito em São Paulo e o primeiro a ser eleito foi Antônio da Silva Prado. Neto do também Antônio da Silva Prado, Barão de Iguape,[118] antigo monarquista e desafeto das lideranças do Partido Republicano Paulista, Antônio Prado, junto à sua família, tornou-se uma das principais figuras do complexo cafeeiro. Não somente era fazendeiro, como presidente da Companhia Paulista de Estradas de Ferro, sócio da maior casa exportadora nacional, a Prado & Chaves, além de presidente do Banco de Comércio e Indústria de São Paulo. É um legítimo exemplo de um tipo surgido entre a oligarquia cafeeira que controlava, a um só tempo, o financiamento, a produção, o transporte, a comercialização e a exportação de café. Esse tipo também foi o pioneiro das primeiras indústrias e manufaturas da província.[119]

Por doze anos, de 1899 a 1910, Antônio Prado esteve à frente do governo da Prefeitura de São Paulo, conduzindo a modernização da capital, a remodelação dos espaços e do aparelhamento urbano. Sua gestão coincidiu com a de Rodrigues Alves, no Rio de Janeiro, que, teve em Francisco Pereira Passos o expoente das reformas. Pereira Passos, juntamente com Antônio da Silva Prado, fora membro da facção progressista do partido conservador, tendo trabalhado com ele em sua breve gestão como presidente da província de São Paulo.[120]

---

117 Campos, *Os rumos...*, *op. cit.*, p. 76.

118 Sobre o Barão de Iguape, vide Maria Thereza Schorer Petrone. *O Barão de Iguape – Um empresário da época da independência*. São Paulo: Ed. Nacional, 1976.

119 Campos, *Os rumos...*, *op. cit.*, p. 78.

120 Vê-se claramente as influências das reformas haussmannianas sobre os engenheiros do período, em especial Pereira Passos, que teve formação na *École Politecnique* justamente no período da reforma urbana de Paris. Foi prefeito da cidade do Rio de Janeiro entre 1902 e 1906, mandato no qual colocaria em prática seus projetos. A reforma urbanística contou com a destruição de cortiços, a abertura e o alargamento de ruas, a derrubada no Morro do Castelo para a construção da Avenida Central, depois denominada Atlântica. Graças ainda ao trabalho do sanitarista Oswaldo Cruz e à sua Campanha da Vacina, que erradicaria a febre amarela urbana, a cidade pôde receber a Exposição Universal de 1908, idealizada por Afonso Pena. Sobre Francisco Pereira Passos, vide Jaime Larry Benchimol. *Pereira Passos: um Haussmann tropical. A Renovação Urbana da cidade do Rio de Janeiro no início do século XX*. Rio de Janeiro: Secretaria Municipal de cultura, turismo e esportes, 1990, p. 192-203.

O mercado do prestígio

Tal aliança foi fundamental na criação de um abrangente programa de intervenções urbanas, que contemplava tanto a capital federal, quanto São Paulo. Os princípios norteadores da modernização de ambas capitais seriam os mesmos, fundamentados nas reformas haussmannianas de várias capitais de finais do XIX: o embelezamento, a limpeza e a racionalização de espaços. Os viajantes estrangeiros, principalmente franceses, que aqui passavam, surpreendiam-se com a proximidade entre as transformações nas capitais brasileiras e aquelas nas capitais europeias. Paul Walle, viajando pelo Rio, observa:

> Nos últimos anos - quatro anos parece - por vontade de um prefeito anégico, a cidade foi transformada, hausmanizada (...) É hoje uma cidade moderna, com avenidas largas e compridas que recordam as maiores e mais belas ruas das metrópoles européias, jardins profusamente floridos e cheios de sombra, praças vastas e bem alinhadas.[121]

A despeito de não poder contar com o mesmo montante de recursos do qual dispuseram Rodrigues Alves e Pereira Passos,[122] a capital paulista empreendeu transformações notáveis. Primeiramente, os projetos de cunho paisagístico: a reforma do Jardim da Luz, tornando-o um lugar apreciável para o passeio das famílias abastadas; arborização da Avenida Tiradentes, que utilizou basicamente espécies ornamentais; ajardinamento da Praça da República; aterramento das várzeas do Tamanduateí; projeção do jardim do Ipiranga por Arsênio Puttemans;[123] colocação de macadames do leito da Avenida Paulista. Assim relata Ernani da Silva Bruno a visita de Antônio da Silva Prado ao Jardim da Luz após sua reforma:

> Fazendo sua primeira visita ao logradouro, ficara ele mal impressionado com o seu aspecto. Estava muito cheio de canteirinhos, vários deles com cercaduras de garrafas de fundo para cima, e

---

121 Paul Walle. *Au Brésil-Rio de Janeiro*. Paris, E. Gilmoto, 1910, p. IX. Microfiche à la Bibliothèque Nationale de France.

122 As desapropriações necessárias à abertura da Avenida Central ficaram em cerca de 35 mil contos de réis, e mais sua reconstrução em 11 mil contos. Em São Paulo, as obras não puderam ultrapassar a marca de mil contos anuais. (Giovana Rosso del Brenna. *O Rio de Janeiro de Pereira Passos*. Rio de Janeiro: Index, 1985).

123 Campos, *Os rumos...*, *op. cit.*, p. 83.

abrigando apenas perpétuas, sempre-vivas e manjericão. Tudo muito provinciano, teria pensado o prefeito. Passou então o parque por uma transformação completa, à moda inglesa, com gramados e canteiros artísticos, ostentando flores mais aristocráticas.[124]

O centro da cidade, ponto a ser tratado no próximo capítulo, já que suas transformações exigem uma reflexão sobre a apropriação da cidade pela acumulação mercantil, foi a região que recebeu maior atenção do prefeito Antônio Prado:

> Realmente Antônio Prado, ao deixar a prefeitura e ao encaminhar ao governo do Estado um plano de melhoramentos no centro da cidade, escrevia que esse plano lhe daria o aspecto de cidade moderna, próspera e civilizada, conferindo-lhe um dos primeiros lugares entre as melhores cidades do continente".[125] Procurou-se eliminar os estigmas coloniais, como foi no caso da demolição da antiga Igreja de Nossa Senhora do Rosário dos Homens Pretos, onde os negros ainda realizavam rituais de culto aos orixás africanos.[126]

Incompatível com o processo de racionalização e laicização da metrópole nascente, toda expressão de uma religiosidade colonial de traços sincréticos seria abolida pela reforma urbana. O sentido da laicização, nos países de passado colonial, contempla a diminuição da dimensão cotidiana da religiosidade, que se expressa na intimidade entre homens e santos e no profundo sincretismo religioso. Dessa forma, como o processo de racionalização não abole o privado do público, não implica em uma submissão absoluta da esfera religiosa à esfera do sagrado. O que acontece é uma reinvenção dos ritos religiosos de maneira a torná-los mais racionais, daí a profunda influência do positivismo e do seu catecismo, bem como do espiritismo, na sociedade brasileira.

Os modelos de urbanização europeus traziam para o plano concreto do espaço urbano essa especificidade do processo de laicização. Assim, a partir de 1910, foram

---

124 Bruno, *História...*, vol. III, *op. cit.*, p. 1008.

125 *Idem, ibidem*, p. 912.

126 "O serviço de enterramento de cadáveres nas igrejas ou nos cemitérios contíguos era feito por pretos africanos, os quais, à proporção que iam pondo terra sobre o cadáver, socavam este com uma grossa mão de pilão, cantando: 'Zóio que tanto vê, Zi boca que tanto fala. Zi boca que tanto ria, zi comeu e zi bebeu. Zi corpo que tanto trabaiô. Zi perna que tanto andô. Zi pé que tanto zi pisô'. Iam assim cantando até acabarem de cobrir com terra a sepultura". (Moura, *São Paulo...*, *op. cit.*, p. 58).

demolidas, as igrejas da Sé e a de São Pedro dos Clérigos, antigos redutos jesuíticos. As edificações em estilo barroco foram substituídas por aquelas em estilo moderno, que conferia uma maior visibilidade à Praça da Sé. A cidade se europeizava:

> As próprias igrejas antigas, feitas de taipa segundo os rudes moldes coloniais, desapareceram para dar lugar, no começo do novecentismo, a templos edificados segundo estilos universalmente consagrados e, portanto mais de acordo com a feição tanto quanto possível europeia que a cidade procurava assumir (.) escondendo ou eliminando qualquer traço não-europeu ou 'caipira' que porventura perdurasse em suas ruas, em suas casas, em seus jardins e em seus costumes.[127]

Alguns anos antes, já haviam sido demolidos, nas proximidades da praça da Sé, casinhas, cortiços e casas de prostituição.

O símbolo mais faustoso desse ímpeto de modernização seria, sem dúvida, o Teatro Municipal. Inspirado no projeto de construção do Teatro Municipal carioca, empreendido entre 1904 e 1909, e que finalizou em alto estilo as obras na Avenida Central, Antônio Prado também resolve construir um monumento similar para a capital de São Paulo. O projeto apareceria como uma espécie de compensação da impossibilidade de se construir para São Paulo uma "avenida central". Devido à topografia acidentada e à escassez de recursos fartos como os que se canalizavam para a capital federal, o Teatro Municipal e as três ruas que conformavam o Triângulo Comercial faziam as vezes de um "espaço-vitrine".

Não por acaso, em 1901, a Rua Quinze de Novembro, foi alargada: "(...) as premissas ideológicas que embasavam as iniciativas de transformação urbana eram semelhantes [em São Paulo e no Rio de Janeiro]. Não faltariam, portanto, propostas de 'avenidas centrais' adaptadas à realidade paulistana".[128] Ainda na gestão Antônio Prado, a Avenida São João, entre o Largo do Rosário e o do Paissandu, foi ampliada a partir de duas medidas: o aterramento do canal do córrego do Anhangabaú e a demolição da pequena ponte construída por Daniel Miller em 1820. Juntamente com ruas do Triângulo, a Avenida São João tornou-se um importante centro comercial e

---

127 Campos, *Os rumos...*, *op. cit.*, p. 82.

128 Campos, *Os rumos...*, *op. cit.*, p. 84.

cultural. Contava com lojas de acessórios, como bengalas, sapatos e guarda-chuvas, além de ricos teatros, como o Eldo,rado, o Polyteama e o Casino Paulista.[129]

Na gestão Duprat, de 1911 a 1914, a cidade aderiria, por completo, ao modelo *haussmanniano* de urbanização. Após as políticas deflacionistas de três governos federais consecutivos, o de Campos Sales (1898-1902), o de Rodrigues Alves (1902-1906) e o de Afonso Pena (1906-1909), o Brasil conseguiria finalmente superar a crise de superprodução do café da virada do século. Em 1909, o café brasileiro voltaria à cotação de 1880 na bolsa londrina e 1910, um ano antes de Duprat assumir, seria o início de uma nova era de transformações.

A inflexão que marca a passagem para o modelo urbanístico da segunda década do século XX começara em 1905, ano em que se inaugurou a Avenida Central no Rio de Janeiro. Em 1908, a Avenida Central receberia, de braços abertos, a Exposição Universal. Seria o momento-chave de afirmação do Brasil enquanto economia agrário-exportadora, o que fica expresso na decoração do pavilhão montado pela província de São Paulo na cidade do Rio.[130] A decoração apropriou-se do estilo *Beaux Arts* parisiense, que se utilizava das criações do Renascimento do século XVII, lançando mão de muito ornamento, colunas, flores, estátuas, que delineavam a imagem de uma cultura cosmopolita, embora de raízes agrárias: "A capital, ao adquirir os adereços da modernidade em troca das sacas de café, vendia, ao mesmo tempo sua imagem em busca dessa aprovação".[131] Enquanto isso, do outro lado da cidade, estourava uma epidemia de varíola, desmascarando as fragilidades da modernização.

Nessa viragem, em 1911, chega à cidade de São Paulo o arquiteto francês Joseph-Antoine Bouvard, contratado pelo prefeito Raymundo Duprat para organizar um novo projeto de melhoramentos da capital. Até então, vários projetos haviam sido propostos, mas nenhum deles havia sido implementado. Os primeiros queriam direcionar as reformas de maneira a acentuar a vocação agroexportadora da capital. Os seguintes pretendiam criticar essa direção, sendo o principal deles o de Vitor Freire, não

---

129 O antigo nome da Ladeira São João era Ladeira do Acu por conta de uma bica de água "venenosa", segundo os moradores. A etimologia está em Afonso A. de Freitas, para quem Acu é corruptela de Yacuba: Y-água; acu-veneno. "Eu fui passear na ponte,/E a ponte estremeceu,/Água tem veneno, morena!/Quem bebeu morreu." (Moura, *São Paulo...*, *op. cit.*, p. 66).

130 "O pavilhão de São Paulo na Exposição Nacional de 1908". In *Revista Politécnica*, nº 19-20, vol. IV, São Paulo, dezembro de 1907 a março de 1908, p. 39-44.

131 Campos, *Os rumos...*, *op. cit.*, p. 105.

O mercado do prestígio

por acaso, mal recebido pelos proprietários de terra. Finalmente, Bouvard apareceu com uma proposta intermediária:[132] pretendia reformar a cidade, mas sem desrespeitar o seu relevo nem, principalmente, sua história. O aspecto conciliador verifica-se na reforma das ruas do Triângulo, sem que fossem adotadas soluções drásticas como as *persées* parisienses empregadas na formação de grandes *boulevares* e avenidas centrais: "No seu programa, Mr. Bouvard respeitou o triângulo paulista, onde a cidade teve a sua origem, mas propôs que as ruas novas fossem feitas em arco, formando-se um anfiteatro, porque a natureza da cidade assim o exige para a conservação da nota pitoresca que lhe emprestam as colinas que a rodeiam".[133]

Sob a liderança de Bouvard, finalmente se conseguiu vencer a dura resistência do Conde Eduardo Prates às propostas de reconstrução do Vale do Anhangabaú. Até então, a única forma de transposição do vale era o Viaduto do Chá, mas com o crescimento das atividades comerciais e do aumento das conexões entre as diferentes regiões da cidade, era urgente a construção de um outro ponto de transposição que ligasse o Largo São Bento ao Bairro de Santa Ifigênia, poupando os burros da íngreme subida após passagem pelo vale. O viaduto, começado em 1910 e construído com estrutura de ferro forjado importada da Bélgica, seria terminado em 1913.

Dentro das metas do plano Bouvard, foi alargada a Rua Líbero Badaró – que, de tão estreita, mal comportava a passagem de um bonde e de uma carruagem juntos, além de extintos os seus pontos de prostituição. Antigamente chamada de Rua Nova de São José, a Rua Líbero Badaró era bastante conhecida pelos seus "serviços":

> Boa Vista é rua morta
> A Formosa é de espantar
> a Direita é rua torta
> Da Nova é melhor calar...[134]

Paulo Cursino de Moura relata o contraste entre a rua após a reforma e a rua de outrora com seus paralelepípedos soltos, fétida e nauseabunda:

> Se hoje se apresenta garbosa, limpa, com asfalto, esplendorosa na
> sua elegância de 'boulevard'; outrora (...) desnudou-se, grotesca

---

132 *Idem, ibidem*, p. 152-153.

133 *Almanaque Brasileiro Garnier*. Rio de Janeiro: Typ. H. Garnier, 1914, p. 345.

134 Americano, *São Paulo..., op. cit.* (1957).

> e imoralmente, aos olhos dos paulistas, como uma chaga no cora-
> ção da cidade, arrepiando os cabelos de matronas pudicas e sen-
> do objeto de recriminações de pais austeros ante a licenciosidade
> dos filhos-famílias.[135]

Quanto aos estilos arquitetônicos adotados, as ruas do centro trariam à luz as fachadas clássicas ou neo-renascentistas com seus frontões, cornijas,[136] pilastras, molduras, platibandas[137] e figuras esculpidas.[138] Por volta de 1905, todos os batimentos já compunham um conjunto relativamente homogêneo, apesar das fachadas de diferentes linhagens arquitetônicas. É preciso lembrar que o Código de Posturas de 1886 já havia contribuído para o alinhamento das construções, que preparariam essa homogeneidade de contornos arquitetônicos na gestão do prefeito Antônio Prado.

Ao mesmo tempo em que se promovia a supressão de traços do passado em alguns pontos da cidade, os despojos deixados pela cidade colonial pareciam encontrar terreno fértil nas regiões onde nasciam os bairros operários. Nestes, a velocidade do crescimento da cidade era maior do que a da expansão dos serviços urbanos. O resultado foi o de uma cidade em que, no processo de modernização, a tradição se reinventou à custa da própria racionalização. Os espaços se especializaram, separando-se a diversão do trabalho, o comércio da moradia, mas, também, o rico do pobre. Isso também aconteceu nas capitais do centro do sistema capitalista, mas, para que a cidade conseguisse conter as tensões e circunscrevê-las aos bairros pobres, foi necessária a expansão dos serviços de base. Nas capitais da periferia do sistema capitalista, o processo de modernização específico – que não conta com uma indústria formada, mas conta com técnicas e padrões de consumo da indústria mais avançada; onde não existe um interesse na reprodução e contenção da força de trabalho, embora se preocupe em ignorar o passado escravista e aderir ao trabalho imigrante; que conserva traços coloniais, a despeito dos modelos de urbanização europeus aderir incondicionalmente aos modelos de urbanização centrais –, recria a exclusão social em níveis novos. Isso se manifesta na organização espacial dos bairros e na distribuição de serviços de base para os donos do capital e não da força de trabalho, deixando claro que não é a

---

135 Moura, *São Paulo...*, *op. cit.*, p. 61.

136 Faixa horizontal que se destaca da parede a fim de acentuar as nervuras nela empregadas.

137 Faixa horizontal que emoldura a parte superior de um edifício a fim de ocultar o telhado.

138 Campos, *Os rumos...*, *op. cit.*, p. 89.

circulação desta que é objetivada, e, portanto, que, em algum nível, é a acumulação primitiva de capital que comanda o processo.

Por volta de 1880, são fundados os primeiros bairros de residência da oligarquia cafeeira, localizados nos melhores terrenos da capital. Primeiramente, avançam em direção ao norte do maciço central, para o lado do Tietê; posteriormente, acompanham o bordo inferior do maciço, acima da baixada.[139] Nessa direção instala-se o Bairro de Santa Ifigênia e, em seguida, o de Campos Elíseos, cujo nome, em referência à grande avenida parisiense na qual moravam muitas famílias brasileiras,[140] pretende exibir uma cultura que, embora ostente valores burgueses, comporta-se de maneira aristocrática. Daí a dificuldade em definirmos esse segmento elitista e preferirmos o termo oligarquia para expressá-lo.

No último quarto do século XIX, outras regiões tornam-se reduto das famílias saídas da fortuna do café. É o caso de Higienópolis, bairro que avança rumo aos terrenos mais altos e saudáveis do planalto, e também da Avenida Paulista. Aí já se veem os palacetes resultantes da combinação de estilos diversos, como o *Art Nouveau,* o normando e o mourisco, característicos do princípio do século XX. Também são regiões mais arborizadas e ajardinadas, resultantes da nova postura urbanística do prefeito Antônio Prado.

A Avenida Paulista representará um limite claro entre as fortunas tradicionais, acumuladas principalmente a partir do café, e as novas fortunas, assentadas sobre a indústria e o comércio. É difícil marcar as famílias pela origem do seu capital, já que esse capitalismo de base familiar caracteriza-se pela multiplicidade de possibilidades de acumulação, que vão da agricultura, passam pelo comércio e pela indústria e chegam às finanças. Combinam, a um só tempo, a acumulação primitiva de capital, a partir das relações agrícolas e industriais que, por vezes, assentam-se em bases servis, e a acumulação industrial; a acumulação mercantil e a acumulação financeira. Se a segregação entre as frações da classe burguesa não se dá pelo tipo de capital que comandam, dá-se, entretanto, pela sua origem. A fração burguesa que tem nascença na terra, comporta-se quase como uma nobreza, clamando para si uma tradição que se funda com o bandeirante João Ramalho. Ignora o trabalho manual, assim como toda riqueza que dela emana, e, em decorrência disso, das

---

139 Prado Jr., *"Contribuição...", op. cit.,* p. 134.

140 *L'Aristocratie étrangère en France. Annuaire des salons étrangers des ambassades et des consulats,* Dessiné et gravé par Stern, 6ᵉ année, Paris, P. Renouard, 1904.

classes que dela vivem. A segunda fração, que se aproxima mais do tipo ideal do espírito capitalista, é de origem estrangeira:

> Já então a progressão cafeeira se interrompera, as novas fortunas saem da indústria e do comércio, quase todo em mãos de estrangeiros, imigrantes enriquecidos nesta Canaã Americana: a Avenida Paulista será o bairro residencial dos milionários desta nova fase da economia paulista, estrangeiros ou de recente origem estrangeira quase todos. E a arquitetura do bairro o dirá bem claramente.[141]

Este trabalho pretende mostrar que, embora do ponto de vista das frações de capital, as frações de elite não sejam facilmente distinguíveis, elas se comportam de maneiras distintas do ponto de vista da dinâmica do consumo. Aqui, incluímos desde a forma como ocupam o espaço com os seus palacetes mais ou menos rebuscados, até a forma como constroem suas posições sociais pelos objetos de consumo.

Por volta de 1910, forma-se um novo perfil de bairro elitista: os bairros-jardins que descem pelas escarpas próximas à várzea do Rio Pinheiros. Possuem um feitio mais puramente europeu, sem a profusão de estilos quase barroca que caracterizava o período anterior: são amplos, de construções isoladas entre si, com vegetação profusa. A esta última leva de bairros elitista pertencem o Jardim Paulista, o Jardim Europa e o Jardim América.

Enquanto os bairros de cunho mais aristocrático localizavam-se nas alturas do maciço e nas áreas salubres, os bairros operários avançavam pelos terrenos mais ingratos das baixadas do Tietê e do Tamanduateí, "(…) abrigando em cortiços ou vilas a imensa população imigrante. Suas chaminés esfumaçadas eram vistas pelos paulistanos do centro como uma paisagem estranha e vagamente ameaçadora".[142]

As primeiras áreas ocupadas pela população imigrante operária compõem a Mooca, o Brás e o Belenzinho, mas, sem conseguir acompanhar o crescimento acelerado, dão espaço para a abertura de novos bairros – Pari, Ipiranga, Barra Funda – que invadem as várzeas. Nas regiões centrais também surgem o Bexiga, o Cambuci e o Bom Retiro, bairros populares que provocavam uma fenda profunda na imagem europeia de cartão-postal que se pretendia construir para São Paulo.

---

141 Prado Jr., *"Contribuição..."*, *op. cit.*, p. 134.

142 Campos, *Os rumos...*, *op. cit.*, p. 91.

Capítulo II
Cidade e comércio na São Paulo da Belle Époque

"todas as ruas, com suas vitrines atravancadas, reluzentes (se não fosse a luz, a mercadorias não seria aquilo que é), suas exposições de embutidos, toda a festa alimentar e indumentária que põem em cena, tudo estimula a salivação feérica".

(Jean Baudrillard, *La société de consommation*)

A Pauliceia e o comércio

O estudo do processo de urbanização capitalista, que permite a ascensão de uma cultura de consumo baseada na diferenciação e generalização de padrões, deve ser aprofundado com o estudo do papel que o comércio assume nesse processo. Afinal, tratamos de um período em que a acumulação capitalista não é assentada em bases industriais plenas (com um departamento de bens de produção e um de bens de consumo que interagem entre si). A acumulação capitalista propriamente dita em contexto periférico somente se completa nos anos 70 do século XX, quando se lançam as bases da industrialização pesada. Antes disso, a acumulação na esfera da circulação coordena os vários momentos – lógicos e históricos, uma vez que capitais de diferentes tempos convivem em um capitalismo cujo período de maturação é bastante longo – da acumulação capitalista, que vão desde a acumulação primitiva, passando pela acumulação em bases industriais, até a acumulação financeira.

Duas considerações são necessárias sobre a relação entre cidade, comércio e consumo. Em primeiro lugar, no que se refere ao momento lógico da acumulação, o comércio e as relações de troca precedem o consumo. A complexidade deste depende do grau de desenvolvimento das redes de distribuição: "(...) a esfera da troca fornece os produtos particulares nos quais o indivíduo converte a porção que a esfera da distribuição lhe designou; e, finalmente, na esfera do consumo, os produtos se tornam objetos de gratificação, de apropriação individual".[1] O comércio é uma síntese que resume e explica a economia em sua totalidade; é o elemento pelo qual as diferentes engrenagens do sistema capitalista entram em contato e passam efetivamente a funcionar. Se após as Revoluções Industriais, o comércio submete-se ao ritmo imposto pela produção, não é menos verdadeiro que ele conecta as diferentes partes do sistema e as coloca em funcionamento. Sua primazia lógica é ressaltada por Caio Prado em *Formação do Brasil Contemporâneo:* "A análise da estrutura comercial de um país revela sempre, melhor do que qualquer um dos setores particulares da produção, o caráter de uma economia, sua natureza e organização".[2]

Em segundo lugar, comércio e cidade, em contexto capitalista, compõem uma síntese que, em vários sentidos, é dialética. O comércio tende a criar espaços de exclusão social, que ratifica a função da cidade como consumo. A cidade, no entanto, também expressa o espaço da coletividade e, nesse sentido, é um direito de todos.[3]

Para Braudel, o renascimento do comércio, que marca a transição para o capitalismo na Europa no século XIV, revitaliza as cidades.[4] As feiras, situadas na intersecção entre cidade e campo, na fronteira entre a vida material e o mercado, tornam-se eventos cada vez mais urbanos: "Adstritos às cidades, os mercados e feiras crescem com elas. Multiplicam-se, explodem em espaços urbanos demasiado pequenos para os conterem".[5] A cidade é uma "verdadeira máquina a quebrar os velhos vínculos, a colocar os indivíduos sobre um mesmo plano".[6] Daí a necessidade da emergência de novos mecanismos de diferenciação, que volta a colocar os indivíduos em planos distintos, dentre os quais citamos o consumo.

---

1   Karl Marx. *Grundrisse: manuscritos econômicos de 1857-1858: esboços da crítica da economia política.* Tradução Mario Duayer e Nélio Schneider. São Paulo: Boitempo/UFRJ, 2011. Trad. Própria

2   Caio Prado Jr. *Formação do Brasil contemporâneo.* 23ª ed. São Paulo: Brasiliense, 1996.

3   Henri Lefebvre. *O direito à cidade.* Tradução de Rubens Eduardo Frias, 5ª ed. São Paulo: Centauro, 2008.

4   Fernand Braudel. *capitalismeCivilização material, economia e capitalismo-séculos XV-XVIII. Vol. I. As estruturas do cotidiano: o possível e o impossíve. São Paulo, Martins Fontes, 2005, pp. 467-469.*

5   Fernand Braudel. *Civilização Material, Economia e Capitalismo: séculos XV-XVIII. Vol. II. Os jogos das trocas.* Trad. Telma Costa. São Paulo: Martins Fontes, 1996, p. 17.

6   Fernand Braudel. *Civilização material, economia e capitalismo-séculos XV-XVIII. Vol. III. 1979. O tempo do mundo. São Paulo, Martins Fontes, 2009.*

O mercado do prestígio

Nos séculos XVI e XVII, a cidade torna-se o *locus* por excelência das trocas. Em Paris, a manufatura especializada alimenta os circuitos mercantis que se atrelam à nascente cultura de consumo de corte. Os melhores artesãos transferem-se para a *Île Saint-Louis* e se tornam fornecedores exclusivos da corte francesa, recebendo, por vezes, títulos de nobreza por seus serviços:

> Paris é marcada desde a Idade Média pelo vigor do comércio de luxo, favorecido pela prodigalidade dos cortesãos e dos ricos, pela concentração de artistas e artesãos qualificados, e pelo enorme contingente disponível de mão-de-obra. A pompa da corte real, a afluência dos prelados e dos senhores estimularam as indústrias de luxo que, em meados do século XII, constituem a reputação da capital: cortinas, retrosaria, roupas, armas, ourivesaria e outras «jóias de Paris» vendidas para as feiras de Champagne.[7]

À proporção que a cidade se torna receptáculo de contingentes crescentes de pessoas, os padrões de consumo também se complexificam. As melhorias da infra-estrutura urbana, a sofisticação do comércio – com suas novas formas de exposição – e a do consumo correm em paralelo:

> Trata-se de compreender como se constrói a integração das lojas dentro da cidade e, inversamente, como a loja produz a urbanidade e a integração. Na definição de um território, a atividade comercial contribui de maneira essencial para moldar a imagem do bairro. Pelo seu letreiro, sua janela, a loja oferece o que ver e contribui para transformar a paisagem urbana, ao mesmo tempo em que é moldada pelo ambiente em que se encontra.[8]

A partir das atividades nascidas da necessidade do fornecimento de serviços tipicamente urbanos (advocacia, contabilidade e outros serviços de profissionais liberais), consolidar-se-ia, no século XIX, uma camada média que entra para essa

---

7   Natacha Coquery. « Bijoutiers et tapissiers: le luxe et le demi-luxe à Paris dans la seconde moitié du XVIIIe siècle ». Paris, Colloque INHA, novembre/2006. Trad. Própria

8   Natacha Coquery (org.). *La boutique et la ville – commerce, commerçants, espaces et clientèles XVIe-XXe siècle*. Tours, Publication de l'Université François Rabelais, 2000, p. 11. Trad. Própria

dinâmica do consumo de uma forma bastante original. Embora seus limites fossem ainda bastante fluidos, os pertencentes a esse estrato identificavam-se pelo consumo de artigos de fantasia que imitavam os artigos de consumo de luxo, como bijuterias, talheres e utensílios de cozinha galvanizados, porcelanas nacionais, réplicas das chinesas. A produção de artigos de fantasia, resultado também dos avanços oriundos das Revoluções Industriais, tornaram a dinâmica de consumo mais complexa.

O processo de consolidação de uma camada média que consome artigos mais simples, produzidos em massa pelas novas técnicas de organização e produção industriais, também se verifica na São Paulo da *Belle Époque*. A velocidade e os sentidos do processo estão atrelados às transformações urbanas. As reformas urbanas exigem engenheiros e arquitetos; o novo comércio e as finanças, profissionais liberais; as intervenções do poder público compõem um quadro burocrático de peso. Essas mudanças na divisão social do trabalho, engendradas pelas transformações do modo de vida urbano, infligem uma nova dinâmica de relação entre classes e frações de classe, que criam novas formas de consolidação de posições e estratificação social, expressas, principalmente nos padrões de consumo.

O renascimento comercial de São Paulo se faz a partir da modernização da cidade que assume feições europeias. Em primeiro lugar, a cidade se europeiza em razão das reformas urbanas de cunho *haussmanniano* que, dentro de seus limites, transformaram radicalmente os contornos urbanos da São Paulo colonial, até então, bastante tímidos. Em segundo lugar, a cidade se europeiza com a presença, cada vez mais em peso, do imigrante, que trazia para a cultura local as tradições de seu país de origem. Exemplo clássico eram as touradas, vindas da Espanha, e que chegariam a figurar nos jornais na passagem do século XIX para o XX:

> Tendo de celebrar-se a 15 de agosto próximo a festa do Divino Espírito Santo e desejando o respectivo festeiro torná-la mais atraente, quer dar dois espetáculos de touradas. Por isso convida a quem estiver nas condições como toureador a apresentar suas propostas nesta capital.[9]

---

9   *O Correio Paulistano.* São Paulo, 03/08/1890.

O mercado do prestígio

Se, segundo Caio Prado Júnior, o comércio é a parte dinâmica e visível da estrutura econômica,[10] o aspecto concreto que melhor exprime essa constatação é o Triângulo Comercial. Formado pelas ruas São Bento, Direita e XV de Novembro, antiga Imperatriz, o Triângulo recebe um novo ânimo na Pauliceia republicana da *Belle Époque*. O Triângulo que já concentrava, desde a São Paulo de Piratininga, a vida política, social e econômica,[11] agora, também se tornava um importante centro de difusão cultural, a vitrine da cidade.

Por volta de 1872, promoveu-se a pavimentação das ruas do Triângulo "pelo sistema de paralelepípedos".[12] Em finais do século XIX, as ruas seriam transformadas em vias de passagem exclusivas para pedestres, não mais ali circulando tílburis, vitórias, cabriolés ou coches, porque os animais sujavam as ruas, deixando-as com um cheiro insuportável.[13] O Triângulo estaria, então, pronto para receber, ao final de cada tarde, as donzelas e os rapazes de elite com seus figurinos da última moda europeia. O costume ditava que as moças deveriam vir sempre no sentido horário, enquanto os rapazes, no sentido anti-horário para se poderem observar reciprocamente.[14] Usavam-se as expressões "fazer o Triângulo" ou "fazer o *footing*" para designar esse movimento. Em suas esquinas, os bacharéis discutiam a cotação do dia para a saca de café. Em seus cafés, as senhoras de famílias conversavam sobre os filhos, os maridos e reclamavam das criadas: "Então, que história é essa de quererem explorar a gente, dizendo que ganham pouco? Quando elas não têm marido, chegam a fazer contas de oito e dez mil réis cada mês, com o mascate, para cetinetas, rendas e quinquilharias".[15]

No Triângulo, vigorava todo tipo de comércio, do mais tradicional, como os armazéns de secos e molhados que, agora vendiam também produtos importados, ao mais moderno. Havia casas de roupas feitas, fazendas, modas e *lingeries*, armarinhos.

---

10 Prado Jr., *Formação...*, *op. cit.*

11 Marisa Midori Deaecto. *Comércio e Vida Urbana na cidade de São Paulo. (1889-1930)*. São Paulo: Editora Senac São Paulo, 2002, p. 136

12 Ernani da Silva Bruno. *História e tradições da cidade de São Paulo*. Vol. III. *Metrópole do Café (1872-1918) – São Paulo de Agora (1919-1954)*. São Paulo: Hucitec, 1984, p. 970.

13 A situação seria diferente a partir da introdução dos veículos de tração elétrica que, a partir de 1900, atulhavam o centro da cidade, incluindo o Triângulo. Em 1914, o viajante francês Paul Adam falava das ruas estreitas do centro paulistano que não conseguiam comportar bondes, automóveis e pessoas. (Paul Adam. *Les visages du Brésil*. Pierre Lafitte & Cie., Paris, 1914).

14 Jorge Americano. *São Paulo naquele tempo (1895-1915)*. São Paulo: Edição Saraiva, 1957.

15 Americano, *São Paulo...*, *op. cit.*, p. 78.

Acessórios, sapatos, meias, luvas, chapéus, joias. Além das roupas e acessórios, o corpo começava a receber um cuidado especial e o Triângulo trazia novidades, como perfumes, sabonetes, dentifrícios e demais produtos de higiene, remédios. Dos artigos do corpo aos artigos da casa: móveis, colchões, pratarias, materiais de papelaria, como os *papiers-peints*, ostentados nas paredes das casas de elite.

Bebidas de luxo: "As mais afamadas do mundo" (*O Estado*, 02/05/1914)

Havia ainda os artigos de consumo exclusivamente masculinos como cigarros e charutos e papéis importados para enrolar o cigarro. Nos armazéns de secos e molhados, bebidas de todos os tipos, da cerveja Antártica ao rum; do conhaque ao vinho e ao champanhe. Aliás, não era somente nos armazéns que se poderiam encontrar tais artigos. As lojas, não sendo especializadas em tal ou qual produto, ofereciam de tudo. Era o caso da *Maison Garraux* que vendia desde produtos alimentícios até livros. Havia ainda as lojas de maquinários modernos, de produtos químicos, de materiais elétricos.

Por fim, o Triângulo passou a oferecer espaços de lazer e sociabilidade diferenciados segundo o grupo social que os frequentava. Para a elite, eram reservados certos restaurantes, hotéis, cafés, confeitarias e bilhares. Para a camada média, alguns cinemas (nos cinemas mudos, assistia-se a filmes estrangeiros), pensões e bares. Aos trabalhadores, o espaço do Triângulo era proibido, como se mostrou a partir de algumas medidas proibindo a circulação de veículos de tração animal e deixando o espaço livre para o *footing* dos elegantes.

A Rua XV de Novembro: variedades

A Rua XV de Novembro, assim chamada a partir da Proclamação da República, sai da Praça da Sé, margeia a região do Pátio do Colégio e desemboca na Praça Antônio Prado, antigamente chamada de Largo do Rosário por conta da Irmandade da Senhora dos Homens Pretos ali estabelecida até 1904. Após decisão do intendente Antônio Prado em demolir a Igreja, em razão das cantorias entoadas pelos negros que assustavam os moradores, a Irmandade foi transferida para os arrabaldes da cidade e o Largo receberia o nome do intendente a partir de 1904.

Entre 1895 e 1915, a maioria dos proprietários de prédios na Rua XV de Novembro fora forçada a adaptá-los às novas exigências da legislação urbana. Foram respeitados os recuos e as alturas dos edifícios, foram demolidos os prédios de taipa para, em seu lugar, aparecerem os de tijolos. Seguindo as novas modas arquitetônicas, foram refeitas as fachadas seguindo os estilos neoclássicos, neobarrocos, neorromânticos, ou simplesmente a combinação entre todos eles, resultando na profusão de estilos que pode hoje ser vista ao longo da rua. Heloísa Barbuy, ao relacionar as transformações urbanas ao novo impulso tomado pelo comércio, não deixa de fazer referências a essas modificações das fachadas dos edifícios no Triângulo.[16]

Com tijolos e vigas metálicas, os prédios construídos passaram a ser mais definidos, mais bem estruturados e mais esbeltos. O aparecimento da vitrine, favorecida pela revolução na fabricação do vidro,[17] só seria possível nestas novas construções de alvenaria já que a taipa e o bairro não forneciam estabilidade suficiente para acolhê-las. Antes disso, os artigos eram expostos em "araras" que ficavam defronte aos estabelecimentos.[18]

---

16   Heloisa Barbuy. *A Cidade-Exposição: Comércio e Cosmopolitismo em São Paulo, 1860-1914*. São Paulo: Edusp, 2006.

17   Utilizamos aqui a periodização proposta por Hobsbawm, segundo o qual, a I Revolução Industrial de meados do século XVIII seria marcada pela aplicação da energia a vapor na indústria têxtil e pela utilização ampla do carvão. Para o autor, a I Revolução seria, na verdade, caracterizada por duas fases: a primeira aplicada aos têxteis e a segunda aos meios de transporte, principalmente o ferroviário. (Eric J. Hobsbawm. *Da revolução industrial inglesa ao imperialismo*. Trad. Donaldson Magalhães Garschagen, 5ª ed. Rio de Janeiro: Forense-Universitária, 2003). A II Revolução Industrial, que eclode também na Inglaterra e que coincide com os primórdios da industrialização no continente, começaria em meados do século XIX e seria caracterizada por uma revolução no departamento produtor de meios de produção ou, segundo Landes, por uma revolução na aplicação da energia. É a revolução do aço, da eletricidade, dos produtos químicos e sintéticos, dos meios de comunicação, como o telégrafo. Apesar de divergentes no que concerne à abordagem metodológica, Hobsbawm e Landes não diferem quanto à periodização relativa à Revolução Industrial. (David Landes. *Prometeu Desacorrentado: transformação tecnológica e desenvolvimento industrial na Europa Ocidental, desde 1750 até nossa época*. Trad. Vera Ribeiro. Rio de Janeiro: Nova Fronteira, 1994).

18   Marcos Calixto Rios. "Breve Histórico da Rua XV de Novembro". Parte de pesquisa de iniciação científica intitulada "Uma rua em três tempos: o caso da XV de Novembro em São Paulo". São

Dentre os estabelecimentos que passaram por reformas desse tipo, citamos o do relojoeiro Bamberg, instalado na XV de Novembro. Em 1909, já acomodado na capital, fora obrigado a demolir o edifício de taipa que ocupava. Em seu lugar, apareceria um suntuoso sobrado com três andares, além de sótão e subsolo, projetado pelo arquiteto suíço Carlos Eckman.[19] Também os Fretin, relojoeiros localizados na São Bento, seriam impedidos de reformar o sobrado de taipa, sendo obrigados a demoli-lo. A projeção de um novo edifício ficou a cargo do arquiteto Manoel Asson, que optou pelo estilo eclético da fachada.

Em princípios do século XX, a Rua XV de Novembro teve o seu traçado retificado, passando então a ser uma das ruas preferidas para o passeio dos paulistanos elegantes ou daqueles com pretensões a sê-lo. Tornou-se uma das ruas mais frequentadas à noite,[20] quando o trânsito ficava difícil, já que os rapazes costumavam estacionar seus carros na calçada.[21] Os pelintras de chapéus de palha, chamados "almofadinhas", observavam as moças bonitas durante o seu *footing* vespertino.[22] Segundo Alfredo Moreira Pinto, a Rua XV de Novembro era frequentada por "(...) indivíduos de todas as classes e nacionalidades [sendo] o ponto para onde converge tudo quanto São Paulo tem de mais seleto: políticos, jornalistas, acadêmicos, comerciantes, excursionistas que formam às portas das lojas diversos grupos, onde discutem os mais variados assuntos".[23] Nem era tanta a diversidade de classes que por aí transitava, mas o que surpreendia esse viajante do Rio em 1900 era a transformação que São Paulo sofrera em somente dez anos, data da visita anterior de Alfredo Moreira Pinto à cidade.[24]

Paulo, FAU-USP, 2005.

19 Barbuy, *A Cidade...*, *op. cit.*, p. 135.

20 Alfredo Moreira Pinto. *A cidade de São Paulo em 1900*. São Paulo: Governo do Estado, 1979, p. 250-251.

21 Louis Casabona. *São Paulo du Brésil. Notes d'un colon français*. Paris, E. Guilmote, 1908, p. 68.

22 Americano, *São Paulo...*, *op. cit.*

23 Pinto, *A cidade...*, *op. cit.*, p. 224.

24 "Tinhas então as ruas sem calçamento, iluminadas pela luz baça e amortecida de uns lampiões de azeite, suspensos a postes de madeira; tuas casas, quase todas térreas, tinham nas janelas umas rótulas através das quais conversavam os estudantes com as namoradas; os carros de bois guinchavam pelas ruas, sopesando enormes cargas e guiados por míseros cativos (...) Está V. Ex. completamente transformada, com proporções agigantadas, possuindo opulentos e lindíssimos prédios, praças vastas e arborizadas, ruas todas calçadas, percorridas por centenares de pessoas, por faustosos e ricos trens tirados por soberbas parelhas de cavalos de raça e cortadas por diversas linhas de bondes (...)

Na rua XV de Novembro também se localizavam os prédios dos principais jornais de São Paulo, o *Correio Paulistano*, o *Diário Popular* e *O Estado de São Paulo*. Restaurantes e hotéis de luxo podiam ser encontrados em toda sua extensão. A partir de 1910, começam a se concentrar ali as atividades financeiras da capital, trazendo gente de todos os lugares do mundo. Juntamente com a Rua da Boa Vista, a Rua XV de Novembro reunia os principais bancos: o Banco Alemão, o Banco do Comércio e Indústria, o *London Bank, o Crédit Foncier,* o Banco Italiano. A antiga Imperatriz tornou-se, em São Paulo, o mundo do novo capital financeiro em miniatura.

Aos poucos, a residência foi cedendo espaço ao comércio. Antes da completa "mercantilização da rua", no entanto, era comum a conjugação entre o estabelecimento comercial e a residência de seu proprietário, traço típico das ruas centrais de São Paulo. O comércio como um quase prolongamento da casa implicou na não especialização das casas comerciais que, geralmente, vendiam desde alimentos, passando por bugigangas, até maquinários. As relações entre o comerciante e o cliente preservavam, então, a proximidade e pessoalidade característica das relações familiares.

Além dos bancos, a XV de Novembro da virada do século também se caracterizava pela presença de numerosas joalherias. Se caminhássemos da Praça Antônio Prado em direção à Praça da Sé, encontraríamos, do lado par, Maurice Grumbach e Netter, vizinhos, nos número 46 e 48, respectivamente, Suplicy, no número 22 e Bamberg, no 14. Do lado ímpar, teríamos Levy, no número 43, Michel, nos números 25 a 27, Fox, no número 7. Todos joalheiros.

O comércio de joias crescera bastante ao longo do século XIX. Em meados do século XIX eram somente dez os joalheiros e ourives da capital, além de 4 relojoeiros, metade deles portugueses, o que comprova a tradição lusitana nesse ramo de comércio.[25] A partir do terceiro quarto do século XIX, esse perfil do comércio joalheiro muda, acompanhando, *pari passu* a especialização dos batimentos no ramo mercantil, a imigração de outros países da Europa e o fim de uma relação quase familiar entre o comerciante português e o seu cliente. Em 1895, os comerciantes

---

com uma população alegre e animada, comércio ativíssimo, luxuosos estabelecimentos bancários, centenares de casas de negócio e as locomotivas soltando seus sibilos progressistas, diminuindo as distâncias e estreitando em fraternal amplexo as povoações do interior". (Pinto, *A cidade de São Paulo...*, p. 7, 253).

25 Barbuy, *A cidade-exposição..., op. cit.,* p. 129.

lusitanos compunham apenas 20% do total, e, em 1900, seriam somente 10%. A maior parte dos novos representantes é de origem francesa, inglesa, alemã, ou ainda, suíça. Eram os Fox, Suplicy, Worms, Levy, Bamberg, Grumbach, Fretin. Tais comerciantes, reconhecidos artesãos do ramo, tradicionalmente pertencentes a famílias que há séculos trabalhavam no mesmo ofício, gozavam de imenso prestígio social na capital. Henrique Fox, por exemplo, que havia tido o privilégio da instalação do relógio da Torre da Igreja da Sé em 1842, pode vistoriá-lo até sua morte em 1891. Mudara para São Paulo em 1854 para acompanhá-lo de perto.[26] Antônio Egídio Martins a ele se refere como um "popular, estimado e afamado relojoeiro".[27]

Cabe lembrar que, na virada do século, além da mudança na orientação do comércio de ourivesaria quanto à nacionalidade, também toma uma nova direção a natureza do estabelecimento que deixa de ter o caráter de oficina para ser ponto de revenda de artigos importados. Os Suplicys, antes mesmo da transferência de seus estabelecimentos do número 43 para o 22-A da Rua XV de Novembro, exerciam tanto os trabalhos de ourivesaria quanto de comercialização:

> Hippolito Suplicy. Rua XV de Novembro, 43. Grande e esplêndido sortimento de joias cravejadas de brilhantes, safiras, pérolas, rubis e outras pedras preciosas, artigos apropriados para casamentos. Sortimento sem igual de joias fantasias para todos os preços. Esplêndido sortimento de estátuas de bronze e metal. Prataria, constando serviço para toilete, faqueiros, copos, tinteiros de todos os tamanhos, licoreiros, serviços para chá, talheres, serviços para costuras, ricas e grandes pastas, galheteiros,[28] saladeiras, fruteiras, porta-cartões e muitos outros artigos. Sortimento de pêndulos, relógios de níquel, prata e ouro.[29]

Outra casa de renome no ramo da ourivesaria era a Casa Levy. Henri Levy, o primeiro imigrante francês do ramo, começara com uma casa de joias na Rua do Rosário e passara para uma casa de artigos musicais na Rua XV de Novembro, no

---

26   *Idem, ibidem*, p. 130-131.

27   Antônio Egídio Martins. *São Paulo Antigo. (1554-1910)*. Org. Fernando Góes. Pref. e notas Byron Gaspar. São Paulo: Conselho Estadual de Cultura, 1973, p. 193.

28   Recipientes para guardar vinagre, azeite e sal.

29   *O Estado de S. Paulo*. São Paulo, 12/01/1891.

número 33. Ali, intitulara-se o único revendedor do legítimo piano *Pleyel* na capital: "a preços fixos e sem competência",[30] sendo também um dos pioneiros na venda a preços fixos. Os outros Levys continuariam seguindo o ofício de ourives. Jacob Levy, por exemplo, começou com uma joalheria na Rua do Comércio em 1878, passou para a Rua da Direita em 1885, deslocou-se, em 1890, para a XV de Novembro, número 27, mantendo-se fiel ao ramo de venda de joias. Outro exemplo é Paul Levy, que também se estabelece no número 43 da Rua XV de Novembro, fundando a Casa Levy. Aí construiu um novo edifício em 1902, combinando elementos do *Art Nouveau* e detalhes de requinte de uma casa de joias de excelência:

> O teto de tábuas veio a receber lustres e luminárias elétricas, difundindo luz sobre os metais. As vitrines cobriam as paredes e distribuíam-se por balcões, repletas de artigos, sendo provavelmente iluminadas por dentro. Um espelho de grandes proporções colaborava, ainda por seus reflexos, para maior luminosidade e impressão de amplitude do ambiente.[31]

As novidades da II Revolução Industrial aparecem na engenharia dos edifícios, nos estilos arquitetônicos, que passam a utilizar formas em ferro e em aço, nas novas formas de venda e comercialização, que utilizam da eletricidade para expor os produtos. A distribuição das novidades, importadas em sua maioria, não se faz, no entanto, de maneira igualitária, o que produz uma "aristocratização" cada vez mais aguda dos espaços, do comércio e do consumo: "(…) o comércio das ruas centrais por certo se aristocratizara, não apenas em relação às coisas que se vendiam, como na própria forma pela qual elas eram apresentadas ao comprador".[32] O termo "aristocratização" será aqui empregado no sentido de um processo de diferenciação social, que ao se fazer em uma sociedade ainda em transição ao capitalismo, combina formas arcaicas de afirmação social, como uma pretensa herança bandeirante, com novas formas, como os objetos de consumo. Não pretendemos com isso dizer que houve uma aristocracia no Brasil, mas que o comportamento da oligarquia cafeeira, termo por nós preferido, se aproxima ao de uma nobreza de sangue.

---

30 *O Estado de S. Paulo.* São Paulo, 06/11/1907.

31 Barbuy, *A cidade-exposição…, op. cit.*, p. 133.

32 Bruno, *Histórias…*, vol. III, *op. cit.*,

No sentido das conquistas industriais, fora ou dentro do lugar na sociedade brasileira, os relógios, símbolo da rua XV de Novembro, têm um papel curioso. Ainda que não se tenha completado o processo de disciplinamento do trabalho, uma vez que as fábricas são de pequeno porte e a maquinaria empregada é simples, o relógio simboliza menos o advento de um novo tempo, do que a afirmação de um tempo antigo por meio de novos símbolos. Apesar de a cidade tomar contornos cada vez mais cosmopolitas, demolir os símbolos religiosos, que remetiam a um tempo medido de uma outra maneira, o tempo do relógio não é o tempo da fábrica. O que importa é o relógio, sua marca, o relojoeiro que o fez e não a medida que exprime.

O timbre vindo do exterior, seja pelos títulos de exposição, pela nacionalidade ou pela marca, legitimam esse novo tempo diante do tempo da tradição, que, em última instância, rege a aristocratização da sociedade. A casa de Maurice Grumbach, *À La Pendule Suisse*, na esquina da XV de Novembro e de uma das travessas que a ligam à Rua da Boa Vista, anunciava com orgulho a menção honrosa recebida na Exposição de 1889 em Paris. O comércio da família cresceria e, em 1900, Lazare Grumbach instalaria seu *Au Grand Dépot* em dois endereços: uma loja na Rua São Bento, número 91, e outra na Líbero Badaró. Consagrar-se-ia também como um grande vendedor das porcelanas de Limoges, mantendo, em paralelo, uma oficina de decoração na própria cidade de Limoges.[33]

A Casa Michel legitimava sua tradição no ramo de relógios dizendo-se os verdadeiros representantes dos relógios suíços *Ideal*, da empresa *Girard Perregaux*. Além dos relógios, passariam a oferecer também cronômetros e "objetos decorativos para interiores domésticos, como bacias com *gomis* e outros artigos de metal".[34] A casa começara com Isidoro Michel, passando para as mãos dos Worms por volta de 1890. Antes de comprarem o estabelecimento, Alphonse, Alexandre, Justino e José Worms tinham estreado na capital como vendedores ambulantes em 1850 e assim continuariam até 1860. Instalavam-se em hotéis e, daí, iam vender seus produtos nas casas das famílias mais abastadas, anunciando-os como vindos diretamente de Paris. Acomodados já em São Paulo continuaram, mantiveram o endereço que tinham em Paris, na Rua Lafayette.

---

33 Barbuy, *A cidade-exposição...*, *op. cit.*, p. 151.

34 *Idem, ibidem*, p. 79.

O mercado do prestígio 103

Defronte à Galeria de Cristal, a casa concorrente Bento Loeb, de proprietários sírios, diziam-se os únicos concessionários do relógio Ômega. Além dos relógios de luxo, eram também vendedores de "brilhantes, pérolas, pedras finas, *Bijouterie* 18 quilates, *Baccarat*, pêndulas, objetos de prata, objetos de marfim, metais inalterados, grande variedade de anéis de bacharéis, professores, dentistas".[35]

Os relógios traziam para a sociedade uma nova relação com o tempo, mas, contraditoriamente, uma relação que não remete a novas formas de produção, senão a novas formas de consumo, que são importadas por excelência. A Revolução Industrial marcaria a passagem do tempo antigo para o tempo moderno, que é controlado e administrado por mecanismos externos ao corpo, como o relógio, o cronômetro, as campainhas que controlam o ritmo da atividade fabril.[36] Na sociedade paulistana, não é o tempo da fábrica que o relógio visa a medir, mas o tempo do *status*, da manutenção das hierarquias sociais. O relógio nos dá permanentemente a impressão de "estar fora do lugar": "Aqueles [relógios], como o do Fox, instalados nas torres de igrejas ou edifícios públicos, como o da Faculdade de Direito do largo de São Francisco, faziam parte dos novos tempos urbanos em que o poder público se empenhava em marcar seus edifícios com signos laicos".[37] O trecho expressa mais a necessidade de legitimação do poder público frente ao privado do que a necessidade em disciplinar o trabalho, de aumentar a produtividade.

As referências europeias também são abundantes para legitimar costumes não muito habituais entre os paulistanos, como o de tomar o chá da tarde, por exemplo. Às vezes, as referências chegavam a ser redundantes, como no nome de um dos primeiros estabelecimentos desse tipo, o "Café do Chá", também localizado à rua XV

---

35 *O Estado de S. Paulo*. São Paulo, 12/11/1907.

36 O controle rígido do tempo, tanto de trabalho, como de diversão, tornando-o quase nulo são fundamentais para a constituição das bases da disciplina fabril: "Nas regiões industriais, podia-se observá-la [a disciplina] na expansão da disciplina fabril, condicionada pela campainha e pelo relógio, do trabalho às horas de lazer, dos dias úteis ao Sabath, e também nas tentativas de repressão do 'domingo do sapateiro', das feiras e dos feriados tradicionais". (Edward Palmer Thompson. *A formação da classe operária inglesa*, vol. II. Rio de Janeiro: Paz e Terra, 1987, p. 294). Ainda sobre o relógio, vide David Landes. *Revolution in Time: Clocks and the Making of The Modern World*. Cambridge, Belknap Press, 1983.

37 Barbuy, *A cidade-exposição...*, *op. cit.*, 131.

de Novembro: "Abre-se hoje o Café do Chá. Primeiro estabelecimento desta ordem no estado de S. Paulo".[38]

Surgido no século XVII, é somente em finais do século XIX que o hábito de frequentar cafés e confeitarias se transformará em verdadeira febre na Europa. Data dessa época o surgimento das formas noturnas do café, como o café-concerto e o cabaré. No Brasil, eram também comuns as cervejarias e os bares. Luiz Edmundo, no *Rio de Janeiro do meu Tempo*, define qual era o espírito que atraía as pessoas para os cafés: "(...) o café, no começo do século, era meio casa de família, meio grêmio, meio escritório, sempre cheio, ponto agradável de reunião e de palestra, onde se recebiam recados, cartas, amigos, conhecidos e até credores".[39]

Outros cafés importantes localizados à XV de Novembro eram o Café Paraventi, o Café Guarani, para os estudantes do Largo São Francisco, o Café Java, instalado no Largo do Rosário desde 1883. Aí se podiam encontrar "gabinetes particulares para as famílias, com serviço especial",[40] expressando o processo de aristocratização dos espaços. Dentre as confeitarias de luxo, que passariam a migrar da XV de Novembro para o Largo do Rosário no início do século XX, citamos a Confeitaria Pauliceia e a Confeitaria Progredior, parte de um complexo pertencente à Sociedade Progredior e destinado a reunir a alta sociedade da época. As paredes, pintadas com alegorias criadas pelo arquiteto Cláudio Rossi e cobertas por ricos espelhos, alimentavam a ideia de estar em um mundo de fantasias "onde, ao ar livre, ao lado das parreiras, se tomavam ótimos sorvetes e se degustavam deliciosas guloseimas, oferecia um espetáculo acima da minha imaginação".[41]

Mundos em miniatura, a Casa Garraux, no número 40 desta rua, era outro deles: "um pedaço da França encaixado na Rua Quinze de Novembro".[42] Nascido em Paris em 1833, Anatole Louis Garraux chegara à capital paulista ainda no segundo reinado.

---

38 *O Correio Paulistano*. São Paulo, 17/01/1890.

39 Luiz Edmundo da Costa. *O Rio de Janeiro do meu tempo*. vol. 1. Brasília, Edições do Senado Federal, 2003, p. 349.

40 Bruno, *História...*, vol. III, p. 1152.

41 Antônio de Almeida Prado. *Crônica de outrora*. São Paulo: Brasiliense, 1963, p. 127.

42 Francisco de Assis Barbosa. "Alguns aspectos da influência francesa no Brasil (Notas em torno de Anatole Louis Garraux e da sua livraria em São Paulo)". *In Coleção Documentos Brasileiros*, nº 100. Rio de Janeiro: José Olympio, 1962, p. XXXII. Corresponde à introdução ao fac-simile de Anatole Louis Garraux. « Avant-Propos ». *Bibliographie brésilienne: catalogue des ouvrages français & latins relatifs au Brésil (1500-1898)*. Paris, Chadenat, 1898.

Vinha para gerenciar a filial da Livraria da Casa Imperial que o livreiro Baptiste-Louis Garnier abrira em São Paulo em 1860. Dois anos depois, seu estabelecimento já podia era vislumbrado junto ao Largo da Sé em uma das produções do fotógrafo Militão de Azevedo. Mais tarde, instalar-se-ia, neste mesmo endereço, o Café Girondino. Entre os atrativos para a elite intelectual paulistana, enumeramos suas mesas com tampos de mármore vindos de Carrara e o mobiliário todo confeccionado em pinho-de-riga.[43]

Grande capitalista, Garraux investira nas primeiras ações da estrada de ferro São Paulo Santos. Com os rendimentos, compraria, em 1880, seu segundo endereço na Rua da Imperatriz, um edifício com "fachada de mármore e grandes vitrines".[44] Este novo endereço começaria como ponto de venda de livros e revistas importadas até passar a empório de venda de produtos em geral.[45] Entraria para a memória histórica de São Paulo como o primeiro estabelecimento a introduzir novidades como o envelope – as cartas eram escritas, até então, no chamado "papel de peso", que continha folhas duplas, sendo a segunda destinada a capear a correspondência –, as caixas registradoras e máquinas de calcular, "tudo importado".[46] Era uma casa "cheia de tentações para grandes e pequenos",[47]como atesta a Princesa Isabel em visita à cidade.

A Casa Garraux e seu mundo de curiosidades seria ainda matéria-prima para muitos romances da literatura brasileira, dentre os quais, *A Carne*, de Júlio Ribeiro. Lenita, recém-chegada à cidade de São Paulo, para onde vinha fugindo à paixão que sentia por Manuel Barbosa, escreve a este descrevendo a Casa Garraux e os intelectuais que a frequentavam: "Em frente – a Casa Garraux, vasta Babel, livraria em nome, mas verdadeiramente bazar de luxo, onde se encontra tudo, desde o livro raro até a pasta de aço feita, passando pelo *Cliquot*[48] legítimo e pelos cofres a prova de fogo".[49]

---

43 Barbuy, *A cidade-exposição...*, *op. cit.*, p. 78

44 Gustavo Sorá. *Brasilianas: A Casa José Olympio e a instituição do livro nacional*. Rio de Janeiro: PPGAS do Museu Nacional/UFRJ. Originalmente tese de doutorado.

45 Sora, *Brasilianas...*, *op. cit.*,

46 Laurence Hallewell. *O livro no Brasil: Sua História*, 2ª ed. São Paulo: Edusp, 2005, p. 302-305.

47 "Diário da Princesa Isabel". *In* Carlos Eugênio Marcondes de Moura (org.). *Vida cotidiana em São Paulo no século XIX*. São Paulo, Unesp, 1998, p. 243.

48 Marca de champagne francês. A grafia correta é *clicquot*.

49 Júlio Ribeiro. *A Carne*. São Paulo: Martin Claret, 1999.

Realmente, a Casa Garraux, embora pertencente ao comércio livreiro, comercializava de tudo. Como afirmamos acima, a não especialização no comércio é a regra. As *maisons* seguem o modelo do *grand magasin*, em que se vende de tudo a preço fixo. Em ocasião de exposição da Garraux em 1892, anunciava:

> Abertura dos vastos salões da Casa Garraux. Exposição sem igual de objetos para presentes. Grande variedade de bronzes, *biscuits*, porcelanas, carteiras, álbuns, bengalas, caixas para joias, artigos para fumantes, objetos para viagem, brinquedos, bonecas, espelhos, pastas de luxo, objetos de escritório, livros de missa, mesas para jogos, quadros, cadeiras, mobílias etc., e uma variedade--monstro de objetos que seria difícil enumerar.[50]

Dentre as bebidas ali vendidas, todas muito refinadas, anunciavam-se: *Grands Vins de Bourgogne, Grands Vins de Champagne, vins du Rhin,* conhaques e licores. Em um anúncio do *Correio Paulistano,* até mesmo artigos nacionais eram arrolados: "Fumo de Goiaz: Vende-se na casa Garraux esta especialidade de fumo e na casa da Rua do Braz".[51]

Outro ramo que dá a cara da Rua XV de Novembro é o da moda. Dentre os principais estabelecimentos, encontramos o Louvre, defronte à Galeria de Cristal, no número 57, e a Camisaria Especial, sua vizinha no número 55, importadora das famosas camisas *Bertholot* e tudo quanto houvesse de mais *chic*.[52]

No número 49, havia a casa "Ao Mundo Elegante, Roupas Feitas", fundada em 1900, uma das pioneiras na venda de produtos feitos. Em seus anúncios, enfatizava a vantagem de combinar, ao mesmo tempo, um profundo conhecimento da última moda francesa em roupas feitas com a solicitude dos serviços feitos em língua portuguesa:

> Casa portuguesa e brasileira. Tudo quanto possam desejar, sendo as *toilettes*, chapéus e mais artigos de mais aprimorado gosto e os espartilhos de uma execução e corte admiráveis, única maneira de vestir bem. Além disso, conquanto todo o pessoal seja francês,

---

50   *O Estado de S. Paulo*. São Paulo, dez/1892.

51   *O Correio Paulistano*. São Paulo, 17/01/1890.

52   *O Correio Paulistano*. São Paulo, 20/03/1890.

> a direção da nossa casa perfeitamente portuguesa dá a maior
> garantia às famílias brasileiras evitando-lhes complicações que
> quase sempre sucedem com as pessoas que desconhecem Paris.[53]

Durante a crise de 1900, a casa encerraria suas atividades, leiloando estoques de tecidos, rendas, armarinhos, meias, camisas, procedimento habitual nos momentos de crise da exportação de café, que encarecia as importações por conta das desvalorizações súbitas da taxa de câmbio. O negócio seria novamente aberto na Rua XV de Novembro alguns anos depois, ainda ligado à moda feminina. Em 1911, incorporaria um ateliê de chapéus para senhoras, notabilizando-se no ramo.[54]

Do lado par, tínhamos *À Pygmalion*, no número 34, e a casa de modas Duas Cidades, no número 32, assim chamada por ter uma filial na capital e uma em Campinas. *À Pygmalion* confeccionava vestidos de noiva, grinaldas e enxovais, além de todo de acessório, como fitas, rendas, leques, artigos de perfumaria, tintura para cabelos. Até mesmo coroas de flores para finados participavam da imensa gama de artigos que oferecia.[55] Divulgava anúncios bastante criativos, que contavam com certa capacidade de abstração do leitor, já prenunciando, em certa medida, formas publicitárias que somente chegariam com o Modernismo: "Excelentíssimas Senhoras, quereis estar bem vestidas? Comprai fazendas na Casa Pygmalion!"[56] Em 1906, uma bela fachada em estilo *Art Nouveau* seria construída para o imóvel.

Ao lado da Casa Lebre de artigos para ferragens e um pouco antes da esquina com a Rua Direita, encontrávamos a Casa Lemcke, especialista em artigos importados para o inverno paulistano. A estação de inverno era uma ótima oportunidade para trazer algumas das novidades que dificilmente poderiam ser adaptadas ao calor dos trópicos. Alguns tipos de lãs, peles, *marroquineries* eram sempre bem-vindos: "Acabamos de receber um sortimento completo em lãs, *draps*, flanelas, artigos de malha, cobertores de lã e algodão".[57]

Para Jorge Americano, a profusão de casas de moda, em especial nas ruas XV e Novembro e Direita, contava com um novo olhar para a França, o que, a nosso

---

53 *O Estado de S. Paulo*. São Paulo, 30/04/1890.

54 Barbuy, *A cidade-exposição...*, *op. cit.*, p. 190.

55 *O Estado de S. Paulo*. São Paulo, 25/10/1907.

56 *O Estado de S. Paulo*. São Paulo, 23/10/1907.

57 *Estado de São Paulo*. São Paulo, 10/04/1910.

ver, era uma das formas de construção de uma identidade nacional que caminhava em sentido inverso às nossas heranças coloniais portuguesas, vistas nesse contexto como sinonímia de atraso. Além disso, representava um novo momento na história paulistana, qual seja, a criação de uma *polis* que se bastava a si mesma, contando não somente com o comércio de produtos ligados à subsistência, mas, principalmente, com o comércio dos produtos mais sublimes que anunciavam o que havia de mais civilizado. A enorme variedade de casas ligadas ao vestuário marcava a ruptura com a antiga necessidade da elite em se deslocar para o Rio de Janeiro para se vestir com apuro. Os paulistas contavam agora com um importante comércio de luxo alimentando a capital: "A Casa Alemã, A Casa Paiva, a Dona Juanita, a Favorita, a Casa Lemcke, o Mundo Elegante, a Casa Bonilha, a Pigmalion, a Casa Genin. O alfaiate Raunier e o Almeida Rabelo tinham sucursal em São Paulo e o Vieira Pinto, paulista, já era um alfaiate renomado".[58]

Vale a pena citar ainda os ateliês fotográficos de *N. Steidel & Cia.*, fundado em 1893, e o escritório fotográfico de Guilherme Gaensly,[59] localizado também na Rua XV de Novembro, rua que inspirara suas perspectivas e olhares sobre a cidade, registrando, a partir dela os principais momentos da sociedade paulistana do início do século. Dessa forma, a elite da Pauliceia não somente ia à XV de Novembro para se fazer vestir com luxo, mas também para registrar esse momento, asseverando as posições conquistadas.

A moda na Rua Direita

Recebeu o nome de Rua Direita por ser o "caminho direito" entre o terreiro da Sé e o despenhadeiro do Anhangabaú. Anteriormente, seu nome completo era Rua Direita de Santo Antônio e, apesar de tantos "direitos", jamais fora direita: "(...) foram chamando Rua Direita, como quem queria dizer – rua direta – assim como

---

58 Americano, *São Paulo...*, *op. cit.*, p. 408. Lembramos que todas as casas citadas se localizavam na Rua XV de Novembro.

59 O fotógrafo suíço de origens protestantes, Guilherme Gaensly, chegara ao Brasil em 1860, realizando seus primeiros trabalhos fotográficos em Salvador. Em 1890, mudou-se para São Paulo, onde abriu, na Rua XV de Novembro, uma filial da *Photographia Gaensly & Lindemann*, cuja matriz continuou em Salvador sob a direção de seu sócio Lindemann. Em 1900, a sociedade seria desfeita e a firma passaria a se chamar *Photographia Gaensly* tão somente. (Boris Kossoy. *Origens e expansão da fotografia no Brasil: século XIX*. Rio de Janeiro: Funarte, 1980, p. 51 e ss.)

denominavam 'rua direita que vai para São Bento', 'rua direita que da Misericórdia vai para Santo Antônio'. Daí se deu, como a tudo se dá, empírica e historicamente falando, uma explicação à tortuosidade da Rua da Direita".[60] Os paulistanos mais espirituosos da virada do século costumavam fazer um trocadilho com o famoso anúncio da Casa Kosmos: "Ao passar pela Rua Direita, não deixe de ver as camisas da Casa Kosmos", dizendo: "Ao passar pela Rua Direita, não deixe de ver que ela é torta".[61]

Combinando edifícios antigos – a Rua Direita era a rua do Triângulo em que mais se havia preservado as construções anteriores – aos reformados, ali encontrávamos o que havia de mais luxuoso em termos de moda. Lojas de armarinhos e fazendas, *ateliers* de confecção, chapelarias e luvarias, *magasins* de roupas feitas, tanto para os gostos masculinos, quanto femininos. Já houvera viajante estrangeiro que, em 1883, comparara a Rua Direita às ruas mais refinadas da corte carioca: "(...) por causa das suas grandes lojas, das suas vitrinas, dos seus quiosques com bandeirolas, dos seus anúncios coloridos em todas as paredes".[62]

Aí seriam lançadas as primeiras lojas de departamento, com suas novas estratégias de venda, por exemplo, o preço fixo, e a exposição em vitrines. Não foram permitidas no Triângulo lojas de artigos populares. Estas iriam para as ruas Florêncio de Abreu, 25 de Março, Rua do Carmo, Avenida Rangel Pestana. Aí se agrupavam também os comerciantes mais modestos, como os imigrantes sírios e libaneses que começaram trabalhando como mascates na Rua 25 de Março e depois passaram ao comércio de armarinhos e tecidos também na mesma rua.

Ao longo do século XIX, os trajos resultaram em uma diferenciação cada vez mais intensa entre os sexos e as idades, delimitando visivelmente os papéis de cada gênero dentro da sociedade que se aburguesava. O menino, que antes recebia sua calça de homem já aos cinco anos de idade,[63] agora gozava de seu status de criança por mais tempo. Os trajes masculinos adquiririam uma maior sobriedade, em alusão ao rigor da disciplina de trabalho. Os trajes femininos, que antes chegavam a pesar 15

---

60   Paulo Cursino de Moura. *São Paulo de Outrora – evocações da metrópole,* 3ª ed. São Paulo: Livraria Martins Editora, 1954, p. 15.

61   Moura, *São Paulo de Outrora...*, *op. cit.*, p. 15.

62   Karl Von Koseritz. *Imagens do Brasil.* Tradução de Afonso Arinos de Mello Franco. Rio de Janeiro: Biblioteca Histórica Brasileira; Livraria Martins Editora, 1941, p. 255. Texto Original "Bilder aus Brasilien", editado na Alemanha em 1885.

63   Gilberto Freyre. *Sobrados e Mucambos: Decadência do Patriarcado Rural e Desenvolvimento Urbano.* Rio de Janeiro: Record, 1996.

quilos, tornar-se-iam, ao contrário, mais coloridos e mais leves, condizentes com uma função mais delicada da mulher na sociedade burguesa:

> "(...) de um lado uma moral masculina contratual, um código de honra originado nos contatos da vida pública, comercial, política e das atividades profissionais – e do outro uma moral feminina, relacionada com a pessoa e os hábitos do corpo e ditada por um único objetivo, agradar aos homens".[64] A relação entre essa moral burguesa bivalente – uma para o homem que se intelectualiza, outra para a mulher, que se fragiliza – e o comércio é sintetizada por Henri Pollès: É o comércio de vestuário, e não mais a arte, como outrora havia sido, que criou o protótipo do homem e da mulher moderna ... As pessoas imitam os manequins e a alma imita o corpo".[65]

O último decênio do século XIX e o primeiro do século XX assistiram às primeiras formas de produção em massa de roupas prontas, e, com elas, veio a possibilidade da mudança permanente, princípio que norteia a moda. Ao lado da produção em massa, da generalização de padrões, recria-se socialmente a necessidade da diferença, que expressa, também, um dos traços da identidade do moderno indivíduo burguês:

> A Alta Costura por um lado, originariamente chamada Costura, a confecção industrial, por outro lado, tais são os dois pilares da moda de cem anos, sistema bipolar assentado na criação de luxo e sob medida em oposição à uma produção em massa, em série e barata, que imita, de perto ou de longe os pretigiosos modelos da Alta Costura. Criação de modelos originais, reprodução industrial: a moda que se apossa do corpo se apresenta sob o signo de uma diferenciação acentuada em matéria de técnica, de preço, de reputação, de metas consistentes com uma sociedade ela própria

---

64 Gilda de Melo e Souza. *O Espírito das Roupas a moda no século XIX*. São Paulo: Companhia das Letras, 1987.

65 Henri Pollès. "L'art du commerce", 12/02/1937. *Apud* Walter Benjamin. *Paris capitale du XIXe siècle. Le livre des passages*. Paris, Éd. du Cerf, 2006, p. 103.

dividida em classes com modos de vida e aspirações claramente segmentados.[66]

Dentro do sistema capitalista, em que a produção é revolucionada constantemente pela tecnologia, a moda não se assenta mais sobre a pátina, sobre o que é antigo, senão pelo que é novo, último.[67] Na sociedade em que vivemos, a obsessão consumista pelo novo chega ao ponto da descartabilidade de pessoas. Entretanto, é na relação contraditória entre diferenciação pelo consumo e generalização de padrões pela industrialização em massa, que se funda a dinâmica da moda moderna. É também o que a torna efêmera porque a diferença, a princípio um modelo exclusivo de alguns estratos sociais, difunde-se em série para os demais estratos da sociedade. Os desfiles,[68] com data e local exatos, apresentam o modelo, privilégio de algumas classes ou do mundo da arte, pura e simplesmente, não chegando nunca a se concretizar em uso. A moda-arte, em que os desfiles tornam-se eventos em si, sem qualquer pretensão de que seus modelos sejam usados, é, no entanto, um fenômeno mais contemporâneo. A indústria, então, difunde o modelo como série.[69]

Nos primórdios da produção em massa de roupas, a produção artesanal é reapropriada pelo capitalismo, como uma mecanismo gerador de exclusividades e privilégios de classe. Nesse sentido, não é possível falar em Revolução Industrial,

---

66 Gilles Lipovetsky. *L'empire de l'éphémère. La mode et son destin dans les sociétés modernes.* Paris, Éditions Gallimard, 1987.

67 "Antes do século XVIII, os ricos admiravam especialmente a pátina. A fina película acumulada nos objetos, como resultado da oxidação e do uso, era prova de sua reivindicação de longa data ao status elevado. Era a prova de que eles eram nobres 'antigos', e não recém-cunhados. Dessa forma, as classes dominantes usavam a pátina dos bens como uma barreira, um meio de distinguir aristocratas de arrivistas e pretendentes". (McCracken, *op. cit.*, p. XIII, trad. própria). A mudança deu-se na corte elisabetana, quando "se ajudou a iniciar uma mudança nas propriedades simbólicas do bem de consumo e iniciar uma mudança da 'pátina' para a 'moda'". (*Idem, ibidem*, 16, trad. própria).

68 "Fundada em meados do século XIX, é somente no começo do século seguinte que a Alta Costura adotará o ritmo de criação e apresentação que conhecemos nos dias de hoje. Inicialmente, várias coleções de data fixa, os modelos que foram criados ao longo do ano, variavam apenas de acordo com a estação (...) Em vez de uma lógica aleatória de inovação, implementou-se uma normalização da mudança da moda, uma renovação imperativa operada em data fixa por um grupo especializado. A Alta Costura disciplinou a moda no momento em que ela desecadeava um processo de inovação e de fantasia criativa sem precedentes ». (Lipovetsky, *L'Empire...*, *op. cit.*, p. 84-85, trad. própria).

69 Sobre a ideia de modelo e série vide Jean Baudrillard. *O sistema dos objetos.* Tradução Zulmira Ribeiro Tavares, 5ª ed. São Paulo: Perspectiva, 2009.

entende-se por revolução a destruição de todas as estruturas tradicionais. Esse é o argumento de Arno Mayer, para quem, as estruturas do Antigo Regime continuam a existir no moderno mundo industrial, na forma de tradição, uma invenção da própria modernidade.[70] O artesanato é recriado pelo próprio capitalismo, na medida em que a grande produção industrial contribui para a indiferenciação. Na Inglaterra e na França, em especial nesta última, onde a pequena produção manufatureira protagoniza a transição para o capitalismo, o artesanato torna-se a base de um setor exportador. Em São Paulo, as modistas e alfaiates, não raro adotando nomes franceses, seriam os expoentes da pequena produção sob medida, voltada para um público diferenciado.[71]

No século XIX, a moda feminina era ditada quase que unanimemente pelas tendências francesas. Uma modista com nome francês significava refinamento, ao menos em hipótese. Madame Fanny Silva (Rua Direita, número 20), apesar de ter um sobrenome incontestavelmente português, adota um primeiro nome afrancesado, forma de legitimar o seu comércio:

> Madame Fanny Silva de passagem por esta capital e chegada recentemente de Paris donde trouxe um lindo e escolhido sortimento de fazendas, a saber: ricos vestidos de seda, lã, *cachemira, de alto luxo e feitos em Paris,* manteletes, o que há de mais elegante; alta novidade em sombrinhas, *nunca antes vistas no Brasil,* lenços, meias, camisetas de seda, roupas brancas, *pegnoires,* leques e chapéus alta novidade de Paris; espartilhos superiores, rivalizando com os de Mme. Vertus, rendas, bordados, vidrilhos, fitas, elegantes e lindas, sedas, *surahs,*[72] cachemiras, flanelas. Especialidade em sedas pretas e cores.[73]

Apesar da tendência a uma maior sobriedade no vestuário a partir de 1900, os anúncios dos jornais, em um excesso quase barroco, sempre vêm sobrecarregados de descrições dos acessórios. No vestuário feminino, a perda dos excessos

---

70 Arno Mayer. *A força da tradição: a persistência do Antigo Regime (1848-1914).* Trad. por Denise Bottmann. São Paulo: Companhia das Letras, c1981.

71 Barbuy, *A cidade-exposição...*, *op. cit.*, p. 188-189

72 *Tecido de* sarja de seda originário de Suran, Índia.

73 *O Estado de S. Paulo.* São Paulo, 02/04/1910.

O mercado do prestígio

corresponde à diminuição do volume de tecidos, dos babados e das crinolinas dos vestidos, que, por sua vez, tinham surgido da substituição das anáguas em 1850.[74] A silhueta feminina arqueada pelos novos vestidos aproxima-se de um "S", dando a impressão de a mulher estar sempre em posição de reverência. O efeito era produzido pela saia prolongada em "pequenas caudas enxertadas com franzidos, rendas e laçarotes".[75] Com a penetração do estilo *Art Nouveau* no mundo da moda, passou-se a valorizar as formas orgânicas, permitindo que a vestimenta transpareça as formas naturais do corpo feminino. As novas cores também são influenciadas pelo estilo e evocam a "frivolidade e a fragilidade – em tons como o rosa desbotado e o malva desmaiado".[76]

O processo da replicação dos modelos em São Paulo foi permitido pelo advento dos moldes publicados no jornal *A Estação,* versão paulistana do figurino francês *La Saison.*[77] Além deste semanário, outras revistas podiam ser vistas circulando pela capital no começo do século XX: a *Samaritaine,* impressa pelo *magasin* francês de mesmo nome; a *Magasin des Demoiselles;* a *Salon de La Mode* e a *La Mode Illustrée.* Era bastante comum ainda que as casas de moda anunciassem, além de seus produtos habituais, a venda de moldes em seus estabelecimentos, como é o caso da Casa Sloper, no número 24 da Rua Direita: "A Casa dos Moldes. Moldes e figurinos. Já está aberta nesta cidade a sucursal da CASA DOS MOLDES da capital federal".[78] Alguns dentre os figurinos aí vendidos eram: *A moda universal, O Grande Metropolitan, O Delineator, Le miroir des modes, Os Moldes Butterick.*

Em meio à multiplicação de costureiras de todos os tipos na cidade de São Paulo, a partir da difusão dos moldes em revistas populares, as modistas tentam sobressair-se procurando algum diferencial para o seu trabalho. Em anúncio publicado no jornal *O Estado de São Paulo,* Madame Irma comunica aos clientes o que a distingue das profissionais comuns: "Nenhuma costureira poderá confeccionar

---

74 A crinolina de armação consistia em uma saia com vários arames costurados que conferiam forma desejada à saia superior. Era muito mais leve que as inúmeras anáguas utilizadas pela mulher para dar forma à saia. Com o tempo, deixaria a forma circular perfeita para aderir à forma oval, um pouco mais alongada na parte de trás, mas ajudando sempre a definir o "ponto erótico" feminino, uma vez que colocava em evidência as ancas, em especial durante o caminhar.

75 Astrid Façanha. "100 anos de moda paulistana". *Revista Go Where São Paulo.* Ano V, nº 24, 2000.

76 Façanha, "100 anos…", *op. cit.*

77 Americano, *São Paulo….*, *op. cit.*, p. 66.

78 *O Estado de S. Paulo.* São Paulo, 27/02/1900.

um vestido moderno sem um colete irrepreensivelmente fabricado por Mme. Irma. Rua Barão de Itapetininga, 75".[79] Também o *Ao Trianon* anuncia sua chapelaria aos cuidados de uma hábil modista: "Avisamos à nossa freguesia que, anexo ao nosso estabelecimento de fazendas, modas e oficina de costura, abrimos uma seção de chapéus para senhoras a cargo de uma *hábil modista*.".[80]

As estratégias de vendas situavam-se menos no diferencial de preço (o preço baixo não é uma estratégia muito comum quando grande parte da produção ainda segue técnicas artesanais), do que no diferencial de serviços. O Ao *Boulevard Paulista*, um tanto quanto cauteloso quanto a enunciar seus preços, assim divulga seu estabelecimento na Rua Direita, número 17:

> Não mencionamos os nossos preços para os colegas não desconfiarem, mas afiançamos que são muito reduzidos e que estamos dispostos a vender barato todos os artigos de que se compõem o nosso variado sortimento de fazendas, modas e armarinhos.[81]

A estratégia por excelência era o oferecimento de artigos diversos, que é tanto uma característica dos estabelecimentos mais tradicionais, em que o negócio não se separa da moradia familiar, quanto uma estratégia de ampliação de vendas, recurso adotado pelas lojas de departamento. A Casa Enxoval, localizada nos números 34 e 36 da Rua Direita, onde depois viria a ser a *Rotisserie Sportsman*, tinha comércio bastante diversificado, não somente vendendo roupas brancas para senhoras e artigos de crianças, mas também utensílios de decoração, móveis finos e artigos de tapeçaria e couro.

Localizada nos "quatro cantos" (esquina da Rua Direita com a Rua São Bento), mas com uma pequena fábrica no Largo da Sé, com a qual abastecia seus próprios estoques de luvas nacionais, A Luva Paulistana proclamava-se vendedora de produtos nacionais, estrangeiros e sob medida: "A Luva Paulistana. Abriu-se hoje a fábrica de luvas de pelica. M. Savin & Cia. Completo sortimento de luvas nacionais e estrangeiras. Recebem encomendas atacado e a varejo. Luvas sob medida em 1 hora.

---

79   *O Estado de S. Paulo*. São Paulo, 02/04/1910.

80   *O Estado de S. Paulo*. São Paulo, 03/03/1912.

81   *O Estado de S. Paulo*. São Paulo, 25/07/1890.

Preços reduzidos. Largo da Sé, 2".[82] Também na região dos "quatro cantos", no antigo endereço da Casa Enxoval, passariam ainda o Café Acadêmico e a Chapelaria João Adolfo Schritzmayer. Na esquina oposta, do lado ímpar, o Hotel de França, "onde a cozinha era excelente",[83] consagrar-se-ia como o hotel-modelo de São Paulo na virada do século, encontrado em muitos dos registros de viajantes estrangeiros dessa época.

Enquanto a moda feminina era preponderantemente ditada pela França, a moda masculina seguia tendências inglesas. A Revolução Gloriosa de 1688 institucionalizou um vestuário masculino mais sóbrio, que, após a Revolução Francesa em 1789, foi disseminado pelo continente, como uma espécie de crítica radical aos excessos da indumentária masculina na sociedade de corte. O novo papel do homem na sociedade republicana burguesa, o de intelectual e *libre penseur*, exigia um trajo mais despojado.

A partir de meados do século XIX, o exagero de rendas, brocados e pós-de-arroz aristocráticos foram realmente postos de lado. O estereótipo masculino do *dândi* aboliu-os em definitivo. Seus trajes adquiriram a simplicidade e flexibilidade que a vida urbana boêmia exigia. Foram inspirados nos trajes de campo esportivos do século XVIII, mas apresentavam tons mais sombrios que traduziam o espírito mais esquivo do *flâneur*. Esse tipo de traje, sóbrio, sem deixar de ser sofisticado, apontava para a revolta contra as mazelas da vida industrial e urbana. A desilusão que o *flâneur*, o típico indivíduo burguês do XIX,[84] carrega consigo é a desilusão de uma grande parte da sociedade que não fora agraciada pelo progresso do mundo industrial. Charles Baudelaire, descrito por Walter Benjamin nas *Passagens*,[85] carrega, pelas ruas, sua alma como um fardo dentro de um espectro de homem e roupas:

---

82   *O Estado de S. Paulo*. São Paulo, 26/04/1890.

83   Bruno, *História...*, *op. cit.*, vol. III, p. 1149.

84   Entendemos aqui o indivíduo como a expressão contrarrevolucionária que a sociedade burguesa, pela arte e poesia, apresenta a si mesma. A definição é de Hannah Arendt. *Entre o passado e o futuro*. Tradução Mauro W. Barbosa de Almeida, 6ª ed. São Paulo: Perspectiva, 2009.

85   Walter Benjamin. *Charles Baudelaire: un poète lyrique à l'apogée du capitalisme*. Trad. J. Lacoste, Paris, Payot, 1982. A obra é composta por três textos, "Le Paris du Second Empire chez Baudelaire", "Sur quelques thèmes baudelairiens" e "Fragments baudelairiens", todos frutos do trabalho de tradução de Baudelaire feito por Benjamin para a língua alemã.

> Calças pretas bem esticadas sobre a bota envernizada, uma blusa - blusa azul de algodão bem tesa nas pregas novas - o longo cabelo negro, naturalmente encaracolado, o tecido de linho brilhante e sem tintura, alguns pelos da barba nascente sob o nariz e no queixo, e as luvas rosas, fresquíssimas.[86]

Apesar da aparência sombria, o trajo é impecável: calças bem esticadas sobre a bota envernizada, pregas recém feitas na blusa azul, a roupa branca de um tecido brilhante, as luvas cor de rosa inteiramente novas. Para o indivíduo burguês em sua expressão plenamente urbana, o tecido, o corte e o caimento do traje substituem exagero de adornos característico do traje barroco. O *dândi* é um tipo narcisista, mas a beleza que se aprecia é a beleza mórbida, da pele pálida em contraste com o trajo negro. As calças são apertadas – "pantalon tiré" –, o rosto prescinde de pintura e os cabelos se deixam despentear, valorizando as formas mais naturais. A lã e o algodão são preferidos às sedas finas e cetins. Como os alfaiates ingleses seriam os primeiros "a aperfeiçoar as novas técnicas de costura para tais tecidos", viria "daí a tradição de alfaiataria como corte inglês para traje masculino".[87]

Dois grandes alfaiates inauguraram esse estilo no Brasil, ambos portugueses: Almeida Rabelo, no Rio de Janeiro, e Vieira Pinto, em São Paulo. Havia ainda o Raunier, de estilo francês, e o Carnicelli, de estilo italiano.[88] A Casa Kosmos, fundada em 1906 e alojada no número 12 da Rua Direita, era uma ferrenha adepta das novas tendências. Optou por se especializar na venda de roupas exclusivamente masculinas, desde chapéus, luvas, ternos, casacas, guarda-pós, camisas, capas de chuva, calças até os célebres sapatos Clark.[89]

Também situado na Rua Direita, número 47, o *Bon Diable*, cuja sede se localizava na França, vendia, além de vestuário masculino, roupas para meninos

---

86 Benjamin, *Paris...*, *op. cit.*, p. 248. trad. própria.

87 Queila Ferraz. "Sobre dândis e antimoda masculina". In *Fashion-Bubbles: moda, consumo, tecnologia e comportamento*. Revista Eletrônica de 29/06/2006. www.fashionbubbles.com/2006/sobre-dandis-e-antimoda-masculina.

88 Americano, *São Paulo...*, *op. cit.*, p. 288.

89 "Chove? Sorri uma garoa cor de cinza, Muito triste, como um tristemente longo... A casa Kosmos não tem impermeáveis em liquidação... Mas neste Largo do Arouche posso abrir meu guarda--chuva paradoxal, este lírico plátano de rendas mar..." (Mário de Andrade. "Pauliceia Desvairada. Paisagem, nº 3". In *De Pauliceia Desvairada à Café: Poesias Completas*. São Paulo: Círculo do Livro, [19-].)

de classe abastada: "Aos 12 ou 13 anos, no Natal, ou aniversário, [o menino] ganhava a primeira roupa de homem, do 'Bon Diable' ou da 'Ville de Paris'".[90] Seus fundadores, os Bloch, foram os primeiros a trazer para a capital os manequins e a expô-los em suas vitrines. Conta-se que os moradores de São Paulo confundiam-nos com pessoas de verdade e, quando entravam na loja, punham-se também a cumprimentá-los.[91]

Além das lojas acima citadas, outras se dedicaram ao setor da moda masculina: a *Ville de Paris,* a Casa *Tallon,* a Camisaria Colombo, a Casa *Berge,* a Camisaria Modelo, Ao Preço Fixo, o *Chic* Americano, a Casa Alemã, todas localizadas no Triângulo. Havia ainda a Chapelaria Alberto, na Praça Antônio Prado, que vendia os chapéus-coco italianos *Borsalino.*[92]

Em 1910, chegam em São Paulo as primeiras lojas de departamento. Até então, a Casa Alemã, com um novíssimo sistema de vendas por seções e a preços fixos, era o que havia de mais próximo a um *grand magasin* em São Paulo. O estabelecimento havia sofrido um incêndio em 1893 em seu endereço anterior na Rua da Direita, 10-B, instalando-se então temporariamente no número 59 da dita rua até 1895. Em 1898, é aberta uma filial em Campinas. Em 1904, a Casa Alemã muda-se para aos números 16-18 ainda da Rua Direita. Neste endereço, toma corpo o projeto de vendas por seções, "tecidos para vestidos, roupa branca, artigos para homens, armarinho, perfumaria, artigos de couro e mobília, tapetes e cortinas".[93] Aí continuou a loja quando, em 1909, ocupando o lugar de três casarões demolidos para sua recente construção, a casa sofreu um novo incêndio. O edifício seria novamente reconstruído pelo arquiteto sueco Carlos Eckman e, em 1910, além dos números 16 e 18, a Casa Alemã ocuparia também o número 20 da Rua Direita e o número primeiro do Largo do Tesouro.

Às vésperas da I Guerra Mundial, o processo de industrialização interno tomou um novo rumo diante dos constrangimentos criados pela dificuldade de comercializar com os países que começavam a se envolver em sistemas de aliança. As lojas de departamento exerceram um papel fundamental nos primeiros processos de diversificação produtiva, uma vez que, em contextos de constrangimentos externos,

---

90   Americano, *São Paulo..., op. cit.,* p. 283.

91   Bruno, *História..., op. cit.,* vol. III.

92   Chapéu inventado em 1857. Em 1900, o chapéu coco de feltro ou de lã era o mais usado.

93   Barbuy, *A cidade-exposição..., op. cit.,* p. 211-213.

permitiam a imitação pela indústria de pequeno porte interna. A indústria, seja dito, começou atrelada ao comércio. O processo de substituição de importações é conduzidos pelos próprios estabelecimentos comerciais, que são os principais conhecedores das possibilidades do mercado consumidor interno.

Um marco no surgimento da venda por departamento foi a fundação da primeira filial da *Mappin & Webb* na Rua Direita em 1912. Os artigos de luxo estavam distribuídos em diferentes seções: "joias, relógios, louças e porcelanas, artigos para decoração etc."[94] Em 1913, a loja passou à rua XV de Novembro, como filial do *Mappin Stores*, chamando-se *Mappin Stores Brazil* e comercializando, além das joias, também roupas, chapéus, rendas, artigos de couro, móveis e estofados.[95] Nesse endereço, ocupava uma parte da Galeria de Cristal, criada pelo alemão Cristiano Werbendörfer, inspirado nas passagens de Paris. A ideia era a de construir uma galeria que comunicasse a Rua da Boa Vista à XV de Novembro. No andar térreo da *Mappin Stores*, a *Mappin Webb* ficou sendo a maior e mais cara joalheria da cidade. No último andar, um restaurante de luxo, frequentado pela *crème de la crème* da sociedade paulistana.

---

94 Deaecto, *Comércio…*, *op. cit.*

95 Zuleika Alvim & Solange Peirão. *Mappin – setenta anos.* São Paulo: Ex-Libris, 1985, p. 25.

A exposição de Costumes, que continua nos nossos Salões, inclúe verdadeiros exemplos d'Arte das principaes Couturiéres de Paris, Londres e Vienna. Estamos expondo vestidos «Tailleur» chics e de fino córte, para todos os preços, até 300$.

A possibilidade de se obter um vestido Tailleur bem feito, sem a necessidade de se dispender por elle uma grande somma, é provada pelos dois «Costumes», cujas illustrações se seguem:

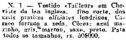

N. 1 — Vestido «Tailleur» em Cheviote de lan ingleza, fino corte, dos mais praticos alfaiates londrinos. Casaco forrado a seda. Côres: azul marinho, gris, marron, saxe, preto. Para todos os tamanhos, rs. 50$000.

N. 2 — Vestido «Tailleur», em saria de pura lan. Côres: preto e azul marinho, só. Com faixa, de novos desenhos, em rica seda preta gorgorão. Para todos os tamanhos, rs. 95$000.

Em todos os nossos departamentos, estamos expondo as ultimas novidades para o Inverno, POR PREÇOS MODERADOS, convidando-vos a fazer uma visita aos nossos Salões, visita esta que não acarreta comsigo obrigação alguma de comprar.

Mappin Stores – Primórdios das lojas de departamento (*O Estado*, 25/05/1914)

O primeiro *Mappin & Webb* data de 1774, quando da fundação por Jonathan Mappin de uma pequena joalheria em Sheffield, Grã-Bretanha, especializada na venda de artigos de prata da melhor qualidade. Em 1849, a primeira loja seria aberta em Londres e em 1858, o cunhado de John Newton Mappin, sucessor de Jonathan, convidaria seu cunhado, George Webb, para fazer parte da associação. Logo a loja se espalharia pelos principais centros de consumo, como Paris, Roma, Nice, Biarritz, Monte Carlo, Lausanne, Estocolmo, Copenhague e Joahanesburgo. Em 1911, fundam-se filiais em Montreal, Buenos Aires e no Rio de Janeiro. Por fim, em 1912, seria instalada a primeira filial paulistana.

Apesar de o *Mappin* trazer para cá, de uma só vez, todo conjunto de inovações que caracteriza o fenômeno do *department store*, alguns elementos já se encontravam presentes de forma dispersa por várias lojas da capital. A venda a preços fixos, inventada por Aristides Boucicaut,[96] francês proprietário do *Bon Marché*, já havia sido apropriada por alguns comerciantes da capital paulista ainda no século XIX. A Loja da Fama, no número 10 da Rua Direita, por exemplo, anunciava, em 1892, duas das novidades instituídas pelo sistema de comercialização do *grand magasin*: o preço fixo e a não obrigatoriedade em levar o produto caso o cliente não esteja satisfeito:

> O proprietário deste estabelecimento acaba de abri-lo com um sortimento completo de fazendas, modas e armarinhos, artigos de aprimorado gosto, e convida às Excelentíssimas famílias para visitá-los, *certas de que tudo lhes será mostrado, queiram ou não comprar*. (…) Adotando o sistema de vender exclusivamente a dinheiro de contado, *os preços dos gêneros serão*, em compensação, os mais módicos possíveis, *afixados nos próprios gêneros em algarismos do conhecimento de todos*.[97]

---

96 Não existe um consenso entre historiadores sobre a invenção da técnica de venda a preço fixo. Michael Miller e os historiadores franceses são unânimes em dizer que a invenção é de Aristide Boucicaut e data de meados do século XIX (Michael B. Miller, *Au bon marché, 1869-1920: le consommateur apprivoisé*. Trad. de Jacques Chabertp. Paris, A. Colin, 1987). A definição da data não é precisa porque se marca o momento não da invenção da técnica, mas de seu reconhecimento e difusão possibilitados pela Exposição Universal de 1855. Já alguns historiadores ingleses dizem que os primeiros indícios da técnica teriam começado com alguns comerciantes ingleses e alemães que, no século XVII, já praticavam não somente o preço fixo, mas também a armazenagem de algumas mercadorias mais raras. (Geoffrey Crossick & Serge Jaumain. "The world of the department store: distribution, culture and social change". Cap 1 de Geoffrey Crossick & Serge Jaumain (eds.). *Cathedrals of consumption: the European department store, 1850-1939*. Aldershot (GB), Brookfield (Vt.); Singapore, Ashgate, 1998).

97 *O Estado de S. Paulo*. São Paulo, ago/1892. Grifos nossos.

Por sinal, *Ao Preço Fixo* era o nome de uma das camisarias mais famosas em São Paulo durante a década de 1900.

Preços de roupas masculinas – *Ao Preço Fixo* (*O Estado*, 08/05/1914)

Também por preços fixos o Bazar da Moda, na Rua Direita, número 37, anunciava seus produtos:

> Preço Fixo. Silva Peixoto & Companhia participam aos seus amigos e fregueses e às Excelentíssimas famílias que inaugurarão hoje o seu novo estabelecimento – Casa Especial de Armarinhos e Novidades, recebidas diretamente da Europa, *adotando o mesmo sistema que a casa matriz Au Trocadero*, na mesma rua nº 45, *de vender a dinheiro e por preços fixos sem competência*.[98]

Uma outra técnica inaugurada pelos *grands magasins* e aplicada na capital era a venda de produtos discriminados em seções. Esse era o caso da loja de roupas *Au*

---

98 *O Estado de S. Paulo*. São Paulo, 23/09/1898. Grifos nossos.

Bon Diable, que, além dos "enxovais completos para colegiais", tinha também um "*rayon* especial de roupinhas para crianças (…) com camisas, ceroulas e meias".[99]

Provavelmente, as inovações aqui surgidas mesmo antes da vinda concreta de um *department store*, como o *Mappin*, fossem devidas às viagens que os proprietários de lojas faziam à Europa ou que dela traziam como imigrantes. Os comerciantes implantavam as novas técnicas de venda de acordo com sua observação do mercado paulistano. As principais foram: a venda a preço fixo; a exposição do produto em vitrines; a organização dos produtos em seções, que, como vimos, eram bastante úteis diante da diversidade que caracterizava o comércio paulistano da época; a divulgação dos produtos em catálogos – como os produtos eram importados, ao comerciante bastava a distribuição dos catálogos europeus que contivessem tais produtos; o sistema de estocagem de produtos. A queima de estoque não existia antes do século XIX: "Grande liquidação de joias e relógios. A casa de confiança 'Silberbeg Mulhrad & Poznanski' tem resolvido a fazer grande abatimento de seus artigos a fim de reduzir o seu estoque".[100]

Em um contexto de crise iminente, como às vésperas e ao final da I Guerra Mundial, e dado o caráter oscilante da exportação do café, a estratégia do preço fixo e da estocagem de produtos tornaram-se extremamente importantes. As crises traziam consigo variações bruscas na taxa de câmbio que, ou baixava demais, valorizando a moeda nacional frente à estrangeira, incentivando assim a importação de produtos, ou subia bruscamente nos contextos de necessidade de esvaziamento dos estoques de café, promovendo-se, para isso, uma desvalorização da moeda nacional. No primeiro caso, as importações eram facilitadas pelo barateamento da moeda estrangeira, mas se desencadeava a inflação por conta de uma pressão da demanda. No segundo caso, a inflação podia ser um pouco menor, dependendo das condições da política econômica interna, mas, as importações eram dificultadas em razão do encarecimento relativo dos produtos estrangeiros. Enquanto a venda a preços fixos aliviava a primeira situação, a de encarecimento relativo dos produtos, mantendo a uma taxa de crescimento constante a demanda no setor, a estocagem de produtos atenuava os efeitos da desvalorização, permitindo ao comerciante certa folga por algum tempo. Como as taxas oscilavam muito, caberia a ele voltar a

---

99   *O Estado de S. Paulo*. São Paulo, 10/01/1890.

100   *O Estado de S. Paulo*. São Paulo, 02/01/1890.

importar ou viajar à Europa para comprar novos estoques na próxima valorização cambial. Ou ainda, durante períodos de crise mais prolongada, seria esse comerciante o responsável pelo início de uma incipiente produção interna dos artigos mais simples, ainda que imitações daqueles que tinha em seus estoques e que não exigissem muitos gastos em sua produção.

Para além da moda, outros tipos de comércio se faziam presentes na Rua Direita. A Casa Lebre, localizada na esquina da Rua Direita com a XV de Novembro, com grande movimento de balcão, especializara-se em ferragens, mas também vendia, além destas, couros, armarinhos, drogas, chá, cera, artigos domésticos, porcelanas e cristais, baterias de níquel puro, alumínio e ferro esmaltado para cozinhas.

Defronte à Casa Lebre, ficava a Farmácia Baruel, a mais famosa da capital paulista. Localizada no número primeiro, a Baruel era a distribuidora de grandes marcas das "perfumarias inglesas e francesas", diferenciando-se pela "importação direta" dos distribuidores de "Lubin, Gelle Frères, Roger & Callet, Haubigant, Guerlain, Al-Kin Son, Piver, Dr. Pierre, Pinaud, Delettrez".[101] Seria também a primeira a produzir e a lançar no mercado uma pasta de dentes sem sabão, a pasta Agatol.[102]

A Rua Direita também ficaria famosa por suas confeitarias, bares e cafés: a Fasoli, no número 5; o Internacional Bar, no número 15; a confeitaria Nägel e o Café Coblenz, estabelecido no número 41. A Fasoli, além de se ter consagrado pelos seus comes e bebes bastante famosos, "sorvetes de forma, torrone e *caramelli uso torino*",[103] também se transformara em um espaço de recepção das mais distintas famílias paulistanas:

> O proprietário pede ao público e particularmente às Exmas. famílias para visitar sua nova casa, convencido que encontrarão um magnífico serviço e um esplêndido salão digno desta ilustrada e adiantada capital. Aceita-se qualquer encomenda para banquetes, soirées etc. tanto para cidade como para o interior.[104]

---

101 *O Estado de S. Paulo*. São Paulo, 09/02/1898.

102 *O Estado de S. Paulo*. São Paulo, 04/01/1898.

103 *O Estado de S. Paulo*. São Paulo, 31/01/1897.

104 *Idem, ibidem.*

Para garantir a presença do público elegante, o prédio sofreria reformas sucessivas, a primeira, logo após a mudança para este endereço na Rua Direita, em 1900, e a segunda, somente três anos depois, adotando decoração e fachada *Art Nouveau*, projeto que levaria o nome do renomado pintor italiano Carlos Servi.

Outro notável comerciante da rua era o imigrante francês Charles Hü. Com loja localizada na esquina da Rua Direita com a Líbero Badaró, em diagonal à Rotisserie Sportsman, os artigos ali "compunham toda sorte de vinhos, conservas e alimentos vindos das mais célebres casas europeias: vinhos de Bordeaux, *Calvet*; do Porto, Dom; *Kina Royal; Cognac Delaumay, champagnes Pommery; Marie Brizard*".[105] Além de importador e distribuidor de secos e molhados, Charles Hü era também Conselheiro de Comércio Exterior da França e editor da *Revue France-Brésil*.[106] Tinha e fornecia informações privilegiadas que endossavam o comércio de produtos de luxo entre Brasil e França.

Alguns outros estabelecimentos da Rua Direita: Guinle (antes James Mitchell), que vendia instalações elétricas, máquinas de escrever Underwood e gramofones Victor; o joalheiro Birle (antes de sua mudança para os números 37 e 39 da Rua São Bento); o Grande Hotel de França nos "Quatro Cantos", como era chamado o cruzamento entre a Rua Direita e a São Bento; Nunes Charuteiro; a sapataria A Bota Gigante; o retratista Henschel, sucedido por Wollsack, fotógrafo da Rua da Direita estudado na Europa;[107] a loja Ceylão, que vendia chá, cera, material para o Natal e o Carnaval.[108]

A Rua São Bento: novidades do mundo moderno

A Rua São Bento, uma das mais antigas da cidade, recebeu esse nome por aí se ter erigido em 1598 um mosteiro dos monges beneditinos. Em 12 de março de 1897, houve uma tentativa de mudança do nome para Rua Coronel Moreira César, mas,

---

105 Deaecto, *Comércio...*, *op. cit.*, p. 52.

106 *Idem, ibidem*. O nome do texto escrito no periódico por ele editado: Charles Hü, "Avant-Propos". In *Le Brésil. Revue France-Brésil*. Bordéus, 1907.

107 Boris Kossoy. *Álbum de Fotografias do Estado de São Paulo. Estudo Crítico: 1892*. São Paulo: CBPO; Liv. Kosmos, 1984.

108 Prado, *Crônica...*, *op. cit.*, p. 136-137.

O mercado do prestígio

devido à sua impopularidade, retomou-se, em medida de 28 de agosto de 1899 (lei 426), o nome originário.

Partindo dos Quatro Cantos, onde se encontrava com a Rua Direita, a Rua São Bento prosseguia entre lojas especializadas em artigos industrializados, particularmente as novidades trazidas pela II Revolução industrial, e acabava no Largo de São Bento. Depois de transposta a Ladeira São João, a rua concentrava um comércio maior de aparelhos elétricos, máquinas e ferragens em geral.

Na Casa Upton, localizada no número 12, havia máquinas para lavouras, cimento, madeiras. Fundada em 1875, essa casa e tantas outras da rua marcavam um novo momento na organização da produção para a exportação, que passou a adotar maquinário agrícola para o aumento da produtividade. Em um país, cujo principal bem de capital era, até então, o escravo, isso era verdadeiramente revolucionário. Secadores de café, máquinas de beneficiamento, descaroçadores de algodão, fertilizantes e adubos químicos compunham o principal da tecnologia agrícola empregada:

> Frederick Upton (…) foi um imigrante norte-americano que se adaptou ao crescimento da indústria paulista, especializando-se em manufaturas mais complexas. Até 1903, importara farinha de trigo, madeira de construção, fosfatos, cimento, lubrificantes e utensílios de cozinha. Nesse ano se reorganizou e passou a vender automóveis, tratores, motores e máquinas agrícolas.[109]

Bastante ilustrativo, o caso de Frederick Upton demonstra que não rara era a passagem da importação para a produção ou montagem interna dos artigos mais simples.

Tais casas colocavam em evidência as últimas conquistas do mundo moderno que desnudava, ao lado de uma revolução no consumo e nos hábitos, uma arrebatadora revolução na produção. A esta última se associa a revolução infraestrutural que lhe é pré-condição e que se processara mal e bruscamente em São Paulo, o que impõe limites à adoção plena da tecnologia importada. Os produtos que dependessem de uma ampla difusão da eletricidade ou do sistema de distribuição de água e coleta de esgoto não entravam para o circuito mercantil. *Hugo Heise e Cia.*, localizado na Rua São Bento no número 93, anunciava produtos que foram

---

109 Warren Dean. *A industrialização de São Paulo (1880-1945)*. Trad. Octávio Mendes Cajado. Ed.da Universidade de São Paulo, 1971, p. 36.

incorporados somente depois de concluídas algumas das transformações infraestruturais: "Sortimento mais completo em lampiões, arandelas, torneiras, registros, bem como em ferramentas para encanadores".[110]

A rua São Bento também reunia um conjunto de estabelecimentos elegantes, munidos de energia elétrica. Esse era o caso do Café Brandão, na Rua São Bento, 67; da confeitaria Castelões, no numero 71, e da Brasserie Paulista, "dotada de luxuoso salão de recepção iluminado a energia elétrica".[111] A decoração, associada à energia elétrica, também desnudava um ambiente que, frequentado pela elite, era marcado pelos excessos de todos os tipos: "(...) luxuosas confeitarias, com grandes salas decoradas com espelhos de cristal e paredes recobertas de pinturas alegóricas. Mantendo criadagem e baixelas para banquete e orquestra".[112] No número 14, havia uma loja fornecedora dos "cristais, louças e porcelanas" *Baccarat*, que completava o conjunto dos brilhos da São Bento, que pela sua redundância, e não pela sua falta, marcava a segregação dos espaços frequentados pela burguesia paulista nascente.[113]

Quanto ao aparato relacionado à dimensão saneadora, a Casa Nathan, localizada nos números 43 e 45, optara por uma linha mais apurada de materiais sanitários: "Banheiras esmaltadas, latrinas, lavatórios, pias para cozinhas (...)".[114] Esses novos artigos abundavam nos interiores domésticos da elite paulista, embora, os hábitos de higiene fossem duvidosos. Por exemplo, embora os proprietários de imensos sobrados passassem a comprar latrinas, logo após a chegada do produto em São Paulo,[115] não as usavam. Isso porque, em caso de entupimento do utensílio, o responsável era obrigado a pagar pesadíssimas multas à Intendência Sanitária. Por esse e por outros exemplos, mostramos que a difusão limitada da infraestrutura, muitas vezes circunscrita aos bairros de elite e, também limitava o uso de determinado padrão de consumo. Os proprietários possuíam latrinas como insígnias de luxo, mas continuavam a usar suas velhas e seguras *cloacas*, que jamais entupiam. O resultado

---

110   *O Estado de S. Paulo*. São Paulo, 30/07/1907.

111   Bruno, *História...*, vol. III, *op. cit.*

112   Prado, *Crônica...*, *op. cit.*, p. 138.

113   *O Correio Paulistano*. São Paulo, 21/09/1890.

114   *O Estado de S. Paulo*. São Paulo, 05/08/1906. Mais para frente, importaria também carros norte-americanos, carbureto de cálcio, gasolina, graxas e lubrificantes para automóveis. (*O Estado de S. Paulo*. São Paulo, 02/04/1910).

115   "Latrinas Unitas. Chegará uma nova remessa e vende-se por preços sem competência na casa de importadores Hermann Theil & Comp". (*O Estado de S. Paulo*. São Paulo, abr./1896).

é uma espécie de sanitarismo às avessas que, ao esbarrar em certos limites à sua plena implementação, acaba invertendo os papeis entre o excludente e o excluído, desnudando sua contradição específica em contexto periférico.

A despeito de dedicarem-se a ferragens e maquinários, também as casas localizadas na Rua São Bento, como as demais até aqui estudadas, não primavam pela especialização. Vendiam de tudo. A Casa Vermelha, localizada na São Bento, 23-A, e a casa Ao Parafuso, no número 33, onde se localizava o armazém da Companhia Rempe, combinavam a venda de ferragens, tintas e armarinhos com a de óculos, *pince-nez*,[116] binóculos para teatro, caixas de música, harmônicas e fundas. A Casa Peixoto Estella vendia ferragens, mas também, armamentos e formicidas. O armazém de ferragens Frederico Schnnap, vendia além das ferramentas, tintas, pincéis, fogões, panelas, louças e talheres:

> Armazém de ferragens Frederico Schnnap & C. Obras de Metal, louça, ágata simples e niquelada. Esplêndido sortimento de trens de cozinha. Fogões econômicos modernos. Talheres, canivetes, tintas. Esteiras da China, capachos de coco. Escolhido sortimento de artigos da casa Christoffle & C. de Paris. Bandejas de madeira e de faiança.[117]

A Casa Fretin, no número 20, mostrou-se a mais notável representante em termos das novidades do mundo industrial. No próximo capítulo deste trabalho, analisaremos a relação entre comércio e tecnologia no século XIX. Fundada em 1895 por Louis Albert Fretin, membro da segunda geração de imigrantes franceses chegados em São Paulo em meados do XIX,[118] mantém seu endereço na Rua São Bento até hoje. Com o aumento das vendas e desejoso de atrair clientela mais *chic*, Fretin instala um segundo endereço na capital paulista, na Praça Antônio Prado em

---

116 Os primeiros modelos Pince-nez e Lornhons (no texto, usamos a grafia *lorgnons*) surgem no século XV. Enquanto o primeiro não continha hastes e era ajustado apenas no nariz, os segundos vinham com uma haste lateral para ser colocados em frente aos olhos.

117 *Almanaque Paulistano para o ano de 1895*. São Paulo, 1895.

118 Sobre a imigração francesa em São Paulo, vide Vanessa dos Santos Bodstein Bivar. *Vivre à St. Paul: os imigrantes franceses na São Paulo oitocentista*. São Paulo. Tese de doutorado. Faculdade de Filosofia, Letras e Ciências Humanas, 2008.

1924. Durante todo esse tempo, manteve o seu estabelecimento em Paris no número 112 do *Faubourg Poissonière* no décimo *arrondissement*.

A casa vendia desde artigos cirúrgicos, materiais ópticos, óculos, binóculos, *pince-nez* até joias. Consagrara-se como o único estabelecimento do ramo em São Paulo a vender as famosas lentes *So-easy*,[119] bonitas, confortáveis e práticas, adjetivoss típicos do século XIX. Conforto era uma palavra que não pertencia ao vocabulário rebuscado dos setecentos.[120]

Nos números 37 e 39 da Rua São Bento, situava-se um concorrente de Fretin, Birle, que se dedicava, contudo, somente ao setor de ourivesaria. No número 40, um outro concorrente que trabalhava exatamente com os mesmos materiais, a Relojoaria do Comércio, de Henrique Aubertie & Cia. "Grande sortimento de relógios, instrumentos de cirurgia, aparelhos de ortopedia, caixas de música, aparelhos de fotografia, óculos, pince-nez, binóculos, estojos matemáticos, papéis para desenho".[121]

Outras grandes novidades reunidas na Rua São Bento relacionavam-se ao ramo da música. Neste notabilizou-se Henri Louis Levy, radicado em São Paulo desde 1860 e fundador da Casa Levy no número 33 da antiga Rua da Imperatriz.[122] Aí a casa ficou conhecida por lançar obras musicais que se tornariam célebres, como "A Sertaneja", de Brazilio Itibere, ou a famosa modinha de Carlos Gomes, "Quem Sabe". Também se celebrizou pelas sucessivas condecorações nas exposições universais: "Couesnon & Cia. Manufatura de Instrumentos de Música. Participam ao respeitável público que acabam de obter a mais alta recompensa: *medalha de ouro – na Exposição Universal de Paris em 1890*".[123]

O filho de Henri Levy, Alexandre Levy, já nascido no Brasil, tornar-se-ia renomado pianista da *Belle Époque* paulista. Tendo começado seus estudos com o irmão Luís Levy, viajaria para a Europa em 1877 para se aperfeiçoar, inclinando-se particularmente para a música alemã, em especial a de Robert Schumann. Seria o fundador do

---

119 *Idem, ibidem*, p. 143

120 Carlos Cornejo & Silvia Rita Santos. *Casa Fretin 100 anos*. Álbum Publicitário. São Paulo: Studio Flash Produções Gráficas, 1995.

121 *O Estado de S. Paulo*. São Paulo, 31/01/1897.

122 Henri Louis Levy chegara à Campinas em 1856, onde travara relações com o pai de Carlos Gomes, cujo gênio começava a despontar e seria bastante divulgado pela *maison* do velho Levy. Era também clarinetista e participara da primeira apresentação de "Fantasia sobre o Romance Alta Noite" de Carlos Gomes.

123 *O Estado de S. Paulo*. São Paulo, 11/01/1890.

O mercado do prestígio 129

Club Haydn, instituição que tomou grandes proporções entre os elegantes da capital, realizando concertos de altíssimo nível.[124] Alexandre viria a falecer de forma misteriosa e súbita, antes mesmo que completasse seus 28 anos de idade.

A concorrência no ramo da música, em particular na venda de pianos, mostrar-se-ia bastante forte no período. Isso porque, o maior problema era a adaptação do produto ao clima tropical, já que as cordas enferrujavam e arrebentavam depois de certo tempo. A adaptação dos pianos ao clima, sem que perdessem, contudo, o porte elegante dos modelos europeus, tornou-se o principal alvo dos anúncios dos comerciantes brasileiros. As cordas, fabricadas em aço especial, evitavam a oxidação permitindo maior duração do instrumento. Também as madeiras da caixa eram especialmente selecionadas para o clima úmido, segundo apregoadas pelos depositários J. P. Castro & Companhia da Rua do Palácio: "De diversos números, receberam nova remessa dos já vantajosamente conhecidos *Pianos de PH. Henri Hertz*, os únicos fabricados de madeiras deste país e especialmente para o nosso clima."[125] Os pianos eram importados da França ou da Alemanha: *Bechstein*, *Pleyel*, *Santway*, *Gerard*, *Ibach*, vendidos pelas casas Levy, Frederico Joachim, Beethoven, Chiaffarelli e Cia, que apostavam pesado na propaganda de cordas e revestimentos de madeira adaptados ao clima brasileiro: "De diversos números, receberam nova remessa dos já vantajosamente conhecidos PIANOS de PH. HENRI HERTZ, os únicos fabricados de madeiras deste país e especialmente para o nosso clima. Os depositários J. P. Castro & Cia. Rua do Palácio, 5".[126] O *status* conferido pela posse do produto eram dadas pelas referências às cortes europeias, com forte tradição no ramo da música: "Rud. Ibach Sohn: fornecedor da corte da Prússia".[127]

A venda a prestações foi uma novidade introduzida pelos vendedores de pianos no primeiros anos de 1900. Isso facilitaria a aquisição do produto pelos integrantes da classe média urbana que tanto ansiavam pela presença de um piano em algum canto da casa. A associação entre o piano enquanto símbolo de *status* era tão presente no imaginário dessa sociedade que não eram poucos os esforços feitos por indivíduos da camada média e até mesmo baixa para obtê-lo. Um escriturário, por exemplo, que era um homem pobre para a época, fazia questão de ter as filhas estudando o

---

124 Bruno, *História...*, vol. III, *op. cit.*, p. 1288; 1301-1303.
125 *O Estado de S. Paulo*. São Paulo, 19/04/1890.
126 *O Estado de S. Paulo*. São Paulo, 19/04/1890.
127 *O Estado de S. Paulo*. São Paulo, 27/12/1891.

instrumento em casa e economizava por anos a fio para poder comprar um piano. Começava alugando o instrumento e, depois, quando subia para primeiro escriturário se organizava para poder comprar o seu próprio piano que, tantas vezes, ficaria relegado a um canto assim que as filhas casassem:

> Um escriturário era um homem pobre, padrão monetário equivalente a qualquer escriturário de hoje. (...) O escriturário fazia economias e alugava o piano. Pagava ao professor 30 mil réis por mês (três aulas por semana) para ver se a menina tinha vocação (além dos 10 mil réis do aluguel). Se tinha vocação, ia mantendo o aluguel e fazendo economias. Ao fim de três anos (25 mil réis por mês, mais os 10 de aluguel) comprava o piano (900 mil réis).[128]

Com a chegada das prestações, o trabalho das economias ficava facilitado, já que aquelas chegavam, por vezes, ao número de 36, como as anunciadas pela Casa Bethoveen: "Sendo atualmente penoso despender de chofre 2 a 3 contos de réis para a aquisição de um piano, ocorreu-nos a ideia de dividir o seu pagamento em 36 prestações mensais, facilitando assim, a todos os que desejarem possuir um desses instrumentos, meios de os conseguirem suavemente, sem o menor sacrifício".[129] Enquanto a Casa Bethoveen divulgava instrumentos de cerca de 70$000 para serem parcelados em 36 vezes, a casa Levy, embora anunciasse instrumentos mais caros, difundia um outro método de vendas, o sistema de locação-venda que se gabava por ser oferecido indistintamente a todas as classes:

> A Casa Levy (...) tendo realizado excelente acordo com uma das importantes fábricas de pianos da Alemanha, lançará à venda em junho a primeira grande remessa de pianos, os quais, *sem distinção de classes e, para comodidade de todos*, serão desde já vendidos em prestações mensais nunca superiores a 100$000, da primeira série, composta de pianos Kallmann ou a 200$000, da segunda série, composta de pianos Bechstein. Desejosa, por este meio cômodo e diminuto, de adotar o sistema de locação-venda *e tornando por tal modo acessível a todas as classes a aquisição de*

---

128 Americano, *São Paulo...*, *op. cit.*, p. 71.

129 *O Estado de S. Paulo*. São Paulo, 06/04/1903.

um bom piano, (…) resolve abrir desde já, as assinaturas para esta primeira remessa em curso de fabricação e acabamento.[130]

Casa Levy – Anúncio de Pianos em Prestações (*O Estado*, 05/03/1903)

A casas vendedoras de pianos associavam-se, cada qual, a um clube musical específico. Dessa forma, garantiam o seu lugar na concorrência. Já vimos que, à Casa Levy, associava-se o pioneiro Clube Haydn. A Casa de Pianos Standard, localizada na Praça Antônio Prado, com entrada para a Rua São Bento, anunciava o seu Clube de Pianos Ritter, tornando público o fato de seus pianos comercializados serem os mesmos adotados pela Casa Imperial da Alemanha.[131] Finalmente, a Casa de Pianos

---

130 *O Estado de S. Paulo*. São Paulo, 05/03/1903. Grifos nossos.

131 *O Estado de S. Paulo*. São Paulo, 07/11/1907.

Frederico Joachim, localizada um pouco mais à frente, no Largo de São Bento, fora a precursora do Clube de Pianos Steinway. Aos clubes, associava-se o papel civilizador de uma cultura até então acostumada a lundus e modinhas. A disputa divertida que se travava entre eles e os seus adeptos expressava cisões de classe e a busca caricata pelo que havia de melhor da música clássica, em um ambiente em que as heranças da cultura negra e portuguesa eram muito fortes para se fazerem apagar.

No campo da moda, a Rua São Bento estava também bem provida. A legitimação dos estabelecimentos por nomes franceses ou com referências à França também se fazia presente: *À La Belle Jardinière*, no número 42, especializada em moda masculina; o *Bon Marché*, no número 73, fazia uma referência ao *magasin* de Aristide Boucicault, grande sensação da segunda metade do XIX; o *Grand Bazar Parisien*, no número 87 e *Au Chic Parisien*, no número 95. Todas as quatro casas, além de artigos de moda, vendiam também toda a sorte de quinquilharias: artigos de perfumaria, de costura, papelaria, jogos, barbearia, roupas finas, brinquedos. O *Grand Bazar Parisien*, além de importação de capas, guarda-chuvas, maletas, camisas, gravatas, punhos falsos, coletes, sapatos, *tricots,* lenços vindos da França, tinha fabricação própria de biscoitos, brinquedos e enfeites. Era apontado por Bandeira Júnior, em seu relatório de 1901 sobre a indústria paulista, como o único produtor do setor.[132] A qual setor se refere precisamente, é difícil de saber, já que as manufaturas sempre produziam um pouco de tudo e comercializavam também produtos variados, entre os de própria produção e os importados.

Os nomes franceses, em especial no ramo da moda, povoavam o comércio das ruas paulistanas do Triângulo: *Louvre, Au Printemps, À Pygmalion, Au Paradis des Enfants, Au Bon Diable, À la Ville de Paris, Au Bon Marché, À la Belle Jardinière. Grand Bazar Parisien, Au Figaro de Paris, Palais Royal, L'Ópera, La Saison, Petit Bazar, Notre Dame de Paris.* Os nomes de tecidos, e de tantos outros artigos de luxo, eram mantidos em língua francesa. Não havia a menor preocupação em traduzi-los porque, em primeiro lugar, era assim que eram conhecidos pelo público e, em segundo lugar, era assim que seus anunciantes pretendiam que chegassem ao consumidor: sempre relacionados a uma bela e nítida imagem da Torre Eiffel, do Arco do Triunfo, dos *grands magasins* de Paris, da Ópera Garnier, do Louvre. Pertencer ao mundo da "bela época", ainda num momento em que não era vista dessa forma,

---

132 Bandeira Júnior. *A Indústria no Estado de São Paulo em 1901*. São Paulo: Typ. "Diario Official", 1901.

significava ter alguma associação com a França. Em anúncio da *La Saison*, as referências a esse mundo são bastante claras: "Chegou de Paris um grande e lindíssimo sortimento de fazendas de lã, últimas novidades em *damassé, raie, matelassé, crèpe de chine, grenadine, baptiste, foulard, cheviot, cachemire d'Allemagne, croisset*. Henrique Banberg & Cia. Rua São Bento, 51".[133]

Camisaria *Bom Gosto* e referências à França (*O Estado*, 20/01/1904)

A visão cultural que países dependentes com pretensões civilizatórias tinham da França fica bastante clara neste excerto retirado do livro de Jorge Americano:

> Porque nós só olhamos a França; só temos notícias da Itália, quando se referem ao Papa e quando foi assassinado Humberto I. Da Inglaterra, fala-se da corte da Rainha Vitória e das estroinices do Príncipe de Gales, quando vai a Paris. Da Bélgica, sabemos também das pândegas que o Rei Leopoldo faz em Paris juntamente com o Príncipe de Gales. Agora veja: quem foi Thiers, quem foi Sady Carnot, quem foi Jules Grévy, quem é Loubet, toda gente sabe. Quem é Sarah Bernhardt, quem é Rejane, quem é Flaubert, Victor Hugo, Maupassant, Zola, toda a gente sabe... Alguém será capaz de dizer de repente uma lista destas, em relação a qualquer outro país?.[134]

---

133 *O Estado de S. Paulo*. São Paulo, 12/05/1892.

134 Americano, *São Paulo...*, *op. cit.*, p. 417.

Quando se tratava, portanto, de legitimar um projeto nacional que contemplasse a superação dos traços coloniais, as principais inspirações vinham da França, e não da Inglaterra, grande potência marítima, comercial e industrial. Algumas hipóteses sobre esse fato serão formuladas no quinto capítulo deste trabalho.

Se, por um lado, os aspectos modernos da civilização ocidental eram apropriados no processo de formulação de um projeto de nação brasileira, um outro mundo, o do Oriente, que começava a ser desvelado pela cultura ocidental, não deixava tampouco de marcar presença. A interpretação do Oriente assume, no entanto, mais o sentido de afirmação do Ocidente do que o da compreensão do Oriente em si. Para Norbert Elias, o processo civilizador expressa a visão que o Ocidente tem de si mesmo[135] e o exótico aparece mais como invenção do que como realidade concreta, como também reafirmaria Edward Said.[136] As visões do Oriente oscilam entre o Oriente bruto e o Oriente excêntrico, ambos filtrados pela cultura eurocêntrica: "Para o homem ocidental, o Oriente é uma palavra que evoca as mais diversas e contraditórias imagens, provoca nele sentimentos de uma curiosidade frequentemente pueril, de sonhos românticos que não correspondem à realidade, ou então imagens de miséria social, de repulsa, de piedade e de um temor irracional".[137]

Esse ideário, expresso também na literatura do século XIX sobre o Oriente,[138] inspira as formas e os motivos dos objetos produzidos e exportados pela Europa. As influências manifestam-se nas vestimentas, quimonos e vestidos com moldes mais alongados e golas altas; nos acessórios, como sombrinhas e leques; nas alegorias e

---

135 Guardadas as nuances nacionais, o processo civilizador representa, para Norbert Elias, o processo de constituição da consciência que o Ocidente moderno tem de si mesmo. Trata-se de um conjunto de regras que direcionam o comportamento humano diante do olhar do outro: "Gradual e continuamente, o código de etiqueta se afirma, os olhares que todos esperam de seus semelhantes tornam-se mais claros. O sentimento do que fazer ou não fazer para não machucar ou ofender os outros se refina (…) Assiste-se, no íntimo, à formação de uma sociedade pacificada. (…) Mas o controle social torna-se mais severo". (Norbert Elias. *La civilisation des moeurs*, tome I, *La dynamique de l'Occident*. Trad. Pierre Kamnitzer. Paris, Calmann-Lévy, 1973, p. 172-175, trad. própria).

136 "Duvido que seja controverso (…) dizer que um inglês na Índia ou no Egito no final do século XIX tinha um interesse naqueles países que estavam longe de ser, em sua cabeça, mais do que colônias britânicas. Dizer isso pode parecer muito diferente de dizer que todo conhecimento acadêmico sobre a Índia e Egito é de alguma forma tingido, impresso e violado pelo bruto acontecimento político - e ainda é isso que eu estou dizendo neste estudo do Orientalismo". (Edward Said. *Orientalism*. Nova York: Pantheon Books, 1978, p. 11, trad. própria).

137 Jean Rivière. *Oriente e Ocidente*. Trad. Margarida Jacquet e Irineu Garcia. Rio de Janeiro: Salvat, 1979.

138 Said, *Orientalism…, op. cit.*, p. 11.

símbolos tipicamente orientais estampados em tecidos, como a gueixa, os vulcões, as cerejeiras e os bangalôs; nos hábitos, como a postura da mulher diante da família, mais frágil e mais servil do que a matrona dos engenhos. Símbolos todos recriados pela modernidade ocidental para a reafirmação de seus próprios valores.

Em São Paulo, duas lojas inspiradas na excentricidade oriental, a Loja da China (no número 57 da Rua São Bento) e a Loja do Japão (no número 54), dedicavam-se à venda de produtos vindos do Oriente. Os donos de ambos os estabelecimentos eram portugueses e davam continuidade à tradição de comercializar produtos orientais na América. Produtos de luxo no período colonial, tornaram-se, no século XIX, gêneros mais populares, simulacros dos produtos europeus, como tecidos e acessórios de moda, sombrinhas e leques de seda: "As [sombrinhas] de varetas de bambu e cobertas de papel estampado, com o vulcão Fujiyama, da Loja Japonesa, eram para as mocinhas pobres".[139] Ao público masculino, A Loja do Japão oferecia rapé de sabores exóticos, charutos e tabaco:

> Rapé Baunilha. Este excelente rapé, o que mais nos assemelha, pelo seu delicado aroma às variedades conhecidas de rapé italiano (...) é vendido pelo mesmo preço do rapé comum, tornando-se muito recomendado pela excelência de sua qualidade. Depósito: loja do Japão.[140]

Às vésperas do carnaval, as lojas de produtos orientais vendiam máscaras, flores e arranjos: "Máscaras de todas as qualidades em papelão. Caricaturas esquisitas de cetim, veludo e renda".[141] Em ocasião das festas juninas, fogos. Daí os tantos incêndios que marcaram época, por exemplo, o de fevereiro de 1914 sofrido pela Loja da China numa noite de carnaval. Antes disso, também um incêndio começara na Loja do Japão e alastrara-se para algumas das casas ao redor, gerando divertidas contendas entre os proprietários da rua.[142] O caso mais conhecido, narrado com excelentíssimo bom humor por Jorge Americano, é o da publicação de nota em jornal da parte de um comerciante francês de luvas, justificando a mudança de

---

139 Americano, *São Paulo...*, *op. cit.*, p. 305.

140 *O Estado de S. Paulo*. São Paulo, set/1895.

141 *O Estado de S. Paulo*. São Paulo, 08/02/1892.

142 Americano, *São Paulo...*, *op. cit.*, p. 421.

endereço por conta de incêndio provocado pelos explosivos da Loja do Japão. A réplica furiosa dos portugueses donos desta casa comercial seria publicada na seção livre do jornal, a diversão diária das famílias paulistanas, dizendo que "não tinham depósitos de explosivos e que suas mercadorias eram máscaras e confetes (...) um ou outro artigo para as festas de São João (...) como estrelinhas e papel de seda para balão".[143] A tréplica do dono da luvaria viria sem demora, tornando-se um ótimo assunto para os cafés de fim de tarde nas ruas do Triângulo: "Comunicamos à nossa distinta clientela que, devido à explosão de papel de seda e confetes que destruiu a Loja do Japão e danificou grandemente o nosso estabelecimento, mudamos provisoriamente para a rua de tal número e tanto".[144]

O comércio e as outras ruas

Segundo um cronista da época, os triângulos "eram quase dois".[145] O primeiro, cujo comércio acima descrevemos, era formado pelas ruas Direita, XV de Novembro e São Bento; o segundo, que o contornava, era formado pelas ruas Boa Vista, Líbero Badaró e José Bonifácio. Algumas ruas exerciam a função de vias de comunicação entre o triângulo exterior e o interior, como a Rua do Rosário, a Travessa do Comércio e a Ladeira São João. Nessa rede geográfica, ainda ressaltamos a importância dos largos e as praças, a exercer o papel de nós de confluência entre os dois triângulos: a Praça Antônio Prado, antigo Largo do Rosário; o Largo São Bento; o Largo da Sé; os "Quatro Cantos", tornado Praça do Patriarca em 1926.

---

143 *Idem, ibidem*, p. 464.

144 *Idem, ibidem.*

145 Prado, *Crônica...*, *op. cit.*

Planta do Centro da Cidade de São Paulo – 1890

Fonte: Deaecto, *Comércio e vida...*, op. cit.

A partir da última década do século XIX, as partes do triângulo maior, bem como as pequenas ruas que o ligavam ao triângulo menor, também passariam por reformas. Se o triângulo interior reunia o comércio de luxo, sintetizando as grandes tendências comerciais de finais do XIX, o triângulo exterior lhe fornecia os serviços necessários ao seu funcionamento, conservando, no entanto, o que havia da cidade colonial, os transportes, a arquitetura, o comércio tradicional.

Em 1912, o Teatro Santana, localizado na Rua Boa Vista, seria demolido para, em seu lugar, ser erigido o Viaduto Boa Vista. Até então, a Rua Boa Vista fazia algo próximo a um arco com a Rua XV de Novembro, prolongando-se numa espécie de cotovelo que desembocava também sobre esta. Com a construção do viaduto, esse "cotovelo" seria "amputado", ampliando-se a área do Triângulo, o que facilitava a circulação de pessoas, aumentada surpreendentemente nos últimos anos.

Também a Rua Líbero Badaró, antigo reduto de prostitutas, seria radicalmente transformada. As prostitutas foram expulsas para a Rua dos Timbiras logo no começo do século XX:

> Não se compreendia, mesmo, aquela nódoa espúria no coração da Pauliceia tão austera e progressista. De resto, São Paulo crescia. Civilizava-se. Já se ia até transformando (...) no 'maior centro industrial da América do Sul'. Aconteceu, assim, o inevitável: a expulsão oficial das chamadas 'mariposas do amor', que tiveram que ir voejar em outras mais distantes plagas.[146]

A rua ficaria então livre para a passagem dos pudicos compradores que ali passavam para ir ao Triângulo. Seu alargamento, por volta de 1913, dando continuidade a esse projeto de civilização, desapropriaria todos os prédios de numeração ímpar que iam desde o Largo São Bento até a Rua José Bonifácio.[147] Para Gabriel Marques, autor do *Ruas e tradições da cidade de São Paulo*, não havia nenhuma inconsistência entre civilização e prostituição, mas uma complementaridade que se verifica em todo fenômeno de urbanização. A personagem Madame Pommery de Hilário Tácito é uma síntese dessa complementaridade.

Outras reformas da virada do século, embora não concentradas nas três ruas do Triângulo principal, visavam, no entanto, diretamente à facilidade da circulação. A Praça do Patriarca, por exemplo, localizada nos "Quatro Cantos", nasceu junto com o primeiro projeto de expansão do centro da cidade, embora só tenha sido realmente inaugurada e assim chamada em 1926. A intenção era a melhoria do acesso ao Viaduto do Chá e à Rua Líbero Badaró, ampliando o raio de circulação dos triângulos. No entroncamento do vértice oeste do grande Triângulo, o Largo do Rosário seria transformado na Praça Antônio Prado a partir da demolição da Igreja do Rosário em 1904. Outro nó para onde convergiam vias importantes do centro da cidade era a Praça da Sé, ampliada em 1911.

---

146 Gabriel Marques. *Ruas e Tradições da Cidade de São Paulo: uma história em cada rua*. São Paulo: Conselho Estadual de Cultura, 1966, p. 166.

147 *Leis e Atos do Município de São Paulo*, 1911, p. 92, *apud* Marisa Midori Deaecto.

O mercado do prestígio 139

Enquanto no Triângulo principal ficavam os mais célebres hotéis da virada do século, Hotel de França, Hotel Rotisserie Sportsman, Grande Hotel, Grande Hotel Paulista, Hotel d'Oeste, concentrados especialmente na Rua São Bento, na Rua da Boa Vista, reuniam-se pequenos hotéis e pensões, como A Bela Jardineira, por exemplo. Na Rua José Bonifácio, outra rua do triângulo maior, ficavam as grandes pensões, nas quais se instalavam os estudantes do Largo São Francisco: a Pensão Alemã e a Pensão de D. Belisária. Alguns estabelecimentos da Rua da Boa Vista serviam somente refeições, como era o caso do Bar Guanabara e do Restaurante Santino, mas também do Bar Thebaída na Líbero Badaró e do Café Margarida na Rua José Bonifácio, número 17. Era comum muitos estudantes ou rapazes solteiros irem fazer suas refeições nesses lugares, em especial os de recursos mais parcos. Já os ricos filhos de fazendeiros preferiam a Rotisserie Sportsman ou o Hotel d'Oeste, onde também se hospedavam.[148]

Outro traço das atividades agrupadas no Triângulo maior era o seu cunho artesanal. Ali se concentravam inúmeros ofícios, desde alfaiates, sapateiros, até fabriquetas de chapéus, luvas, lenços, quinquilharias em geral. Na Rua Boa Vista, havia o sapateiro Rossi Verrone, que só trabalhava por encomenda e fazia tudo a mão. Em 1912, "um sapato feito pelo Rossi custava 25 mil réis e era dos mais caros da praça".[149] Na Rua Líbero Badaró, número 20, havia a fábrica nacional de chapéus e fitas, C. Ribeiro da Luz e Cia., sucessores de F. Albuquerque e Cia., com seu "completo e variado sortimento de chapéus, fabricados com as melhores qualidades de pelos pelas formas mais modernas".[150] Enquanto o comércio de artigos de luxo se concentrava no triângulo interno, o triângulo externo concentrava a pequena produção manufatureira.

Serviços de todos os tipos se distribuíam também por estas ruas. Um exemplo é o de uma famosa parteira, D. Maria, localizada no número 23 da Rua da Boa Vista, que anunciava seus serviços nos jornais: "D. Maria, parteira formada na Europa, aprovada no Rio de Janeiro, é encontrada à Rua da Boa Vista, 23".[151] Três transformações se fazem sentir no que se refere ao trato do corpo feminino e à maternidade. Em primeiro lugar, o aparecimento das parteiras estrangeiras, geralmente italianas ou espanholas, e as parteiras formadas na Europa, o que é, aparentemente, um

---

148 Americano, *São Paulo...*, *op. cit.*, p. 151.

149 *Idem, ibidem*, p. 141.

150 *O Estado de S. Paulo*. São Paulo, dez/1895.

151 *O Estado de S. Paulo*. São Paulo, 17/01/1893.

paradoxo para um ofício cuja formação principal reside na experiência. Ou então, nota-se a substituição cada vez mais frequente das parteiras por médicos obstetras. Esse é o caso do Dr. João Teixeira, "(...) membro da sociedade de obstetrícia na França. Especialista de partos, moléstias de senhoras e operações".[152] Por fim, a terceira transformação é quanto à amamentação. As amas de leite brancas substituem as amas negras e, ao oferecer seus serviços nos jornais, utilizam a cor da pele quase como um argumento higienista.

Ainda compondo o setor de serviços nascente, na Rua Líbero Badaró se situavam os escritórios de profissionais liberais, como advogados, arquitetos, engenheiros, funcionários públicos. Tais ofícios, nascidos da própria expansão urbana, formavam uma camada média, que cuidava dos novos modos de habitar e viver, bem como de sua normatização. Nas ruas menores, que exercem a função de comunicação entre os dois triângulos, a Rua do Rosário, a Rua da Quitanda e a Rua do Comércio, concentravam-se alguns dos principais escritórios financeiros da capital.

Entre a Rua XV de Novembro e a Rua da Boa Vista, a única galeria da cidade de São Paulo, "única no Brasil" segundo Jules Martin, a Galeria Webendoefer. O projeto inicial de Jules Martin, "aborrecido com o acanhamento das ruas paulistanas em fins do século XIX", era, na verdade,

> a construção de duas grandes galerias cobertas, em forma de cruz, imitando as existentes em Milão, em Nápoles e em Bruxelas. (...) deveriam ocupar o centro do quarteirão de casas velhas limitado pelo largo do Rosário, Rua de São Bento, Rua Quinze e Travessa do Comércio. Contariam com quatro entradas grandiosas e calçamento de mármore, com vinte metros de largura e catorze de altura.[153]

Projeto que, devido a fatores geográficos e restrições financeiras, não pôde ser concretizado.

Depois de um tempo, contando com recursos privados na construção de um projeto do arquiteto Max Hehl para o comerciante Christiano Webendoerfer, Jules Martin começaria a construir a Galeria Webendoerfer. Apesar das numerosas

---

152 *O Estado de S. Paulo*. São Paulo, 16/01/1893.

153 Bruno, *História...*, vol. III, p. 978-979.

O mercado do prestígio 141

disputas entre a Câmara Municipal e o proprietário Webendoerfer a respeito, principalmente, das dimensões e limites do empreendimento, a galeria, com cúpula feita em ferro e vidro, seria inaugurada em 1900: "Tinha uma cobertura de cristal suportada por arcos de ferro, contando trinta e seis armazéns no andar térreo e cinquenta e quatro escritórios no primeiro andar".[154] Vidro e luz, elementos da II Revolução Industrial, combinavam-se finalmente em galeria para dar o sentido da exposição na cidade periférica, que concentra símbolos do progresso no espaço sem respeitar, contudo, um plano de organização. A galeria configurava a mais acabada síntese entre indústria, comércio e consumo; expunha, a um só tempo, todas as alegorias capitalistas:

> Essas passagens, recente invenção do luxo industrial, são corredores com teto de vidro, com entablamentos mármore, que correm através de blocos inteiros dos prédios cujos proprietários se solidarizam com este tipo de especulação. Dos dois lados da passagem, que recebe sua luz pela parte de cima, alinham-se as lojas mais elegantes, de modo que tal passagem torna-se uma cidade, um mundo em miniatura.[155]

Com as galerias, as vitrinas e a energia elétrica, fixaram-se também em São Paulo os hábitos de vida noturna. Os costumes boêmios já haviam surgido com a fundação da Faculdade de Direito do Largo de São Francisco, mas, seria somente na virada do século que as oportunidades de diversão multiplicariam-se. Seriam profusos os teatros, restaurantes, hotéis, cabarés, cafés-concerto, onde se dançava o cancã, e, porque não, prostíbulos, como o de Madame Pommery, cafetina do consagrado romance que leva o seu nome.

Um dos antros da boemia paulistana mais conhecidos era o High Life Paulista, localizado na Rua da Boa Vista, 52:

> "Importante estabelecimento, o primeiro desta capital, com bilhares de primeira ordem e um completo sortimento das melhores e mais finas bebidas, charutos etc. etc. Hoje, primeiro aniversário de sua fundação, resolvemos denominá-lo Hig-Life Paulista,

---

154 *São Paulo antigo, São Paulo moderno: álbum comparativo. Fotografias representativas de várias épocas da cidade de São Paulo.* Álbum de 1905. São Paulo: Editora Melhoramentos, p. 98.

155 Benjamin, *Paris...*, *op. cit.*, p. 35.

devido à seleta freguesia por nós adquirida, demonstrando-lhe por este a nossa gratidão e alta consideração em que a temos. Ao Hig-Life, recomendável pelo seu gerente que conta quatorze anos de prática angariada nos principais estabelecimentos da capital federal. Asseio, luxo e comodidade".[156]

A insistência na qualidade da freguesia conquistada, na modernidade transformada em tradição da casa, legitimada pela experiência na capital federal, confirma as mesmas tendências dos anúncios já vistos.

Em dois dos vértices comuns aos dois triângulos, na Praça Antônio Prado (antigo Largo do Rosário) e na Praça da Sé, também se concentravam pontos de encontro da vida boêmia. A impressão que se tinha, ao estar em tais pontos de confluência de estabelecimentos e pessoas, era a da visita a uma capital europeia. A Praça Antônio Prado consagrar-se-ia como lugar preferido dos notívagos, primeiro com o Café Caruso (depois do Ponto), a seguir, com o Café Brandão. O Café Colombo, localizado à rua Líbero Badaró, servia cerveja Antártica por apenas 200 réis, preferida dos estudantes e bacharéis. A partir do final da tarde, quando a praça começava a receber as cocotes, os jornalistas, os literatos e os poetas, enfim, toda sorte de gente da noite paulistana, as famílias trocavam o lugar pela Confeitaria Progredior, no centro da Rua XV de Novembro.[157] Enquanto, no interior do Triângulo maior, a vida noturna fervilhava com a corrupção dos espíritos boêmios, a diversão mantinha uma postura mais contida ao longo do Triângulo interno. Na Praça da Sé, o conhecido Café Girondino acolhia a clientela que, a partir das 17 horas, saía da Casa Garraux. Como se vê, o movimento era intenso e o perfil da clientela que circulava nos espaços mudava ao longo de um mesmo dia, evidenciando alguns dos conflitos da sociedade paulistana da época.

A vida boêmia é uma das dimensões da vida no mundo capitalista moderno que libera os sentidos reprimidos pela outra dimensão da vida: a esfera do trabalho, regida por uma ética burguesa baseada na ascese. Durante o dia, a estrita norma disciplinar;[158] à noite, a lassidão de costumes. Localizada no mais profundo recôndito

---

156 *O Estado de S. Paulo*. São Paulo, 27/01/1890.

157 Bruno, *História...*, vol. III, p. 1132.

158 Sobre a construção dos mecanismos de disciplinamento no mundo moderno, vide Michel Foucault. *A microfísica do poder*. Organização, introdução e revisão técnica de Roberto Machado, 24ª ed. Rio de Janeiro: Graal, 2007.

O mercado do prestígio 143

da cultura boêmia, as frustrações oriundas do progresso técnico encontram um lugar de expressão, funcionando como uma espécie de contracultura burguesa: "A Boemia não era um reino exterior à vida burguesa, mas a expressão de um conflito que surgiu bem no seu âmago".[159] Ali têm lugar os desregramentos: os abusos do vinho; a luxúria; o cigarro. O corpo não é objeto de cuidado, como pressupunha a norma familiar burguesa, mas é um fardo carregado pela alma do romântico burguês.

Este é, sem dúvida, o dilema de Baudelaire, que reencontra um lugar para a poesia numa civilização dominada pela máquina.[160] Ao vivenciar o *spleen*, "Baudelaire pôde avaliar inteiramente o verdadeiro significado da derrocada que testemunhou em sua condição de homem moderno".[161] Em seu *Fleurs du Mal*, o poeta divide-se entre o mal-estar decorrente da sua condição de homem moderno – do qual nascem as vozes dadas ao vinho e à luxúria, encarnados em figuras mitológicas que inundam os sonhos do *flâneur* – e o ideal de uma *Vida Anterior*, nome de um de seus poemas.[162] Baudelaire é a síntese do drama vivenciado por toda uma geração de românticos que sentiram o peso das tirânicas conquistas materiais sobre seus espíritos sensíveis e suas carcaças frágeis. A reação desta geração foi a de cantar temas que caminhavam em sentido contrário à vida, como a miséria, a decrepitude, a noite, o inconsciente e a loucura.

Esse é o espírito nascido na Paris ao final das revoluções de 1848. Sintetiza a frustração do indivíduo burguês, que não viu suas utopias de liberdade realizadas com a Primavera dos Povos:

> Sua existência oscilante e, nos pormenores, mais dependente do acaso que da própria atividade, sua vida desregrada, cujas únicas

---

159 Jerrold Seigel. *Paris Boemia – cultura, política e os limites da vida burguesa. 1830-1903*. Tradução Magda Lopes. Porto Alegre, L & P, 1992, p. 19.

160 Walter Benjamin. *A obra de arte na era de sua reprodutibilidade técnica*. Tradução José Lino Grunnewald. In Os *Pensadores*. São Paulo: Abril Nova Cultural, 1980, p. 5-28.

161 Walter Benjamin. *Charles Baudelaire: um lírico no auge do capitalismo. Obras escolhidas*. Vol. III. Tradução José Carlos Martins Barbosa e Hemerson Alves Baptista. São Paulo: Editora Brasiliense, 1989, p. 132.

162 "J'ai longtemps habité sous de vastes portiques. Que les soleils marins teignaient de mille feux, et que leurs grands piliers, droits et majestueux, rendaient pareils, le soir, aux grottes basaltiques (…). C'est là que j'ai vécu dans les voluptés calmes, au milieu de l'azur, des vagues, des splendeurs et des esclaves nus, tout imprégnés d'odeurs". (Charles Baudelaire. *Les Fleurs du Mal*. Paris, Gallimard, 1985, p. 27).

estações fixas são as tavernas dos negociantes de vinho – os locais de encontros dos conspiradores – suas relações com toda a sorte de gente equívoca, colocam-nos naquela esfera de vida que, em Paris, é chamada de boemia.[163]

No Brasil, a boemia surge menos da contestação e do desapego à vida moderna do que de sua exaltação. Não havia um processo de industrialização maciço. As mazelas não nasciam da vida moderna, mas de sua incompletude. A boemia não se caracteriza pela frustração de uma utopia burguesa, mas pela celebração exacerbada de uma que recém se criara nos trópicos. A vida noturna e o errar pelas ruas festejavam a chegada da eletricidade, que relegava a iluminação a gás à história. Exaltava-se o absinto, o vinho, o champanhe, o fumo de boa qualidade que vinham substituir a vil aguardente e o desprezível rapé. As noites regadas a champanhe eram revolucionárias. Não eram uma fuga, mas um grande encontro com o novo:

> De cervejadas, sim senhor; que naquelas épocas primitivas não se instituíra ainda o champanha na qualidade de acompanhamento das troças de alto bordo. Para se operar uma inovação desse quilate foi necessária a concorrência de circunstâncias excepcionais, juntamente com o gênio reformador e construtor de Mme. Pommery. (...) A mocidade divertia-se, então, sem os requintes modernos da elegância refinada e do luxo suntuário. Em assunto de modas, primavam os grandes paletós de abas enormes e os chapeuzinhos de palha de aba insignificante. De modo que os mais famosos elegantes do tempo, o Sequeirinha, o Castro e o Lulu, especializaram-se na arte de prolongar as abas do casaco até abaixo dos joelhos, emparelhando as dos chapéus com o ressalte das orelhas. Isto dava-lhes uma figura bufa, extravagante, e muita celebridade, que mais se firmava nos rumores correntes sobre as quantias espantosas que esbanjavam pelos antros noturnos, em tremendas bacanais com o mulherio. E, à noite, junto à Seleta, glosavam-se estas prodigalidades crassas com admiração e escândalo.[164]

---

163 Benjamin, *Charles Baudelaire...*, *op. cit.*, p. 9-10.

164 Hilário Tácito. *Madame Pommery*, 4ª ed. Campinas; Rio de Janeiro: Editora da Unicamp; Fundação Casa Rui Barbosa, 1992, p. 41.

O hábito da vida noturna na São Paulo do café era, portanto, menos fruto de uma sociedade que se decepciona com o capitalismo do que de uma sociedade que celebra sua chegada, que se civiliza até na passagem da cerveja para o champanhe. Os trajes do momento, os longos casacos encimados por golas altas, são os mesmos do *dândi* europeu, mas, aqui, parecem expressar, ao invés de conter, a satisfação decorrente da conquista material e do seu esbanjamento.

A boemia paulista representava uma contracultura, não no sentido plenamente burguês, que se assenta sobre a frustração do indivíduo plenamente constituído no capitalismo. A contracultura elabora-se sobre valores burgueses que se voltam contra uma modernidade que ainda se mesclava ao provincianismo característico da camada mais refinada da população, os senhores do café. Filhos de fazendeiros, os bacharéis aderiam à boemia urbana, por meio da qual expressavam todo o seu repúdio às raízes rurais. Levavam, portanto, ao paroxismo o processo de diferenciação social, tornando-se uma fração de classe que exprimia as contradições últimas do nascente capitalismo periférico no Brasil. Ao caminhar em direção contrária à da cultura telúrica, de traços aristocráticos e patriarcalistas pertencente aos seus pais, os boêmios representavam valores burgueses que tomavam contornos bastante peculiares na São Paulo republicana. Mas esse é objeto de nosso quarto capítulo, não cabendo aqui, maiores considerações sobre o fracionamento da classe capitalista e o surgimento de uma nova elite educada, culta e profundamente urbana.

As ruas, a cidade e o comércio na São Paulo da Belle Époque

Se, no capítulo primeiro deste trabalho, o enfoque foi dado às reformas urbanas e sua associação com as clivagens sociais que se imprimiam na paisagem urbana, neste capítulo, as clivagens recapturadas em uma nova síntese contraditória, dada pela relação entre comércio e cidade.

A configuração das redes comerciais centrais, a sobreposição entre o Triângulo menor, o cerne da exibição da metrópole do café, e o maior, onde se refugiam as imagens indesejadas da cidade colonial, cada vez mais empurradas para a periferia urbana, ilustram a continuidade dessas clivagens em um novo todo. Do outro lado da cidade, em uma cidade velada, continuam as doenças tropicais, corre o esgoto a céu aberto, ambulantes e mascates vendem seus produtos de casa em casa ou em araras postas sobre as calçadas, inexiste separação entre espaço público e privado. Trata-se da mesma lógica que, no capítulo primeiro, permite que o condutor de bondes viole regras ao fumar no interior do bonde durante seu trajeto pela periferia urbana, mas que se subordine a elas quando passa a transitar pelas regiões centrais.

No que se refere ao comércio, o governo de Antônio da Silva Prado fechou o cerco aos mascates e vendedores ambulantes. A cidade se reformava e o comércio também. Os novos espaços públicos deveriam ser condizentes com o processo de aceleração da acumulação mercantil, que clamava pela exposição dos produtos em vitrines e sob a luz elétrica. Tudo começou pelo fim do comércio feito de casa em casa ou às ruas a céu aberto. A promulgação das *Leis e Atos do Município de São Paulo* em 1910 tentou uma primeira regulamentação das profissões dos prestadores de serviços e trabalhadores de rua. Não se mediram esforços para que carroceiros, cocheiros, engraxates, lavadeiras, carregadores, vendedores de bilhetes, de jornais andassem uniformizados, o que, muito obviamente, não se concretizou.[165]

Em 1900 ainda era comum a mistura entre o comércio moderno e o comércio ambulante:

> As compras eram feitas na porta aonde vinham os vendedores. Seu Domingos com ovos frescos e frangos: seu José leiteiro; o menino de seu Magalhães para saber as encomendas de armazém. Os pedidos para a farmácia eram feitos pelo telefone. Seu Elias, mascate fornecia cetinetas, rendas, carretéis, agulhas e fitas. Salvador peixeiro trazia o peixe. O açougueiro tinha tabela certa: todos os dias ou entrecosto, ou alcatra; um dia, lombo de porco; um dia, cabrito ou carneiro; cada quatro semanas, dobradinha, cada quatro semanas mocotó; cada quatro semanas, fígado. O resto variava-se com omeleta, ovos mexidos, virado de feijão, carne seca, bacalhau.[166]

---

165 Deaecto, *Comércio...*, *op. cit.*, p. 166.

166 Americano, *São Paulo...*, *op. cit.*, p. 38.

O mercado do prestígio

Predominantemente realizada por portugueses no início do século, são os libaneses que darão continuidade a esse tipo de atividade, ligando os atacadistas do centro aos moradores dos bairros; o comércio da capital ao comércio do interior; provendo os fazendeiros desejosos de produtos europeus, mas não querendo sair de sua sede na fazenda. Exercem assim função semelhante à do caixeiro viajante: a da integração do mercado nacional a partir do encurtamento de distâncias. O campo aproximou-se da cidade e se lhe subordinou.

Aos poucos, a ossatura comercial da cidade muda. Os "(...) novos traços e padrões culturais haviam desalojado aqueles que dominavam em outros tempos",[167] mandando-os para as bordas da cidade: "Os mascates, as vendas, as tamancarias, as forjas de ferreiro e os talhos de carne verde, que o *high life* comercial conseguiu afinal ablegar do *triângulo* central da Pauliceia (...)".[168] Um bom indicador de tal mudança é a arrecadação do imposto sobre profissões, que diminui gradativamente: em 1910, o imposto arrecadado era do montante de 203: 890$000, passando a 199: 496$500, em 1915 e a 136:011$500, em 1920.[169]

Algumas profissões, consideradas as mais torpes, são expulsas por completo do centro da cidade, como é o caso dos açougueiros, banidos em 1890: "As leis sobre açougues, fábricas de alimentos e mercados de hortaliças e frutas são recorrentes, tanto no que tange ao seu perímetro de ação, quanto às condições de higiene e segurança. Trata-se, em linhas gerais, de atividades que foram excluídas do Centro".[170] Já para outras profissões, o estabelecimento seria facilitado a partir de certas medidas, como foi o caso da isenção de emolumentos a restaurantes e hotéis, atraindo os grandes hotéis e as *rotisseries* de requinte para o Triângulo central.[171] Essa é a forma como se constitui o espaço público na capital paulista.

Ao lado das novas regras de construção de batimentos impostas aos comerciantes, como recuos e limites ao número de andares, ausência de gelosias, vigoram também as regras de funcionamento do estabelecimento, como o horário de fechamento. Não foi muito boa, por exemplo, a recepção da regra de fechamento

---

167 Bruno, *História...*, vol. III, *op. cit.*, p. 1161.

168 Affonso A. de Freitas. *Tradições e Reminiscências Paulistanas* (1921), 2ª ed. São Paulo: Martins, 1955.

169 Deaecto, *Comércio...*, *op. cit.*

170 *Idem, ibidem*, p. 168.

171 *Idem, ibidem*, p. 168-169.

aos domingos, apesar dos brados do público católico sobre o respeito à tradicional regra da guarda dos dias santos.

Dessa forma, no lugar do mascate, cujo desaparecimento era imprescindível para a nova reconfiguração da cidade que se mercantilizava, apareceria o estrangeiro, geralmente representante de uma tradição familiar ou de um grande grupo importador:

> Aos poucos, aquele velho panorama de armazéns de secos e molhados, lojas de panos de algodão e hospedarias rústicas, vai sendo transformado pela presença das importadoras, das casas de moda, de vinhos, de materiais de construção, e dos hotéis de porte, a isso correspondendo novas conformações arquitetônicas e urbanísticas (…) [assim] o comércio não constituiu um sistema para circulação e consumo apenas de produtos locais, fossem artesanais ou industriais, mas também – e intensamente a partir do final do século XIX – de produtos estrangeiros.[172]

A introdução de produtos estrangeiros tinha uma função bastante específica na nova malha urbana: a de conferir uma imagem europeizada e civilizada da cidade e dos seus moradores. O consumo e a propriedade de artigos estrangeiros associados à civilização moderna substituíam a terra enquanto meio enobrecedor e concessor de *status* social. Nesse sentido, é bastante significativa a aprovação, em 1850, de um projeto sobre regulamentação de uso e ocupação de propriedades localizadas nas freguesias da Sé, do Brás e de Santa Ifigênia, proibindo a criação de animais domésticos nas ruas e praças da cidade. A Lei de Terras de 1850 tanto tem influências sobre a criação de um mercado de terras, transformando o mundo rural e a condição da fronteira agrícola, como tem influências em meio urbano, sendo a principal, a forma como permitiu a criação dos lotes a partir dos quais se originariam os primeiros bairros oligárquicos. A terra perdia o seu poder enobrecedor e as atividades a ela associadas começavam a ser consideradas de um mundo que não mais existia, devendo ser expulsas para os arredores da cidade. O renascimento comercial do centro completa a reforma urbana no sentido da criação de um espaço dado pela dinâmica entre aglomeração urbana e consumo,[173] que permite tanto a continuidade do processo de

---

172 Barbuy, *A cidade-exposição…, op. cit.*, p. 28.

173 *Idem, ibidem*, p. 166.

acumulação, quanto uma nova forma de estabelecimento das hierarquias sociais, que se situa entre as formas aristocráticas e as formas capitalistas.

A eliminação dos traços coloniais com vista à europeização da cidade resultou em uma combinação de estilos arquitetônicos nem sempre agradável ao olhar. No centro da cidade, revitalizado pelo comércio, predominou o sobrado urbano tradicional, construído em alvenaria, alinhado à rua, sem recuo. As edificações eram, segundo Carlos Lemos,

> (…) construções diversas que, de um modo geral e num primeiro momento, podemos chamá-las de neo-renascentistas despoliciadas, isto é, quase sempre executadas por profissionais não qualificados e que vieram a ser popularizadas ao longo do tempo. Nelas, as regras foram substituídas pela improvisação, pela recriação e até pela invenção… Esse é o grupo mais numeroso e mais difundido e que, para muitos, é o único a merecer o epíteto do Ecletismo porque tolera tudo. Esse grupo de obras neo-renascentistas poluídas também engloba, inclusive, as chamadas colagens imaginosas, não colagens ideais de elementos de um mesmo repertório estilístico (…) mas a justaposição material, lado a lado, até de fragmentos provenientes de diversas demolições de construções antigas.[174]

Essa irracional de estilos diversos seria expressa por Monteiro Lobato na ideia do carnaval arquitetônico.

O centro comercial, com seus dois triângulos, é um microcosmo do capitalismo mundial em processo de consolidação. Expressa as disputas entre Estados-nação, que caracterizam a era imperialista do capitalismo, e a divisão internacional do trabalho entre centro e periferia. A combinação entre arcaico e moderno, entre as diferentes fases do capitalismo, desde a mercantil até a financeira, desde a livre-concorrência até a forma concentrada, desde a não especialização até a racionalização da acumulação, faz-se presente na metrópole do café, que expressa os dilemas de uma metrópole periférica em formação.

---

174 Carlos Lemos. *Alvenaria burguesa – breve história da arquitetura residencial de tijolos em São Paulo a partir do ciclo econômico liderado pelo café.* São Paulo: Nobel, 1985, p. 75.

A função do capital mercantil no processo de urbanização é clara. Entre os estrangeiros, as frações se disputam, como pode ser visto no excerto extraído da documentação do Ministério das Relações Exteriores Francês: "Os alemães ocupam o primeiro lugar. Encontramos os seus produtos nas lojas de nossos compatriotas. Isso explica a diminuição efetiva de nossas transações sob a aparência de aumento".[175]

Observamos duas fases da presença estrangeira na configuração do comércio nacional. A primeira, entre 1808 e 1870, caracteriza-se pela hegemonia incontestável da Grã-Bretanha nos portos nacionais. Na segunda fase, a partir de finais do século XIX, paquetes de outras origens também atracam nos portos brasileiros, expressando a inflexão que sofre a hegemonia britânica no capitalismo internacional. Segundo Arrighi, seria um período de caos sistêmico do moderno sistema mundo, em que a Alemanha e os Estados Unidos, com Estados fortes, também entram para a disputa do processo de acumulação capitalista mundial, expresso em termos territorialistas.[176]

Entre 1872 e 1874, a entrada de mercadorias no Brasil segundo seus países de origem distribuía-se da seguinte maneira: 53,4% vinham Grã-Bretanha; 12,2% da França; 6,5% da Alemanha; 5,4% dos EUA. Entre 1902-1904, ocorre uma alteração significativa nas percentagens: 28,1% dos produtos são oriundos da Grã-Bretanha; 12,2% da Alemanha; 11,5% dos EUA e 8,8% da França. A França cai de segundo para último lugar, enquanto a Alemanha faz o caminho inverso. Quanto às estatísticas para o ano de 1907 somente para o porto de Santos, a distribuição é a seguinte: 24,9% dos produtos pertencentes à Grã-Bretanha; 18,4% à Alemanha; 12,7% à Argentina; 11,5% aos EUA; 10,3% à Itália; 7,3% à França. Estes últimos dados captam a tendência dos países latino-americanos de, a partir de 1900, tornarem-se exportadores entre si. Em 1915, um ano após a eclosão da guerra, a classificação se alteraria de forma ainda mais expressiva, com a passagem dos EUA para a primeira posição e da Argentina para a segunda: 27% da importação passariam a vir dos EUA; 19,8% da Argentina; 18,1% da Grã-Bretanha; 10,6% da Itália; 4,0% da França.

---

175 Ministère des Affaires Étrangères. *Enquete auprès de la colonnie française de São Paulo sur les causes de la diminution de notre commerce. Avis de nos nationaux sur les moyens de les relever.* 18/08/1896. Témoignage de M. Manfred Mayer. Trad. Própria

176 Giovanni Arrighi. *O Longo Século XX: dinheiro, poder e as origens do nosso tempo.* Rio de Janeiro e São Paulo: Contraponto; UNESP. 1996

O mercado do prestígio

Movimento de Importação por Países de Origem					
Países	1907		1914		1915
	Valor	%	Valor	%	Valor	%
Alemanha	24. 749:051$	18,4	17. 347: 900$	12,8	3. 120:055$	2,0
Argentina	17. 130: 807$	12,7	16.062:019$	11,8	31.048: 921$	19,8
Áustria-Hungria	1. 701: 185$	1,3	1. 488:047$	1,1	198: 295$	0,1
Bélgica	3. 902:020$	2,9	4. 559: 128$	3,4	271: 443$	0,2
Estados Unidos	15. 455: 666$	11,5	24. 458:093$	18,0	42. 429: 439$	27,0
França	9. 805: 672$	7,3	8. 644: 858$	6,4	6. 311: 797$	4,0
Grã-Bretanha	33. 589: 482$	24,9	27. 215: 215$	20,0	28. 350:087$	18,1
Itália	13. 853: 685$	10,3	14. 875: 279$	10,9	16. 629:067$	10,6
Portugal	6. 199: 925$	4,6	6.033: 811$	4,4	6. 373: 554$	4,1
Outros Países	8. 287: 375$	6,2	15. 213:834$	11,2	22. 154: 158$	14,1
Total	134. 674: 868$	100,0	135. 898: 184$	100,0	156. 886: 816$	100,0

No microcosmo circunscrito pelo Triângulo, os ramos que compunham o comércio central distribuíam-se de acordo com as nações das quais vinham os produtos. Da Grã-Bretanha vinha maquinaria para a indústria e lavoura, materiais para construção e ferrovias, ferros, pinturas, óleos, produtos químicos, artigos sanitários, desinfetantes, cabos, explosivos, provisões gerais, licores. Os produtos têxteis ingleses, feitos de algodão ou de lã, eram os que movimentavam a maior soma, apesar de seu baixo valor agregado.[177] O que lhes dava essa cifra significativa era a sua alta demanda.[178] Já os tecidos de alto valor agregado, mas de baixa demanda, como as sedas, compunham a pauta de produtos de luxo, em sua maior parte exportados pela França.

Uma das estratégias francesas para a exposição dos produtos nativos em terras periféricas foi a criação de museus comerciais. Em 1890, o Ministério do Comércio, da

---

177 Richard Graham. *Britain and the onset modernization in Brazil. 1850-1914.* Cambridge: University Press, 1968, p. 344-346.

178 Para Warren Dean, a parcela de comerciantes ingleses presentes em São Paulo era muito pequena quando comparada a comerciantes vindos de outras nações: "Em São Paulo, o importador inglês comprometido nunca possuiu uma parcela significativa do comércio. Ao invés disso, importadores imigrantes independentes partilharam do mercado com várias grandes companhias mercantis administradas por súditos germânicos, cujas operações na Europa eram tão dispersas que não permitiam o controle pelos fornecedores. As próprias firmas inglesas pareciam, a essa altura, haver modificado sua política". (Dean, *A industrialização...*, op. cit., p. 30).

Indústria e das Colônias Francês acordou com a Câmara de Comércio Francesa do Rio de Janeiro a criação de um museu comercial para expor "seus produtos nacionais".[179] Por outro lado, a variedade de produtos vendidos era uma característica marcante dos estabelecimentos de origem francesa, que caiu como uma luva no processo de transição do antigo comércio para o novo, sendo prontamente adotado por todos os negociantes da capital, de origem estrangeira ou não. As casas "tendiam não à especialização (…) mas à diversificação dos negociantes intermediários, que, como já dissemos, tornavam-se canais para o fluxo de produtos industrializados estrangeiros que adentravam o país".[180]

Em contexto de intensa concorrência entre grandes potências imperialistas e câmbio variável devido às variações do café, a não especialização dos pequenos estabelecimentos, traço que mantinham em comum com os *grands magasins*, era uma estratégia fundamental. Para contornar a situação de monopólio, resultado do processo de concentração e centralização de capital pelo qual haviam passado os países industrializados da Europa, os negociantes nacionais diversificavam as mercadorias vendidas. Mantinham a fidelidade a umas poucas e grandes marcas, mas adquiriam a maior gama de produtos possível, que ia desde o artigo nacional até o chinês ou japonês, estrangeiro mais barato e de qualidade inferior.[181] As relações entre o pequeno comerciante nacional e o grande comerciante estrangeiro mostrava-se em seus primeiros estágios de construção: "afinal, a dinâmica do comércio propriamente dito, ora por meio da abertura direta de lojas nas principais praças de consumo, ora incentivando o comerciante com a abertura de créditos, ou mesmo garantindo-lhe exclusividade na distribuição de determinado produto".[182]

Os movimentos do comércio no centro de São Paulo não somente expressam o capitalismo em termos mundiais, mas também as contradições do capitalismo brasileiro. O Brasil assistia à valorização de suas *commodities*, como o café e a borracha,

---

179 Ministère du Commerce, de l'Industrie et des Colonies. Établissement projété d'un musée commercial de produits français à Rio de Janeiro. Circulaire, n° 417. Paris, 11/11/1890.

180 Barbuy, *A cidade-exposição…*, *op. cit.*, p. 141.

181 Deaecto, *Comércio…*, *op. cit.*, p. 109.

182 *Idem, ibidem*. Outros países que participavam com seus produtos da pauta importadora brasileira eram: a Alemanha, relacionada principalmente ao comércio de produtos de base: ferro, aço e químicos. Italianos e portugueses dedicavam-se ao comércio de alimentos e bebidas. Sírios, às fazendas e armarinhos. Os franceses apresentam-se no ramo da hotelaria, bares e cafés, confecção, vestuário, papelaria e automóveis, "ou seja, dedicam-se ao comércio de bens de consumo". Deaecto, *Comércio…*, *op. cit.*, p. 120.

O mercado do prestígio

fundamentais para a obtenção de créditos em seu balanço comercial. À prosperidade da exportação correspondia a complexificação da atividade mercantil, que, por sua vez, manifestava-se na implementação de projetos de urbanização e no incentivo à importação de produtos estrangeiros, sinônimos de modernidade.[183] Os momentos de crise da economia exportadora representavam, ao contrário, um arrefecimento da importação de produtos de luxo, e portanto, do comércio central. Nesses momentos, era o comércio marginal, no grande triângulo, ou o mercado negro composto por produtos falsificados que tomavam proporções.

Em 1902, ocasião da superprodução de 16 milhões de sacas (o consumo mundial não ultrapassava os 15 milhões), quando o valor da saca caiu a 33 francos-ouro (em 1885, seu valor era de 102 francos-ouro), a importação de bens de consumo contraiu imediatamente. Na verdade, a tendência à queda de preços vinha desde 1893, quando os Estados Unidos, os principais consumidores de café, passaram por uma grave crise econômica. Entretanto, a queda do preço internacional era compensada pela desvalorização da moeda que permitia aos cafeicultores continuarem a receber valor igual em moeda nacional, ainda que, em moeda estrangeira, o valor da saca continuasse a ser mais baixo. Com a Crise do Encilhamento, o governo Campos Salles, empossado em 1898, adotaria a política de revalorização do mil-réis, desnudando então a tendência à queda de preços do café decorrente da frenética expansão da onda verde rumo ao oeste. A crise atingiria seu ápice em 1906 com a produção de 20 milhões de sacas. As importações somente conseguiriam retomar o mesmo ritmo a partir do Convênio de Taubaté, que promoveria a valorização do mil-réis ainda neste mesmo ano de 1906.

A dinâmica cíclica que caracterizava o comércio exterior paulista, mantinha reduzido o mercado de bens de consumo de luxo, o que era interessante do ponto de vista das classes que se afirmavam socialmente pelo consumo, já que se mantêm por um período de tempo maior como estamento, mas não do ponto de vista do comerciante. O problema não demorou a ser percebido pelos cônsules e embaixadores franceses no Brasil, que alertavam para os riscos de diminuição do comércio francês, já que seus artigos eram consumidos somente por

---

183 Sobre a prosperidade da borracha, Manaus construiria seu Teatro Municipal (Teatro Amazonas) em 1881, inaugurado a 31 de dezembro de 1886 com a ópera "Gioconda", de Ponchieli. No entanto, a partir de 1913, quando a borracha cultivada na Malásia pelos ingleses supera a produção amazônica, recuam as importações do estado e a frequências dos espetáculos.

uma pequeníssima parcela da população.[184] Em 1895, o argumento, para o setor de alimentos finos, era o de que a população paulistana não tinha condições nem financeiras, muito menos culturais, de ter acesso a esses artigos: "O comércio das conservas alimentares em São Paulo ocupa-se relativamente pouco dos artigos finos, de proveniência francesa; flui sobretudo mercadoria de largo consumo, tais como arroz ou bacalhau".[185] A mesma observação já havia sido feita por um agente do comércio exterior francês no Rio de Janeiro em 1853:

> Nosso comércio apresentando ordinariamente produtos superiores, de um trabalho fino, elegante, artístico e de preço elevado, conservou a clientela das classes ricas e é por essa razão que os números de nossa exportação se mantiveram. (...) Mas, para a massa da população americana, composta de gente cujos recursos são mais limitados, o gosto pouco formado e que não é sempre capaz de apreciar a superioridade de uma obra, é necessário obter produtos que se possam vender a baixo preço.[186]

Juntamente com a pouca diversidade do comércio francês, que se restringia aos artigos de bens de consumo destinados a um público mais seleto, o problema da taxa de câmbio gerava extensas reclamações da parte dos cônsules que acreditavam que o governo brasileiro ameaçava o comércio francês com suas políticas. Nesse sentido, nada mais importante do que a presença concreta do comerciante francês na cidade, que, ao expor os produtos de seu país, garantia certa estabilidade em momentos de crises do café. Essa é a essência da tese de Richard Graham, para quem, a presença de casas de importação estrangeiras constitui uma outra forma de capital, criada a partir da concorrência entre Estados imperialistas em finais do XIX.[187]

---

184 "Aos ingleses caberão sobretudo o grande comércio, as transações financeiras; aos franceses, o negócio de luxo e de modas". (Caio Prado Jr. *História Econômica do Brasil*. São Paulo: Editora Brasiliense, 1976, p. 136).

185 Ministère des Affaires Étrangères. *Enquete auprès de la colonnie française de São Paulo sur les causes de la diminution de notre commerce. Avis de nos nationaux sur le moyens de les relever.* 18/08/1896. Témoignage de Arthur Khan.

186 *Apud* Denise Monteiro Takeya. *Europa, França e Ceará*. São Paulo; Natal, Editora Hucitec; Editora UFRN, 1995, p. 57.

187 Graham, *Britain...*, *op. cit.*

Em 1896, os *Chefs de maison* enumerados por Wienner (o encarregado da missão comercial francesa deste ano) em São Paulo eram: H. Levy (negociante de tecidos); Jules Martin; Manfred Mayer; Jacques Hoenel (artigos de armarinho); Bourdelot (artigos de Paris); Felix Bloch; Gaston Picard; Arthur Kahn; Charles Hü (importador de vinhos franceses); Moise e Chavasson. As mercadorias envolvidas no comércio Brasil-França eram couros envernizados, papel para escrever, batatas em sacas, automóveis, caixas de conhaque, barris de manteiga, meias em fio escocês, tecidos de lã, sardinha enlatada, caixas de vinho, tecidos de seda, papel para cigarros, água de colônia, louças, artigos de moda em geral, tanto masculina quanto feminina. Em 1906, após a primeira grande crise do café, os artigos importados continuavam a ser basicamente os mesmos, com pequeníssima alteração, o que demonstra a demanda altamente inelástica desses artigos de luxo.

A relação entre a dinâmica da exportação do café e a da importação de produtos franceses de luxo expõe o fato de que a riqueza nunca vem sem a sua necessidade de ostentação. A importação das mercadorias francesas começa a aumentar a partir de 1870, atingindo seu ponto máximo em 1890, que é o ano em que São Paulo se consolida como o maior exportador de café do país. É quando as famílias proprietárias de cafezais deixam suas propriedades para habitar as cidades, onde ostentarão, com maior visibilidade, seu status.[188] A afirmação deste adota contornos burgueses, sem, no entanto, deixar de ser aristocrática em sua essência, combinação esta típica de qualquer transição ao capitalismo, embora estejamos aqui utilizando o termo aristocrático em sentido estrito: o seu sentido colonial.[189]

---

188 Deacto, *Comércio...*, *op. cit.*, p. 49.

189 Em 1583, já se espantava o cronista Fernão Cardim com a opulência ostentada pelos colonos, condizente com sua falta de devoção e seu espírito dado a festas: "Vestem-se as mulheres e filhos de toda a sorte de veludos, damascos e outras sedas, e nisto têm grandes excessos. As mulheres são muito senhoras, e não muito devotas, nem frequentam as missas, pregações, confissões etc.; os homens são tão briosos que compram ginetes de 200 e 300 cruzados, e alguns têm três, quatro cavalos de preço. São mui dados a festas. Casando uma moça honrada com um vianez, que são os principais da terra, os parentes e amigos se vestiram uns de veludo carmesim, outros de verde, e outros de damasco e outras sedas de várias cores, e os guiões e selas dos cavalos eram das mesmas sedas que iam vestidos. (...) e por esta festa se pode julgar o que farão nas mais, que são comuns e ordinárias (...). Enfim, em Pernambuco se acha mais vaidade que em Lisboa." (Fernão Cardim. *Tratados da Terra e Gente do Brasil.* (1583), 3ª ed. São Paulo, Cia. Editora Nacional, 1971, p. 201-202). Sobre a transição para o capitalismo e a combinação, em uma ordem social competitiva, entre classes e estamentos, vide Florestan Fernandes. *A Revolução Burguesa no Brasil: ensaio de interpretação sociológica,* 5ª ed. São Paulo, Globo, 2006.

O comércio da capital paulista estabelece as mediações entre o centro do capitalismo – a Inglaterra, que produz para um mercado mundial de massa, e a França, que produz para o mercado mundial de produtos de luxo – e a metrópole do café, reconstituindo, na geografia do Triângulo, um microcosmo da relação centro e periferia. O comércio decompõe, para recompor de uma maneira nova, a relação entre produção e consumo: "Assim a São Paulo modernizada – o Triângulo –, inserida no contexto das práticas internacionais de comércio e exibição, ela própria sendo paulatinamente reestruturada, ia-se tornando uma sucessão de exposições e apelos à 'vida moderna', fortemente baseada no consumo".[190]

---

190 Barbuy, *A cidade-exposição...*, *op. cit.*, p. 86.

Capítulo III
A tecnologia *do fin-de-siècle* e as novas necessidades da Pauliceia

"Tenho a impressão de que não resta muita coisa a descobrir.
O vapor e a eletricidade resolveram uma infinidade de pro-
blemas: navios e locomotivas a vapor, automóveis a gasolina,
iluminação, fabricação mecânica de tecidos. (...) Seja como for,
o progresso é uma grande coisa".

("Conversa sobre o progresso". In *São Paulo Naquele Tempo*)

As novidades do *fin-de-siècle*

Quanto mais desenvolvida a cultura urbana, tanto mais complexo é o seu mercado consumidor. Para Sombart, o consumo está na origem da urbe:

> "(...) não menos fácil é dar a prova positiva de que a concentração do consumo é, na realidade, o que criou as primeiras cidades, de maneira bastante uniforme, sem levar em consideração as especificidades locais, sob a pressão da evolução geral do capitalismo".[1]

A aproximação das pessoas no espaço urbano contribui para a sofisticação dos mecanismos de distinção social, que se expressam na dinâmica do consumo capitalista. Nesse processo, os modelos europeus, tanto de cidade, quanto de padrões de consumo, são apropriados como instrumentos de manutenção das distâncias sociais:

---

1   Werner Sombart. *Lujo y capitalismo*. Trad. Luis Isábal. Segunda Edición. Madrid: Alianza, 1979, p. 45. Trad. Própria

> "Passamos a viver com os modelos europeus, com novos comportamentos, provocados pela introdução do transporte urbano e estadual, pela luz elétrica etc. Por sua vez, o vestuário de estilos francês e inglês, o perfume francês, os alimentos europeus mudam as exigências de consumo da população mais abastada, como também introduzem nova concepção de vida na sociedade".[2]

Se, no substrato material da vida urbana capitalista, há um encontro entre a infraestrutura urbana, o comércio e o consumo, é verdade que é necessário explicar como esse novo estilo de vida é vendido.

O século XIX, pós Grande Depressão (1873-1896), assistiu a um intenso processo de monopolização de capital, que implicou não somente em unidades produtivas maiores, mais concentradas e relacionadas com o capital bancário, como também em novas formas de organização da produção e da distribuição. Dentre estas últimas, a nascente publicidade, cujo discurso também se consome, é a grande novidade. Quando a produção capitalista adentra um incipiente processo de massificação, tornando a pequena produção artesanal a fonte do processo de diferenciação do consumo, também cria a sua própria linguagem, a publicidade. Nesse processo, o capitalismo não somente atende necessidades, como as cria, conferindo ao consumo um caráter compulsório. Dessa forma, estamos de acordo com os autores que veem as crises do capitalismo não como um resultado da insuficiência de consumo – já que, o próprio capitalismo é capaz de criar novas necessidades ou difundir necessidades restritas a uma camada social para as demais – mas como um produto do próprio processo de acumulação, que cria, de maneira contraditória, os seus próprios limites.

Segundo Márcia Padilha, que estuda a publicidade na nascente metrópole:

> Ao criar a figura do rei-comprador, o discurso publicitário não ficava isento, absolutamente das tensões presentes no processo de urbanização da cidade. Ao contrário, ele se movia por entre elas, tornando-se um elemento a mais nesse processo.[3]

---

2 Edgard Carone Introdução à Marisa Midori Deaecto. *Comércio e vida urbana na cidade de São Paulo (1889-1930)*. São Paulo: Senac, 2002, p. 11.

3 Márcia Padilha. *A cidade como espetáculo-Publicidade e vida urbana na São Paulo dos anos 20*. São Paulo, Annablume, 2001, p. 85.

O mercado do prestígio — 159

O trecho nos incentiva a refletir sobre a função da publicidade no que se refere à maneira como as necessidades são criadas em uma cidade à periferia do sistema capitalista. Há que captar essas especificidades, uma vez que o consumo não representa a satisfação de necessidades fisiológicas, mas necessidades sociais determinadas historicamente. No capitalismo, a dinâmica de criação de necessidades torna-se crescentemente acelerada, dada a relação entre produção e consumo, entre generalização de padrões e diferenciação. O aumento crescente da produtividade, inerente ao processo de acumulação, difunde em ritmo cada vez mais rápido os padrões, o que exige, por sua vez, a criação de novos modelos que evidenciem quem são os privilegiados de uma sociedade. Contudo, é preciso entender como se dá esse processo em um país que não completou ainda o seu processo de industrialização.

As contradições inerentes ao problema da absorção da cultura burguesa de consumo, sem uma correspondente base industrial, expressam-se nos diferentes projetos modernizadores que se propunham para a capital paulista: "Em São Paulo, assim como em todo o mundo, as diferentes visões sobre a modernidade retratavam o embate sobre a imposição de uma cultura homogeneizante, a cultura do exibicionismo burguês (...) e a realidade de sociedades complexas e multifacetadas".[4] O trecho reflete o dilema entre modernização e modernidade, com os limites daquela permanentemente expostos pela impossibilidade de alcance desta última, dada a reprodução das segregações sociais em vários planos. Tais segregações não são compensadas por qualquer tipo de inclusão, em qualquer dimensão que fosse, jurídica, política ou cultural, já que o mercado é excludente por excelência e a modernidade, includente. Uma reflexão mais acabada sobre a modernidade periférica e seus limites será feita no último capítulo, quando já tivermos definido as contradições da base material, que contempla a dinâmica de consumo diferenciadora, sem processo de industrialização em massa, e a instituição de novas relações de produção, que contemplam não a transição da mão de obra escrava para a livre, mas sua substituição pela mão de obra imigrante. O trabalhador livre é o estrangeiro. O escravo liberto permanece à margem, vivendo em um mundo pré-capitalista cujas estruturas se reproduzem e se enlaçam às estruturas trazidas pelo processo de modernização capitalista.

Os advento dos produtos importados representavam uma dimensão desse processo modernizador. A nova tecnologia produtiva, outra. As reformas urbanas e

---

4 Padilha, *op. cit.*, p. 107.

o comércio, mais uma. Os produtos distribuíam-se entre alimentos, maquinaria, remédios, bebidas, fumo, mobiliário, e roupas.

Utilizamos o excerto abaixo, retirado de Jorge Americano, para que o leitor tenha uma ideia dos principais produtos da virada do século:

Biscoitos Huntley & Palmers, Ingleses.

Sardinhas Philippe Canot, Amieux-Frères (francesas) ou d'Espinho (portuguesas).

Bacalhaus português ou norueguês.

Linho belga, francês, português.

Leite maltado (Horlicks Malted Milk).

Manteiga Demagny, francesa.

Charutos de Havana.

Perfumarias francesas.

Casimiras inglesas.

Chá da Índia.

Couro e sapatos ingleses e italianos.

Chapéus Stetson, ingleses.

Gravatas inglesas e francesas.

Renda de Bruxellas.

Camisas francesas Bertholet.

Palitos portugueses ou noruegueses.

Fósforos John Kopinks. [o nome real é diferente]

Cerveja alemã.

Vinhos franceses, portugueses e italianos.

Vinho do Porto, português.

Champanha, francesa.

Ferragens, inglesas.

Máquinas de costura, americanas.

Agulhas americanas.

Carretéis de linha, americanos.

Retroses franceses.

Frutas de Portugal, Espanha, República Argentina.

Chocolates Suchard, suíços.

Marrons-glacés franceses.

Lápis alemães.

Conhaque francês Ductilloy e Martell.

Tapetes franceses.

Sal (Table Salt) inglês.

Sal de cozinha, português.

Molho inglês (Lea & Perrins).

Picles, inglês (Lea & Perrins).

Bicicletas Peugeot, francesas.

Cristais da Boêmia e Baccarat.

Lenços portugueses.

Porcelanas francesas.

Poltronas de couro inglesas.

Pinho da Suécia para construções.

Arroz do Japão.

Pimenta da Índia.

Cravo e canela da Índia e da China.

Uvas portuguesas e espanholas.

Pêssegos argentinos e norte-americanos.

Queijos suíços.[5]

A lista de produtos sintetiza as expectativas de progresso que se inaugurava com o *fin-de-siècle*: "Dia viria em que nem de estradas de ferro precisaríamos. Havia já tempo que Santos Dumont tinha feito a volta da Torre Eiffel em balão dirigível. 'A Europa curvou-se diante do Brasil'".[6] O rol de produtos proclama os novos rumos da moda, tanto feminina, quanto masculina; alimentos importados de luxo, que representam uma mudança profunda no seio da família, como os leites condensados, as conservas e enlatados, os alimentos infantis, que substituem a amamentação; os perfumes e sabonetes franceses, símbolos do apuro da higiene pessoal; móveis austríacos, cristais Baccarat, porcelana de Sèvres e tapeçaria francesa, signos de *status*.

---

5   Jorge Americano. *São Paulo naquele tempo 1853-1915*. São Paulo, Saraiva, 1957, p. 90-91.

6   Americano, *São Paulo...*, *op. cit.*, p. 404.

A fé no progresso da humanidade substitui a fé em Deus e as Exposições Universais expressam essa substituição:

> As exposições não são apenas dias de repouso e de alegria no labor dos povos, senão que aparecem de longe em longe como cumes dos quais medimos o caminho percorrido. Delas sai o homem reconfortado, cheio de valor e animado por uma profunda fé no porvir. Esta fé, apanágio exclusivo de algumas nobres almas no passado século, de mais em mais se expande hoje: ela é a religião geral dos modernos tempos, culto fecundo no qual as exposições universais tomam lugar como solenidades majestosas e úteis.[7]

O Novo Século e suas máquinas maravilhosas

O século XIX assistiu à chegada de uma ampla variedade de novas técnicas. No ramo agrícola, as máquinas para a lavoura, combinadas à Lei de Terras de 1850 e à transição ao trabalho livre, anunciavam uma revolução. A Lei de Terras e as políticas de incentivo à imigração abririam espaço, no Brasil, para o que Polanyi chamou de "a grande transformação", que se caracteriza pela mercantilização daquilo que antes não fazia parte do mercado: terra, trabalho e dinheiro.[8] Todo processo de constituição do capitalismo, que resulta da transformação das forças produtivas e das relações de produção, tem como ponto de partida uma mudança radical na forma de utilização da terra. A chegada dos arados mecânicos, máquinas de beneficiamento e torrefação de café, máquinas de beneficiamento do arroz são a expressão dessas transformação.

Outros artigos também ilustram a chegada do mundo industrial ao Brasil: os telégrafos e telefones, como os famosos Kellogg's;[9] os gramofones, fonógrafos, grafofones; os cinematógrafos, precursores do cinema; os automóveis e outros meios de transporte; alguns utensílios domésticos, como fogões e geladeiras.

---

7   "A exposição de Paris em 1900". In *O Estado de S. Paulo*. São Paulo, 09/08/1892.

8   Karl Polanyi. *A grande transformação: as origens da nossa época*. Trad. Fanny Wrobel. Rev. técnica Ricardo Benzaquen de Araújo, 2ª ed. Rio de Janeiro: Campus, 2000.

9   "Quem tiver um desses aparelhos que não seja do tipo americano 'KELLOGG'S' legítimo, pode deitá-lo fora". (*O Estado de S. Paulo*. São Paulo, 14/12/1906).

O mercado do prestígio   163

No comércio, as caixas registradoras seriam a grande sensação a partir de 1910,[10] enquanto que, nas repartições públicas, a máquina de escrever era o que marcava presença.[11] No lugar dos anúncios de compra, venda e fuga de escravos,[12] as propagandas desses novos produtos enchiam as páginas dos jornais prenunciando o advento de uma nova era. Imaginemos qual não teria sido o impacto da chegada da máquina de fazer gelo *Glacière Siberienne*[13] ou, por volta de 1910, das geladeiras norte-americanas, sobre pessoas até então acostumadas a conservar os alimentos com sal ou açúcar. O mais surpreendente é que agora poderiam não somente conservá-los gelados, como também quentes, graças às Frasqueiras Casa Fuchs.[14] O controle das temperaturas expressava o domínio da natureza pela técnica e da técnica pelo homem. Os ventiladores elétricos, vendidos por James Mitchell & Companhia, prometiam dias frescos a países tropicais e quem sabe: "Removem o ar viciado, espantam moscas e mosquitos, abaixam a temperatura em tempo de calor. Indispensáveis em todas as casas de negócios e particulares".[15]

Os inventos que pretendiam amenizar as altas temperaturas dos trópicos, inverteriam, quem sabe, o processo de seleção natural que elegera a Europa o lugar da civilização. A nascente antropologia, que se dedicou incansavelmente à craniometria e à invenção da categoria raça, já apregoara que a conhecida lassidão de costumes dos trópicos era um problema climático. Algumas engenhocas pretendiam erradicar o problema, como "o projeto de uma cadeira com guarda-sol para lustrador de calçado",[16] exposto pelo modelo de Araújo Castro ricamente vestido

---

10   "Caixa Registradora Nacional. Protege o patrão porque lhe mostra a qualquer momento do dia o total do dinheiro que deve existir na gaveta. Protege o freguês porque lhe fornece um recibo impresso. Protege o empregado porque indica com precisão quem fez o engano, quem efetuou mais vendas, e evita por completo desconfianças e disputas sempre de consequências desagradáveis". (*O Estado de S. Paulo*. São Paulo, 3/3/1912).

11   Era "uma tábua grossa, elipsóide, tendo dois sulcos em torno e um no sentido do eixo maior da elipse. Deslizavam-se as letras pelos sulcos e colocavam-se no eixo, formando palavras copiadas de cartões com letras maiúsculas". (Americano, *São Paulo...*, op. cit., p. 21). Em 1898, a máquina de escrever ainda não havia sido divulgada no Brasil.

12   Lilia K. Moritz Schwarcz. *Retrato em branco e negro*. São Paulo, Companhia das Letras, 1987.

13   *O Estado de S. Paulo*. São Paulo, 24/12/1897.

14   *O Estado de S. Paulo*. São Paulo, 29/10/1906.

15   *O Estado de S. Paulo*. São Paulo, 10/01/1903.

16   Angela Marques da Costa & Lilia Moritz Schwarcz. *1890-1914: No tempo das certezas*. Coleção Virando Séculos. Coord. Laura de Mello e Souza. São Paulo, Companhia das Letras, 2000, p. 140.

com terno e palheta. Outro projeto curioso eram os açougues ambulantes, "cujo desenho descrevia um pequeno chalé sobre rodas",[17] que pretendiam deixar a carne protegida do sol; ou ainda, o curioso "chuveiro portátil", concebido em 1905 por João Alcebíades Martins, para resolver a torridez insuportável do calor tropical. O desenho da publicidade apresentava "a silhueta de uma bela moça que aderia à voga de banhar-se onde bem entendesse".[18]

Assim como o piano vendido a prestações, outra maravilha do mundo moderno que se notabilizou pela popularização da música erudita (embora também contribuísse para o contrário, a aristocratização da música popular) foi o gramofone. Precursores da vitrola, os gramofones permitiam trazer a ópera para dentro da casa. Importados pela Casa Edison, o número de gramofones vendidos aumentava a cada ano, uma vez que também se ampliavam as facilidades para sua aquisição: "Acabamos de receber uma enorme partida dos mais aperfeiçoados gramofones *Columbia* (disse grafofone) de que somos agentes exclusivos para todo o Brasil. Vendas por atacado, a dinheiro e com grandes descontos".[19]

Anúncio Gramofone – *Casa Edison* (01/06/1914)

---

17   Costa & Schwarcz, *1890-1914...*, op. cit., p. 141.
18   *Idem, ibidem*, p. 142.
19   *O Estado de S. Paulo*. São Paulo, 14/02/1905.

O mercado do prestígio · 165

Assim como o piano, muitos adquiriam os gramofones como instrumentos de *status* sem que contassem, no entanto, com o capital cultural necessário à compreensão da música que ouviam.[20] Em um dos contos de Machado de Assis, "A pianista", um dos personagens é Tibério Valença, homem de recursos médios, mas educado na tradição da admiração pelas fidalguias: "Imaginou que a longa e tradicional afeição de sua família pelas famílias afidalgadas dava-lhe um direito de penetrar no círculo fechado dos velhos brasões, e nesse sentido tratou de educar os filhos e avisar o mundo".[21] E, como não poderia ser diferente, fazia parte da educação da filha Elisa a assistência às aulas de piano, a partir das quais se desenrolará o romance entre a pianista Malvina e o filho de Valença e irmão de Elisa, Tomás. Valença não tinha a educação necessária à compreensão da música que sua filha aprendia, mas, ainda assim, ter um membro da família que estudasse piano era compartilhar de um *habitus* exclusivo da elite.[22]

No conto "Um Homem Célebre", Machado de Assis, um mestre da literatura à periferia do capitalismo, aponta para a problemática do piano fora de seu lugar de maneira ainda mais irônica.[23] Se as ideias podem não estar fora do lugar porque a sua imaterialidade permite a conformação a diferentes contextos,[24] o mesmo não

---

20 Sobre a hierarquização social a partir dos gostos, uma das referências utilizadas é o trabalho de Pierre Bourdieu. *La Distinction-Critique Social du Jugement*. Paris, Les Éditions de Minuit, 1979.

21 Machado de Assis, "A Pianista". Publicado originalmente em *Jornal das Famílias*, 1866. Retirado do site www2.uol.com.br/machadodeassis/.

22 Para Pierre Bourdieu, o *habitus* está na raiz das diferenças sociais que estruturam as classes segundo uma determinada hierarquia: "Estrutura estruturante, que organiza as práticas e a percepção das práticas, o habitus é também estrutura estruturada: o princípio da divisão em classes lógicas que organiza a percepção do mundo social é em si mesmo o produto da incorporação da divisão em classes sociais. Cada condição é definida, inseparavelmente, pelas suas propriedades intrínsecas e pelas propriedades relacionais que aquela deve à sua posição no sistema de condições que é também um sistema de diferenças, de posições diferenciais (...) a identidade social se define e se afirma pela diferença". (Pierre Bourdieu. *La Distinction – critique sociale du jugement*. Paris, Éditions de Minuit, 1979, p. 191. Trad. Própria). Maiores detalhes sobre o conceito de *habitus*, vide Pierre Bourdieu. *Le Sens Pratique*. Paris, Éditions de Minuit, 1980, p. 87.

23 A sugestão para a utilização do texto veio de Luiz Felipe de Alencastro. "Vida Privada e Ordem Privada no Império". Cap. 1 de *História da Vida Privada no Brasil*, vol. II, *Império: a corte e a modernidade nacional*. Fernando Antônio Novais (coord. da coleção); Luiz Felipe de Alencastro (org. do volume). 7ª reimpressão. São Paulo, Companhia das Letras, 2004.

24 A respeito das "As ideias fora do lugar", vide Roberto Schwarz. "As ideias fora do lugar". Introdução à Roberto Schwarz. *Ao vencedor as batatas. Forma Literária e Processo Social nos Inícios do Romance Brasileiro*. São Paulo, Livraria Duas Cidades, 1981, p. 13-28. Para o autor, o Brasil, ao contar ainda

acontece com os objetos de cunho material, que expressam o seu deslocamento na forma de uma imagem caricatural. É sob essa forma que aparecem as contradições entre os elementos arcaicos e os oriundos do processo de modernização.

A dimensão caricatural da modernização periférica pelos padrões de consumo chega ao seu paroxismo no conto "Um Homem Célebre". O personagem principal é um pianista, Pestana, que vive o dilema de não conseguir compor uma valsa sequer, mas tão somente polcas, pelas quais, por sinal, fica bastante conhecido. Vive horas de estudo ao piano, "enxugando a testa com um lenço",[25] conhece a fundo Mozart, Beethoven, Bach, Haydn, mas, por obra do destino, no momento da composição, só lhe vêm as polcas. Sente-se "vexado e aborrecido" quando lhe rasgam elogios sobre suas composições "que a mais modesta vaidade gostaria de ouvir".[26] Suas polcas pareciam persegui-lo cruelmente:

> Rua afora, caminhou depressa, com medo de que ainda o chamassem; só afrouxou depois que dobrou a esquina da Rua Formosa. Mas aí mesmo esperava-o a sua grande polca festiva. De uma casa modesta, à direita, a poucos metros de distância, saíam as notas da composição do dia, sopradas em clarineta. Dançava-se. Pestana parou alguns instantes, pensou em arrepiar caminho, mas dispôs-se a andar, estugou o passo, atravessou a rua, e seguiu pelo lado oposto ao da casa do baile. As notas foram-se perdendo, ao longe, e o nosso homem entrou na Rua do Aterrado, onde morava. Já perto de casa, viu vir dois homens: um deles, passando rentezinho com o Pestana, começou a assobiar a mesma polca, rijamente, com brio, e o outro pegou a tempo na música, e aí foram os dois abaixo, ruidosos e alegres, enquanto o autor da peça, desesperado, corria a meter-se em casa.[27]

O drama de Pestana é o drama de um projeto civilizador frustrado:

---

com o fato "impolítico e abominável" da escravidão, era colocado fora do sistema da ciência, o que impossibilitava, desde logo, a aplicação das ideias liberais: "(...) as ideias liberais não se podiam praticar, sendo ao mesmo tempo indescartáveis. (...) Submetidas à influência do lugar, sem perderem as pretensões de origem, gravitavam segundo uma regra nova, cujas graças, desgraças, ambiguidades e ilusões eram também singulares". (Schwarz, *Ao vencedor...*, *op. cit.*, p. 26).

25 Machado de Assis. "Um Homem Célebre". (1888) In *Várias Hisórias*. São Paulo, Martins Fontes, 2004.

26 *Idem, ibidem.*

27 *Idem, ibidem.*

> A moça dormia ao som da polca, ouvida de cor, enquanto o autor desta não cuidava nem da polca, nem da moça, mas das velhas obras clássicas, interrogando o céu e a noite, rogando aos anjos, em último caso ao diabo. Por que não faria ele uma só que fosse daquelas páginas imortais?[28]

Da mesma forma como Pestana perseguia incansavelmente as obras de Mozart e Beethoven, perseguia a elite brasileira um projeto de nação civilizada que a livrasse de seu passado colonial, aqui simbolizado pelos ritmos populares que compõem a polca. Os francesismos que envolviam a adesão ao consumo dos gêneros importados não eram senão a manifestação da busca de uma identidade que, no plano literário, encontraria sua forma mais acabada na expressão da antropofagia modernista. O consumo desvela então o paradoxo que está por trás do desenvolvimento capitalista periférico: o de construir uma moderna nação industrial sem industrialização, se aqui nos é permitida uma ironia sob a inspiração de Machado de Assis.

Outro grande símbolo do progresso tecnológico, envolto em grande euforia quando de sua chegada e em grande malogro quando de sua aplicação, foi o automóvel. Em 1893, São Paulo, então com 200.000 habitantes, deteve-se por algumas horas na Rua Direita enquanto Henrique Santos Dumont, irmão do aviador, apresentava à cidade o seu primeiro automóvel. Era um Peugeot aberto, com caldeira a vapor, fornalha e chaminé, com rodas de borracha, que conduzia imponentemente dois passageiros. Um verdadeiro símbolo do progresso. O passeio, contudo, não pode ser tão imponente quanto o veículo porque a cidade esburacada impediu que o carro andasse. Por esse motivo, Henrique Santos Dumont opôs-se à taxação da circulação de automóveis imposta em 1900 pelo prefeito Antônio Prado juntamente com um conjunto de leis que regulamentavam o uso do automóvel. Dumont exigia isenção da taxa alegando o péssimo estado das ruas, "estreitas e tortas, sem calçamento, algumas calçadas com pedras irregulares, raras a paralelepípedos":[29]

> O dr. Henrique Santos Dumont vem requerer baixa no lançamento do imposto sobre o seu 'automobile', pelas seguintes razões: o suplicante, *sendo o primeiro introdutor desse sistema de veículo nesta*

---

28   *Idem, ibidem.*

29   Ernani da Silva Bruno. *História e tradições da cidade de São Paulo.* Vol. III. *Metrópole do Café (1872-1918) – São Paulo de Agora (1919-1954).* São Paulo, Hucitec, 1984, p. 978.

> *cidade, o fez com sacrifício de seus interesses e mais para dotar a nossa cidade com esse exemplar de veículo 'automobile';* porquanto, após quaisquer excursões, por curtas que sejam, *são necessários dispendiosos reparos no veículo devido à má adaptação do nosso calçamento,* pelo qual são prejudicados sempre os pneus das rodas.[30]

Dois pontos ficam claros neste trecho. O primeiro deles é o estranhamento entre o padrão industrial importado e as condições locais. A geografia urbana se refaz em uma nova síntese que se expressa no novo comércio urbano e nas novas formas de circulação que, por sua vez, cria novas possibilidades de consumo. Nessa esfera, as contradições de uma sociedade que se moderniza somente em seus planos mais aparentes se desnudam. As dimensões estruturais se revelam na relação desconexa entre o produto e o meio em que se insere ou entre produto e o habitante que o estranha.[31] O outro ponto que salta aos olhos no excerto é o lugar que o suplicante ocupa enquanto elite, assumindo a direção do projeto civilizador ao sacrificar "os seus interesses para dotar a cidade desse veículo *automobile*".

Alimentação

Os novos produtos alimentares e as formas de prepará-los expressavam os novos valores referentes à família e à vida privada.

---

30 "Petição deferimento. E. R. Mce. 3 de fevereiro de 1901 – Henrique Santos Dumont". Grifos nossos. *Apud* Nuto Sant'Anna. *São Paulo Histórico – aspectos, lendas e costumes.* Vol. V. São Paulo, Departamento de Cultura, 1944, 6 vols.

31 Utilizamos aqui o consumo em seu sentido mais amplo, não o de que algo tenha de obrigatoriamente sofrer "consumação", mas no sentido de que, no momento de sua utilização, um sentido social e cultural lhe é dado. O consumo (*consommation*) enquanto processo de diferenciação social distingue-se da mera consumação (*consummation*) uma vez que outros sentidos, que não somente o relacionado à mera sobrevivência física do indivíduo, permeiam o processo. É essa a razão pela qual Baudrillard diferencia insistentemente a "necessidade física" da "necessidade social" de diferenciação; produção de bens e produção de necessidades: "Uma das contradições do crescimento é que ele produz ao mesmo tempo bens e necessidades, mas não os produz no mesmo ritmo - o ritmo de produção de bens é função da produtividade industrial e econômica, o ritmo da produção de necessidades é função da lógica de diferenciação social. (…) Assim, a máquina de lavar roupa serve, ao mesmo tempo, de utensílio e de elemento de conforto, prestígio, etc. É propriamente este último que é o domínio do consumo". (Jean Baudrillard. *La Société de consommation: ses mythes, ses structures.* Paris, Éditions Denoël, 1970, p. 82-107).

O mercado do prestígio 169

Surgiu o hábito de almoçar ou jantar, ocasionalmente, em restaurantes de luxo, como a Rotisserie Sportsman; ir a confeitarias e cafés para tomar sorvetes e outras sobremesas estrangeiras, um tanto estranhas ao paladar nacional acostumado às compotas, rapaduras, doces de amendoim, heranças da cultura do açúcar.[32]

As conservas alimentares enlatadas aparecem pela primeira vez, seguindo os preceitos higienistas da virada do século e o novo papel da mulher na cultura burguesa, que passa menos tempo na cozinha: "Os melhores gêneros alimentícios em latas e frascos são incontestavelmente os dos fabricantes CROSSE & BLACKWELL (inglês) e PHELIPE CANAUD (francês). Encontra-se sempre um completo e variado sortimento (...) em casa de Mc. Nicol, Fox & Co. Rua José Bonifácio, 16".[33] O que antes se produzia na casa de fazenda, agora é comprado nos empórios sob o rótulo de marcas estrangeiras. É o caso das manteigas francesas *Amieux Frères*, *Nantes* e *Paris*, concorrentes das manteigas dinamarquesas *L. E. Brunn* e *P. F. Esbensen*: "Aviso aos conhecedores e às donas de casa. Para fazer *boa cozinha* é preciso *boa manteiga*. Manteiga pura extra de Isigny, de Bretel Frères em Valognes, França".[34] Alguns outros produtos, incomuns na mesa do brasileiro de outrora, como a água gasosa, por exemplo, apelam a uma pretensa familiaridade, que, na realidade não existe. O recurso da substituição do concreto pelo abstrato é um recurso sofisticado da publicidade que visa a converter o próprio anúncio em objeto de consumo, apelando para os sentidos e para a imaginação: "Appolinaris: a rainha das águas de mesa". Familiar em milhões de bocas como qualquer palavra caseira.[35]

Outra novidade são os alimentos para crianças, que, juntamente com a invenção da mamadeira, como a do Dr. Constantin de Paul, adotada dos laboratórios de Paris,[36] reforçam a nova função da mulher no ambiente familiar, que, menos presente na cozinha do que no salão de recepção, também se envolve menos com a alimentação dos filhos do que com sua educação. O corpo feminino, com seios menos fartos do que outrora, também se transforma, adquirindo traços mais frágeis. Com essa mudança vem a depreciação do hábito de amamentar. Embora esse hábito

---

32   Gilberto Freyre. *Açúcar: uma sociologia do doce, com receitas de bolos e doces do Nordeste do Brasil*, 5ª ed. rev. São Paulo: Global, 2007.

33   *O Estado de S. Paulo*. São Paulo, 14/01/1893.

34   *O Estado de S. Paulo*. São Paulo, 12/03/1893.

35   *O Correio Paulistano*, (tradução de um anúncio do *Times*). São Paulo, 04/03/1893.

36   *O Estado de S. Paulo*. São Paulo, 05/12/1899.

nunca tivesse sido muito recorrente entre os membros das classes mais abastadas, dentro das quais a ama de leite negra sempre exercera um papel fundamental, agora, é a mamadeira, ou, por vezes, a ama de leite estrangeira, que se incumbe da função. Na sociedade escravista, a mulher negra tinha uma importância crucial na educação da criança, que, tantas vezes, segundo Gilberto Freyre, adquiria até algumas maneiras de falar da mãe negra.[37]

A decadência da sociedade escravista mostra-se na destruição da organização familiar em sua forma ampliada, o que se expressa na mudança radical da relação entre a mãe e a criança. A família sofre um processo de aburguesamento, que brota, no entanto, das próprias contradições da sociedade escravista e da família patriarcal. Os anúncios de jornal da virada de século ilustram a mudança, primeiramente, ao exigir que as amas de leite fossem brancas, geralmente imigrantes espanholas ou italianas,[38] e, posteriormente, ao aderir aos produtos industrializados, que suprem as funções maternas. Aparecem os leites condensados para serem diluídos em água, como o *Gália* e o *Nestlé*, o famoso *Horlick Malted Milk*, as mamadeiras e os alimentos enriquecidos, que facilitam o desmamar: "Farinha Láctea Nestlé. É o melhor alimento para as crianças de tenra idade. Supre a insuficiência do leite materno e facilita o desmamar. (…) A casa Henri Nestlé não tem mais, como outrora, um único fornecedor para o Brasil. Seus produtos se acham nas principais casas importadoras, drogarias, farmácias e lojas de comestíveis".[39]

As mudanças na organização familiar já haviam sido percebidas alguns anos antes, no período do II Reinado, quando a escravidão entra em declínio e, com ela, o próprio Estado Imperial. Um articulista do *Ostensor Brasileiro*, jornal quinzenal publicado na corte, condenava as mães, principalmente as de classe abastada, por deixarem de lado o hábito da amamentação: "Não se encontrará, em todo o Império cinco mães que, pertencendo à classe elevada, aleitem seus filhinhos (…) não se encontrarão dez na classe média (…) não será coisa difícil apontar vinte na

---

37 Gilberto Freyre. *Casa-grande & senzala: formação da família brasileira sob o regime da economia patriarcal.* 28a ed. Rio de Janeiro: Record, 1996.

38 "Ama: Precisa-se de uma sem filho, bem sadia e com abundante leite, preferindo-se de cor branca. Trata-se à rua da Estação, nº 11, ou Largo dos Guayanases, nº 55". (*O Estado de S. Paulo*. São Paulo, 13/01/1891).

39 *O Estado de S. Paulo*. São Paulo, 15/02/1893.

classe baixa".⁴⁰ Como a fé na ciência passa a ser muito mais forte do que a fé na natureza, a mesma corrente higienista defendia agora contraditoriamente o desmame e a adesão aos alimentos industrializados.⁴¹

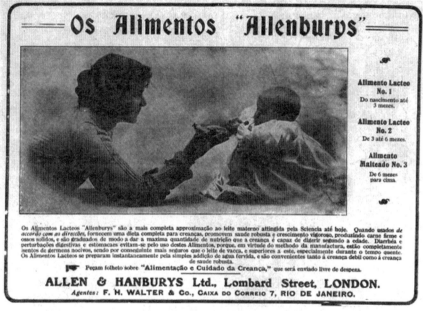

Alimentos Infantis "Allenburys"

Não somente os alimentos para as crianças mudaram, mas também o tipo de comida e os hábitos alimentares dos adultos. A culinária brasileira assiste a um afrancesamento cada vez maior, que vem substituir as comidas mais tradicionais, feitas com gordura de porco, e que tinha forte influência das culturas africana, mourisca e portuguesa. Mudam os pratos, mas também o tipo e variedade do alimento importado. A aguardente cede espaço ao vinho.

40 Ostensor Brasileiro – Jornal Litterátio e Pictiorial. Apud Alencastro. "Vida Privada e Ordem Privada no Império". Cap. 1 de História da Vida Privada no Brasil, vol. II, op. cit.

41 Outro produto da época, vastamente usado pelas mães de famílias de elite era o Phosphatina Fallières, que ajudava no desmame ainda em idade tenra, e também na dentição: "Phosphatina Falières. É o alimento mais agradável e o mais recomendável para crianças desde a idade de 4 para 7 meses, sobretudo na época do desmamar, e durante o período de crescimento. Facilita a dentição e assegura a boa formação dos ossos". (O Estado de S. Paulo. São Paulo, 5/01/1894). Também para a dentição, a Matricaria: "A Matricaria: para facilitar a dentição das crianças e curar seus sofrimentos". (O Estado de S. Paulo. São Paulo, 6/10/1898).

A comida importada ia do presunto, *Copland, Morton, Westfália, Schorcht Junior,* à bebida. Eram vinhos franceses, como os Vinhos do *Reno,* Vinhos *Bordeaux* de mesa: *Valdeirac Medoc, Preinac Côtes de Bourg, St. Julien Medoc, Château Bernones, Château des Templiers,* importados por *Moretz Sohn & Co;* vinhos do Porto; italianos e até húngaros, como o célebre *tokai.* As bebidas mais refinadas se gabavam das premiações recebidas:

> Cognac Fine Champagne Bisquit Dubouché & Cia. O chefe desta antiga e importante firma, além de haver merecido a honra de ser escolhido para membro do júri da Exposição Universal de Paris de 1889, acaba de ser novamente distinguido pelo governo francês que o nomeou Cavaleiro da Legião de Honra, a maior recompensa a que pode aspirar uma casa comercial. Esta distinção lhe foi concedida pela superioridade dos cognacs Bisquit Dubouché & C.[42]

Não é, portanto, privilégio do comerciante Charles Hü, ter relações, ao mesmo tempo, com o comércio de fino trato da capital paulista e com o governo francês, que recompensava os que mais se destacavam nas metas de venda.

Algumas bebidas estrangeiras foram adaptadas ao calor tropical, uma inteligente estratégia de mercado resultante de uma ação combinada entre comércio, que permitia o conhecimento do mercado, e a produção, que era empreendida pelos próprios comerciantes estrangeiros:

> Contra o grande calor Água Gasosa Soda Champagne. É o mais apreciado e agradável refresco nesta estação calorosa. Ninguém jamais a conheceu que deixe de usá-la. É de uma cor tão bela que atrai a vista, e de sabor tão agradável que satisfaz ao mais exigente paladar. Está ao alcance de todo o bolso por ser sinceramente barata. A Companhia Christoffel Stupakoff, única fabricante deste refrigerante garante a completa ausência de qualquer substância nociva.[43]

Também chegaram a São Paulo os chocolates, como *Marquis, Lombart* e *Parisien,* encontrados na Casa Schocht. O cacau havia sido levado da América

---

42 *O Estado de S. Paulo.* São Paulo, 02/09/1890.

43 *O Estado de S. Paulo.* São Paulo, 07/01/1896.

O mercado do prestígio

Central para a Europa e agora voltava à América na forma de tabletes, bombons e biscoitos refinados.

Higienismo: cuidado com o corpo; cuidado com a casa

Tanto em uma dimensão pública, que se expressa no sanitarismo urbano, como na dimensão privada, as ideias higienistas também influenciam e encontram-se presentes no processo de aburguesamento da sociedade paulistana. Os muitos artigos de perfumaria que tornam evidentes não somente um maior cuidado com o corpo, mas um desejo de dele extrair algum sinal que, porventura, remeta o indivíduo à escravidão. O culto à pele branca acompanha, em São Paulo, o culto à juventude, típico da sociedade burguesa do *fin-de-siècle*. O advento das tinturas de cabelo e dos novos tipos de barba – desenhados por Jorge Americano em seu livro – reforçavam esse sentimento arrivista, ao valorizar o jovem frente ao velho: "Outros usavam 'Loção Negrita' nos cabelos, nos bigodes e barbas, para ocultar a idade".[44]

No sentido de criar uma sociedade civilizada, dispunham-se de colônias para aliviar o cheiro de suor,[45] de produtos que prometiam sanar doenças que se acreditava existirem somente em países tropicais, como as sarnas e comichões, além de cremes para proteger a pele da "temperatura anormal" e dos mosquitos próprios do clima:

> *A temperatura anormal que nós temos* torna a pele avermelhada, seca e irritada. Para evitar este afeito, deve-se aplicar constantemente para toucador do rosto e das mãos o inimitável *Creme Simon*, assim como o pó-de-arroz e o sabão *Simon*. Contra as picadas de mosquitos, não se pode achar nada que alivie mais prontamente.[46]

---

44 Americano, *São Paulo...*, *op. cit.*, p. 154. Sobre a relação entre a mudança nos cortes das barbas, a adoção das pinturas de cabelos e o culto ao novo, vide: Gilberto Freyre. *Ordem e Progresso*. São Paulo, Global Editora, 2004.

45 "A água de colônia Atkinsons White Rose. De aroma delicado como a própria rosa. O seu aroma encantador é sempre fresco e quase nunca cansa". (*O Estado de S. Paulo*. São Paulo, 07/02/1895). Também os perfumes importados serviam para dar a sensação de se estar realmente em uma capital europeia: "Perfumes sem álcool 'Illusion Dralle'. Reprodução exata dos perfumes naturais. Uma gota basta para perfumar qualquer objeto. Muguet, Rosa, Violeta, Heliotrópio, Lilás, Vesteria. À venda em todas as casas de perfumaria". (*Estado de São Paulo*. São Paulo, 5/4/1910).

46 *O Correio Paulistano*. São Paulo, 12/12/1895. Grifos nossos.

Perfumes e Higienismo (*O Estado*, 11/01/1903)

O mercado do prestígio

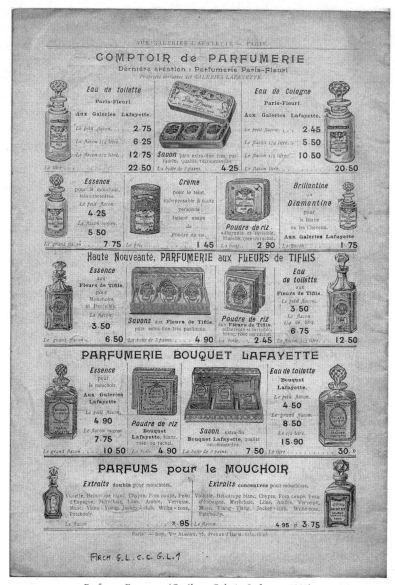

Perfumes Franceses (Catálogo *Galeries Lafayette*, 1905)

Esse horror aos trópicos, também expresso nos inventos que visavam a amenizar o calor, encontrou uma expressão infeliz na Revolta da Vacina, em 1904, no Rio de Janeiro. São Paulo, embora tenha tido também seus movimentos sanitaristas, que contou com célebres cientistas como Emílio Ribas e Adolfo Lutz, não teria nenhum tão marcado pela violência quanto aquele. Rodrigues Alves liderou o movimento que instituiu a vacina obrigatória contra a varíola, arrasando favelas e cortiços inteiros, deixando milhares de desabrigados:

> Tiros, gritaria, engarrafamento de trânsito, comércio fechado, transporte público assaltado e queimado, lampiões quebrados a pedradas, destruição de fachadas dos edifícios públicos e privados, árvores derrubadas: o povo do Rio de Janeiro se revolta contra o projeto de vacinação obrigatório proposto pelo sanitarista Oswaldo Cruz.[47]

Para Garcez Marins, autor do segundo capítulo do terceiro volume de *História da Vida Privada no Brasil*, a campanha não tinha como objetivo a erradicação da doença, mas a eliminação das habitações populares, que eram uma mancha na paisagem carioca.[48] Essa tese tem seu fundamento, uma vez que, enquanto se travava uma cruzada contra a varíola e a febre amarela, doenças que mais assustavam os estrangeiros, nada de fazia contra a tuberculose, a doença que mais matava, mas que atingia, sobretudo os negros.[49]

Dentro de um processo civilizador, o corpo é também objeto a ser educado e disciplinado. Por isso, não bastava apagar as heranças coloniais que vigiam no espaço urbano. Era preciso apagá-las também dos corpos, visando, em particular, aos traços que denunciassem a ascendência negra: "É dessa maneira que se pode entender a adoção, a partir de inícios do século, de projetos de eugenia que visavam a controlar a reprodução da população, privilegiando um tipo cada vez mais branqueado".[50] O sabonete do Dr. Pinaud assegurava um tom de pele mais claro: "Sabonete dulcificado, suco de Alface, Ed. Pinaud. Notável pela untuosidade de

---

47   *Gazeta de Notícias*. Rio de Janeiro: 14/11/1904.

48   "A ambição de arrancar do seio da capital as habitações e moradores indesejados pelas elites dirigentes começou a se materializar com as medidas visando à demolição dos numerosos cortiços e estalagens, espalhados por todas as freguesias centrais do Rio de Janeiro: o que se procedeu sob a legitimação conferida pelo sanitarismo". (Paulo César Garcez Marins. "Habitação e vizinhança: limites da privacidade no surgimento das metrópoles brasileiras". Cap. 2 de *História da Vida Privada no Brasil*, vol. III, *República: da Belle Époque à era do Rádio*. Org. Nicolau Sevcenko; Coord. da Coleção Fernando Novais. São Paulo, Companhia das Letras, 1998, p. 141). Mais detalhes sobre a Revolta da Vacina, vide Nicolau Sevcenko. *A Revolta da Vacina: mentes insanas em corpos rebeldes*. Coleção Tudo é História, vol. 89. São Paulo, Brasiliense, 1984.

49   Costa & Schwarcz, *1890-1914...*, *op. cit.*, p. 119.

50   *Idem, ibidem*, p. 122.

O mercado do prestígio 177

sua massa e pela delicadeza de seu perfume. *Suaviza a cor do rosto,* e dá-lhe um aveludado incomparável".[51] Surgia uma medicina intervencionista que não somente tinha como objeto os espaços públicos, como também invadia e adulterava as identidades no mais profundo recôndito privado:

> a medicina apossou-se do espaço urbano e imprimiu-lhe as marcas de seu poder. Matas, pântanos, rios, alimentos, esgotos, água, ar, cemitérios, quartéis, escolas, prostíbulos, fábricas, matadouros e casas foram alguns dos inúmeros elementos urbanos atraídos para ordem médica. A higiene revelava a dimensão médica de quase todos estes fenômenos físicos, humanos e sociais e construía para cada um deles uma tática específica de abordagem, domínio e transformação.[52]

O fato é confirmado por Jorge Americano ao afirmar que os tons queimados deixaram de ter influência sobre a maquiagem feminina, sendo substituídos pelo branco quase mórbido dos semblantes das personagens dos romances.[53] Dentro do rol de produtos anunciados pelo Dr. Lopez em 1909, a Loção de Vênus garantia o "esbranquiçamento da cútis", enquanto o tônico Ondulina produzia uma suave ondulação nos cabelos, domando-os, por mais rebeldes que fossem.[54] Assim como a prática de contratação de amas de leite, que exigia antes as amas brancas em lugar das negras, os cosméticos

---

51 *Correio Paulistano.* São Paulo, 09/07/1898. Grifos nossos.

52 Jurandir Freire Costa. *Ordem Médica e Norma Familiar,* 4ª ed. Rio de Janeiro: Edições Graal, 1999. A respeito da construção de uma identidade para São Paulo em meio ao rápido processo de metropolização da cidade nos anos 20, consultar Nicolau Sevcenko. *Orfeu extático na metrópole: São Paulo, sociedade e cultura nos frementes anos 20.* São Paulo, Companhia das Letras, 1992. O movimento da obra já é, no entanto, posterior ao de nosso trabalho, qual seja, a construção de uma identidade coletiva que possa porventura se reafirmar nos rituais de massa, como no esporte, futebol ou corrida de automóvel, no carnaval, no trânsito, nos comícios e festas públicas. No período em que estudamos, tais rituais são claramente elitistas e fazem parte do processo de construção de identidade das classes mais abastadas.

53 "Na maquilagem ainda estava longe de se fazer sentir a influência dos tons queimados. Quando muito, o pó de arroz 'rachel' diminuía a alvura obtida com a água 'Pérola de Barcelona' ou o 'Segredo da Beleza'". (Americano, *São Paulo..., op. cit.,* p. 300).

54 "Loção de Vênus de F. Lopez: para esbranquiçar a cútis, faz desaparecer as manchas do rosto, colo, braços etc. Comunica à pele uma brancura ideal e perfume delicioso. Superior a qualquer outro creme. Ondulina de F. Lopez: para ondular e aformosear o cabelo, por mais rebeldes que sejam". (*O Estado de S. Paulo.* São Paulo, 05/1/1909).

expunham também uma nova relação entre brancos e negros. Paradoxalmente, a sociedade de livres de iguais, criada a partir da Abolição da Escravatura 1888 e ratificada no governo republicano, também criou diversos mecanismos de diferenciação social. A cor da pele, mais do que o consumo, escancara algumas crueldades subliminares à sociedade capitalista da *Belle Époque* periférica. O século XIX marca o momento em que a desigualdade de cor ou raça se torna uma desigualdade de classe.[55]

Outra grande novidade higienista do momento eram os dentifrícios, que também tornavam o sorriso alvo do culto ao corpo. O narcisismo nasce com o processo de individuação típico da sociedade burguesa capitalista. A *Baruel*, localizada na Rua Direita e no Largo da Sé, anunciava as ilustres pastas de dente sem sabão *Agatol*. Já a Farmácia Borges, comunicava aos seus fregueses a chegada das escovas de celuloide, "a maior perfeição da indústria".[56] O discurso em vigor nos anúncios era legitimado pela ciência que caminhava a favor da estética:

> Dentifrício Dentol. Criado conforme os trabalhos de Pasteur, ele destrói todos os micróbios ruins da boca; evita e cura com certeza a cárie dos dentes, as inflamações das gengivas e as doenças da garganta. Em oito dias faz os dentes alvos, brilhantes e destrói o tártaro. Deixa na boca um frescor delicioso e persistente.[57]

A profissão de dentista nasceu desse culto narcísico a um sorriso bonito e saudável.

Os novos remédios, capazes até de fazer doentes terminais andarem,[58] preconizavam uma nação de livres, sãos e eugênicos. Eram antirreumáticos que preconizavam a cura em 24 horas,[59] enxaquecas que desapareceriam passados alguns poucos minutos da primeira dose,[60] tônicos que faziam a neurose, sumir em alguns poucos dias.

---

55 Florestan Fernandes. *A integração do negro a sociedade de classes*. São Paulo, SP: USP, 1964.

56 *O Estado de S. Paulo*. São Paulo, 05/1/1909.

57 *O Estado de S. Paulo*. São Paulo, 9/1/1902.

58 "Vinho Caramuru do Dr. Assis. 'Levanta-te e anda'. Para aqueles que estão no ocaso da vida, como para aqueles que sofrem de dispepsia, neurastenia, fraqueza genital, insônia, falta de memória, roubaram a saúde e o vigor... Surge o sol de uma vida nova usando o 'Vinho Caramuru do Dr. Assis'". (*O Estado de S. Paulo*. São Paulo, 09/04/1900).

59 "Rheumatol. Anti-reumático poderoso. Cura o reumatismo em 24 horas!!!". (*O Estado de S. Paulo*. São Paulo, 05/1/1909).

60 "Remédio de enxaqueca de Stockler. 18 anos de sucesso! O remédio de Stockler cura em poucos minutos, as enxaquecas, nevralgias e influenzas, por mais rebeldes que sejam". (*O Estado de S. Paulo*. São Paulo, 05/1/1909).

O mercado do prestígio 179

As doenças mudaram com o século, os medicamentos também. A psicanálise trouxe à tona um mundo de neuróticos e histéricas. O romantismo e a boemia, uma pletora de tuberculosos e sifilíticos. A não amamentação, filhos raquíticos e sem apetite.

Os medicamentos mais em voga no XIX eram: xaropes e pastilhas: Peitoral Elétrico, Xarope de Grindelia, Composto Peitoral de Cambará, contra tosses e rouquidões e milagroso contra a asma, pastilhas *Vichy*, xarope *Le Follet*, pílulas de catramina *Bertelli*, eficaz contra as tosses, bronquites, faringites etc., solução *Pautauberge* para os males do peito; aperitivos: óleo de Fígado de Bacalhau e o seu concorrente Vinho *Vivien*: "mais eficaz ainda do que o óleo cru de fígado de bacalhau *de gosto tão agradável* que as mesmas crianças tomando com prazer",[61] licor de ferro *Bravais*, para falta de forças, Vinho *Quina Rabot*, Vinho *Kola-Bah*, de *Orlando Rangel*, Tônico *Quina Laroche* (dores do estômago, falta de forças), Vinho *Désiles*, Vinho Digestivo *Chassaing*, Elixir Digestivo de Pancreatina Defresne, Elixir-Vinho-Chocolate de Noz de Kola, xarope de *Pagliano* (depurativo e regenerador do sangue), licor de *Laprade*, contra anemias; *remédios para mulheres*: À Saúde da Mulher, as *Pilules Orientales* e a Galegine de Nubie para deixar os seios firmes; depurativos, digestivos e purgantes: À Tizana Luiz Amado, *Le Roy* (vomitório e purgante em pílulas), *Cascarine Leprince*, contra a prisão de ventre, *Vin de Moitier* (digestivo, tônico), Álcool de Hortelã *Ricqlès*, para a indigestão; *contra as maleitas*: Caferana, *Quinium Labarraque*, também febrífugo, tônico e digestivo; *contra as moléstias nervosas*: água de melissa dos carmelitas *Boyer*, "excelente revitalizador", xarope *Henry Mure*, colares *Royer*, contra as convulsões; *problemas sexuais e doenças venéreas*: Xarope *Gibert*, para as afecções sifilíticas, Cancrocida Moura e as Pílulas afrodisíacas *Fin de Siècle*.

Não obstante, o milagre continuou a conviver ao lado da medicina e não se dispensavam as tradicionais mezinhas em caso de doença que não se curava com remédio de doutor. Não por outro motivo, a homeopatia, apesar de já estar no Brasil desde 1854, começa a conquistar um maior número de adeptos somente no final do século. Com a alopatia ganhando força a partir da revolução na indústria química, encetada no meados do século XIX, a homeopatia entra em campo para dar um novo sentido à medicina tradicional, associando-a a pressupostos científicos que expliquem seus princípios.[62] Em anúncio publicitário do Dr. Manch, de 04 de janei-

---

61   *O Estado de S. Paulo.* São Paulo, 30/03/1902.

62   "Por meio da homeopatia – e da valorização da fitoterapia tropical –, a medicina científica europeia vinculava-se à medicina popular indígena e afro-brasileira. Vínculo que contribuiu para

ro de 1909, a homeopatia era assim divulgada: "A época adiantada que atravessamos baniu o uso de substâncias fortes e nauseabundas. As pessoas sensatas têm adotado a homeopatia para curar-se com segurança e sem incômodo".[63]

Apesar dos sentimentos arrivistas, nem sempre a alopatia era vista com bons olhos. A vida cotidiana estava ainda impregnada dos seus tradicionalismos e de uma religiosidade mundana, que barravam o pleno processo de racionalização. Essa dubiedade caracteriza a postura de José Dias, o agregado em Dom Casmurro, diante do desejo de Bentinho em estudar medicina no Rio de Janeiro:

> Não duvidaria aprovar a ideia se na Escola de Medicina não ensinasse, exclusivamente, a podridão alopata. A alopatia é o erro dos séculos, e vai morrer; é o assassinato, é a mentira, é a ilusão. Se lhe disserem que pode aprender na Escola de Medicina aquela parte da ciência comum a todos os sistemas, é verdade; a alopatia é erro na terapêutica.[64]

No entanto, os serviços oferecidos pela homeopatia representaram uma possibilidade de o mercado se apropriar de algumas instâncias que, anteriormente, eram monopólio da tradição. O mesmo se passa com as parteiras, amas de leite, tiradentes. Travestidos de uma nova roupagem científica, essas instâncias eram instrumentalizadas e os serviços por ela produzidos, transformados em mercadorias:

> Eu tenho específicos experimentados para o maior número das doenças comuns. Quase todos a 2$000. O meu remédio para reumatismo, o meu remédio para dispepsia, o meu remédio para o catarro, o meu remédio para o fígado, o meu remédio para os nervos, o meu remédio para a bexiga, o meu remédio para resfriados. Preço: 2$000.[65]

---

popularizar no país esse novo sistema terapêutico". (Alencastro, "Vida Privada e Ordem Privada no Império", *História da Vida Privada*, vol. II, *op. cit.*, p. 77).

63 *O Estado de S. Paulo*. São Paulo, 04/01/1909.

64 Machado de Assis. *Dom Casmurro*. (1899) Coleção Grandes Escritores Brasileiros. Rio de Janeiro: Mediafashion, 2008, p. 129.

65 *O Estado de S. Paulo*. São Paulo, 04/01/1909.

A abertura da intimidade da mulher à medicina desnudou uma infinitude de enfermidades femininas que instituíram um novo biótipo, que, em todos os seus traços, apontava para a fragilidade. Os remédios seguiram o novo ideal de feminilidade, que substituía as carnes pelos ossos. Além dos remédios para emagrecer, anunciavam-se os endereços para a confecção de figurinos especiais para as gordinhas, ilustrando a mudança no padrão corporal:

> Gordas. De todos os coletes fabricados até hoje, para senhoras gordas ou barrigudas, o colete Sylphide elástico é o único que preenche o fim desejado: as senhoras obrigadas ao uso constante das cintas acharão neste colete o duplo fim combinado, sendo colete até a cintura e cinta daí para baixo.[66]

Além de um físico mais frágil, as emoções femininas também tornam-se objeto de maior suscetibilidade na sociedade burguesa. São vários os remédios que tratam das neuroses femininas, cujas origens são sociais. Consoante Jurandir Freire Costa, a neurose feminina pode ser fruto da necessidade de fuga dos abusos do poderio patriarcal que continuaram a persistir na sociedade dos oitocentos. Assume contornos específicos de acordo com a sociedade em que se manifesta:

> Muito provavelmente, a situação endêmica de nervosismo histérico, de "vapores" e de "palpitações", em que viveu a mulher burguesa de fins do século XIX e começos do século XX, teve algumas de suas raízes no retorno do dispositivo médico-sexual sobre pais e maridos. (...) A crise de nervos da mulher higiênica passou a funcionar como agressão ao homem. Grande parte da hostilidade ao pai patriarca e ao homem-machista começou a exprimir-se daquele modo.[67]

Olhadas de um ponto de vista mais amplo, as patologias sociais que acometem a mulher do *fin-de-siècle* traduzem o rápido processo de mercantilização de papéis sociais que antes se encontravam sob a jurisdição da mulher. A literatura apresenta construções de personagens femininas divididas entre as suas funções tradicionais

---

66 *O Estado de S. Paulo*. São Paulo, 03/08/1890.

67 Costa, *Ordem médica...*, *op. cit.*, p. 272-273.

e seus novos papeis. O romance *Au Bonheur des Dames*, de Émile Zola, constrói alguns estereótipos. A primeira patologia, a cleptomania, aparece na figura de uma mulher da antiga aristocracia, a condessa De Boves, que se vê agora confrontada com as inúmeras possibilidades de consumo e, portanto, de afirmação social, inauguradas pelo capitalismo. Tais novas possibilidades confrontam-se com o seu mundo tradicional extremamente rígido, marcado pela mudança lenta e por mecanismos de afirmação social atávicos. A segunda patologia é a do consumo compulsivo, que é representada por uma *parvenue*, Madame Marty. Todo final de tarde, a personagem é obrigada pelo marido, imbuído da ética do trabalho e dos seus sacrifícios correspondentes, a narrar o seu rol de compras fúteis daquele dia. A condessa De Boves e Madame Marty são personagens complementares, que representam os múltiplos dilemas vivenciados pelo indivíduo que, na sociedade moderna capitalista, passa por vários processos de socialização que compõe sua identidade. A primeira, mulher da aristocracia tradicional, habituada aos honorários concedidos pela sua história, não os compra, rouba-os. A segunda aproveita-se do mercado para simular uma tradição de família inexistente e, assim, poder circular ao lado da alta elite em mesmo grande estilo. Não por acaso, o *grand magasin* constitui mundo em si, criado especialmente para a mulher, que ali passava as tardes, bombardeada por todo tipo de estímulo sensorial, cores, sons, sabores, odores e texturas:

> C'était la femme que les magasins se disputaient par la concurrence, la femme qu'ils prenaient au continuel piège de leurs occasions, après l'avoir étourdie devant leurs étalages. Ils avaient éveillé dans sa chair de nouveaux désirs, ils étaient une tentation immense, où elle succombait fatalement, cédant d'abord à des achats de bonne ménagère, puis gagnée par la coquetterie, puis dévorée.[68]

O capitalismo aprendeu a criar as necessidades, ao invés de simplesmente atender àquelas que eram dadas.

Nesse processo de criação de necessidades, a mulher tornou-se um grande alvo das propagandas, porque, enquanto seus antigos papeis eram distribuídos entre as instituições laicas e religiosas, seus novos papeis eram criados pelo capitalismo. Os

---

68　Michael B. Miller. *Au bon marché, 1869-1920: le consommateur apprivoisé*. Trad. de Jacques Chabert. Paris, A. Colin, 1987, p. 83.

novos produtos domésticos, destinados ao cuidado da casa, são a ela dirigidos sob forte apelo dos anunciantes, caso do sabão em pó *Lixívia Phenix*: "Às mães de família. Se uma família experimenta uma vez só um pacote de Lixívia Phenix para fazer lavagem, adotará o emprego dele em modo absolutamente definitivo".[69] Algumas das propagandas do Lixívia Phenix aparecem ligando inteligentemente o sabão ao hábito de tomar vinho, mecanismo semelhante ao das propagandas atuais:

> As manchas de vinho sobre as toalhas e servilhetas desaparecem só quando o vinho é legítimo. Quando pelo contrário for colorido artificialmente, neste caso, a mancha resiste, algumas vezes volta amarela, porém não desaparece totalmente, sendo depois de três ou quatro barrelas.[70]

Dentro do círculo das elites, qualquer um corria o risco de comprar um vinho falsificado e, portanto, ter suas roupas manchadas. Para os demais, que não tinham acesso aos bons vinhos importados, restava ter a roupa manchada em caso de algum descuido com as taças, mas havia ainda uma última solução: o uso do *Lixívia*. Nesse caso, o anúncio, ao diferenciar as classes pela qualidade do vinho, acaba por se dirigir indiferentemente a todos, predizendo um princípio de massificação que, embora marginal, era importante. O sabão torna-se o grande aliado da mulher na administração do seu tempo e das tarefas do *domus*: para as mulheres ricas, é o melhor sabão para suas criadas; para as mulheres da classe média, é a melhor forma de lhe dar um tempo adicional para então de dedicarem a outras tarefas, talvez olhar as vitrines sedutoras das lojas do Triângulo. Se não puderem comprar algum bem legítimo, certamente poderão adquirir uma imitação ou, então, restar-lhes-á a neurose.

A propaganda em conjuntura periférica não deixa, contudo, de ter seu efeito pernicioso sobre a mulher, em especial a mulher pobre, que não consegue comprar sequer as variantes de imitação. João do Rio, ao detalhar o efeito sedutor das vitrines sobre duas moças pobres, capta essa dimensão excludente de uma sociedade que se diferencia a partir da presença de caríssimos produtos estrangeiros e se massifica de forma bastante limitada, dados os estreitos limites da base industrial:

---

69   *O Estado de S. Paulo.* São Paulo, 15/06/1893.

70   *Idem, ibidem.* A barrela era um método popular de lavagem em que as roupas eram mergulhadas em água que se aquecia ao passar por cinzas de madeira.

> Elas hão de voltar, pobrezinhas – porque a esta hora, no canto
> do bonde, tendo talvez ao lado o conquistador de sempre, arfa-
> -lhes o peito e têm as mãos frias com a ideia desse luxo corrosivo.
> Hão de voltar, caminho da casa, parando aqui, parando acolá, na
> embriaguez da tentação – porque a sorte as fez mulheres e as fez
> pobres, porque a sorte não lhes dá, nesta vida de engano, senão a
> miragem do esplendor para perdê-las mais depressa.[71]

A moda e as vaidades criadas pelo capitalismo

No capítulo anterior, trabalhamos sobre a esfera da circulação e como esta se entrelaça ao processo de reforma urbana em contexto periférico. Tratamos de como as ruas são apropriadas pelo capitalismo nascente, tornando-se espaço de lazer e de exibição de estilos. Mantivemo-nos na esfera da circulação que é a esfera mais aparente da vida material e, de maneira até mesmo um tanto descritiva, mostramos como as ruas especializam-se em determinados eixos da cultura material capitalista. As contradições desnudam-se na medida em que a utopia urbana almejada pelos projetos reformista frustra-se ao esbarrar nos condicionantes estruturais herdados da sociedade colonial escravista.

No presente capítulo, fazemos um movimento em direção à esfera da produção, mas, dada a especificidade da industrialização tardia no capitalismo periférico, que nos moveu ao estudo do consumo, preferimos o olhar de como a técnica importada, produto de uma sociedade capitalista já em sua fase monopolista, é recebida em uma sociedade ainda em processo de transição. O objetivo é o de compreender como as novas técnicas são apropriadas em um processo de criação de novas necessidades que, se é capitalista e burguês em sua forma, em sua essência desnuda uma sociedade escravista em declínio e todas as contradições que lhe são inerentes.

Seguindo o eixo do capítulo, tratamos, neste último item, de como a moda é produzida no capitalismo periférico, o que revela uma nova gama de contradições.

A moda do século XIX, fruto da era industrial, inaugura, segundo McKracken, uma nova dinâmica de consumo, ditada pela rapidez com que se dá o processo de diferenciação e generalização de padrões. Os estilos tornam-se crescentemente

---

71 João do Rio. *A Alma Encantadora das Ruas.* (1908) São Paulo, Companhia das Letras, 1997.

descartáveis e, como visto acima, o novo passa a ser crescentemente valorizado em detrimento do velho.

A moda tanto expressa os novos papéis sociais assumidos pela mulher, pelo homem e pela criança; mas, o seu potencial de criação de papéis sociais novos se potencializa com o ritmo da industrialização em grande escala. Também a diferenciação da indumentária entre as profissões do sistema capitalista é um aspecto importante da moda de "cem anos", termo empregado por Lipovetsky. A arte invade o campo da moda e o processo de inovação sofistica-se com uma publicidade que ainda tem contornos artesanais, tendo seus maiores expoentes em renomados pintores, como Toulouse-Lautrec. A dinâmica de consumo deixa de valorizar a pátina, que consiste no status social concedido antiguidade dos bens possuídos, para valorizar o que há de mais novo. As hierarquias sociais são estruturadas pelo que há de mais moderno e cai em desuso a tradição no processo de distinção social.

Segundo Lipovetsky, o princípio que rege a *Moda de Cem Anos,* movimento que começa na segunda metade do século XIX e vai os anos sessenta do século XX, é a inovação.[72] Para o autor, esse princípio aplica-se particularmente à moda feminina, porque é trás desta que se situa uma instituição de peso como a *Alta Costura.* A moda masculina, ditada por Londres, conserva por mais tempo os mesmos estilos, assumindo um perfil mais clássico. A moda masculina e a feminina eram regidas por dois princípios diferentes, duas velocidades, dois sentidos:

> Comparée à la mode Couture, la mode masculine est lente, modérée, sans heurt, 'égalitaire' (...). Incontestablement, la Haute Couture est l'institution la plus significative de la mode moderne, elle seule a dû mobiliser en permanence l'arsenal de lois afin de se protéger contre le plagiat et les contrefacterus, elle seule a suscité des débats passionnés, elle seule a joui d'une célébrité mondiale (...) Prolongeant un phénomène déjà manifesté au XVIIIe siècle, la mode moderne est d'essence féminine.[73]

A grande viragem da moda moderna, no sentido da valorização do novo e da descartabilidade do velho, aconteceu na Inglaterra Vitoriana. Essa nova moda

---

72 Gilles Lipovetsky. *L'empire de l'éphémère. La mode et son destin dans les sociétés modernes.* Paris, Gallimard, 1987, p. 80.

73 Lipovetsky, *L'empire...*, p. 82.

expressou um tipo feminino mais frágil e contribuiu para completar os seus contornos. Os espartilhos trazidos pelo início do período vitoriano (1837-1860), deixavam a mulher mais esbelta, mas, não raro, deformavam a coluna e os órgãos internos. Por vezes, a dificuldade de respiração e de circulação terminavam em tuberculose. Às vezes chegavam a três ou quatro os corpetes vestidos um sobre o outro.[74]

Espartilhos Higiênicos à Prova de Humidade (*O Estado*, 14/06/1914)

---

74 Alison Lurie. *A linguagem das roupas*. Rio de Janeiro: Rocco, 1997.

O sacrifício do corpo modelado era, na verdade, uma exigência da modernidade capitalista, que desenhava uma diferenciação mais precisa entre os sexos, segundo os valores burgueses:

> não só um contraste biológico (…) afasta a mulher do homem. (…) todo um conjunto de diferenças acentua através da roupa as características sexuais, modula de modo diferente a voz da mulher, produz um vagar maior dos movimentos, um jeito de cabeça mais langue sobre os ombros. (…) A vestimenta acentuará esse antagonismo, criando, no século XIX, duas "formas", uma para o homem, outra para a mulher, regidas por princípios completamente diversos de evolução e desenvolvimento.[75]

Ao final da era vitoriana, a vestimenta feminina, "de uma composição complicada, 'cheia de atavios e pudica', (…) sofre uma série de simplificações, a contar pelo desuso de coletes e corpetes, uma verdadeira revolução para a mulher".[76] A silhueta feminina vai se tornando mais longilínea, evitando os excessos de tecidos e buscando uma valorização maior das formas naturais: "a silhueta feminina começou a ser ligeiramente modificada em 1908. O busto já não era tão empurrado para trás. As blusas mais folgadas caindo sobre a cintura na frente foram abandonadas".[77] A cauda das saias foi desaparecendo até que apareceram as saias *trotteuses*, mais longas e folgadas, distando cerca de três centímetros do solo.[78]

---

75 Gilda de Mello e Souza. *O espírito das roupas: a moda no século XIX.* 5ª reimpressão. São Paulo, Companhia das Letras, 1987, p. 55-59.

76 James Laver. *A roupa e a moda – uma história concisa.* São Paulo, Companhia das Letras, 1989, p. 177. "(…) o usado era o corpinho – espécie de colete, abotoado ou amarrado, que recobria todo o busto até abaixo do estômago. Por cima deste corpinho, vinha a camisa, com rendas na cava e na barra. Sob a camisa, vinham as calças, compridas até o joelho e presas às pernas por meio de elásticos. Neste remate, usavam ainda um colar de rendas. As meias eram compridas e enroladas acima do joelho. Por cima disso tudo, instalavam o colete ao qual se costumavam também prender as meias por elásticos". (Nelson Palma Travassos. *Quando eu era menino.* São Paulo, Edart, 1960, p. 77).

77 Laver, *A roupa…, op. cit.*, p. 222.

78 Americano, *São Paulo…, op. cit.*, p. 308.

Saia Trotteuse – 1908
Fonte: www.marquise.de

O estilo *Belle Époque* apropria-se das influências do *Art Nouveau*, que valoriza as formas e os contornos naturais, mas também é influenciado pelo descomedimento da era eduardiana, que vai na tendência inversa à vitoriana. A síntese dessas tendências resulta em um estilo mais simples do que o do setecentos, mas que ainda mantém os adornos, as fitas, as rendas, os laços. O *Art Nouveau* apossou-se dos ricos contornos da natureza de todo o mundo, e, pela invenção do *design*, a Inglaterra pode adaptar as estampas dos tecidos de algodão aos mais variados gostos nacionais. Em finais do século XIX, a Grã-Bretanha, já maior produtora de ferro e aço do mundo (embora suas indústrias fossem mais lentas que as alemãs e norte-americanas), retomou a produção de têxteis na sua maior colônia, a Índia, agora organizada para exportar para todo mundo: "acabam de sair da alfândega e brevemente a receber, lindíssimas bodas da Índia para vestidos e blusas, gostos *art nouveau*, rendadas e listadas, de todas as cores".[79]

---

79   *O Estado de S. Paulo*. São Paulo, 25/02/1903.

Moda Feminina da *Belle Époque* – "Robe, 1890" (fim das crenolinas e das saias com enchimentos)
Fonte: www.marquise.de

Moda Feminina da *Belle Époque* – "Robe, chapeau", 1894
Fonte: www.marquise.de

Moda Feminina da *Belle Époque* – "Robe, gants, éventail", 1890
Fonte: www.marquise.de

Moda Feminina da *Belle Époque* – "Robe, chapeaux, manchon", 1892
Fonte: www.marquise.de

Moda Feminina da *Belle Époque* – "Robe, chapeaux, ombrelle", 1891

Fonte: www.marquise.de

Moda Feminina da *Belle Époque* – "Robes, éventail", 1892 (vestidos de noite)

Fonte: www.marquise.de

Em linhas gerais, a tendência preconizada pela moda feminina entre 1905 e 1915 é a de uma menor austeridade dos modelos. As saias encurtam e tornam-se mais folgadas; os vestidos também; sob influência do Oriente, abandonam-se os tons pastéis e sóbrios em favor dos tons tropicais quentes; os modelos favorecem a curva em "S" formada por um desnível mais gradual e menos brusco entre as costas e os quadris; os tecidos são mais leves, dada a diversificação na fabricação dos tecidos de algodão. Essa transformação, que contraria a moda austera inaugurada pelo movimento da Reforma Religiosa, será completada em 1920.

Traje feminino para prática de natação (1908)
Fonte: www.marquise.de

As exposições na capital paulista apresentavam a última moda europeia às damas da capital: "Aux modes parisiennes. O Sr. C. Spitz de volta de sua viagem à Europa faz hoje e nos dias seguintes uma grande exposição de novidades em chapéus para senhoras e meninas que comprou pessoalmente em Paris e convida as Exmas. Senhoras a visitar a sua casa".[80] Nem sempre, a imposição de um novo modelo tem, no entanto, o sucesso esperado: "(...) comenta-se a tentativa de implantar a 'jupe culotte'. A Casa Alemã contratara, há tempos, uma modelo para passear pela cidade, protegida por um caixeiro corpulento, muito vermelho que lhe suspendia

---

80 *O Estado de S. Paulo.* São Paulo, 25/07/1890.

sombrinha. Era uma calça em seda leve, muito larga, muito longa, e ajustava no tornozelo. –'Não pega'".[81]

Os novos tempos, que traziam novos transportes, novos meios de comunicação, os catálogos, permitiam um contato muito mais rápido com o que havia de mais novo na Europa. Isso permitia também um processo de obsolescência mais acelerado dos modelos. A subordinação do consumo à produção, que cria permanentemente novas necessidades, é uma outra forma de o capital monopolista manter seus lucros em nível acima do mercado.

As viagens feitas pela elite endinheirada a Paris tornaram-se mais frequentes com o advento do navio a vapor. A família de Paulo de Almeida Nogueira, de quem guardamos o precioso diário, havia ido duas vezes à Cidade Luz em curto período de tempo: uma na passagem de 1908 para 1909 e outra em fevereiro de 1913. A família ficava na capital francesa por mais de três meses. Eram momentos propícios para a consulta de especialistas do mundo da moda: "Fui ao alfaiate do Galeno, onde encomendei um fraque; depois fui ao Gelôt, onde encomendei uma cartola".[82] Os renomados alfaiates e modistas de Paris que costuravam sob medida constituíam também passagem obrigatória, além de todo contato com a cultura burguesa, os passeios nos bulevares e no *Bois de Bologne,* os chás no *Lipton* e no *Armenon-Ville.* Durante a viagem de 1913, a família programou uma viagem por toda a Europa Central em um *Renault* verde-escuro: "Recebi a Renault, com Lafon, indo ensaiá-la em Saint-Cloud; achei-a ótima. Como na garage Charon, ela não ficasse muito à vontade no box, coloquei-a na Malakof, a 190 francos por mês (…) Fomos à Versailles, visitamos os Trianons, tomamos chá no Trianon-Palace e voltamos à tardinha".[83]

Não raro, as famílias brasileiras encontravam-se no exterior. Em agosto de 1908, a família Almeida Nogueira encontra-se com a família Teles morando em Genebra. Em setembro do mesmo ano, visitam a família Penteado e a Baronesa Oliveira de Castro, também residindo na Suíça. Já na viagem de 1913, a família vai ao casamento da filha de D. Nhãnhã, amiga de longa data da família, realizado em grande estilo na Igreja da Madeleine. Por vezes, os notáveis preferiam casar em Paris. A compra do vestido de noiva ou a realização da cerimônia na Cidade Luz conferiam um caráter especial à

---

81   Americano, *São Paulo...*, *op. cit.*, p. 337

82   Paulo de Almeida Nogueira. *Minha Vida – Diário de 1893 a 1951.* São Paulo, R. dos Tribunais, 1955, p. 142.

83   Nogueira, *Minha vida...*, *op. cit.*, p. 210-211.

passagem para a vida a dois, já que o casamento é um dos rituais mais importantes da vida burguesa. Era importante que as demais famílias comentassem sobre o evento e sobre a quantia que havia sido desprendida para promovê-lo. Os brasileiros gabavam--se dos gastos vultosos: "Enviei ao Roux, de Lausanne, os 300 francos da conta do tratamento de Ester! Esta conta é a noite dissonante no avanço aos estrangeiros, que é a *mot d'ordre* da Europa",[84] observa Paulo de Almeida Nogueira.

Dentre os acessórios femininos criados na virada do século estavam: paninhos bordados e rendados para adorno, de algodão, linho, ou seda, ligas de qualquer tecido, ou de seda; espartilhos e cintas de algodão ou de linho, com ou sem rendas finas; boas (estola de plumas, estreita e comprida, usada pelas mulheres em volta do pescoço), peles e *manchons* (acessório de formato cilíndrico, feito em geral de pele e que serve para proteger as mãos do frio), sapatos de seda, sandálias de seda e sapatos de banho, chapéus de sol ou de chuva, de seda mesclada, com cabo de prata, de ouro ou de pedras preciosas; bolsas, valises ou saco, porta-lenços, cintos à fantasia, luvas de algodão, seda, lã com enfeites ou simples.

Os tipos tecidos, empregados na confecção feminina, também se multiplicavam desde 1870. Crescia a produção de lãs e tecidos de algodão, mas também a dos sintéticos, como o náilon, material das capas de chuva, o jérsei, e outros que imitavam a pelica e a pelúcia.[85] Em paralelo à produção industrial em grande escala, os tecidos produzidos artesanalmente sofisticavam-se. A França, que passara por uma Revolução Industrial bastante peculiar, conservando a pequena propriedade rural e a produção artesanal tornou-se a maior produtora desse tipo de tecido mais requintado.[86] A própria produção capitalista em massa reinventara o artesanato, dada pela intenção de criar necessidades e generalizá-las, eliminando as barreiras internas ao próprio mercado consumidor. Isso elimina a necessidade de que o capitalismo se aproprie de outros territórios para manter a acumulação; ele pode se apropriar dos "espaços internos", à custa da criação das desigualdades sociais e regionais. Essa es-

---

84   *Idem, ibidem*, p. 164.

85   David Landes. *Prometeu Desacorrentado: transformação tecnológica e desenvolvimento industrial na Europa Ocidental, de 1750 até os dias de hoje*. Trad. Vera Ribeiro. Rio de Janeiro: Nova Fronteira, 1994.

86   Sobre a industrialização no continente vide Landes, *Prometeu...*, *op. cit.* e Eric J. Hobsbawm. *Da Revolução Industrial Inglesa ao Imperialismo*. Trad. de Donaldson Magalhães Garshagen, 5ª ed. Rio de Janeiro: Forense Universitária, 2003.

tratégia atinge seu ápice quando se esgotam as possibilidades do novo imperialismo criado ao final do século XIX, ou seja, após a II Guerra Mundial.[87]

Nos anúncios veiculados pelos jornais paulistanos, os tecidos franceses aparecem com seus nomes originais:

> *failles* pretos e de cores, *damassé* de seda, *surahs* de todas as cores, pelúcias de seda, *elamines* lavrados para vestidos, *voiles* de lã (ALTA NOVIDADE!), alta novidade em *zephir* aberto, cretones estampados, *parisienne* para vestidos, *setineta* adamascada (TECIDO NOVIDADE), gaze de seda (ARTIGO NOVIDADE), cretones para reposteiros, gola à maruja (para crianças), aventais de gaze para senhoras, *matinées* de seda e de lã para senhoras, sombrinhas de seda para senhoras, meias de seda e fio de *escossia* (tanto para mulheres como para homens), mantetes pretos para senhoras, capotes de seda, casacos, *jerseys*, *waterproofs*, saídas de baile e teatro, toucas e chapéus de renda de seda.[88]

A moda do século XIX, ao se associar às conquistas de duas revoluções industriais, aos novos materiais, às novas formas de distribuição e aos novos meios de transporte, também adotava os seus meios de exposição, como as vitrines e os desfiles. No entanto, os corpos também se tornam objeto de exposição e de mercantilização. Os corpos, apropriando-nos aqui de Foucault, tornam-se objeto de observação constante, porque não somente a força de trabalho é apropriada pelo mercado, mas também a estética corporal:

> Vinham ao Largo as senhoras e moças, ao voltar para casa depois das compras no Triângulo. Os vestidos apertados, as saias longas *entravées*, cortadas ao lado, à altura do tornozelo. (...) Encostavam-se à parede [os homens], em frente à parada dos bondes, para assistirem ao embarque das moças de saia *entravée*. Ao levantar a perna, a saia subia até o meio da canela da segunda perna. Houve quem descobrisse melhor espetáculo. O observador colocava-se do lado oposto, no meio da praça, onde havia

---

87 Sobre o que se entende por novo imperialismo, vide Eric Hobsbawm. *A era dos imperios, 1875-1914*. Tradução [de] Sieni Maria Campos e Yolanda Steidel de Toledo, 9ª ed. Rio de Janeiro: Paz e Terra, 2005.

88 *O Estado de S. Paulo*. São Paulo, 31/01/1890.

uma "ilha", que se chamava "dos prontos". Quando embarcada a senhora ou moça de saia *entravée*, o observador via levantar-se a primeira perna e o vestido e enxergava tudo até o joelho, e, às vezes, umas rendas de *baptiste*, acima do joelho.[89]

Criada por Paul Poiret, um dos costureiros mais célebres da *Belle Époque*, a saia *entravée* teria aparecido no Brasil por volta de 1910, 1911.[90]

Um outro hábito feminino instituído com a virada do século fora o de frequentar os cabeleireiros. Além dos últimos penteados trazidos de Paris, os cabeleireiros comumente vendiam os mais variados e modernos apetrechos cobiçados pelas cabeças femininas:

> João Baleno, cabeleireiro de Paris, participa às Exmas. Freguesas que mandou vir um excelente oficial de França expressamente para o seu estabelecimento de cabeleireiro no Largo do Rosário, nº 1, sobrado, esquina da praça, onde as senhoras encontrarão um lindo e especial sortimento de postiços de cabelos, como sejam: coques crescentes, niniches e frixequetes da última moda,[91] assim como penteados para bailes ou casamentos. Especialidades de cabeleiras chinós, e diademas sob medidas, trabalhos a capricho executados pelo hábil oficial de senhoras Mr. Henrique Thomas.[92]

---

89 Americano, *São Paulo...*, *op. cit.*, p. 152-153.

90 Influenciado pela moda oriental, Paul Poiret criou a saia *entravée* que, por ser afunilada e colada ao corpo feminino tal um quimono, impedia que a mulher desse passos largos. Devido à dificuldade em andar, seria tema de crônicas e charges: "(...) a chamada saia *entravée*. Sabes o que isso é? Figura-se um chouriço preso apenas embaixo, e terás a impressão exata da saia moderna. Agora, põe sobre esse chouriço uma farta rodela de salame e terás a reprodução exata do tipo feminino na moda de hoje. (...) Entretanto, confesso que a moda de hoje abre uma excessão deplorável às senhoras gordas. É triste, mas é verdade. A gordura não se ajeita às saias *entravées* pela necessidade do seu transbordamento. (...) Se digo isso é porque vi ontem [uma senhora avantajada em carnes] nestas condições, que me assustou, palavra que me assustou. Já não era um chouriço, era antes um indigestíssimo paio português com toda a dispepsia do seu recheio". (*Fon-Fon!* Rio de Janeiro: 1910).

91 Niniche e frixequete: penteados postiços sobrepostos ao cabelo natural. A niniche é um tipo de biscoito ao caramelo, uma iguaria da culinária francesa. A alusão à niniche vem do formato empregado nos penteados postiços.

92 *O Estado de S. Paulo.* São Paulo, 21/10/1891.

O mercado do prestígio

Outros profissionais dedicavam-se aos cuidados tanto dos cabelos masculinos quanto femininos, aproveitando-se para vender artigos de perfumaria importadas:

> Faz-se qualquer trabalho em cabelos, como seja: em penteados de senhora, pastinhas,[93] viniches, grampos frisados para cabelos, tudo por preço sem competência. Corta-se cabelos à última moda, e barbas a William Shakespeare e a Nazareno. Colossal sortimento sem igual de: perfumarias dos primeiros fabricantes da Europa e América do Norte, como sejam, Honbigant, Jonns, Guerlain, Legrand, Pinaud, Piver etc. Grande sortimento em vaporizadores a última moda, ainda não conhecidos; sabão curativo de Reuter, Nova York, tesouras, navalhas garantidas e tudo o que há de melhor no gênero.[94]

Em 1900, apareciam os cosméticos aplicados à barbearia e surgiam os bigodes com as pontas para os lados, armados ou não, moda que teria sido lançada pelo kaiser Guilherme II.

Há algumas dezenas de anos, ainda no tempo do Império, o hábito de ir ao cabeleireiro era incomum. Nos dias de festa, o serviço era feito em casa: "bem cedo aparecia o cabeleireiro francês para pentear as senhoras, colocar flores sobre os seus cabelos e colar-lhe nas faces os mimosos *accroche-coeurs*.[95] Algumas já de véspera se penteavam, pois que em São Paulo só havia um bom cabeleireiro francês".[96]

O penteado passou a expressar o estado civil da mulher, assim como os véus, no Oriente. Para as mulheres distintas, nunca o penteado deveria ser muito alto, porque era típico das cocotes. Mulheres casadas jamais saíam às ruas com os cabelos soltos. O tipo de penteado usado indicava não somente a idade da mulher, mas também se era casadoira ou não; se era moça de família ou não. Os penteados apareciam geralmente combinados com um tipo de chapéu usado em determinada idade. As meninas podiam usar, além das tranças, uma *charlotte*, um chapéu do feitio de um cuscuzeiro. Já as mocinhas, usavam um cabelo trançado

---

93 Pastinha: penteado para um dos lados, repartido nas laterais com o cabelo bem empasado e liso cobrindo um pedaço da testa.

94 *O Estado de S. Paulo.* São Paulo, 11/01/1891.

95 Pequena mecha de cabelo enrolada em formato de anel e posta, aplicada ou colada sobre as têmporas.

96 Maria Paes de Barros. *No Tempo de Dantes,* 2ª ed. São Paulo: Paz e Terra, 1998, p. 49.

um pouco diferente, um *catogan*, trança grossa dobrada várias vezes e apertada por um laço de fita. Os chapéus preferidos para a idade adolescente eram os de palha da Itália enfeitado com espigas de milho. Quando não mais tão adolescentes, "levantavam o cabelo, eram admitidas a usar *aigrette* no chapéu, *mitaines*" e a famosa saia *entravée*.[97]

Tipos de chapéus femininos da virada do século (*Catalogue Galeries Lafayette*, 1911)

A mulher era, efetivamente, o principal sujeito e o principal objeto da exposição que suscitava o desejo de consumo. No processo de criação de necessidades, as lojas de departamentos foram bastante hábeis porque, além da criação de novas necessidades para as mulheres, criavam necessidades para os seus filhos. Uma das estratégias empregadas

---

97 Americano, *São Paulo...*, *op. cit.*, p. 308. A *aigrette* é um longo penacho acoplado aos chapéus e a *mitaine*, um tipo de luva que cobre somente as palmas e parte dos dedos, deixando as duas últimas falanges de fora.

para aumentar o volume das vendas fora a criação de uma seção para crianças dentro dos próprios *magasins*: "Esplêndido sortimento de brinquedos, de todas e especiais qualidades, confetes e serpentinas, livros de leitura com figuras para crianças, escolhido sortimento de objetos de fantasia, objetos de luxo, cartões, surpresas e mais artigos próprios para as festas de Natal, Ano Bom e Reis".[98] Em outro anúncio vinculado à Casa Genin, junto à seção de brinquedos, expunha-se uma seção de bordados, tapeçarias e crochês postos lado a lado.[99]

A variedade de artigos para crianças aumentou enormemente a partir de 1890. Eram brinquedos em plástico que substituíam os antes feitos em casa de madeira, papel e barbante; as vendagem de roupas também se sofisticou com os modelos temáticos, o pequeno marinheiro, por exemplo, que reproduzia um figurino adulto de uma forma lúdica. A montagem de enxovais para meninos em idade escolar passou a ser moda. Eram vendidos pelo estabelecimento *À La Ville de Paris* com 5% de desconto para aqueles que tivessem até doze anos. O enxoval de um garoto contava com toalhas, colchas, fronhas, lençóis, guarda-chuva, calção de banho, objetos de *toilette*, além do próprio uniforme: "Farda, boné, calça de pano azul marinho, segundo o modelo do colégio. Gravata preta, par de botinas pretas".[100]

Brinquedos – *Casa Edison* (*O Estado*, 07/05/1914)

---

98 *O Correio Paulistano*. São Paulo, 12/12/1895.
99 "Casa Genin. Seção especial de brinquedos, bonecas, jogos, velocípedes e carrinhos para crianças. Ao Bastidor de bordar: seção especial de todos os artigos para bordados, tapeçarias e crochê, onde as excelentíssimas famílias encontram tudo o que desejam para os seus trabalhos de agulha. Viúva Genin e Filho. Rua 15 de Novembro, 13". (*O Estado de S. Paulo*. São Paulo, 16/08/1892).
100 *O Estado de S. Paulo*. São Paulo, 05/04/1912.

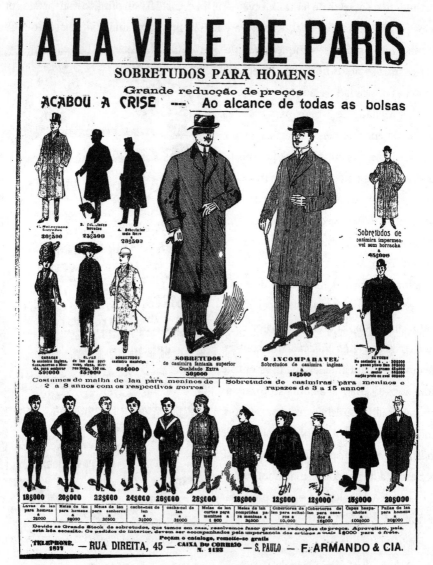

Moda Masculina e Infantil – *À la Ville de Paris* (06/05/1914)

O mercado do prestígio 201

Roupa Infantil (*Catalogue Galeries Lafayette*, 1907)

O setor para bebês também se diversificava. Em 1912, chegou uma remessa de carrinhos de bebês e roupinhas encomendados pelo *Grand Bazar Parisien* especialmente pelas mães de família.[101] A convivência entre a produção artesanal e a produção em massa no capitalismo, permitiu que se reinventasse a produção sob encomenda.

Uma das formas de divulgar as criações das indústrias de bens de consumo para as pessoas foi o invenção das exposições de natal. As vitrines natalinas instaladas pelas *Galeries Lafayette* começaram a ser fielmente montadas todo o final de ano a partir de 1910. As exposições de Natal atraíam não somente crianças, mas também adultos que percorriam, às vezes, longas distâncias do interior da França até a capital, simplesmente para levar seus filhos para ver aquele lindo espetáculo de luz e magia.

A publicidade, que vai desde os anúncios nos jornais, até o serviço de montagem de vitrines, passou a desempenhar um papel fundamental na criação de novas necessidades de consumo:

> A publicidade opera visivelmente no domínio do consumo, se bem que, cada vez mais, sua presença é perceptível na própria concepção dos produtos. Como um componente do planejamento do setor de vendas, que é tanto mais importante, quanto mais complexa for a estrutura produtiva, que gera não somente a diversificação, mas sobretudo a existência de mercadorias similares, à publicidade cabe introduzir uma maior "certeza" do consumo.[102]

Apesar de a moda masculina não apresentar o mesmo ritmo de mudança da moda feminina, a virada do século foi um momento fértil no que se refere às criações. A nova moda masculina caracteriza-se pela sobriedade, típica do homem de negócios da virada do século, sem, no entanto, dispensar o luxo e o requinte. As camisas da época poderiam ser com peito de linho ou de tricoline, com ou sem punhos. Os colarinhos e punhos, de tricoline, lã, linho ou pura seda. Acima das camisas, usavam-se os sobretudos que podiam ser alternados com fraques ou casacas, dependendo da ocasião, da idade e, principalmente, da posição social. As calças eram geralmente confeccionadas em lã, linho ou tricoline. As gravatas, em algodão, lã, linho ou seda.

---

101 "Variadíssimo e luxuoso sortimento de carrinhos para crianças. Grand Bazar Parisien, São Bento, 87". (*O Estado de S. Paulo*. São Paulo, 3/3/1912).

102 Maria Arminda do Nascimento Arruda. *A embalagem do sistema – A publicidade no capitalismo brasileiro*. São Paulo, Livraria Duas Cidades, 1985, p. 46.

As meias elegantes eram encontradas em fio escocês, lisas ou bordadas. Para os calçados de couro, dar-se-ia preferência à marca Clark de bastante prestígio na São Paulo do período. Era bastante comum o uso do suspensório e indispensável o uso do chapéu, que poderia ser confeccionado em palha, feltro, pele de castor ou de lebre.

Propaganda do *Ao Elegante Roupas Feitas*, moda masculina (*O Estado de São Paulo*, 13/02/1890)

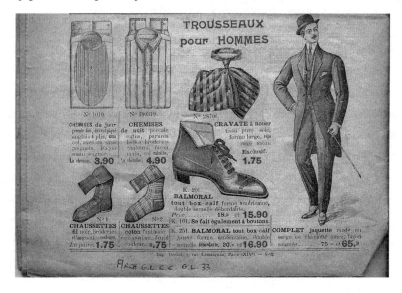

Casa Clark, calçados ingleses de luxo (*O Estado*, 24/10/1902)

As diferentes combinações entre estas peças, além do tipo de barba usado, distinguia os homens de acordo com sua idade. Não somente a diferenciação entre os sexos e as classes são muito evidentes com os novos padrões de consumo, mas também a diferenciação entre faixas etárias. Os senhores de 50 anos para cima usavam sobrecasaca e cartola, geralmente se vestiam inteiramente de preto, inclusive a gravata. Portavam bengala ou guarda-chuva. Já os jovens, obviamente os de elite, desde os primeiros anos do século XX, começavam a vestir fraque claro, colarinho em pé, gravata plastrão de cor, com alfinete de pérolas, luvas, chapéu cinza de abas duras partido ao meio, flor na lapela. Podiam levar ainda casaco escuro ou preto e calças xadrez, gravata de fustão branco com uma espécie de anel de ouro para prendê-la em vez de dar laço, flor à lapela, bengala, chapéu-palheta. Se o chapéu fosse de feltro cinza, poderiam ainda trazer polainas e luvas ou terno escuro todo igual e chapéu-coco (*chapeau mellon* ou *Homburg*).[103] As combinações corretas denotavam a origem de classe do sujeito. Combinações erradas evidenciavam o mal gosto, denunciando que o pelintra deveria ser um "alpinista social".

A moda masculina, de corte inglês, era de responsabilidade de alfaiates renomados, como Almeida Rabelo, no Rio de Janeiro, e Vieira Pinto, em São Paulo. Aos poucos, outras influências se faziam sentir conforme a imigração se intensificava e diversificava. Pelo alfaiate Raunier, as influências francesas chegaram a São Paulo. O italiano Carnicelli difundiu para toda a cidade a moda lançada por Santos Dumont do "esportivo chapéu, desabado, colarinho duplo, e terno recortado à moda francesa. As palhetas[104] traziam cordão de seda retorcida, que se prendia ao botão do casaco, para não voarem com o vento".[105] Apesar do avanço de outras influências, as referências londrinas não deixavam, no entanto, de ser mencionadas durante a publicidade de artigos masculinos, como os da Chapelaria Portuense de João Pinto Villela: "Esta antiga e acreditada chapelaria tem sempre grande sortimento de chapéus ingleses dos afamados fabricantes de Londres: PITT, CHRISTYS, LINCOL, MELTON, o que há de mais moderno e elegante em chapéus duros, em chapéus moles. Experimentem e verão a qualidade".[106]

Dentre os artigos masculinos, os chapéus eram os dotados de mais ampla variedade. Segundo anúncio do estabelecimento de Carlos Welsman:

> Chapéus de seda para baile, chapéus forro branco; chapéus de seda, *patent*, altos, modelo 1891. Chapéus de feltro, ingleses, Christys, modelo 1891. Chapéus de feltro, nacionais, finos, modelo 1891. Chapéus de viagem marca Caxambu. Chapéus de lona, ingleses, para campo. Bonés de lona, ditos com sombreiro, para campo. Chapéus de palha, novidades da *saison*.[107]

Ainda, no que concerne a chapéus, outra febre do momento eram os Panamás, um tipo específico de palheta ou palhinha, como também eram chamados. Eram

---

103 *Idem, ibidem*, p. 288.

104 Chapéu de palha rígido também chamado de *canotier*.

105 *Idem, ibidem*, p. 288.

106 *O Correio Paulistano*. São Paulo, s.d.

107 *O Estado de S. Paulo*. São Paulo, 05/11/1890.

chapéus de cor clara feitos da palha da *Carludovica* palmata, planta abundante no Equador, produtor oficial do chapéu Panamá, que recebeu esse nome a partir de uma visita do presidente Theodore Roosevelt ao Canal em 1906. A partir daí, popularizou--se pelo mundo todo a ponto de a cidade de Paris passar a ser chamada carinhosamente de *Paname* pelos seus habitantes, tantos eram ali os usuários do Panamá. Para instigar o consumo de um Panamá, a Casa Garraux assim anunciava:

> O grande prêmio da aeronavegação de Paris é um chapéu Panamá (Equatoriano) oferecido pela casa Garraux! O grande astrônomo Flammarion anuncia para este verão dias de grande calor, e aconselha a usar só os chapéus Panamá (Equatorianos) que vende a Casa Garraux. Monsieur Blériot, glorioso aviador francês, atravessou o Canal da Mancha no seu aeroplano com um lindo chapéu Panamá (Equatoriano) comprado na Casa Garraux.[108]

A moda em São Paulo, além de lançada por estrangeiros, era fortemente influenciada por algumas personalidades. Depois da moda lançada por Santos Dumont, viria a moda de Edu Chaves que valorizava os enchimentos de ombros, "e os casacos caídos, sem curva, fazendo pregas na cintura, por trás, em virtude de um meio cinto. Esses costumes eram claros, não tinham colete. Os chapéus eram palhetas. Desapareceram as bengalas. Os sapatos deixaram de ser botinas, e eram marrons de solas grossas".[109]

Os usos e as modas lançadas por essas personalidades começam a desnudar as divisões sociais, as rivalidades políticas entre as famílias, as diferentes frações das classes dominantes, que, à primeira vista, não aparecem. A partir dos demais objetos de consumo, titubeantes entre a modernidade e a tradição, os grupos sociais paulistanos dominantes da Primeira República se delineiam e outras rivalidades, que não exclusivamente as políticas, mas também as econômicas e sociais, desnudam-se. A divisão mais nítida no interior de tais grupos é entre uma facção mais tradicionalista, que, embora residindo em ambiente urbano, continua atrelada a bases rurais, e uma facção mais progressista, produto de uma segunda geração de vivência nas cidades.

---

108 *O Estado de S. Paulo*. São Paulo, 01/01/1910.

109 Americano, *São Paulo...*, *op. cit.*, 288.

Abaixo dessas frações mais abastadas, existe uma classe média em processo de constituição e em disputa para consolidar sua entrada nos círculos elitistas, obviamente não sem obstáculos colossais que se lhe impõem. Essa classe se caracteriza predominantemente por estrangeiros que, por meio do comércio ou da indústria, enriquecem.

Podemos apontar para as contradições evidenciadas até agora: contradições do processo de urbanização, que utiliza modelos de reforma importados que se choca com as barreiras impostas pelas heranças coloniais; as contradições do comércio urbano, que contrapõe elementos da moderna acumulação mercantil a elementos que se aproximam da acumulação primitiva de capital, como o vendedor ambulante, quase extensão da vida familiar; para as contradições da tecnologia importada em uma sociedade que ainda não completou o seu processo de industrialização e se a tecnologia é um produto da sociedade, talvez, a contradição resida no fato de ela estar fora do lugar.

Essas contradições não expressam contudo o sentido primeiro de um modo de produção, que é o da transformação das classes, de suas frações e relações, que expressam a essência do processo. Os estudos sobre o processo de industrialização em São Paulo não apontam para essas frações, e não porque não queiram, mas porque o processo oculta a origem das classes. As frações da classe dominante são itinerantes. Não é possível distingui-las no âmbito da produção porque não se dividem pelo eixo de acumulação ao qual se dedicam. Todos fazem de tudo: são proprietários de terra, financistas, aplicadores das ações ferroviárias, proprietários de casas comerciais e pequenas indústrias.

O estudo da industrialização paulista, ainda que em toda a complexidade que lhe é peculiar, apresenta hesitações que tendem ver São Paulo como a locomotiva do país, esquecendo-se de que, em outras regiões e outros estados, também houve uma transição para o capitalismo, embora tenham sido outros os caminhos. A usina de açúcar, o cacau na Bahia, o charque no sul e a borracha no norte foram outros caminhos, embora haja uma base comum: a relação específica entre agricultura e indústria. Esta não é a negação daquela, mas a sua continuidade.

Os estudos que enfatizam industrialização não raro associam o surgimento do capitalismo ao surgimento da indústria. No entanto, entramos em um dilema semelhante ao dilema dos estudos da transição do feudalismo ao capitalismo: se as revoluções do século XVI já seriam revoluções burguesas, o que foram, então, as revoluções do século XVIII? Se o XIX, no Brasil já é capitalista, o que dizer dos anos 70 do século XX? Ou, em sentido inverso, que é o que mais nos incomoda: se já nascemos sobre o signo no capitalismo mercantil (não temos passado feudal, portanto), como entender as bruscas transformações do século XIX? Uma continuidade, uma ruptura?

Tomar as transformações do XVI na Europa como burguesas não capta a essencialidade do Estado Absolutista que foi o principal condutor da transição do feudalismo ao capitalismo. O momento não é mais dado como feudal, ainda não é capitalista, porque não há indústria, mas, como caracterizá-lo? A periodização mais apropriada, a nosso ver, é a de Perry Anderson, que trata o Estado monárquico como um Estado da nobreza, o que nos leva a entender que, se não existem ainda forças produtivas e relações de produção capitalistas, o capitalismo encontra-se, no entanto, em uma fase mercantil, cujo sentido de acumulação é extra-econômico, primitivo e, portanto, conduzido pelo poder do Estado. Há capitalismo, mas é a política econômica que o absorve e não sua economia política que absorve todas as esferas de existência, como passará a acontecer no século XIX.[110]

Dizemos que o problema é semelhante porque procurar o capitalismo no Brasil quando somente existe a industrialização, leva-nos a perguntar, em primeiro lugar, de que tipo de industrialização se fala. Se for a industrialização dos bens de produção, que já havia sido consolidada na segunda metade do século XIX na Inglaterra e nos países de industrialização retardatária – EUA, Alemanha, França, Rússia, Itália, Japão –, então, o capitalismo no Brasil só existe efetivamente a partir dos anos 70 do século XX. O dilema é que, ao mesmo tempo em que falamos da transição para o modo de produção capitalista na Europa, tratando-a como um capitalismo mercantil ou uma acumulação primitiva, somos levados a nos questionar se a sociedade que surgiu no Brasil como desdobramento da expansão europeia não seria já capitalista, ao menos em seu sentido, embora não em sua forma. Certo está que a constituição de forças produtivas capitalistas provém de uma base industrial que contemple DI e DII, e cuja oferta é capaz de gerar sua própria demanda. No entanto, o que seria o Brasil antes disso?

O estudo da nascente cultura de consumo permite lançar uma luz sobre o processo. Nossa tese, seguindo autores como Caio Prado, é a de que a sociedade que

---

110 Perry Anderson. *Linhagens do Estado Absolutista.*

aqui nasce já nasce capitalista, embora seja um produto do capitalismo mercantil, que reinventa uma sociedade patriarcal para acomodar um de seus principais elementos de acumulação: o tráfico negreiro. As relações de produção capitalistas somente serão plenamente constituídas com a transição do trabalho escravo ao trabalho livre, mas, o grande problema é que não é o escravo liberto que é empregado nas atividades capitalistas nascentes, e sim, o imigrante estrangeiro. O trabalho livre não nasce da liberação das formas compulsórias de trabalho no campo, dos cercamentos, de uma revolução agrária que se caracteriza pela maquinização da produção agrícola, e que libera mão de obra para a grande indústria urbana. No Brasil, a indústria, ao contrário, nasce das entranhas da agricultura. É do maquinário necessário ao café e da produção de sacas que nascem as primeiras indústrias de bens de produção e de bens de consumo.

No entanto, restringir-se a olhar sobre o processo de transformação tecnológica, significa negar-se olhar para o que acontece com o antigo escravo, que, continua em posição servil ou marginal. O trabalho fixa-se no campo e todo o excedente de trabalho, inclusive o imigrante, é canalizado para a produção cafeicultora, não o contrário. Olhar a dimensão tecnológica em detrimento da dimensão social, não permite apreender o que acontece com a oligarquia cafeeira que também se moderniza e que, dado o seu poder secular, reinventa o trabalho compulsório na forma do colonato ou da parceria com o imigrante. Também, restringimo-nos de entender os embates travados, em meio urbano, entre a oligarquia do café e a camada de imigrantes estrangeiros enriquecidos, porque esse embate não se dá em razão das frentes de acumulação a que se dedicam (todos os agentes atuam em todas as esferas), mas na forma de consumo.

O objetivo dessa tese é demonstrar que a sociedade já é capitalista, dada sua dinâmica de consumo, instaurada com a introdução dos produtos estrangeiros, antes mesmo de ser completamente industrializada. Obviamente que o capitalismo completa-se quando a industrialização torna-se monopolista e o consumo de massa. No entanto, a dinâmica de consumo capitalista se antecipa à produção plenamente capitalista por contar com a possibilidade da importação de produtos.

A cultura burguesa, embora indecisa entre traços aristocráticos e burgueses, é uma cultura burguesa de contornos específicos, que visa a superar as heranças da sociedade que a antecede, e que é a escravista, não a feudal. Essa superação se dá pelos padrões de consumo importados. E as classes e frações de classes formadas pelo complexo cafeeiro travam um embate que é típico de uma sociedade em transição para um novo tipo de capitalismo, que não é ainda industrial, mas não é mais mercantil ou primitivo, dada a sofisticação da dinâmica de consumo, baseada em processos de diferenciação sofisticados e de generalização precários.

Se as classes e seus conflitos "são o motor da História", e a essência do modo de produção capitalista, o estudo sobre o consumo pretende mostrar quais classes e quais frações estão envolvidas nesses conflitos. Descobrir as classes, para depois entender o processo de industrialização, implica em objetivar a compreensão mais precisa da formação de um capitalismo à periferia do sistema.

Capítulo IV
Consumo e dinâmica de classes na Belle Époque paulistana

> *"Carcamano, pé de chumbo,*
> *Calcanhar de frigideira,*
> *Quem te deu atrevimento*
> *De casar com brasileira?"*

(Quadra em voga no final do século XIX)

Para a compreensão da dinâmica de consumo, as classes e frações de classes que compõem uma determinada sociedade devem ser captadas em três eixos de análise. O primeiro deles corresponde à posição econômica que a classe ou a fração ocupa no interior de uma divisão social do trabalho, dada pela produção. O segundo é o exame de suas ideologias, que transportam, para o âmbito da política e do Estado, os seus conflitos. O terceiro demarcador dos grupos sociais relaciona--se às manifestações simbólicas e culturais que, partindo da superestrutura, voltam-se para o campo social constituindo e delimitando as hierarquias sociais. Se, no âmbito do mercado e da produção, os grupos constituem-se enquanto classes, no campo social, a partir do consumo de bens simbólicos, os grupos definem-se como estamentos. Essa síntese entre Marx e Weber é proposta nos estudos de Pierre Bourdieu, que é principal inspiração teórica do presente capítulo.[1]

O consumo, na teoria marxista, é considerado uma "produção", no sentido de produzir a força de trabalho que é a engrenagem do sistema capitalista. Essa perpetuação do trabalhador que acontece em âmbito privado, reafirma a primazia da

---

[1] Pierre Bourdieu. *La Distinction-Critique Social du Jugement.* Paris, Les Éditions de Minuit, 1979. Sobre a teoria de Bourdieu a respeito das classes, conferir a síntese escrita em Pierre Bourdieu. "Espace Social et Genèse des classes". *Actes de La Recherche em Sciences Sociales*, n° 52-53, 1984.

esfera da produção dentro do modo de produção capitalista.[2] No século XIX, o consumo ainda dá os seus primeiros passos como força produtiva, mas, no pós 1945, segundo Baudrillard, o consumo atinge suas plenas potencialidades no que se refere a uma força produtiva capaz de potencializar o progresso técnico e tornar permanente a dinâmica de diferenciação e generalização. Pelo rápido processo de obsolescência, o próprio modo de produção capitalista supera os limites impostos pelo mercado à produção.

Dois aspectos devem ser considerados no interior de uma dinâmica capitalista que englobe não somente a base produtiva, mas também o consumo. Em primeiro lugar, do ponto de vista sistêmico, a ascensão social ou sua potencialidade se expressa na maior demanda de um produto anteriormente não consumido por uma classe ou fração de classe. Significa que o capitalismo em processo de desenvolvimento conta com a permanente massificação de padrões e tal possibilidade deve ser pensada antes da própria expansão sistêmica. Uma forma de tornar o consumo certo assim que a ascensão social se concretize é o recurso à publicidade, capaz de criar mercados no capitalismo avançado. A inovação técnica, ao baratear a produção ou a comercialização de determinado produto, torna-o disponível para classes mais baixas, compensando a ausência de mecanismos promotores da ascensão social ou da distribuição de renda. Ainda, pode-se produzir uma variante do mesmo produto de qualidade inferior, fabricada com matéria-prima mais barata, que garanta o mesmo valor de uso de sua variante superior. No capitalismo periférico em formação, a publicidade nascente em tal contexto marca a passagem de uma sociedade mercantil regulada pela compra e venda de escravos para uma sociedade em que a mão de obra é livre e, enquanto tal, também livre é o seu acesso aos padrões de consumo divulgados especialmente pela imprensa.

---

2   A respeito da identidade entre consumo e produção: "Consumption is immediately also production. (…) Production, then, is also immediately consumption, consumption is algo immediately production. Each is immediately its opposite". (Karl Marx. *Grundrisse: foundations of the critique of political economy*. (1857). Trans. Martins Nicolaus. London; Nova York: Penguin Books in association with New Left Review, 1993, p. 90). Entretanto, ao localizar-se no âmbito das necessidades – "[There is] no production without a need. But consumption reproduces the need". (Marx, *Grundrisse…*, *op. cit.*, p. 91) –, a produção enquanto consumo deve dar-se, segundo Marx, fora do movimento social da mercadoria. Ao contrário, o que se pretende dar conta com este trabalho é o consumo enquanto parte do movimento social da mercadoria e como um poderoso instrumento demarcador de classes.

O mercado do prestígio 213

O novo papel do consumo é o de permitir que algumas das insígnias concessoras de *status* social possam ser obtidas a partir do mercado. Se, no entanto, se busca preservar o valor de uso na constituição das hierarquias de produtos superiores e inferiores, marcas mais e menos célebres, o seu valor signo e o seu valor símbolo são distintos para os diferentes estratos sociais. Essa função do consumo já estava presente na transição do feudalismo para o capitalismo, no processo de constituição dos Estados absolutistas e de suas cortes, mas que, somente no capitalismo, a partir da produção industrial em massa e da mobilidade mais fluida dada a constituição da sociedade de classes, desdobra-se plenamente.

No sistema feudal, a terra era o principal meio de produção e sua posse era dada por uma estratificação social legitimada pela religião cristã, que repartia a sociedade entre *oratores, belatores* e *laboratores.* Em sentido amplo, toda nobreza, incluindo o clero, era proprietária de terra e era guerreira, mas havia algumas hierarquias entre senhores feudais mais ou menos fortes (reis, príncipes, duques, condes) e aqueles que detinham o monopólio do saber, no caso do clero. As hierarquias eram dadas pela linhagem, mas, a constituição de laços entre senhores feudais, era dada pela fidelidade, o fundamento das relações de suserania e vassalagem. Entre o senhor e o seu servo, a fidelidade também regia as relações, mas, a extração do excedente pela classe dominante conferia a base econômica da relação de servidão. O consumo residia na fronteira entre a economia natural e o mercado. Preferimos o termo economia mercantil simples, já que as trocas existiam, mas eram feitas sobre o excedente que era produzido para a subsistência. A troca não dava ainda o sentido da vida material, que era dado pelo consumo para a subsistência.

No capitalismo consolidado, embora os símbolos de *status* são adquiridos pelo mercado, não é a consanguinidade, a linhagem ou a tradição que cria as barreiras sociais entre as classes, mas determinadas mercadorias. Na medida em que um novo modelo é criado pelas ou para as classes superiores, novas restrições são impostas à adoção desse modelo para as demais, ou, nas palavras de Baudrillard, impede-se ao máximo a transformação do modelo em série. Ao lado da generalização do consumo, a diferenciação é uma necessidade de sobrevivência social:

> Les prises de position objectivement et subjectivement esthétiques que sont par exemple la cosmétique corporelle, le vêtement ou la décoration domestique constituent autant

> d'occasions d'éprouver ou d'affirmer la position occupée dans
> l'espace social comme rang à tenir ou distance à maintenir. (...)
> Les differences objectives en distinctions électives (...) sont en
> fait reservées aux members de la classe dominante et même à la
> très grande bourgeoisie.[3]

As barreiras socialmente criadas são, tanto econômicas, relacionadas às restrições do mercado, quanto culturais, o que lhes dá o caráter de quase intransponibilidade.

A reintrodução dessa dimensão cultural na dinâmica da luta de classes constitui o segundo aspecto do papel do consumo no interior da dinâmica capitalista. Seria como elevar o consumo a uma nova relação contraditória com a produção, que o converte em força produtiva, recolocando a sua função de reprodutor da força de trabalho em um nível mais complexo, que é o que caracteriza as sociedades capitalistas mais complexas: "in consumption, the product steps outside this social movement and becomes a direct object and servant of individual need (...) the concluding act, consumption, which is conceived not only as a terminal point but also as an end-in-itself, actually belongs outside economics".[4]

Este segundo aspecto desnuda uma faceta dos conflitos de classe antes oculta pela própria produção que, responsável pela delimitação entre as classes sociais sociais, não é capaz de explicar sozinha, a presença de mecanismos outros de hierarquização social e de sua manutenção, que somente podem ser observados durante a dinâmica do consumo. Não julgamos que este ou aquele processo seja o mais importante, mas, tão somente, que são complementares na compreensão de uma história que se movimenta a partir dos conflitos travados entre os diferentes grupos sociais. O consumo aparece como um novo eixo de compreensão da estrutura e dinâmica do capitalismo, uma vez que capta a hierarquização entre as classes e frações de classes delineadas a base material e a superestrutura que se volta sobre esta, às vezes anulando ou reafirmando os seus ditames.

Quando passamos desta função mais geral do consumo capitalista às suas manifestações na São Paulo da *Belle Époque*, observamos que a forma como os padrões são apropriados e exibidos demonstra aí uma divisão de classes bastante peculiar, que não se restringe à divisão entre capitalistas e trabalhadores, que se formam a

---

3 Bourdieu, *La Distinction...*, *op. cit.*, p. 61-62.

4 Marx, *Grundrisse...*, *op. cit.*, p. 89.

partir do processo de destruição da servidão e de formação da propriedade privada. Tampouco há uma aristocracia que cede o lugar de classe dominante a uma burguesia industrial. O grande dilema que se mostra, portanto, é como buscar as classes e frações de classes que caracterizam a formação do capitalismo no Brasil. Um estudo do consumo, ao deixar claras as fronteiras entre os estratos sociais, ajuda-nos a captar as classes e frações de classes. Portanto, a estrutura social não é nosso ponto de partida, mas nosso ponto de chegada.

Nesse sentido, este nosso capítulo não pretende ser exaustivo quanto às tantas expressões de consumo da sociedade capitalista, senão, selecionar as mais importantes para compreender essa dinâmica de classes específica que nasce do processo de formação de um capitalismo, o brasileiro, à periferia do sistema, e de uma expressão regional, a paulista. Escolhemos três principais expressões de consumo, que demonstram uma gradação dentro do processo de estratificação social, que vai de estratégias menos fluidas, como as formas de habitar, muito semelhantes entre as frações de classe dominante, às formas de se vestir e se divertir, que já são capazes de construir fronteiras de mais classes.

Se são as classes que, lutando pelo controle das forças produtivas, definem o modo de produção, se a História, em última instância, é a história dos conflitos de classe, escolhemos aqui, definir melhor os limites da classe dominante, que dita os rumos da construção do capitalismo em uma sociedade de passado escravista. O mapeamento das classes a partir da dinâmica de consumo auxilia na compreensão do processo de industrialização em São Paulo, objeto do próximo capítulo. Fazemos, aqui, um capítulo oposto à proposta marxista, embora dentro do materialismo histórico como teoria da História, que é o da apreensão das classes pela dinâmica de consumo, para depois, compreender o processo de consolidação das forças produtivas, uma vez que, sendo tardios, surgem depois de consolidadas as classes que conduzem todo o processo.

Esta organização de classes, que se define no interior do processo de modernização capitalista em São Paulo, é inteiramente original. Em primeiro lugar porque uma fração da burguesia emergente origina-se da transformação radical da atividade agrícola promovida pela mercantilização da terra, que é seguida pela mercantilização do trabalho, conduzida pela mesma fração de classe.[5] A terra,

---

5   A respeito do surgimento de uma fração de classe oriunda da cafeicultura e com características distintas das demais aristocracias agrárias, vide Celso Furtado. *Formação Econômica do Brasil*. 24ª

ainda no interior da tradição ibérica transplantada para a colônia, era vista como um importante instrumento de enobrecimento. Sua transformação em meio de produção não deixa, no entanto, de continuar a imprimir fortes traços aristocráticos sobre a classe que a ela se liga, ainda quando esta se transfere para a cidade e administra suas propriedades à distância. O aburguesamento dessa classe, relacionado a formas capitalistas e racionais de organização da terra, não tem como contrapartida a criação de uma ética do trabalho ou de uma mentalidade burguesa relacionada à frugalidade e à simplicidade de estilos. Ao contrário, a demonstração e o gasto tornam-se fundamentais nesse sistema tal qual a demonstração da corte em relação às demais classes durante o período de transição do feudalismo ao capitalismo.[6] Estilos cada vez mais rebuscados manifestam-se nas formas de habitar e de vestir-se, uma maneira de diferenciar-se da aristocracia tradicional totalmente ignorante do luxo:

> Les planteurs et leurs familles (...) ne se ressemblaient guère à leurs ancêtres, ignorants du luxe, du simple confort et sans grand souci des sciences, des arts ou des lettres. Les voyages d'affaires en Europe avivaient ces goûts et ces désirs nouveaux.[7]

A segunda particularidade da província de São Paulo na constituição do capitalismo brasileiro é um pioneirismo em relação a experiências com o trabalho livre, acelerando a transição. Esse movimento aconteceu de maneiras distintas nas diferentes regiões do Brasil, mas como o café havia se tornado o principal produto da pauta exportadora, apontamos a precocidade de São Paulo no processo de transição.

---

ed. São Paulo: Ed. Nacional, 1991, p. 115-116. Sobre o processo de mercantilização da terra em São Paulo, consulte Lígia Osório Silva. *Terras devolutas e latifúndio: efeitos da lei de 1850.* Campinas, Unicamp, 1996.

6 Assim como o aristocrata de corte, a nascente burguesia brasileira tem uma particular atração pelo gasto excessivo : "L'obligation de dépenser pour le prestige entraîne, sur le plan des dépenses, une éducation qui se distingue très nettement de celle des bourgeois professionnels (...) une tradition sociale qui exige de l'individu qu'il règle ses dépenses en fonction de son rang. Dans la bouche d'un aristocrate de la cour, le mot "économie", quand il signifie harmonisation des dépenses et des revenues ou limitation planifiée de la consommation en vue de l'épargne, garde jusqu'à la fin du XVIIIe siècle, et parfois *même après la Révolution, un relent de mépris".* (Norbert Elias. *La société de cours.* Trad. Pierre Kamnitzer e Jeanne Etoré. Paris, Flammarion, 1985).

7 Pierre Monbeig. *La croissance de la ville de São Paulo.* Grenoble, Institut et Revue de Géographie Alpine, 1953, p. 28.

O mercado do prestígio

Essa transição também se relaciona com uma mentalidade mais inclinada à lógica capitalista, que não lhe é, no entanto, pré-condição, senão consequência das particularidades históricas vividas pela província. Para Warren Dean, a nova forma de lidar com a propriedade e com a força de trabalho teria origem nas próprias dificuldades enfrentadas pelo café do Vale do Paraíba que pusera em evidência o fato de que a escravidão, associada ao esgotamento das terras, tornara-se antiprodutiva. Para o autor, o café do oeste paulista nasce do fracasso do café no Vale do Paraíba e há uma continuidade, não uma ruptura, quanto às classes que conduzem o processo:

> pouquíssimo provável que as famílias de lavradores do Vale do Paraíba ou de Minas se transferissem para o oeste paulista por necessidade econômica. As novas terras precisavam ser compradas. Era mister, portanto, que os recém-chegados já fossem famílias prósperas, que estivessem transferindo ativos de uma região de fertilidade em declínio para outra que lhes acenasse com maiores possibilidades de lucro.[8]

Segundo o autor, seriam estes fazendeiros que, ao se transferirem para o oeste paulista, adeririam à imigração estrangeira como forma de suprimento dos braços para a lavoura.[9] De mesma opinião é o geógrafo Pierre Monbeig, para quem a penetração do oeste paulista é feita a partir do Vale do Paraíba.[10]

A última especificidade da modernização capitalista em São Paulo é o fato de a imigração estrangeira não somente fornecer mão de obra para a lavoura, mas também para a indústria. O mais impactante, no entanto, é a vinda de imigrantes especializados em alguns ofícios. São comerciantes independentes ou artesãos habilidosos que passam a compor, junto aos demais ofícios urbanos, uma camada média com

---

8   Warren Dean. *A industrialização de São Paulo (1880-1945)*. Trad. Octávio Mendes Cajado. São Paulo, Difel, 1971, p. 47.

9   "Durante as décadas de 1850 e 1860, os lucros no Vale foram reinvestidos num custoso suprimento de novos escravos. A experiência dos paulistas foi muito diferente. Nunca houve escravos em número suficiente e, no correr da década de 1870, já era manifesto que eles representavam um frágil investimento". (Dean, *A industrialização...*, *op. cit.*, p. 49).

10   "Mais cette pénetration s'est faite à partir des plantations de la région de Rio, par la valée du Paraiba". (Monbeig, *La croissance...*, *op. cit.*, p. 26). Quanto à especificidade da postura empreendedora dos cafeicultores do oeste paulista, "grandes senhores da terra possuídos de espírito comercial", vide também outra obra mestra do autor: Pierre Monbeig. *Pionniers et planteurs de Sao Paulo*. Paris, Armand Colin, 1952.

fortes possibilidades de ascensão social. Porém, os obstáculos criados a essa ascensão, se são quase inexistentes do ponto de vista econômico, já que a cidade multiplica as possibilidades de enriquecimento, do ponto de vista social são muitos.

As principais manifestações desses obstáculos se fazem no plano do consumo, a partir de artigos que se tornam monopólios sociais da fração burguesa de raízes rurais. As possibilidades de acesso a alguns padrões, em especial no que concerne aos espaços de sociabilidade, são fechadas por escolha das classes tradicionais, que se autointitulam quatrocentonas. A criação de uma mitologia bandeirante legitimava a essa fração de classe suas raízes eminentemente paulistas e, portanto, diversas daquelas do "carcamano" sem modos que invadia a capital e apossava-se de seus símbolos de afirmação social. Em outros casos, como na vestimenta utilizada, a diferenciação é mais sutil e remete à combinação entre o horror ao trabalho manual, herança ibérica, e à ética do trabalho portada pelos imigrantes estrangeiros. A vestimenta mais sóbria, simples, portada pelo imigrante, confronta-se com as vestimentas mais empertigadas da fração de classe tradicional que ou se dedica à administração de seus negócios ou ao trabalho intelectual, no caso das segundas gerações.

Ocupação do espaço urbano: formas de morar e organizar o espaço privado

O primeiro plano sobre o qual se manifestam as clivagens sociais oriundas dessa transição específica para o capitalismo é a própria geografia urbana. Segundo Pierre Monbeig, a ocupação de cada bairro associa-se a uma origem social diferente e a um momento particular do processo de modernização capitalista em São Paulo. Os plantadores de café que migraram para o ambiente urbano instalaram-se no próprio centro, onde, em uma mesma residência, conciliavam negócios e família. Esse foi o caso do Conselheiro Antônio Prado que, inicialmente, morava no mesmo lugar em que mantinha o escritório da Companhia de Café Prado Chaves. Posteriormente, com a transformação do centro em espaço exclusivo de transações comerciais e financeiras, essas famílias enriquecidas pelo café mudam-se para os bairros de Santa Ifigênia, Campos Elíseos e Santa Cecília – alojados nos terrenos mais altos e mais salubres – onde se acolhem, primeiramente, em suas imensas e confortáveis chácaras e, em um segundo momento, em seus suntuosos palacetes, infinitamente mais luxuosos do que os velhos sobradões do centro.[11]

A partir de 1890, a mudança do ambiente rural para o urbano tornou-se premente tanto por razões econômicas, políticas e culturais, o que expressa um processo de racionalização que define as esferas de vida, assim como uma ética dos negócios:

> Pour organiser et administrer les sociétés de chemin de fer, pour constituer les compagnies de colonisation et immigration, pour s'associer aux banques nouvelles, pour traiter de ses intérêts de classe et se mêler aux questions politiques de plus en plus complexes et de plus en plus décisives, le fazendeiro ne peut agir seul ni rester dans sa plantation. La formation d'entreprises capitalistes et les nécessités de leur gestion n'étaient pas compatibles avec le genre de vie traditionnel; elles exigeaient une convivence urbaine.[12]

Devido a essa nova forma de administrar os negócios, que remonta às origens vale-paraibanas dessa burguesia agrária, era muito comum que fazendeiros se tornassem também comissários, agentes, proprietários de companhias de navegação, controlando assim, não somente a produção do café, como também sua comercialização e distribuição:

> Parfois même, il fonde lui-même une maison de commerce ou bien y participe comme associé; il joint le négoce à la culture.[13]

Segundo Warren Dean, e, ao contrário do senso comum, os grandes proprietários procuravam evitar a associação com empresas estrangeiras na consecução de seu negócio, restringindo-se à contração de empréstimos. Uma forma destes

---

11 "La maison du centre continuait d'être la vieille demeure coloniale au toit de tuiles grises, souvent sans étage, parfois 'sobrado' de un ou deux étages ou plus, aux lourdes portes de bois, à la façade triste et nue". (Monbeig, *La croissance...*, *op. cit.*, p. 41).

12 *Idem, ibidem*, p. 27.

13 *Idem, ibidem*, p. 84. "É possível imaginar que o grupo formado por comissários, importadores e agentes formava o exemplar mais promissor no conjunto dos negócios circunscritos à Pauliceia, justamente porque eles se colocavam estrategicamente como intermediários no amplo circuito de comércio que se abria na capital". (Marisa Midori Deaecto. *Comércio e Vida Urbana na cidade de São Paulo. (1889-1930)*. São Paulo, Editora Senac São Paulo, 2002, p. 101-102).

fazendeiros liberais se assegurarem contra as falências era a ampla variedade dos investimentos que iam desde os investimentos na lavoura – que contavam agora com novidades como adubos químicos, maquinários, descascadores e torrefadores de café, além da contratação de braços livres para a lavoura – até aplicações em companhias férreas e outras sociedades anônimas.

Quanto aos fatores de ordem cultural que incentivaram a fixação em ambiente urbano, inclui-se a visão de mundo de uma elite de traços cosmopolitas, que reunia entre suas ocupações, as viagens mundo afora e o culto à civilização europeia. Ao cosmopolitismo, associava-se a forte consciência que os proprietários de terra tinham de sua linhagem e a ideia de que, em suas mãos, estava o futuro de todo um país: "Tinham um programa econômico, que englobara a transformação da mão-de-obra, da propriedade, dos transportes".[14] À nobilitação promovida pelo Império, combinava-se a consciência de sua cidadania, de seu papel social, mas, não menos de suas origens[15] que os diferenciavam dos comuns, em especial dos imigrantes recém-chegados a quem intitulavam "aristocracia do dinheiro", "plutocracia industrial" ou "bando de tubarões": "os agricultores se queixavam dos estrangeiros que tinham chegado de terceira classe para 'empobrecer antigas famílias da aristocracia rural, genuinamente brasileiras'".[16]

A sociedade capitalista que começa a estruturar-se não somente define suas classes, mas também os mecanismos de ascensão social. As maiores possibilidades estavam aos alcance dos comerciantes estrangeiros, que enriqueciam pelo comércio, mas também passavam a dedicar-se a outros negócios, como indústria, finanças e, curiosamente, compravam terras, seja como forma de especulação, exponenciada pela lei de 1850 e pela chegada das ferrovias, ou para a produção do café. Warren Dean diz que, por vezes, adquiriam terras meramente para satisfazer seu "amor-próprio".[17]

---

14 Humberto Bastos. *O pensamento industrial no Brasil: introdução à história do capitalismo industrial brasileiro*. São Paulo, Martins, 1952, p. 157.

15 "Fossem embora recentes as fortunas dos fazendeiros, sua linhagem não o era. O Império afidalgara alguns e cumulara muitos mais de ordens e honrarias. A virtuosa República os transformara em cidadãos, mas em cidadãos que se ocupavam longamente da genealogia. A sociedade paulista, disse um deles em 1920, não é uma civilização *parvenue*, sente dentro de si mesma o grande impulso do passado para realizar". (Dean, *A industrialização...*, p. 75).

16 Bastos, *O pensamento..., op. cit.*, p. 186.

17 "A maior parte dos fazendeiros que se tinha voltado para a indústria continuava dona de fazendas e, não infrequentemente, o empresário imigrante comprava terras, em alguns casos para obter

O mercado do prestígio

Para que então fossem reforçadas as linhas que diferenciavam a fração de elite de base agrária daquela fração ascendente, que, embora não tendo a nobreza telúrica, não podia ser impedida de comprar terras, surgiria, em 1913, o termo "quatrocentão". Quase de contornos mitológicos, o termo quatrocentão delimitava a parcela da elite, no caso a elite agrária, cuja origem remontava à tradição bandeirante.[18]

Essa fração de classe de origem imigrante também contribuiu para um novo desenho da capital de finais do XIX. Dedicavam-se, em meio urbano, ao comércio ou à indústria, atividades consideradas degradantes.[19] Imigrantes da leva de 1870 eram, em sua grande maioria, trabalhadores independentes, artesãos, comerciantes e engenheiros que acumulariam riqueza antes do alvorecer do século XX e, mal este tendo se iniciado, passariam a morar em suntuosos sobrados na Avenida Paulista: "A Avenida Paulista era só de casas lindíssimas, e muitas delas já pertenciam a sírios ou italianos".[20]

Dentre os imigrantes, é possível assinalar perfis profissionais para algumas das nacionalidades aqui instaladas. Os italianos começaram suas fortunas dedicando-se principalmente ao comércio alimentar; os ingleses eram principalmente médicos,

---

matérias-primas, em outros para especular ou satisfazer o seu amor-próprio". (Dean, *A industrialização...*, *op. cit.*, p. 78).

18   Quanto à divisão da elite em frações, é sugestivo o livro de Joel Silveira. Dizia serem os ricaços paulistanos dispostos em três castas. A primeira seria a dos quatrocentões, que, segundo o jornalista não demorariam a ser chamados de quinhentões: "São criaturas repletas de antepassados, aqueles senhores heroicos e sem muitos escrúpulos que rasgaram as primeiras matas de São Paulo, vadearam os rios, descobriram as montanhas e fizeram as primeiras cidades". A segunda casta, o "grupo de reserva", seria formada pelos descendentes de italianos enriquecidos: "O dinheiro é a grande arma do segundo grupo: arma que dá qualidade ao trabalho dos esforçados italianos, que lhes credencia na sociedade, que lhes abre, e às suas cintilantes esposas, as inacessíveis portas dos solares de Piratininga". Finalmente, o terceiro grupo, formado dos tipos "estribo" e "penacho", são os homens que "se dependuram na vida mundana de São Paulo como se estivessem num bonde cheio. As mulheres usam terríveis penachos porque acreditam ser isto a característica principal da grã-fina, como o dente de ouro é característico do turco". (Joel Silveira. *Grã-finos em São Paulo e outras notícias do Brasil*. São Paulo, Cruzeiro do Sul, 1945).

19   "um contingente novo que se formava nas cidades, onde o comércio a grosso e a retalho crescia notavelmente e cujos negociantes, dadas as novas condições propiciadas pela expansão urbana e demográfica, já anunciavam certa mobilidade social. E o que dava sustentação para essa nova classe de emergentes era, em grande parte, a forte base infra-estrutural que os representantes do comércio encontravam no meio urbano". (Marisa Midori Deaecto. *Comércio e Vida Urbana na cidade de São Paulo. (1889-1930)*. São Paulo, Editora Senac São Paulo, 2002, p. 94).

20   Yolanda Penteado. *Tudo em cor-de-rosa*. Rio de Janeiro: Nova Fronteira, 1976, p. 55.

relojoeiros, mecânicos; os franceses tinham as mais variadas profissões, jardineiros e floristas, cabeleireiros, mercadores de modas, ourives, litógrafos, dentistas, professores de música e fabricantes de licores; os alemães estavam entre os mais numerosos em 1870 e trabalhavam como comerciantes atacadistas, engenheiros, farmacêuticos, comerciantes de calçados, chapeleiros, fabricantes de bebidas gasosas e, sobretudo, de cerveja.[21]

Enquanto Antônio Prado compõe o tipo-ideal do aristocrata do café, Matarazzo é o outro estereótipo de enriquecimento.[22] O primeiro vinha de uma família tradicional paulistana, a família Silva Prado, estabelecida em São Paulo desde o século XVIII, com fortuna acumulada a partir do café. Filho de Martinho da Silva Prado e de Veridiana Valéria da Silva Prado, neto do também Antônio da Silva Prado, Barão de Iguape, Antonico, como era chamado pela família, nascera na cidade de São Paulo. Juntamente com seu irmão, Martinho Prado Júnior, colonizara a região de Ribeirão Preto, onde chegou a ter cerca de 20 milhões de pés de café. Confirmando a vocação de grande empresário, tornar-se-ia banqueiro proprietário do Banco do Comércio e Indústria do Estado de São Paulo, do qual participaria ativamente como comissário. No ramo industrial, instalou a Vidraçaria Santa Marina e um frigorífico em Barretos. Seria ainda presidente da Companhia Paulista de Estrada de Ferro por trinta anos, a partir da qual controlaria o transporte e a distribuição de café e carnes.[23] Pertenciam ainda ao mesmo grupo os Penteados, os Prates, os Souzas Queiroz, os Paes de Barros, "fabulosas fortunas de 10 mil contos" cada uma.[24]

O segundo estereótipo de fortuna, Francisco Matarazzo, chegou a São Paulo em 1881 e, tendo perdido uma parte do dinheiro que trazia, estabeleceu em Sorocaba uma empresa de produção de comércio e banha de porco com aquilo que lhe restara. Ao mudar-se para São Paulo em 1890, ensaiou a montagem de um negócio em parceria com seus irmãos Giuseppe e Luigi, mas, em 1891, a empresa foi dissolvida, constituindo-se em seu lugar a Companhia Matarazzo S.A. que importava farinha dos Estados Unidos. Em 1900, com a guerra entre a Espanha e os países centro-americanos, o empresário decidiu montar um moinho na própria capital paulista,

---

21 Monbeig, *La croissance...*, *op. cit.*, p. 28.

22 "Assim como Antônio da Silva Prado é o modelo do fazendeiro-empresário, assim também Francisco Matarazzo é o modelo do imigrante empresário". (Dean, *A industrialização...*, *op. cit.*, p. 69).

23 Darrel Levi. *A família Prado*. Trad. José Eduardo Mendonça. São Paulo, Cultura 70, 1977.

24 Jorge Americano. *São Paulo naquele tempo (1895-1915)*. São Paulo, Edição Saraiva, p. 367.

O mercado do prestígio 223

obtendo, para isso, um crédito junto ao *London and Brazilian Bank*. Essa versão reduzida de um conglomerado expandiria-se rapidamente atingindo a marca de 365 fábricas em todo o Brasil. A lógica da expansão era bastante simples: para ensacar o trigo, montava-se uma tecelagem, que permitia então produzir outros tipos de tecidos; para aproveitar completamente o algodão que entrava na fabricação das sacas, criava-se uma usina de refinaria de óleo a partir do qual se fazia também sabão. Com o crescimento da produção, surgiriam serrarias e uma metalúrgica para a produção de caixotes. Essa mesma base produtiva permitia então que se produzissem móveis e utensílios de alumínio.[25] Ao grupo de estrangeiros milionários pertenciam também: Alexandre Siciliano, Pinotti Gamba, Rodolfo Crespi, os irmãos Puglisi Carboni, a família Scurachio, Elias Calfat, Jafet, Yázigi, Salem, Rizkallah.

Se a fração oriunda do campo e possuindo o mesmo perfil de Antônio Prado deixava os sobradões das regiões centrais para se acomodar em chácaras nos bairros de Campos Elíseos, Santa Cecília e Higienópolis no ocaso do século XIX,[26] a segunda fração, que também começara nos sobrados do centro, não tardaria a ocupar as regiões elitistas, em particular a Avenida Paulista, o receptáculo dos *nouveaux riches*.[27]

A ocupação dos Campos Elíseos começou por volta de 1878 quando os alemães Nothmann e Glette tomaram a iniciativa de dotar esta região de uma linha de bondes de tração animal, oferecendo então aos fazendeiros, desejosos de um novo lugar para se estabelecer, um terreno salubre e também guarnido de serviços urbanos. Tal linha constituía o prolongamento de uma linha anteriormente instalada em 1872, que ligava as chácaras habitadas pela elite cafeicultora – ocupante então da região de Santa Ifigênia – ao centro da cidade:

> Ce [Campos Elíseos] fut le quartier aristocratique de São Paulo
> à la fin du siècle et pendant un peu plus des deux premières

---

25   José de Souza Martins. *Conde Matarazzo: o empresário e a empresa. Estudo de sociologia do desenvolvimento*, 2ª ed. São Paulo, Hucitec, 1976.

26   "Nesse período, observamos dois movimentos distintos: o dos empresários do café, que continuavam chegando do interior ou de outros pontos do país, e o dos que iam do centro rumo às chácaras em vias de serem loteadas. Os antigos sobrados se tornavam obsoletos, sendo abandonados pelas famílias e transformados em hotéis ou em escritórios. As famílias recém-chegadas seguiam em busca dos caminhos da Estação da Luz, dos Campos Elíseos e da Liberdade". (M. Cecília N. Homem, *O Palacete...*, *op. cit.*, p. 125).

27   Maria Cecília Naclério Homem. *O Palacete Paulistano e Outras Formas Urbanas de Morar da Elite Cafeeira (1867-1918)*. São Paulo, Martins Fontes, 1996, p. 189.

> décades du XXe. Les rues bien tracées y furent bordées d'hôtels particuliers, les 'palacetes' à deux ou trois étages, d'un style souvent effroyablement fin de siècle, tant à l'extérieur qu'à l'intérieur, avec des grands jardins. Les plus grandes familles paulistes colonisèrent ces Champs-Elysées du café; et il y a à peine une quinzaine d'années, on pouvait encore y voir la chacara des Prados, modernisation de la vieille chacara qui avait longtemps marqué l'entrée de la ville.[28]

A proximidade entre o bairro e a Estação de trem Sorocabana comprova a forte ligação com o interior. A princípio, as mansões dos barões do café constituíam menos residências fixas do que passagem em ocasião de algum negócio que tinham de resolver na capital. O tipo de sobrado ali erigido então hesitava entre traços rurais e urbanos: "L'urbanisation gagna rapidement ces propriétés mi-rurales, mi-urbaines".[29]

O bairro de Higienópolis rompe com esse padrão indeciso entre o campo e a cidade. Sua construção fora planejada exclusivamente para a oligarquia cafeeira que pretendesse estabelecer residência fixa na capital. Surge por volta de 1890, momento em que a expansão da capital para o oeste atingia seu auge. Participou ativamente desse planejamento o mesmo Victor Nothmann acompanhado de Hermann Buchard com quem comprou parte da região que pertencia anteriormente ao Barão de Ramalho.[30] O nome Higienópolis, que significa "cidade limpa e higiênica", expõe o desejo de estabelecer uma cidade fundada nos novos princípios higienistas que pretendiam eliminar toda e qualquer marca da cidade colonial,[31] que vão desde a insalubridade propriamente dita (durante a epidemia de peste bubônica, fora o bairro menos atingido) até os traços arquitetônicos barrocos, que eram substituídos pelo neoclássico em voga na Europa: "Vivia-se ali em grande estilo, com refinamento e requinte, procurando-se imitar o modo de vida das metrópoles europeias mais importantes do século XIX".[32]

---

28 Monbeig, *La croissance...*, *op. cit.*, p. 37.

29 *Idem, ibidem*, p. 38.

30 Maria Cecília Naclério Homem. *Higienópolis: grandeza e decadência de um bairro paulistano.* Coleção *História dos bairros de São Paulo,* vol. 17. São Paulo, Secretaria Municipal de Cultura-Departamento do Patrimônio Histórico, 1980.

31 "(...) l'ingénieur Nothmann attirait la bourgeoisie pauliste dans un quartier plus élévé, mieux aéré, distant des varzeas avec leurs chemins de fer et leurs éléments populaires". (Monbeig, *La croissance...*, *op. cit.*, p. 38).

32 M. Cecília N. Homem, *Higienópolis...*, *op. cit.*, p. 24.

A escolha do local para a edificação do bairro, distante da Estação da Luz e do populacho que por ela passava, fizera parte de um vigoroso projeto que pretendia isolar geograficamente a fração de classe oriunda do café, que, então, se tornava uma elite, assumindo os principais postos dos governos municipal, estadual e federal durante a República.

Um dos primeiros palacetes a ser instalado na região fora o de Veridiana Valéria da Silva Prado, erguido na chácara conhecida como Vila Maria em 1884, seguindo o ecletismo, misto de elementos da tradição clássica italiana e do renascimento francês.[33] Os telhados, caracterizados pela brusca inclinação, são típicos dos torreões dos castelos da região do Loire na França: "A propriedade de Dona Veridiana, lindíssima; casa à francesa, exterior e interior muitíssimo bonitos, de muito bom gosto (...) Os jardins têm gramados dignos da Inglaterra, a casa domina tudo, há um lagozinho, plantações de rosas e cravos, lindos. Vim de lá encantada".[34]

Para o historiador Darrell Levi, esse tipo de edificação seria a expressão de uma nova organização familiar paulistana, disposta sob a forma de matriarcados. Por trás da promoção da agitada vida social que circundava a alta sociedade paulistana estavam mulheres como Veridiana da Silva Prado, que chocara a sociedade ao pedir divórcio de seu marido alguns anos antes, em 1877, Olívia Guedes Penteado e Maria Angélica Aguiar de Barros.

O palacete de D. Veridiana, cujo projeto completo fora trazido de Paris, era uma réplica perfeita de um solar nobre construído no Renascimento francês. Ao menos é o que os cronistas dizem, mas, talvez, a descrição seja uma construção mítica. Na casa de D. Veridiana, reuniam-se importantes figuras do círculo intelectual da cidade, grupo esse que teria total centralidade nos eventos da Semana de 1922. Eram cientistas, como Orville Derby e Loefgreen; médicos, como Domingos José Nogueira Jaguaribe, Luis Pereira Barreto, Cesário Motta Júnior e Diogo Faria; literatos, políticos de renome, como Capistrano de Abreu, Ramalho Ortigão, Graça Aranha, Joaquim Nabuco; e até mesmo atletas. Já em Paris, visitando o amigo Eduardo Prado, Eça de Queiroz mostrar-se-ia encantado com as habilidades de sua mãe.

---

33 Annateresa Fabris, Carlos Alberto Cerqueira Lemos, Carlos Lemos. *Ecletismo na Arquitetura Brasileira*. São Paulo, Edusp, 1987.

34 "Diário da Princesa Isabel". *In* Carlos Eugênio Marcondes de Moura (org.). *Vida cotidiana em São Paulo no século XIX*. São Paulo, Unesp, 1998, p. 243.

No Bairro dos Campos Elíseos, o salão de Olívia Guedes Penteado também abriria suas portas aos artistas de vanguarda como Tarsila do Amaral, Blaise Cendrars, Mário e Oswald de Andrade. As paredes da *villa* eram forradas de telas de Di Cavalcanti, Lasar Segall, Picasso, Léger, Cézanne.[35] O palacete onde habitava o casal Penteado, Ignácio e Olívia, fora erguido em 1895 por Ramos de Azevedo, que lhe dotara de traços do *Risorgimento* italiano: "Tinha um enorme jardim, com grades para a rua, terraço e uma cocheira nos fundos. No salão, havia uma grande conversadeira veneziana e, na parede, espelho com mesa de mármore e jardineiras estilo Luís XIV".[36] Assim como Veridiana e Olívia, outras mulheres de elite fizeram época, o que se encontra registrado nos nomes das ruas que hoje cortam o bairro de Higienópolis: Maria Angélica Aguiar de Barros (Avenida Angélica), Maria Antônia da Silva Ramos (Rua Maria Antônia), Antônia de Queiroz (Rua Dona Antônia de Queiroz) e a própria Veridiana da Silva Prado (Rua Dona Veridiana).[37]

Outra residência a tornar-se célebre na região, em especial por ser pioneira na incorporação dos estilos *Art Nouveau*, grande novidade da virada do século, foi o palacete de um outro membro da família Penteado, Antônio Álvares de Almeida Penteado. A construção do palacete, deixado aos cuidados do arquiteto sueco Carlos Ekman, fora encetada em 1901. A excentricidade do fazendeiro, que imaginava um projeto de industrialização para sua fazenda, logo se manifestou na decoração da residência, que contava com estátuas, tapetes, vitrais e mármores europeus. Alguns detalhes entalhados nas paredes do edifício, como ramos de cafés, abacaxis, folhas de fumo, ícones da aristocracia do café, simbolizavam a união entre os elementos da terra e as últimas conquistas do mundo moderno, uma forma específica da

---

35 "Do reencontro de tia Olívia com Tarsila do Amaral, Oswald de Andrade e Paulo Prado, veio para São Paulo o primeiro Léger. Esse quadro, exposto, causou um impacto medonho, pois, naquele tempo, Léger era sinônimo de loucura. Tia Olívia sempre misturou artistas com gente de sociedade". (Penteado, *Tudo em...*, *op. cit.*, p. 82).

36 *Idem, ibidem*, p. 82.

37 Sobre os artistas e seus mecenas durante a constituição do modernismo brasileiro, vide: Sérgio Miceli. *Nacional Estrangeiro – História Social e Cultural do Modernismo Artístico em São Paulo*. São Paulo, Companhia das Letras, 2003. No livro, Olívia Guedes Penteado é citada como a "promotora dos modernistas" e Freitas Valle aparece como o "príncipe do patronato artístico". (Miceli, *Nacional...*, *op. cit.*, p. 58-61; 75-87).

O mercado do prestígio

227

manifestação do *Art Nouveau* nos trópicos.[38] Exatamente os mesmos símbolos que vicejavam no palácio montado para a Exposição Universal de 1900 em São Paulo.[39] A casa era cercada de jardins, onde se encontravam um lago artificial, quadra de tênis, horta, cocheira e as dependências dos empregados. A manutenção de um palacete dessa monta exigia cerca de quinze criados.

Outros nomes da tradição cafeicultora estabelecidos na região foram os Arrudas Botelhos, Álvares Penteado, Benedito Barbosa, Cincinato Braga, José Vasconcelos de Almeida Prado, moradores da Rua Brigadeiro Tobias; Souzas Queiroz, que ocupavam quase toda a Avenida São Luiz e cujos palacetes foram construídos pelo alemão Julius Ploy; Paes de Barros, Souzas de Barros, na Rua Florêncio de Abreu e na outra parte da Brigadeiro Tobias, no Bairro de Santa Ifigênia; Guedes Penteado, Arruda Botelho, Souzas Guedes, Dino Bueno, Alves de Lima, Ribeiro do Val, no bairro dos Campos Elíseos.[40] A maior parte das construções erigidas por estas famílias "filiava-se ao estilo francês, isto é, possuíam telhados geralmente muito inclinados e, se possível, de ardósia (…), paredes de tijolos à vista sempre arrematadas nos cunhais[41] e nos aros das envasaduras (…) raríssimos os alpendres".[42]

---

38 "Os seus signos – a flor, os caules, as folhas estilizadas – pareciam apropriados à situação histórica em que uma próspera sociedade burguesa, longe de desejar exprimir as misérias comezinhas do dia-a-dia, aspirava a criar uma imagem ideal de beleza, num mundo feliz e harmonioso." (Márcia Camargos. *Villa Kyrial: crônica da Belle Époque paulistana,* 2ª ed. São Paulo, SENAC, 2001, p. 24).

39 Sobre os detalhes da Exposição Universal promovida em São Paulo, vide capítulo primeiro.

40 M. Cecília N. Homem, *O Palacete…, op. cit.,* p. 125. A respeito das famílias mais poderosas de São Paulo, na segunda metade do século XIX, Zélia Cardoso de Mello enumera os Paes de Barros, os Souzas Barros, os Souzas Queiroz, os Souzas Aranhas, os Silvas Prados, os Dias da Silva, os Monteiros de Barros, os Santos e os Prates: "(…) grandes fazendeiros de café com múltiplas atividades urbanas ou, em pequeno número, proprietários urbanos com fazendas de café". (Zélia Cardoso de Melo. *Metamorfoses da riqueza. São Paulo 1845-1895.* São Paulo, Hucitec; SMC, 1985, p. 126-130). A este grupo, Maria Cecília Naclério Homem ainda acrescenta os Queiroz Telles, os Pereiras Queiroz e os Vergueiros. (M. Cecília N. Homem, *O Palacete…, op. cit.,* p. 49). Verdade era que o grupo era bastante restrito e quase todos aparentados.

41 Ângulo saliente formado por duas paredes convergentes.

42 M. Cecília N. Homem, *O Palacete…, op. cit.,* p. 132.

Árvore Genealógica da Família Paes de Barros estabelecidos na região da Luz e a localização de suas residências

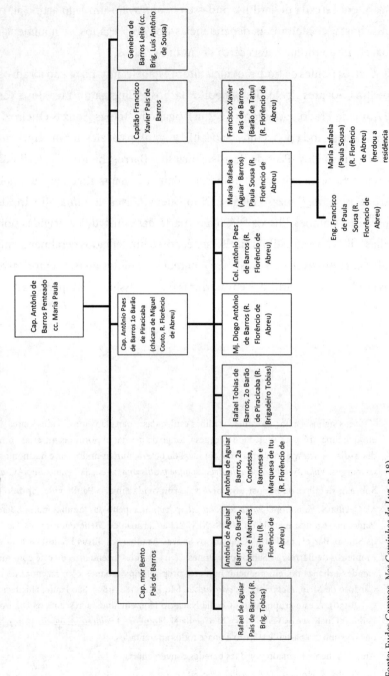

(Fonte: Eudes Campos, *Nos Caminhos da Luz*, p. 18)

A distribuição espacial dos palacetes denotava uma adaptação da família ampliada romana em meio urbano. Os sobrados de uma mesma família dispunham-se ao longo de uma mesma rua. Essa estrutura familiar, agora de cunho tanto patriarcal quanto matriarcal, perpetuava-se pelos casamentos endogâmicos ou realizados entre membros de linhagem aristocrática: "a sociedade era mais fechada. As famílias eram todas entrelaçadas, todas aparentadas".[43] Veridiana da Silva Prado foi casada com seu tio Martinho, meio-irmão de seu pai. Na família Paes de Barros, a endogamia não representava somente uma forma de preservação do patrimônio familiar, mas uma estratégia política.[44]

Ao longo do século XIX, haveria uma maior abertura ao casamento entre famílias diferentes, mas sempre respeitando as mesmas origens e os costumes semelhantes. Casamento de famílias de raízes diferentes, como o de Yolanda Guedes Penteado e Francisco Matarazzo Sobrinho, o Ciccilo, seria impensável antes dos anos 30. Afinal, se como diria Bourdieu "le capital social est l'ensemble des ressources actuelles ou potentielles qui sont liées à la possession d'un *réseau durable de relations* plus ou moins institutionnalisées d'interconnaissance et d'interreconnaissance".[45] No Brasil, o fundamento desse capital social é a família patriarcal. Daí as estratégias lançadas para sua preservação.

O segundo grupo da elite, o dos imigrantes *nouveaux riches,* daria prioridade à ocupação da Avenida Paulista, comprovando o fato de que o primeiro plano em que se manifestam as diferenciações entre as classes, imprescindível à análise do consumo, é o plano geográfico: "L'enrichissement des immigrants, italiens et syriens, accidentellement de fils de français, déclencha un rush bourgeois au long de l'avenue Pauliste, dans le plus beau site de São Paulo".[46] Pela avenida passariam nomes como Matarazzo, Rizkallah, Assad, Schaumann, Weizflog, Von Bullow, Thiollier, Klabin, Crespi, Siciliano, Gamba, Scarpa. Muito poucos nomes estavam ligados à produção

---

43   Penteado, *Tudo em...*, *op. cit.*, p. 52.

44   Sobre a elite política de São Paulo, vide: Joseph Love. *A Locomotiva – São Paulo na Federação Brasileira.* Trad. Vera Alice Cardoso da Silva. Rio de Janeiro: Paz e Terra, 1982. Também seu capítulo do livro de Flávio Heinz (org.). *Por outra história das elites.* Rio de Janeiro: FGV, 2006, p. 77-97. Sobre a genealogia paulistana em maiores detalhes, vide: Luiz Gonzaga da Silva Leme. *Genealogia Paulistana (1852-1919).* São Paulo, Duprat & Companhia, 1903-1905, 9 volumes.

45   Pierre Bourdieu. "Le capital social. Notes provisoires". In *Actes de la recherche en sciences sociales*, nº 31, janvier/1980, p. 2-3.

46   Monbeig, *La croissance...*, *op. cit.*, p. 48.

de café propriamente dita. A maior parte ligava-se a atividades liberais, como Nicolau Moraes de Barros (médico); Horário Sabino (empresário); Numa de Oliveira (banqueiro); Ernesto Dias de Castro (importador), Luis Anhaia (professor), comprovando a vocação da avenida em acolher membros da classe média que ascendiam socialmente, fossem estrangeiros, fossem de famílias paulistas que tinham tradição no ramo do pequeno comércio, que, com o século XIX, tomaria grande vulto.

Essa nova configuração de classes oriunda da expansão do café e do desenvolvimento das atividades industriais e mercantis enceta uma nova dinâmica de consumo. No plano geográfico, esta se exprime na conformação física das habitações e os padrões, antes adstritos aos palacetes da elite cafeeira, migram para os palacetes da Avenida Paulista:

> Assim, quando na Avenida Paulista, preferida pela elite da indústria, se compunha o maior conjunto de palacetes, esse tipo de residência já havia realizado toda uma progressão pela cidade que ia desde as zonas adjacentes ao centro, nos caminhos da Estação da Luz, passando pelos bairros dos Campos Elíseos, da Liberdade, de Santa Cecília e Higienópolis.[47]

Dentre os nomes da Avenida Paulista que constavam como cafeicultores propriamente ditos, apenas Francisco Ferreira dos Santos e Joaquim Franco de Mello.

No número um da avenida, localizava-se o palacete do imigrante Adam Ditrik Von Bülow. A construção foi fotografada por Guilherme Gaensly em 1900, nove anos após a inauguração da Avenida Paulista.[48] Nascido na Dinamarca em 1840, Von Bülow chegara ao Brasil em 1865, quando fundaria a Zerrenner, Bülow & Cia., empresa de exportação de café e importação de lúpulo, cevada e equipamentos. Em 1893, a companhia de Von Bülow adquiriria a Companhia Antártica Paulista e em 1899 a cervejaria Bavária, tornando-se, então, o maior produtor de cerveja do Brasil. Seu palacete seria construído

---

47 M. Cecília N. Homem, *O palacete...*, *op. cit.*, p. 13-14.

48 A residência de Von Büllow foi a plataforma para uma série de fotos panorâmicas da Avenida Paulista que fariam parte de uma composição de cem vistas de São Paulo lançada no começos dos anos 20. Tendo começado em Salvador em 1871, Gaensly mudou-se para São Paulo em 1895, onde fundou sua firma Photographia Gaensly. O fotógrafo consagrar-se-ia como um dos principais autores de cartões-postais da cidade entre 1895 e 1925.

em 1895, sob projeto do arquiteto Augusto Fried,[49] sendo seguido pelos palacetes da família Matarazzo e do seu cunhado Henrique Schaumann, erigidos no ano seguinte.[50]

O industrial Francesco Matarazzo construiria sua residência num terreno de doze mil metros quadrados, toda em estilo neoclássico. Construção térrea, que seguia ainda os padrões de distribuição tradicionais quando a moda eram já os franceses, a mansão sofreria uma ampliação em 1900 com a construção de outros dormitórios e de uma fachada. Tornar-se-ia assobradada em nova reforma empreendida em 1920. O fato de seguir padrões mais tradicionais, menos delicados do que os padrões franceses, é uma pequena sutileza da dinâmica de consumo, que valoriza o estilo mais bruto, mais afinado com a natureza do trabalho imigrante. Isso será mais bem expresso no vestuário.

Na Rua Pio XII esquina com a Arthur Prado, situava-se o palacete de Hermann Buchard, o mesmo que, em conjunto com Nothmann e Glete, havia começado o loteamento de bairros para a elite do café, como Higienópolis.[51] Um pouco mais à frente, na esquina da Paulista com a Alameda Campinas, ficava o palacete do banqueiro Numa de Oliveira. A *villa* do conde Egídio Pinotti Gamba, italiano proprietário dos Moinhos Gamba, localizava-se em um cruzamento da Avenida Paulista com o Caminho de Santo Amaro, atual Brigadeiro Luiz Antônio.

Outros nomes estrangeiros a passar pela Avenida Paulista seriam Henrique Schaumann, o proprietário da Botica de Ouro, Pierre Duchen, Maurício Teodoro Rotschild e Bento Loeb, dono da famosa casa que comercializava pratarias, joias e outros objetos de luxo. As residências da Avenida eram também de estilo arquitetônico mais eclético, incorporando os estilos dos países de origem: "Os estilos dos palacetes da Avenida Paulista eram os mais diversificados, sugerindo os países de origem dos moradores. Ostentavam uma decoração mais profunda e exuberante. "(...) Eram vilas pompeianas, neoclássicas, florentinas, neobizantinas, inspiradas no Renascimento francês ou no estilo Luís XIV etc., aos quais viria juntar-se o *art nouveau*. O conjunto, dos mais harmoniosos, impressionava pelo fausto e pelo luxo, tendo rivalizado com a Avenida Higienópolis".[52]

---

49 Benedito Lima de Toledo. Álbum Iconográfico da Avenida Paulista. São Paulo, Ex. Libris, 1987.

50 Vito D'Alessio. *Avenida Paulista – A síntese de uma metrópole*. São Paulo, Dialeto Latin American Documentary, 2002.

51 Informações extraídas do site: http://saopauloantigo.blogspot.com

52 M. Cecília N. Homem, *O Palacete...*, *op. cit.*, p. 191.

Antes das chácaras ou dos palacetes, o sobrado era a habitação por excelência da classe abastada. Eram destituídos de maiores luxos ou confortos, nada comparado ao fausto dos palacetes que sucederão essa forma de habitar inicial. O cronista Jorge Americano aponta para ruptura nos padrões de habitação: "(…) era o fim de uma era. Agora as residências ricas eram chácaras ou quadras, nos arrabaldes".[53] Essas residências ricas assim se opunham aos brutos sobradões:

> Sobe-se por uma escada ao andar superior onde há um saguão com claraboia, que serve de distribuidor. Salão da frente, quartos dos lados, dando janelas para áreas, sala de jantar com janelas para os fundos, um corredor lateral com banheiro, copa, cozinha e despensa. Ornatos de estilo nas portas, janelas e teto. Grandes lustres de cristal, para velas, pendentes do teto em estuque trabalhado. Chão em mosaico de madeiras variadas, e paredes forradas de seda ou papel-cetim estampado.[54]

O primitivismo e o mau gosto das antigas habitações aparecem de forma categórica no romance *A Carne*. Observa a protagonista Lenita, recém-chegada à cidade:

> horríveis casebres dos fins do século passado e dos princípios deste vão sendo demolidos para dar lugar a habitações higiênicas, confortáveis, modernas. Os palacetes do período de transição, à fazendeira, à cosmopolita, sem arte, sem gosto, chatos, pesados, mas solidamente construídos, constituem um defeito grave que não mais desaparecerá.[55]

As antigas habitações, como são chamados por Lenita de *casebres*, passavam a conviver, com formas revolucionárias de morar, que incorporavam conquistas modernas que iam do higienismo ao conforto. A passagem de um para outro tipo de residência encontra-se marcada tanto em sua engenharia e contornos arquitetônicos, como também na organização e distribuição do espaço interno.

Dentro do primeiro grupo de mudanças, tratado de forma abrangente no capítulo primeiro, a substituição da taipa pelo tijolo constitui a transformação mais

---

53 Americano, *São Paulo…, op. cit.*, p. 50.

54 *Idem, ibidem*, p. 50.

55 Júlio Ribeiro. *A Carne*. (1888). São Paulo, Martin Claret, 1999.

radical.[56] Passariam a ser usados telhas e tijolos franceses na alvenaria e o ferro inglês nas armações e nas platibandas em gradil adornado, típicas do final do século XIX.[57] A profusão de materiais, que combinava as matérias-primas tradicionais às últimas conquistas da engenharia, pode ser percebida no anúncio de dois palacetes, "ambos fazendo fundo para as ruas Aurora e do Arouche, perto do bonde Viaduto".[58] Para os alicerces foram utilizados pedra e cal, para os encanamentos, o cobre e o ferro, o telhado, todo coberto de "legítimas telhas francesas".[59]

Como as madeiras importadas nem sempre eram propícias a todo tipo de construção, tratava-se de substituí-las por madeiras nacionais, como a peroba, a canela preta, o jacarandá mais resistentes ao clima. A combinação entre madeiras importadas – como o pinho de riga, vindo da Suécia – e nacionais também era muito comum. O material nacional, apropriado pelos novos estilos arquitetônicos, encontrou um espaço entre as preferências elitistas:

> com madeiramento desde o telhado até o chão de sorno de peroba escolhida, pinho de riga e legítima canela preta; com todos os assoalhos estreitos de preto ou branco e embutidos; todos os quartos espaçosos, tendo cada um deles, uma, duas e três janelas para fora, com portadorias e janelarias, todas com guarnições e de almofadaria de pinho de riga.[60]

As paredes eram forradas com "papéis finos e dourados" e na fachada de cada uma das casas viam-se seis janelas ornadas com ricas alegorias, além de quadros como "Romeu e Julieta", jarros, figuras e leões esculpidos em bom cimento. Cada

---

56   Lemos, *Alvenaria..., op. cit.* Para o autor, o início da popularização do tijolo teria origem na própria expansão do café: "(...) foi o café que popularizou o tijolo, a começar pela sobras diretamente ligadas ao beneficiamento daquele produto agrícola. Somente o tijolo permitiria a facial construção de aquedutos, de muros de arrimo e o calçamento dos grandes terreiros de secagem dos grãos, que, no começo, eram de terra batida, solução má, porque, quando em nível, formavam poças de água e lama (...) a terra suja comprometia o café ali revolvido". (*Idem, ibidem*, p. 40).

57   Geraldo Gomes da Silva. *Arquitetura do ferro no Brasil.* São Paulo, Nobel, 1986. Ainda sobre a arquitetura do ferro no Brasil, em especial a de origem escocesa, vide: Cacilda Teixeira da Costa. *O sonho e a técnica: a arquitetura do ferro no Brasil.* São Paulo, BSF, 1994.

58   *O Correio Paulistano.* São Paulo, 12/12/1895.

59   *Idem, ibidem.*

60   *Idem, ibidem.*

uma das construções contava com treze cômodos, além "dos baixos para criados, adega, despejos etc., com portão e grade de ferro balido, escadaria de mármore, tendo 77 m de frente de terreno".[61]

O ferro fundido tornou-se um dos materiais mais utilizados nas construções erguidas a partir do último decênio do século XIX. O tratamento do ferro, que começara já na Primeira Revolução Industrial com a construção de trilhos para as minas de carvão, alcançaria plena difusão com a expansão da ferrovia no continente a partir da segunda metade do século XIX.[62] Sua aplicabilidade no ramo da construção civil tomaria maiores proporções por volta de 1890.

Quanto ao segundo grupo de transformações, a organização dos espaços interiores, observa-se um processo de racionalização que prima pela especialização dos cômodos segundo as funções dos sujeitos atribuídas pela nova configuração familiar. A nova maneira de dispor os cômodos expressa um processo de construção da privacidade que é específico a sociedades de modernidade tardia, em que os limites entre os espaços privado e público não são tão claramente delimitados.[63] É típica dessa nova construção a criação de peças com funções bastante específicas e fixas, como os quartos dos criados, o quarto de engomar, a despensa, um cômodo para os trabalhos manuais femininos, os jardins de inverno, a sala de bilhares e jogos, o gabinete.[64] Geralmente, havia uma edícula para o abrigo de veículos que, segundo Carlos Lemos, surgiria como uma substituição da antiga cocheira. A edícula é uma criação brasileira.

Esse tipo de disposição interna torna-se mais usual nos palacetes construídos a partir de 1890.[65] O solar de Rafael Tobias de Aguiar Paes de Barros,[66] levantado

---

61   *Idem, ibidem.*

62   Eric J. Hobsbawm. *Da revolução industrial inglesa ao imperialismo.* Trad. Donaldson Magalhães Garschagen, 5ª ed. Rio de Janeiro: Forense-Universitária, 2003, p. 101-123.

63   "(…) elegantíssima vivenda, mobiliada e ornamentada à *La Parisienne*". (*O Estado de S. Paulo.* São Paulo, 15/11/1895).

64   "Percebemos que se esboçava, por esse tempo, um 'zoneamento' moderno das funções de habitação algo diferente, mais descontraído, implicitando novidades como 'a sala da senhora', o jardim de inverno, a sala de bilhares, o 'gabinete' (…) luxo e conforto impossível até então nas casas paulistanas urbanas de taipa, sempre germinadas de ambos os lados, por mais ricas que fossem". (Lemos, *Alvenaria…, op. cit.*, p. 68).

65   *Idem, ibidem,* p. 94-95.

66   Rafael Tobias Aguiar Paes de Barros, típico membro da elite quatrocentona, filho do Barão de Piracicaba, Antônio Paes de Barros, tornar-se-ia o futuro Barão de Piracicaba II. Genro de José Estanislau de Oliveira, I Visconde do Rio Claro, e cunhado de Luís José de Melo Oliveira.

em 1870 na Rua Alegre – rua que saía do largo de Santa Ifigênia em direção aos campos do Guaré – seguia ainda antigos padrões. Preservava a distribuição arcaica dos cômodos e o estilo neoclássico do frontispício, embora já antecipasse algumas tendências características da habitação elitista posterior. Os dormitórios dos criados pertenciam ao térreo, como acontecia anteriormente com as acomodações de escravos e serviçais dos antigos sobrados urbanos. Os cômodos destinados à família ficavam todos no primeiro andar:

> a volumetria prismática da casa se mantinha rígida e conservadora, dentro do espírito da tradição neoclássica (…) O partido da casa [também] mantinha a tradição neoclássica: no andar nobre (primeiro andar), várias salas de recepção se sucediam, mecanicamente repartidas em xadrez, e, no centro da construção, um amplo *hall* com escada de formas vistosas recebia iluminação zenital.[67]

Nas habitações de elite que se seguiriam a esse modelo, o andar nobre seria reservado à intimidade enquanto o térreo, consagrado às recepções da família. Quanto ao estilo dos paramentos, o palacete de Rafael Tobias mantinha-se conservador ao guardar muitos dos segmentos da arquitetura luso-brasileira, "mal disfarçados pelos ornatos de pedra artificial aplicados às fachadas planas".[68] No que concerne aos traços modernos, a mansão seria a primeira a lançar mão de tijolos de barro, embora, algumas versões digam que a construção utilizara, na realidade, uma combinação entre taipa de pilão e tijolos. Quanto à distribuição pelo terreno, a casa não mais se situava à margem da rua, como suas anteriores, e sim, isolada "no meio de extensos jardins, a exemplo das contemporâneas *villas* suburbanas europeias, e separada da rua por gradis e imensos portões de ferro fundido".[69] Situada à esquina das ruas Senador Queiroz com a Rua Alegre, e tendo os fundos voltados para a Rua Triste – poético paradoxo –,[70] a casa fora a primeira de uma série a respeitar as regras do alinhamento urbano, deman-

---

67   Eudes Campos. *Nos caminhos da Luz, antigos palacetes da elite paulistana*. In *Anais do Museu Paulista*. Jan/Jun 2005, vol. 13, p. 11-57.

68   Campos, *Nos caminhos da Luz…, op. cit.*, p. 21.

69   *Idem, ibidem*, p. 22.

70   A Rua Alegre é hoje a Brigadeiro Tobias. A Rua Triste, a Cásper Líbero.

dado pelo seu proprietário no ano de 1875,[71] o que denota que os primórdios da separação entre espaço público e privado são restritos às construções circunscritas aos bairros elitistas.

A especialização dos cômodos, comuns aos palacetes e *villas,* expressa as contradições de uma modernidade excludente e restrita. Nos cortiços e habitações coletivas, o que se vê é, ao contrário, a superposição de funções: "Num extremo passou a existir a chamada casa operária e o cortiço e, no outro, o palacete. A diferença principal entre elas residia no fato de que na casa de luxo não havia superposição de funções. Destinou-se um cômodo para cada função ou atividade, o que resultou em espaços específicos".[72]

O solar de Rafael Tobias de Aguiar Paes de Barros ainda segue o estilo colonial, marcado pelo neoclassicismo português, tanto no que se refere aos aspectos externos, quanto à disposição interna dos cômodos. As construções que viriam depois de 1890 adeririam às tendências francesas e inglesas que expressavam, respectivamente, luxo e conforto. Havia distribuição de água quente e fria nas salas de jantar, nos banheiros e cozinha, tanques para lavagem de roupas e latrina patente e comum:

> A industrialização dos canos galvanizados e do material impermeável, a fabricação da torneira, bem como a invenção do sifão e da privada sifonada, patenteada pelos ingleses, permitiram que a água corrente passasse da pia da cozinha ao lavabo e ao w.c. e, daí, ao banheiro. (...) Da mesma forma, o suprimento de água quente também ocorreu a partir do aquecimento de tubos acoplados à fornalha do fogão.[73]

A chegada da energia elétrica às residências, por volta de 1910, colocaria em luminosa evidência os globos, arandelas, tulipas e lustres de cristal Baccarat e Oslers.[74] O conforto, que vai do encanamento galvanizado que distribuía água aquecida pela eletricidade à latrina, é uma invenção cultural, que associa as conquistas materiais da II Revolução Industrial aos novos ideais de privacidade.

---

71   Campos, *Nos caminhos da Luz...*, *op. cit.*, p. 21.

72   M. Cecília N. Homem, *O Palacete...*, *op. cit.*, p. 125.

73   *Idem, ibidem*, p. 29.

74   *O Correio Paulistano*. São Paulo, 12/12/1895.

As necessidades de ostentação, esculpidas em cada detalhe dos palacetes, eram evidentes. Delineava os contornos de uma modernidade atípica, que nascia do processo de aburguesamento da sociedade que, embora exigisse a superação do estilo colonial, paradoxalmente, conservava sua forma aristocrática de exibição. A arquitetura expressava, nas palavras de Florestan Fernandes, a incompletude da construção de uma ordem social competitiva composta por burgueses e proletariados. É uma sociedade que se coloca entre a organização de classes e de estamentos, mas não de maneira racional a ponto de dizer, como Weber, que as classes são organizadas do ponto de vista da produção e da distribuição em relação ao mercado, enquanto que os estamentos são organizados no que se refere ao consumo. Embora a afirmação seja em geral verdadeira, é possível encontrar traços estamentais no âmbito da produção também, como a reinvenção de algumas formas servis, mascaradas, por vezes, pelo colonato. O âmbito da produção capitalista no Brasil e a configuração de suas estruturas sociais são uma incógnita, em razão da permanência dos traços escravistas na sociedade capitalista moderna que se conforma. Classe e estamento confundem-se de tal forma, que torna difícil a definição dos limites de cada um a partir da produção. Melhor utilizar, para esse tipo de sociedade, o termo patrimonial, que expressa essa confusão. O estudo do consumo permite dar maior clareza no que se refere à estratificação social. Como já dissemos, seria uma espécie de inversão da base material capitalista a fim de captar o que existe de essencial: suas classes e frações de classes que lhe conferem movimento. É nesse sentido que acomodamos a teoria weberiana no interior do materialismo histórico.

Em cada pormenor dos edifícios, procurava-se marcar a diferença em relação aos anteriores "barracões de tijolos, monstrengos impossíveis que por aí avultam, chatos, extravagantes, à fazendeira, à cosmopolita, sem higiene, sem arquitetura, sem gosto".[75] A distância em relação ao estilo colonial expressava o grau de afinidade do estrato social com a cultura cosmopolita. A escolha dos profissionais para a execução de um tal trabalho fazia parte do processo de diferenciação. Ramos de Azevedo era um dos arquitetos preferidos da camada mais abastada e oferecia serviços personalizados.[76] Para a decoração e ornamentação, feitas também sob vigilância atenta do arquiteto, não havia outros que não os renomados Aurélio de Figueiredo e Almeida Júnior:

---

75   Ribeiro, *A carne, op. cit.*

76   Lemos, *Alvenaria..., op. cit.*, p. 68. A respeito da carreira de Ramos de Azevedo e seu papel no desenvolvimento da arquitetura pré-modernista brasileira, vide Miceli, *Nacional...Op. cit.*, p. 33-42.

iria a São Paulo, fixar-se-ia aí de vez e compraria um terreno grande em um bairro aristocrático, na Rua Alegre, em Santa Efigênia, no Chá, construiria um palacete elegante, gracioso, rendilhado, à oriental, que sobressaísse (...) Trastejá-lo-ia de jacarandá preto, encerado, com esculpidos foscos. Faria comprar nas *ventes* de Paris, por agentes entendidos, secretárias, mesinhas de legítimo *Boule.* Teria couros lavrados de Córdova, tapetes da Pérsia e dos Gobelins, *fukusas* do Japão. Sobre os consolos, sobre os *dunquerques*,[77] em vitrinas; em armários de pau ferro rendilhado, em étageres, pelas paredes, por toda a parte semearia porcelanas profusamente, prodigamente – as da China com o seu branco leitoso, de creme, com as suas cores alegres suavissimamente vívidas, as do Japão, rubro e ouro, magníficas, provocadoras, luxuosas, fascinantes; os *grés* de *Satzuma*,[78] artísticos, trabalhos árabes pelo estilo, europeus quase pela correção do desenho. Procuraria vasos, pratos da pasta tenra de *Sèvres*, ornamentados por *Bouchet*, por *Armand*, por *Chavaux* pai, pelos dois *Sioux*; contrapor-lhes-ia as porcelanas da fábrica real de Berlim e da imperial de Viena, azuis de rei aquelas, estas cor de sangue tirante a ferrugem; enriquecer-se-ia de figurinhas de *Saxe*, ideais, finamente acabadas, deliciosíssimas. Apascentaria os olhos na pátina untuosa dos bronzes do Japão, nas formas tão verdadeiras, tão humanas da estatuária grega, matematicamente reduzida em bronze por *Colas* e *Barbedienne.* Possuiria mármores de *Falconet*, terracotas de *Clodion, netskés*[79] velhíssimos, rendilhados, microscópicos, prodigiosos.[80]

Nesse longo trecho do romance *A Carne,* os detalhes falam por si mesmos. O sonho de Lenita possuir um palacete que "se sobressaísse". O autor não hesita em associar essa "sobressalência" a um perfil aristocrático de comportamento, que se mantém na esfera do consumo, ainda que a origem do estrato social seja capitalista,

---

77 Móvel como o consolo, servindo para sustentar estátuas, cadelabros, vasos.

78 *Grès de Four de Satzuma*: pote em cerâmica cozida a alta temperatura.

79 Esculturas em miniatura inventadas no Japão do século XVII. Eram feitas de diversos materiais: porcelana, laca, metal, couro, pedra bruta ou âmbar. Como os quimonos não tinham bolsos, os *netsukes* (grafia usual) eram usados para carregar tabaco, dinheiro e ervas medicinais. Eram atados ao cinto que compunha a indumentária.

80 Ribeiro, *A carne, op. cit.*

portanto, tenha um perfil de classe no âmbito da produção. Na organização interna, nada era simples e escassos eram os materiais nacionais, salvo o velho jacarandá que deveria aguentar a estrutura dessa magnificência toda. Os brilhos e vernizes marcavam as fronteiras da ostentação. Os materiais utilizados para esse efeitos eram vários: madeiras como a *pallissandre*, o *erable*, acaju, *vieux-chène*, bambu indiano, vinhático, mogno, *bois nègre*, azeviche, mogno *Manchester*; cristais do tipo *musselina*, *baccarat* ou boêmia; porcelanas: Sèvres, Indiana, esmaltada e o *biscuit*; finalmente, havia as pratarias em *christofles*, *silver plate*, algenias, príncipe e ainda aquelas banhadas pelo método *electro-plate*.

Pratarias, *Casa Michel*. (*O Estado*, 04/03/1912)

Para salão principal, onde se recebiam as famílias do mesmo círculo, escolhiam-se peças que expressassem o garbo da família. Vicejavam os tapetes da Pérsia, os célebres *gobelins*, cortinas adamascadas, "sanefas de brocado inglês e renda *Malinés*, grupos *bébé* em damasco chinês e *senateur*".[81] O mobiliário do recinto – demoradamente enumerado na ocasião dos leilões – possuía algumas peças comuns a todas as famílias da alta sociedade. Não poderia deixar de haver, por exemplo, alguma

---

81   *O Estado de S. Paulo*. São Paulo, 06/01/1900.

"mesa com tampo de mármore para o centro",[82] encomendada a algum renomado *menuisier* europeu; as notáveis cadeirinhas austríacas com encosto em palhinha, por vezes "em óleo vermelho, de medalhão, com obra de talha";[83] um espelho "de cristal com moldura em talha dourada a fogo".[84] Em leilão da Tapeçaria Moderna, ocorrido em 1897, apresentava-se às famílias de tratamento riquíssima mobília em

> canela ciré e nogueira, folheadas a ouro, forradas de *reps*[85] de lã e seda, estofadas à fantasia e de estilo a Luis XVI (…) porta-chapéus com espelhos e cabides niquelados; mesinhas para centro douradas e guarnecidas de metal com finas pinturas e verniz *Martin*; candelabros de metal com guarnições de porcelana chinesa; cadeirinhas *laquées*[86] estofadas à pelúcia com bordados de seda frouxa.[87]

O estilo Luiz XIV marcou a afirmação da França no ramo do mobiliário que, até 1660, era profundamente influenciado pelas tendências italianas e flamengas. A passagem reflete a passagem da hegemonia mundial dos Países Baixos, que é o centro da acumulação capitalista mundial entre os séculos XVI e XVIII, para a Inglaterra, que entra em disputa com a França pela supremacia ao longo dos séculos XVII e XVIII.[88] A França, que perde o posto para a maior potência industrial do planeta, após a Guerra dos Sete Anos (1756-1763) e a Guerra de Independência

---

82 *O Estado de S. Paulo*. São Paulo, 13/01/1903.

83 *Idem, ibidem*, 13/01/1903.

84 *Idem, ibidem*.

85 Tecido utilizado para móveis.

86 A laca, resina extraida de plantas encontradas no Oriente, era usada como verniz para móveis, conferindo uma coloração avermelhada à madeira. Móvel *laqué*.

87 *O Estado de S. Paulo*. São Paulo, 17/02/1897.

88 A relação entre cultura de consumo e absolutismo foi primeiro tratada em Norbert Elias. *La société de cour*. Trad. Pierre Kamnitzer et Jeanne Etoré. Paris, Champs-Flammarion, 1985. Nesta obra, associa-se o processo de concentração de poder nas mãos do rei e de uma minoria a ele subordinada, a corte, às suas necessidades de exibição. O consumo de corte seria a manifestação material e socialmente necessária desse processo centralizador, e o luxo das cortes tornar-se-ia "um meio de governar". (Gisela Taschner. "Raízes da cultura do consumo". *Revista Usp*, nº 32, *Dossiê Sociedade de Massa e Identidade*, p. 36). Podemos falar aqui já em uma cultura de consumo, uma vez que "não os bens, mas a imagem desses bens se torna acessível a todos na sociedade". (Taschner, "Raízes da cultura do consumo", *op. cit.*, p. 28).

Americana (1776), preserva as suas pequenas manufaturas e especializa-se na exportação de produtos de luxo, como os móveis. Tais manufaturas eram a própria expressão do período áureo do absolutismo de Luís XIV e do mercantilismo colbertista. Fato significativo é a criação da *Manufacture Royale des Meubles de la Couronne*, que reunia, sob iniciativa da Coroa a fabricação de móveis. O processo de concentração de poder por parte do soberano e da consequente formação da corte francesa é traduzido no estilo da mobília, que guarda grandes proporções e contornos fortes e masculinos. Predominam as linhas retas e, as curvas, quando presentes, são sempre discretas e austeras. A força do estilo exprime-se tanto nos tipos de madeira utilizados – carvalho, ébano, castanheiro – quanto nos símbolos entalhados, como cabeças e patas de leão, sátiros, grifos, esfinges, folhagens, golfinhos, folhas de acanto. Os móveis eram banhados a ouro ou recebiam incrustações e filetes do metal, trabalho feito pelo ebanista da realeza. São típicas do estilo peças como a secretária, o medalheiro,[89] o *billard*, a cômoda, o canapé, as mesas de mármore ou em madeira dourada, o console (pequena mesa colocada junto à parede), as cadeiras com assentos de veludo, tapeçaria ou brocado. O estilo, em suas linhas e peças, marcaria presença nas casas paulistanas abastadas, representando, da mesma forma que o absolutismo francês, sua estabilidade material e proeminência política.

Os móveis em estilo rococó, representados pela graciosidade, leveza e liberdade das linhas, deixam de estar presentes nas casas brasileiras do *fin-de-siècle*. O estilo rococó, inscrito nos estilos Luís XV, XVI e Diretório, só encontrará um novo lugar a partir de sua tradução pelo *Art Nouveau*. Durante todo o período estudado, entre 1890 e 1914, não há nada que lhes faça referência nos anúncios de leilões. Talvez a delicadeza das linhas, o bronze, em lugar do ouro e as madeiras mais leves – como o pau-rosa, o pau-violeta, o amaranto – não fossem capazes de conferir ao ambiente a suntuosidade desejada, e, portanto, incapazes de marcar com maior força as fronteiras sociais, que, tal como em uma sociedade estamental, ainda deveriam ser intransponíveis.

A partir de 1900 começavam a surgir nos interiores das casas abastadas os móveis em estilo *Art Nouveau,* que esculpiam as formas naturais sobre os novos materiais industrializados. As linhas são menos abruptas; as peças, mais leves.[90] Os materiais

---

89 Móvel que servia para guardar joias e preciosidades.

90 "O movimento originou-se na Inglaterra entre artistas insatisfeitos com os rumos do desenho industrial vitoriano e que tentavam, ao mesmo tempo, restaurar a tradição do artesanato em face da crescente industrialização". (Camargos, *Villa Kyrial...*, *op. cit.*, p. 22).

preferidos eram: metais, como o ferro forjado, o aço, o bronze; o vidro; madeiras, como o acaju do Brasil, a nogueira, o carvalho, a pereira, o ébano; a cerâmica.

O realce dado às formas orgânicas era acompanhado de contornos emprestados ao Oriente, em particular ao Japão, atribuindo aos móveis um tom exótico. Começavam a estar presentes os trabalhos com arabescos, mosaicos, desenhos de folhas e flores, animais, que valorizavam o aspecto decorativo sobre formas tridimensionais, sinuosas e sempre assimétricas. São típicas deste período as cadeiras otomanas, espécie de cadeira alongada em estilo oriental que se assemelha a um divã; o aparador de mármore; o *buffet* com espelhos bisotados, as cadeiras de vime; as cristaleiras e as poltronas estofadas. As madeiras mais utilizadas nas artes eram a imbuia, o jacarandá, o mogno: "Magnífico leilão de móveis no estilo *art nouveau*: belo grupo estofado em estilo oriental de otomanas; grupo estofado em canela ciré para dormitórios e grupo estofado em carvalho branco para salão de refeições; piano em raiz de nogueira, grande formato com galeria".[91]

Geralmente, um leilão se dava em razão de mudança da família para a Europa, ou por motivo de férias, durante as quais, a família traria um mobiliário inteiramente novo e, então, era mister livrar-se do antigo no momento da partida. O leilão de móveis *Art Nouveau* mencionado no parágrafo anterior foi promovido graças à viagem do industrial A. Paturu, que se retirava com sua família para a Europa por motivos de "recreio", donde concluímos que, não haveria necessidade de vender todos os móveis, a não ser que houvesse intenção de comprar outros durante a viagem. Também uma artista dramática Zaira Teozzo, ao se retirar para a Europa, decidiu leiloar todo o seu mobiliário composto por "Soberbos móveis, ricas alfaias, luxuosa e profusa ornamentação de uma casa nobre. Belo e harmonioso piano; cristais *baccarat*; porcelana da Sèvres, *faience*, estátuas, bronzes autênticos, lampiões de níquel, de um metro, com lavores em relevo, quadros famosos de autores célebres, marinhas, paisagens, tapetes *guanacos*[92] para salão, *christoffles*".[93] A mudança poderia ser ainda para um lugar bem mais próximo, como no caso de um deputado

---

91   *O Estado de S. Paulo*. São Paulo, 02/02/1903.

92   Tapete de lã de guanaco, espécie de animal, que como a lhama e a vicunha, habita a Cordilheira dos Andes.

93   *O Estado de S. Paulo*. São Paulo, 06/01/1900.

O mercado do prestígio

federal que se retirava para o Rio de Janeiro por razões políticas e decidira leiloar o seu palacete e todas as peças ali contidas.[94]

A forma como o *Art Nouveau* foi apropriada estabelecendo uma nova relação entre a arte e sociedade de classes paulistana. O gosto pela arte é um gosto construído ao longo de toda a vida, por isso, as barreiras sociais por ele impostas são tão difíceis de serem transpostas. Pierre Bourdieu estuda o gosto artístico sob a forma de um capital cultural, que se diferencia do capital material e simbólico pela sua força no que se refere ao processo de diferenciação social.[95]

Para compreender a natureza dessa relação na sociedade brasileira, é preciso voltar ao movimento mais feral e compreender o surgimento do novo estilo. Este foi o produto do evolucionismo, que voltava a valorizar os detalhes naturais, da industrialização, que criava novos materiais a serem trabalhados e de uma ética burguesa que visava à simplificação e não ao rebuscamento das aparências. Até o século XIX, o normal era a antinomia entre arte e indústria.[96] A partir do século XIX, ou os materiais industriais são apropriados pela arte ou a própria arte é objeto de industrialização e consumo. Na vanguarda do movimento estava o inglês William Morris: "Cet art social, cet art qui ne voulait plus être réservé à une élite, devait, pour exister se réconcilier avec la technique, se la réapproprier".[97]

Enquanto nos países do centro do sistema capitalista, assistia-se aos primórdios do processo de industrialização e massificação da arte,[98] o que se via nos países da periferia era justamente o contrário. O mesmo estilo tinha um sentido diferente

---

94 "Suntuoso dormitório de érable gris, rigoroso estilo indiano, ornado com mármores de Carrara, espelhos de cristal francês, Saint Gobain, contendo 7 esplêndidas peças". (*O Estado de S. Paulo*. São Paulo, jan/1900).

95 "La consommation de l'oeuvre d'art, illustration presque trop évidente de ces analyses, n'est qu'une parmi d'autres de ces pratiques distinctives". (Bourdieu, *La distinction...*, *op. cit.*, p. 319).

96 "L'Art Nouveau apparaît au contraire comme la première tentative de conciliation entre les aspirations artistiques héritées du passé et les nouvelles réalisations de l'ère industrielle. La fécondité de cet état d'esprit qui allait emplir le siècle se manifeste avant tout dans les arts décoratifs, les bâtiments, les objets, les meubles". (Michel Winock. *La Belle Époque – La France de 1900 à 1914*. Collection Tempus. Paris, Éd. Perrin, 2002, p. 351).

97 Winock, *La Belle Époque...*, *op. cit.*, p. 350.

98 Para os teóricos frankfurtianos, em particular Walter Benjamin, a associação entre técnica e arte levaria a um empobrecimento desta última, à sua perda de aura porque perpassada pela razão instrumental que transforma fins em meios. (Walter Benjamin. *A obra de arte na era de sua*

entre os dois cantos do globo: de um lado, valorizava as conquistas industriais; de outro, exaltava a terra soberba, que presenteara o Brasil com todas as riquezas naturais. O *Art Nouveau* dos trópicos despiu-se do útil e do despojado para incorporar o que havia de mais extravagante, como as ramas de café, símbolo da prosperidade da elite cafeicultora. A absorção do estilo servia aos propósitos de distinção e era específico às disputas de classe no interior da elite paulistana, disputa que assumia a forma de uma competição entre a fração de elite tradicional e a imigrante ascendente. A decoração dos palacetes afirmava essas diferenças.

Dessa maneira, o consumo da arte como prática distintiva toma, nos trópicos, um rumo diferente. Enquanto, nos países centrais, à proporção que se abrem as sendas para a difusão da arte, mesclando-a à técnica, a burguesia tradicional volta-se cada vez mais para o rústico, para o antigo, para a pátina, invertendo o movimento da tendência da cultura de consumo inaugurada no século XVIII na Inglaterra. Aliás, essa é a essência do gosto burguês,[99] que se volta gradativamente para a privacidade e menos para a exposição pública.

Nos trópicos, devido à ausência dos pressupostos materiais que compõe o *Art Nouveau*, ou seja, a industrialização, aquele continua a servir principalmente às necessidades de exposição pública e não de praticidade ou de conforto, base da privacidade burguesa. Na sociedade capitalista periférica, a dinâmica de consumo reinventa o antigo da pátina, decadente na Europa já desde o século XVIII, mas sob uma roupagem nova, o *Art Nouveau*: "o gosto pelo antigo é característico do desejo de transcender a dimensão do êxito econômico, de consagrar em um signo simbólico, culturalizado e redundante, um êxito social ou uma posição privilegiada. O antigo é, entre outras coisas, o êxito social em busca de uma legitimidade, de uma herança, de uma sanção nobre". Não se verifica aqui o movimento de afirmação do gosto burguês típico da modernidade:

> Não tendo pensões reais nem restrições a certas formas de ganhar
> dinheiro que caracterizam a nobreza, o burguês trabalha para

---

reprodutibilidade técnica. Tradução José Lino Grunnewald. In O*s Pensadores*. São Paulo, Abril Nova Cultural, 1980).

99 Jean Baudrillard. "A moral dos objetos. Função-signo e lógica de classe". In *Semiologia dos objetos*. Seleção de ensaios da revista *Communications*. Petrópolis: Vozes, 1972, p. 62. Também para Bourdieu, o gosto pela tradição compõe a essência do gosto da alta burguesia. (Bourdieu, *La Distinction...*, *op. cit.*, p. 299).

> sobreviver e tentar acumular patrimônio para si próprio e para deixar às gerações futuras. Se um lado de sua vida está ligado ao parecer, o outro se volta para a esfera do privado que, ao separar-se da esfera pública, vai ter na família o seu grande reduto.[100]

No entanto aqui reside a especificidade: o rebuscamento é específico da fração de classe oriunda da cafeicultura; a sobriedade, da fração de classe oriunda do comércio.

Dado, no entanto, o caráter estrutural do imbricamento entre a esfera pública e a privada, o processo de construção da privacidade burguesa também é aqui distinto. A penetração dos interesses burgueses na esfera pública assume, no capitalismo periférico, contornos patrimonialistas. No sentido inverso, a construção do espaço público, que se faz, no plano da geografia urbana, pela delimitação da rua, pela imposição dos recuos, também avança sobre essa privacidade específica. O privado converte-se no público e este naquele a partir de uma dialética que reflete os traços herdados de uma sociedade patriarcal e escravista.

A necessária exposição que a dinâmica de consumo carrega nessa transição exige que o a invasão do espaço privado pelo público, que assume o papel da vigilância e do chancelamento daquele que é digno de ocupar uma posição privilegiada, que se reflete na esfera política. A construção do poder republicano está relacionado a forma como essas famílias conduzem o processo civilizador da capital paulista e como assumem a direção das novas forças produtivas e da transição ao trabalho livre.

Nesse processo, uma das expressões da esfera pública no interior da privacidade patriarcalista é o surgimento do salão: "As peças ou salas consagradas a toda a casa estão reduzidas ao mínimo. O espaço maior, nas melhores mansões burguesas, é dado, no entanto, a uma peça completamente nova: o salão".[101] A sala passou a ser o centro da vida familiar, sendo assim denominada "sala-praça", de onde onde irradiavam os demais cômodos, mostrando uma espécie de subordinação da privacidade à exposição pública.[102] Aí se davam as recepções, saraus artísticos e *soirées*,

---

100 Quanto ao estilo burguês de consumir: (Taschner, "Raízes da cultura do consumo", *op. cit.*, p. 42).

101 Jurgen Habermas. *Mudança estrutural da esfera pública: investigações quanto a uma categoria da sociedade burguesa.* Trad. Flávio R. Kothe. Rio de Janeiro: Tempo Brasileiro, 1984, p. 62.

102 Miguel Antônio Buzzar. *A ideia de uma casa brasileira.* In V Seminário Nacional DOCOMOMO. São Carlos, 2003.

momentos da exposição das famílias de elite e de suas mulheres, antes furtadas aos olhares estranhos.[103]

As reuniões entre famílias de uma mesma estirpe constituíam ocasiões especiais, nas quais se trazia para a sala alguns outros móveis que de ordinário ficavam em outros cômodos; alguma joia de família que receberia um lugar de destaque; de servir o *buffet* ricamente preparado pela criadagem em pratarias, porcelanas e cristais.[104] Adaptada a esse novo papel, a sala dividia-se em outros ambientes de acordo com sua funcionalidade – "sala de receber, de espera, de costura, de música"[105] – espaços pelos quais passariam as demais famílias ao longo da *soirée*, o que reforça a importância das múltiplas salas como espaços de socialização. A partir de tal exibição, que se constrói pela invasão necessária do espaço privado pelo público, a família passaria pelo crivo de suas semelhantes, renovando-se então sua legitimidade social.

Uma das casas tornadas mais célebres na recepção de elegantes e intelectuais foi a *Villa Kyrial*, do mecenas Freitas Valle. Localizada na Vila Mariana, uma região ainda de ocupação esparsa, a *Villa Kyrial* adotava o mesmo estilo eclético das mansões de Higienópolis e dos Campos Elíseos. Os convivas entravam pela varanda que dava tanto para o *hall* como para uma Galeria em que se viam uma série de afrescos feitos por Pablo Salinas,[106] nos quais se representavam as artes, a dança, a música, a escultura, a pintura à maneira do Renascentismo italiano. Era na Galeria, guarnecida de um legítimo piano *Bechstein*, sofás de couros e poltronas da Casa Maple,

---

103 A respeito da proteção dirigida ao sexo frágil quando da passagem das grandes famílias para o ambiente urbano, diz Gilberto Freyre ser o sobrado urbano a forma arquitetônica mais adequada a esse intuito. (Gilberto Freyre. *Sobrados e Mucambos: Decadência do Patriarcado Rural e Desenvolvimento Urbano*. Rio de Janeiro: Record, 1996).

104 Ao contrário do período anterior em que a própria casa fazia todas as refeições que serviria aos seus convivas, o final do século marca a voga da comida encomendada. Uma das casas especializadas em quitutes para festa era a Confeitaria Fasoli, localizada no número 5 da Rua Direita: "O proprietário pede ao público e particularmente às exmas. famílias para visitar sua nova casa, convencido que encontrarão um magnífico serviço e um esplêndido salão digno desta ilustrada e adiantada capital. Aceita-se qualquer encomenda para banquetes, soirées etc. tanto para cidade como para o interior". (*O Estado de S. Paulo*, São Paulo, 31/01/1897).

105 Campos, *Nos caminhos da Luz...*, *op. cit.*, p. 15.

106 Nascido em 1871 na Espanha, Pablo Salinas se mudou em 1886 para Roma, onde viveu a maior parte de sua carreira. Pintou cenários luxuosos do século XVIII, no que se destacou pela minúcia e colorido dos trajos portados pelos personagens, interiores de igrejas e cenas populares das culturas italiana e espanhola. Costumava colocar membros de sua família, em particular suas duas irmãs, em suas pinturas. *El triunfo del torero*, *Escena Baturra* e *La Boda* são algumas das obras do pintor.

que se davam as *soirées* artísticas. Um canapé revestido de veludo vermelho-escuro onde se viam as iniciais "FV" bordadas em fios de ouro e chamado pelos artistas de "trono de Nero" em referência ao papel do anfitrião Freitas Valle. O intuito de seu salão era o de cultivar costumes europeus, que iam desde a gastronomia, para a qual se instaurou um clube denominado *Hordem dos Gourmets*. Todos recebiam codinomes e o de Freitas Valle era *maître* Jean-Jean. Também se praticava o jogo de *croquet* nos gramados da mansão.[107]

A *Hordem dos Gourmets*, fundada em 1904, foi o primeiro clube culinário do Brasil e uma expressão de como se poderia combinar cultura e política na mais rica província da república. Seus membros, como Washington Luís, Carlos de Campos, Oscar Rodrigues Alves e Félix de Otero, eram políticos iminentes. Para ingressar na *Hordem*, os aspirantes deveriam passar por uma avaliação, que consistia em adivinhar a origem de determinado vinho ou perfume.[108] Conta-se que Altino Arantes, presidente do estado entre 1916 e 1920, fora "rebaixado a oficial por não se mostrar competente o bastante na apreciação dos vinhos".[109] Os aprovados, submetiam-se então ao comando de Freitas Valle, o *maître* Jean-Jean, e bancavam os "serviçais" durante os festins.[110] Eram responsáveis por toda a organização do ritual, desde a preparação dos pratos até a postura dos convivas à mesa:

> Sempre solenes, os banquetes faziam-se preceder por convites personalizados, impressos para a ocasião, contendo o programa cultural e o traje exigido. Monograma azul designava *smoking* para os cavalheiros e a louça seria azul e dourada. O verde requeria casaca, e então a porcelana seguia idêntico tom cromático, com frisos em ouro.[111]

---

107 Camargos, *Villa Kyrial...*, *op. cit.*, p. 40-53.

108 Camargos, *Villa Kyrial...*, *op. cit.*, p. 62.

109 *Idem, ibidem*, p. 73.

110 Nelson Palma Travassos assinala que o banquete era um momento particular e essencialmente masculino desde seu princípio até seu fim: "Os preparativos para sua realização demandavam tempo e ao contrário do que se passava em casa, onde a mulher é quem se incumbia da comida, o banquete se tornava mais estranho, para as crianças, porque organizado por homens. Era meu pai e os pais de meus amigos os que orientavam a festa sem a mamãe e a mãe deles. Era visível na cara de papai um certo ar superior de independência e na mamãe um traço negro de despeitado desdém". (Nelson Palma Travassos. *Quando eu era menino*. São Paulo, Edart, 1960, p. 223).

111 Camargos, *Villa Kyrial...*, *op. cit.*, p. 42.

Toda a inspiração era essencialmente estrangeira: o cardápio era todo em francês, o cavalheiro deveria estar trajado à moda inglesa e a senhora à moda francesa, o idioma falado era um misto entre francês e espanhol: "(...) o idioma francês e até os pratos servidos (...) transformavam-se em símbolo de *status*, formando o repertório constitutivo da identidade social do grupo e criando a ilusão de modernidade e sintonia com os países europeus que a elite tanto buscava".[112] Salões privados, como a *Villa Kyrial*, tornaram-se verdadeiras instituições civilizadoras e clubes, como a *Hordem dos Gourmets*, reuniam a elite da província.

No que se refere ao espaço privado propriamente dito, os quartos tornaram-se a expressão da intimidade dos indivíduos da família burguesa. Por isso, localizavam-se no primeiro andar, não mais no térreo. As alcovas, recintos completamente fechados, sem janelas e localizado nos centros dos imóveis, deveriam ser substituídas pelos quartos, já que, segundo os preceitos higienistas, eram ponto de acúmulo de miasmas. Os cômodos deveriam ser ventilados e iluminados pela luz do sol.[113]

O abandono da alcova como símbolo da intimidade acompanha uma mudança no mobiliário e na decoração, que adquirem contornos mais suaves, que valorizam a exposição à luz. Em um leilão de 1892, ainda se encontra o termo "alcova" sendo empregado. A casa compunha-se de quatro alcovas ao todo. Na primeira delas, um par de *étagères* de carvalho com pedra de mármore e pintura sobre vidro; um *toilette* americano para criança com serviço de porcelana, licoreiro em estojo estofado de cetim macau; na segunda alcova, contígua ao escritório, havia uma cantoneira de *vieux-chaîne*, e, no escritório, uma secretária de carvalho com cadeira de palhinha para mesma, relógio de bronze com calendário, barômetro e termômetro regulando um grande tinteiro de cristal; a biblioteca era toda em carvalho, obra de talho, peça especial, onde havia um *guéridon* para fumantes,[114] porta-cartões de alabastro, material considerado nobre para a época.[115] As alcovas eram os espaços em que o casal ou o pai de família buscavam intimidade, uma vez que, dentro da enorme casa ou do sobradão patriarcal, não havia espaços especializados. Alguns cômodos exerciam muitas funções ao mesmo tempo e reuniam muitas pessoas, serviçais e agregados.

---

112 *Idem, ibidem*, p. 61.
113 Campos, *Nos caminhos da Luz...*, *op. cit.*, p. 15.
114 Pequena mesa redonda com um só pé, deixada comumente ao centro do cômodo.
115 *O Estado de S. Paulo*. São Paulo, abr/1892.

O mercado do prestígio

A construção contínua entre o quarto do proprietário da casa e o seu local de trabalho intelectual, fosse escritório, fosse biblioteca, era bastante comum. Indica que o ofício do intelectual é essencialmente masculino e, nas segundas gerações de famílias intituladas quatrocentonas, exercido pelo pai de família. O seu escritório, da mesma forma que o dormitório, é um espaço de refúgio e sua privacidade deve ser respeitada pelos demais membros da família e empregados. Na *Villa Kyrial*, por exemplo, dentre os oito dormitórios que se localizavam no perímetro íntimo da casa, o aposento destinado a Freitas Valle era separado da biblioteca por uma porta de duas folhas. O silêncio era essencial ao seu trabalho[116]

Em outro leilão datado de 1910, não mais se anunciavam alcovas, mas "quartos", que eram de quatro tipos. A decoração e a mobília expressa a função do quarto na casa. O primeiro era para os criados, com mobília mais simples, contando com oito camas francesas de solteiro e treze camas de ferro, além das ferramentas e utensílios da criadagem. O número de camas no dormitório dá a dimensão do número de criados que trabalhavam em um palacete de elite. Na casa de Freitas Valle, por exemplo, a equipe de criados era formada por um caseiro, um tratador de cães, uma arrumadeira, uma copeira, a cozinheira Luisinha, a governanta Dona Olímpia e a pajem que a auxiliava, duas senhoras espanholas que vinham limpar o assoalho regularmente e o jardineiro.[117] Estas eram as funções mais comuns legadas à criadagem. O outro dormitório anunciado pelo leilão era o principal, provavelmente pertencente ao casal da família, onde a mobília era, em sua maior parte, importada: "*chic* armário de parede de *vieux-chaîne*, (…) *verres d'eau* de cristal dourado, (…) finos tapetes ingleses para descida de cama",[118] leitos *Art Nouveau* fabricados "em ferro envernizados a fogo e guarnecido de metais dourados, com lastros de molas de aço, comprados em Berlim", os colchões eram de crina vegetal, também alemães e os acolchoados de penas de ganso eram cobertos em cetim Macau; a colcha que cobria a cama, de filó creme. No dormitório destinado à *demoiselle*, abundavam os móveis destinados às vestimentas e os espelhos de cristal *biseauté*.[119] Eram inúmeros os cabides (torneado para o centro, austríaco, lateral, cabide para cortinas); guarda-vestidos e guarda-casacas em canela

---

116   Camargos, *Villa…*, *op. cit.*, p. 50.

117   *Idem, ibidem*, p. 51.

118   *O Estado de S. Paulo*. São Paulo, 02/04/1910.

119   O acabamento *biseauté* sobre o vidro refere-se ao tratamento especial sobre as suas bordas, que são lapidadas e polidas, conferindo sensação de leveza ao trabalho.

ciré. Nos outros dormitórios, ditos de "solteiros", as mobílias eram indiferenciadas e possuíam, dentre outros móveis, camas de ferro envernizado, porta-toalhas, tapetes aveludados, sanefas de cretone e reposteiros.[120]

A distribuição dos dormitórios e dos seus respectivos móveis expressava o papel desempenhado pelos membros da família no interior de uma sociedade que adentrava o mundo moderno. Os papéis se individualizavam e se gravavam na distribuição do espaço privado. O dormitório do chefe de família – dotado de vários símbolos de poder, sendo um deles a mobília de compleição mais forte – próximo ao seu gabinete demonstrava seu poder não só material, mas também intelectual: "Ao homem destinou-se o gabinete, lugar com entrada independente, onde ele se isolava a fim de tratar de assuntos confidenciais. Era onde tanto a mulher quanto os filhos entravam na ponta dos pés, em sinal de respeito ao seu comando".[121]

A demarcação do papel do intelectual, bem como do espaço a ele reservado, adquire contornos mais acentuados em uma sociedade de passado escravista caracterizada pela tradicional repulsa ao trabalho. Sérgio Buarque de Holanda[122] e Gilberto Freyre[123] falam a respeito do papel do bacharel nessa transição.

Um outro aspecto que chama a atenção na divisão da casa é um dormitório exclusivo da *demoiselle*. A função da mobília nesse cômodo capta a passagem da menina para a mulher, passagem essa mais acentuada na sociedade patriarcal burguesa do que na colonial. O espelho é uma peça nova que deve apontar para o momento em que o vestuário da menina deve ser substituído pelas vestimentas da jovem mulher casadoira.

Dentre as transformações sofridas pelo partido das habitações de elite, no sentido de um traçado e uma organização interna mais burgueses, a cozinha talvez tenha sido o cômodo que maior influência estrangeira tenha sofrido. Em primeiro lugar porque arquitetos responsáveis pelas construções dos palacetes de elite, como Ramos de Azevedo, seguiam à risca a organização francesa da casa, respeitando a

---

120   *O Estado de S. Paulo.* São Paulo, 02/04/1910.

121   M. Cecília N. Homem, *O Palacete...*, *op. cit.*, p. 27. Espaços como o *fumoir*, o bilhar e a biblioteca eram de uso exclusivamente masculino.

122   O autor usa o termo "praga do bacharelismo" para definir o fenômeno da ostentação do diploma. (Sérgio Buarque de Holanda. *Raízes do Brasil.* 26a ed. São Paulo, Companhia das Letras, 1995, p. 156).

123   Freyre, *Sobrados e Mucambos...*, *op. cit.*, cap. XI, "A ascensão do bacharel e do mulato", p. 573-631.

separação entre cozinha, copa e sala se jantar.[124] Em segundo, as modificações que acometem o espaço privado, no caso a cozinha, eram resultado de uma radical mudança no domínio das necessidades e dos hábitos de consumo alimentares, ambos influenciados profundamente pelo imigrante.

A presença deste influencia, em particular, o hábito de limpeza das cozinhas e a diminuição das áreas de serviço, reduzindo o número de criados de que antes precisavam os casarões coloniais.[125] As cozinhas não precisam mais ser tão amplas porque, grande parte de suas tarefas passava a ser feita pelas indústrias nascentes. A presença estrangeira introduziu novos métodos de cocção, novas formas de preparar os alimentos, além da notável influência sobre a culinária, já bastante diversificada.

Os alimentos eram agora beneficiados por pequenas manufaturas e as conservas revolucionaram os hábitos alimentares. Esse foi o caso da industrialização da banha de porco, começada em Sorocaba em 1882, sob iniciativa do Conde Francisco Matarazzo; do fabrico de queijos e manteigas, que eram importados,[126] mineiros ou gaúchos; da produção de doces, linguiças e carnes, pães, biscoitos e massas.[127] A comida enlatada, exclusivamente importada, passava a ser mais comumente divulgada nos jornais: "Os melhores gêneros alimentícios em latas e frascos são incontestavelmente os dos fabricantes *Crosse & Blackwell* (inglês) e *Phelipe Canaud* (francês). Encontra-se sempre um completo e variado sortimento (…) em casa de Mc. Nicol, Fox & Co. Rua José Bonifácio, 16".[128] No geral eram frutas, ameixas, abacaxis, sardinhas e frutos do mar.

Ao estrangeiro também coube a introdução do fogão aquecido a carvão, que, ao substituir os colossais fogões a lenha, poupou ainda mais espaço no interior das

---

124 "(…) nos grandes palacetes, as cozinhas ficavam no porão de alto pé direito, sendo ligadas à sala de jantar térrea através de pequena escada que desembocava num pequeno cômodo intermediário, sucedâneo da copa, que recebia o nome afrancesado de 'service'. Esse agenciamento naturalmente era copiado de modelos parisienses, como os desenhos de César Daly (…) [e] casas de Ramos de Azevedo". (Lemos, *Alvenaria…, op. cit.*, p. 68).

125 *Idem, ibidem*, p. 87.

126 "Aviso aos conhecedores e às donas de casa. Para fazer *boa cozinha* é preciso *boa manteiga*. Manteiga pura extra de Isigny, de Bretel Frères em Valognes, França". (*O Estado de S. Paulo*. São Paulo, 15/02/1893).

127 Lemos, *Alvenaria…, op. cit.*, p. 87.

128 *O Estado de S. Paulo*. São Paulo, 14/01/1893.

cozinhas. Logo, os fogões a carvão seriam substituídos pelos fogões a gás distribuído pela rede pública aos cuidados da canadense *Light*.

Se, por um lado, houve uma revolução nos sistemas de aquecimento e cocção dos alimentos, também ocorreu uma revolução em sua preservação, em especial a partir de 1900 com a chegada das geladeiras americanas e das máquinas de fabricar gelo.[129] Até então, a fabricação de gelo em São Paulo, conforme consta no *Almanaque da Província de São Paulo* de 1885,[130] era extremamente difícil, sendo necessário recorrer à importação do gelo norueguês, que custava 200 réis, quase o mesmo que uma caixa de fósforos Jopkings de 180 réis.[131] A chegada da geladeira facilitaria enormemente a conservação dos alimentos, mas, por longo tempo se preservaria como produto de consumo de luxo, restrito aos "(…) lares da burguesia (…) verdadeiro cofre com dispositivos de isolamento térmico internos, revestidos de folha de Flandres, capazes de manter quase 24 horas a pedra de gelo resfriando bebidas, conservando comidas".[132] O método do jirau, forma de conservar os alimentos com a fumaça do fogão, que antes era o método utilizado por todos, passava a ser visto exclusivamente nas casas mais humildes.[133]

Em uma cozinha de vivenda abastada, eram também encontrados guarda-pratos com vidros, através dos quais se poderia ver alguma inscrição pessoal sobre as faianças; *étagères* com tampo de mármore; mesa elástica (submetida a uma abertura que permitia sua regulagem de acordo com o número de convivas); escalas americanas; trem de cozinha.[134] Essenciais na configuração das hierarquias sociais, estavam os cristais e porcelanas. Os cristais mais célebres, dos quais eram feitos cálices, taças e copos, eram os *christoffles*, boêmia e *baccarat,* encontrados, em São Paulo, na Casa Netter; as louças, porcelanas e faianças vinham de Sèvres, mas podiam também ser inglesas.

Igualmente ao acontecera com jirau e com os fogões à lenha, a classe mais abastada abandonava quase que completamente o uso da cerâmica para aderir à

---

129   *O Estado de S. Paulo*. São Paulo, 09/01/1902.

130   *Almanaque da Província de São Paulo*. São Paulo, 1885, p. 210 e ss.

131   Everardo Valim Pereira de Souza. "A Pauliceia há 60 anos". In *Revista do Arquivo Municipal*. São Paulo, vol. 202, p. 117-126, 2004.

132   Lemos, *Alvenaria…, op. cit.*, p. 90.

133   *Idem, ibidem.*

134   *O Estado de S. Paulo*. São Paulo, 13/01/1903.

O mercado do prestígio

porcelana. A cerâmica, que, com o sistema de fábrica, passou a ser exportada em massa pela Inglaterra, barateou e continuou sendo o material popular. Em São Paulo, algumas pequenas fábricas de cerâmica também foram implantadas.

Podemos dizer que as diferenças sociais, que se expressam no estilo arquitetônico e no partido das habitações, passando pela decoração, vieram com a complexidade da economia cafeeira. Foi o café que primeiro permitiu a diferenciação do consumo a partir da importação de produtos e estilos mais elaborados. Até então, uma residência de classe alta, média ou baixa não apresentava diferenças significativas. Todas construídas em taipa, sem racionalização de espaços segundo suas funções, possuindo os mesmos utensílios domésticos e a mesma decoração rústica: "Foi o café que estabeleceu diferenças qualitativas entre essas residências ricas e as demais. Até então, as diferenças eram simplesmente quantitativas – as casas distinguiam-se só pelos seus tamanhos. A técnica construtiva era a mesma, os pormenores e arremates iguais, e isso dentro de antiquíssimas tradições portuguesas". Tanto o sobrado da casa rica, como a casa terreira da classe média eram "levantados com a mesma taipa de pilão, cobertos com as mesmas telhas, guarnecidos com os mesmos caixilhos escuros ou rótulas caprichosas. O vidro nas janelas domiciliares praticamente foi o café que trouxe".[135] Do mesmo modo, todos conservavam seus alimentos pelo método do jirau, usavam cerâmicas e comiam exatamente as mesmas coisas.

Cabe aqui uma primeira observação sobre a dinâmica de consumo na nascente sociedade capitalista em contexto periférico: a fonte do luxo é o setor importador. Nos países centrais, à proporção que a industrialização se consolida, as camadas superiores voltam-se para os produtos artesanais como forma de diferenciar-se da massa que consome os produtos padronizados pela produção industrial. Trata-se de uma forma de preservação das posições sociais conquistadas pela burguesia no interior da sociedade capitalista. Com o avanço do capitalismo, a mercadoria produzida artesanalmente recebe uma nova acepção e se torna luxo, sinônimo de distinção social e de *status*.[136] Em contexto periférico, em que não existe ainda

---

135 Lemos, *Alvenaria...*, *op. cit.*, p. 12.

136 "(...) les progrès de la mécanisation (...) vont permettre l'apparition d'un 'demi-luxe', d'un 'faux luxe', à moindre prix, destiné aux classes moyennes. L'âge moderne est contemporain du clivage entre, d'un côté, l'authentique, le hors série, le hors de prix et, de l'autre, l'imitation dégradée, standardisée, démocratisée des modèles". (Gilles Lipovetsky, Elyette Roux. *Le luxe éternel – de l'âge du sacré au temps des marques*. Paris: Gallimard, 2003, p. 49).

industrialização maciça, nem uma tradição assentada sobre uma produção artesanal diferenciada, a única possibilidade de aquisição do luxo é pela importação. Durante o período colonial, o processo era uma forma de aproximação entre os colonos da classe dominante na colônia e os reinóis.

Em paralelo às oportunidades de mobilidade social trazidas pela vida urbana, urgia que se sofisticassem também os meios de diferenciação social. Além do abandono total por parte da elite de antigos padrões de consumo, comuns a todas as classes, e sua adesão ao padrão importado, houve uma segunda particularidade inerente ao nascente consumo capitalista em contexto periférico. É sabido que a dinâmica capitalista do consumo assenta-se sobre uma lógica de diferenciação e generalização, movimento este dado graças à consolidação da produção industrial de massa sobre bases capitalistas.[137] O primeiro problema que se coloca é que, na periferia do sistema capitalista, não há indústria consolidada e, portanto, o movimento da acumulação é autodeterminado.[138] O segundo problema é que a economia brasileira é uma economia agrário-exportadora, especializada na exportação de matérias-primas necessárias ao capitalismo monopolista no centro. A dinâmica de industrialização em economias agrário-exportadoras segue o pressuposto da substituição de importações, que sempre vai dos bens simples aos mais complexos, que é a linha de menor resistência, já que prescinde de uma indústria de base consolidada.

---

137 O primeiro autor a formular hipóteses sobre a dinâmica de consumo foi Thorstein Veblen, para quem a dinâmica de consumo era dada por intenções de emulação das classes mais baixas em relação às mais elevadas. (Thorstein Veblen. *A teoria da classe ociosa: um estudo econômico das instituições*. Trad. Olívia Krahenbuhl. São Paulo, Abril Cultural, 1983). Posteriormente, a emulação foi amplamente criticada e substituída pelo *trickle-down* de Simmel, base das teorias sobre a diferenciação enquanto princípio diretor da dinâmica de consumo, encontrada tanto na teoria de Bourdieu quanto na de Baudrillard: "Il n'y a pas de 'masse des consommateurs' et nul besoin n'émerge spontanément du consommateur de base (…). les besoins et les satisfactions filtrent vers le bas (*trickling down*) en vertu d'un principe absolu, d'une espèce d'impératif social catégorique qui est le mantien de la distance et de la différenciation par les signes. C'est cette loi qui conditionne toute l'innovation d'objets comme matériel social distinctif. *C'est cette loi de renouvellement du matériel distinctif 'du haut vers le bas' qui traverse tout l'univers de la consommation, et non à l'inverse (de bas en haut, vers l'homogénéité totale) l'ascendance des revenus*". (Jean Baudrillard. *La Société de consommation: ses mythes, ses structures*. Paris, Éditions Denoël, 1970, p. 82. Grifos nossos).

138 Um dos motivos que nos conduziu à escolha do consumo como objeto do estudo é o de buscar uma melhor compreensão sobre a dinâmica capitalista periférica, dentro da qual se enquadra a industrialização tardia. O papel desempenhado pelo consumo na transição periférica para o capitalismo explica muito do perfil dessa industrialização.

Os limites impostos pelo processo de conformação do capitalismo à periferia do sistema inaugura uma nova relação entre consumo e indústria, que, por sua vez, expressa uma dinâmica diferente entre a diferenciação e generalização de padrões. A presença de artigos importados excessivamente mais sofisticados do que aqueles que a indústria nacional conseguia produzir abria a possibilidade de uma forte influência do consumo sobre a indústria, mais do que desta sobre aquele. Essa característica, dados os limites estruturais ao processo de industrialização tardio, se reproduz dentro do capitalismo brasileiro a ponto de, seja durante a expansão do Plano de Metas ou do Milagre Econômico, o consumo comportar-se como um limitante dos investimentos produtivos, invertendo a tendência geral do processo de acumulação capitalista, que é a da subordinação da demanda à oferta. O mercado consumidor, até mesmo nos dias de hoje, é um limitante a ser considerado nos processos de expansão de demanda efetiva. Os porquês somente podem ser dados por uma visão histórica do consumo.

A industrialização no capitalismo periférico é restringida não somente porque não possui capitais próprios, tendo de depender sempre do setor agroexportador para conseguir as divisas necessárias à expansão do processo de substituição de importações. Também é restrita porque, dados os limites à acumulação interna de capitais, segue o caminho da imitação de padrões de consumo estrangeiros, que não somente é a produção mais fácil, mas também é uma forma de generalização incipiente de padrões restritos, fontes de *status*.[139] Por isso são produzidos pentes, tecidos, chapéus. Por esse motivo, as vidraçarias e as olarias precedem às siderúrgicas. São mais importantes do ponto de vista da estrutura social.

As formas de compensação aos limites do potencial produtivo em relação à demanda foram a imitação e a falsificação dos padrões estrangeiros. Estas refletem a lentidão da indústria nacional e sua incapacidade em generalizar os padrões. Estes mecanismos escusos que promovem a generalização dos padrões de consumo no

---

139 O debate sobre industrialização restringida é referente aos anos 30 e posteriores. Para que não haja confusão, usamos o termo *industrialização restrita* já que tratamos de algumas restrições que lhe são impostas no momento primeiro da constituição do capitalismo periférico e não aquelas com as quais este se depara ao longo de seu processo de constituição. Portanto, poderíamos interpretar o termo aqui usado como uma "pré-noção", uma "arqueologia" daquele outro. Sobre o conceito de industrialização restringida, vide Sônia Regina Draibe. *Rumos e metamorfoses: um estudo sobre a constituição do Estado e as alternativas da industrialização do Brasil: 1930-1960*. Rio de Janeiro: Paz e Terra, 1985.

Brasil propiciam um lugar social às camadas médias ascendentes. A falsificação tornou-se uma das grandes problemáticas de finais do XIX, amplamente comentada nas correspondências dos cônsules estrangeiros.

Dessa forma, as cisões entre as classes, quando olhadas pela esfera do consumo, não são expressas entre o consumo de um bem artesanal e o de um bem industrial de massa, mas entre o consumo de um bem estrangeiro, industrial ou artesanal, ao qual é reputado ótima qualidade, e o de um bem nacional, de péssima qualidade ou de origem duvidosa. Isso reforça o caráter estamental herdado de uma sociedade agrária e escravista, ao invés de destruí-lo. O fato é muito bem expresso no caso da compra de tecidos por uma senhora de elite narrado por Jorge Americano: "'É estrangeira?' 'Não, é nacional' 'Ah, então não serve. O senhor acha que eu vou comprar fazenda nacional?' 'Temos estrangeira'. 'Ah, isso sim'. 'É que a senhora não tinha avisado' 'Mas não era preciso avisar, eu não estou fazendo compras para as criadas'".[140] À elite reserva-se o direito de consumir os bens importados de boa qualidade, enquanto que, para as classes menos abastadas restam os produtos nacionais. A estratificação do consumo não é feita em sua relação com as diferentes origens de um produto no interior de uma mesma estrutura produtiva, mas segundo sua origem seja estrangeira ou nacional.

Em resumo, são duas as particularidades da relação entre consumo e indústria no nascente capitalismo brasileiro. A primeira é a do abandono, por parte de uma elite, de padrões antes comuns a todas as camadas sociais, que são substituídos por gêneros estrangeiros – que vão desde formas arquitetônicas até alimentos. A segunda é quanto à forma que tem lugar a generalização de padrões, feita por meio de falsificações e imitações. Essa particularidade firma-se sobre lógica inversa à da particularidade anterior, qual seja, não se sustenta sobre o abandono de antigas formas por uma elite privilegiada, mas sobre a adesão aos novos padrões, ou melhor, aos seus similares, por parte das camadas médias ascendentes. Ambas compõem um único todo que compõem uma dinâmica peculiar de diferenciação e generalização no capitalismo periférico.

Nos anúncios de jornais, as imitações figuravam sem a menor parcimônia ao lado dos objetos autênticos. A voga da cópia, que estava por todos os lugares, não escapa à crítica acerba de um arguto observador como Machado de Assis, que se utiliza do

---

140 Americano, *São Paulo...*, *op. cit.*, p. 80-81.

O mercado do prestígio

exemplo mobiliário para ilustrá-la: "As nossas grandes marcenarias estão cheias de móveis ricos, vários de gosto; não há só cadeiras, mesas, camas, mas toda a sorte de trastes de adorno *fielmente copiados* dos modelos franceses, alguns com o nome original, o *bijou de salon,* por exemplo, outros em língua híbrida, como o *porte-bibelots*".[141]

Frente a essa onda de falsificações, imitações e cópias, cabia então a algumas casas dar garantias da autenticidade do produto comercializado. Um dos depósitos mais importantes do período, a Casa Cypriano, afirmava virem os seus produtos diretamente das "melhores fábricas de Paris".[142] Outros, como o Nabor Jordão, abarrotavam seus anúncios com adjetivos como "luxuoso", "rico", "elegante", "esplêndido" e, não menos, "moderno", acentuando os materiais estrangeiros como os únicos capazes de portar todas essas características:

> sortimento de ricos e luxuosos móveis ingleses, franceses, americanos e japoneses para salão, casa de jantar, dormitório, gabinete e vestíbulo, tudo o que há de mais moderno, elegante e confortável. Ricas camas de extensão, banheiros armários com água quente e fria, (...) ricos espelhos dourados com vidros almofadados, (...) elegantes vitrines com lindo trabalho de *marqueterie*,[143] aparelho de *faiance* francesa e inglesa para almoço e jantar, lindos serviços de porcelana chinesa para chá, café e sobremesa, ricos panos de seda japonesa para mesa, lustres, lâmpadas com abajur de seda, alta novidade, bronzes, candelabros, vasos e lamparinas.[144]

A cada nova onda difusora de produtos, fosse esta escusa ou legítima, uma nova diferenciação, viesse esta do discurso ou da prática.

Além das falsificações, a difusão de produtos restritos à elite para as camadas médias também se fazia a partir da importação de produtos de qualidade inferior, também imitações, embora originárias no próprio centro do sistema. São exemplos a

---

141 Machado de Assis. "A Semana", 11/08/1895. In *Obras Completas de Machado de Assis.* Vol. II. São Paulo, W. M. Jackson Inc. Editores, 1959, p. 415.

142 "Com grande sortimento de ricas mobílias para quartos das melhores fábricas de Paris, bem como lindos grupos de pelúcia para gabinetes e sala de visitas, ditos de carvalho forrado de couro para escritório. Grande coleção de quadros de óleo, espelhos, colunas, bronzes, móveis japoneses e muitos outros artigos de arte e fantasia". (*O Correio Paulistano*. São Paulo, 12/12/1895).

143 Trabalho de escultura das arestas e dos cantos em que as paredes de um cômodo se encontram.

144 *O Estado de S. Paulo.* São Paulo, jun./1893.

arquitetura pré-moldada que, fundada em novas bases produtivas, pusera ao alcance de todos "símbolos de poder, riqueza e tradição, havia pouco exclusivos das elites",[145] e os utensílios banhados pelo método *electro-plate* (galvanoplastia), que consistia em dotar utensílios fabricados em metal não nobre de uma fina camada de prata a eles aderida por eletrólise. O método, também aplicado no fabrico de bijuterias, reduzia bastante o custo da produção dos objetos de decoração, que "por meio de cópias e imitações às vezes bastante grosseiras", estavam agora ao alcance de todos: "(...) a matéria vulgar e barata passaria a substituir, finalmente, a matéria seleta e de alto preço",[146] tornando-se, portanto, muito mais acessível ao consumidor comum.[147]

Diante dessas várias formas de difusão de padrões antes restritos, processo que se tornava cada vez mais célere, era premente a criação de mecanismos de diferenciação mais estáveis. A velocidade com que os padrões difundiam-se na nova ordem, aberta permanentemente ao artigo vindo de fora, fosse gênero de alta ou de baixa qualidade, imitação ou artigo autêntico, não condizia com a mentalidade fortemente aristocrática que essa burguesia nascente ainda preservava. Se, por um lado, essa classe desenvolvera uma racionalidade capitalista do ponto de vista econômico, ainda mantinha uma concepção estamental de sociedade. Florestan Fernandes explica o fato por uma necessidade em acomodar as estruturas capitalistas "incompatíveis com os fundamentos patrimonialistas da vida social e com os critérios estamentais da classificação social".[148] Embora os elementos modernos e os tradicionais fossem inconciliáveis em alguns pontos, em especial no que se refere ao estabelecimento de uma ordem social competitiva, em outros, o seu entendimento era responsável pela minoração de conflitos de toda natureza:

> Por isso, os estamentos senhoriais e suas elites mostravam-se atentos à modernização da economia no nível em que as estruturas econômicas da ordem social existentes estavam, a um tempo,

---

145 Campos, *Nos caminhos da Luz...*, *op. cit.*, p. 25.

146 *Idem, ibidem*, p. 25.

147 "L'époque voit déferler une masse de produits 'simili' – bijoux, accessoires de toilette, bibelots, statues, tapis, meubles, verreries, papiers peints etc. – mis à la portée d'une clientèle plus large, réalisés dans des matériaux moins riches et imitants des originaux prestigieux". (Lipovetsky, *Le luxe...*, *op. cit.*, p. 49).

148 Florestan Fernandes. *A Revolução Burguesa no Brasil: ensaio de interpretação sociológica*, 5ª ed. São Paulo, Globo, 2006, p. 205-206.

> adaptadas ao capitalismo e não eram afetadas por eles. (…) Nos demais níveis, iria prevalecer a face negativa e resistente, de reação seletiva e de "filtragem desconfiada".[149]

O comportamento aristocrático frente ao consumo era diferenciado no interior da própria classe dominante, dependendo se a origem da fração social residia na propriedade da terra, por meio da qual herdara essa visão social, ou do comércio. No caso das suntuosas construções erigidas na Avenida Paulista, a diferenciação era mínima. Em nada deviam em paramentos àquelas levantadas pela fortuna do café. Ao contrário, a intenção era a de fazer frente a estas últimas. Quase há uma absorção dos imigrantes estrangeiros pela lógica aristocrática de consumo herdada da sociedade patriarcal.

Um dos exemplos dessa acomodação é a festa de casamento promovida pelo Conde Francesco Matarazzo Jr. à sua filha, que, em uma crônica de 1945, fora considerada de um péssimo gosto incomensurável: "Muitos estrangeiros e paulistanos consideravam a alta burguesia local vulgar e exibicionista. Muitas das críticas eram dirigidas contra os novo-ricos imigrantes: em alguns círculos, a suntuosa recepção que Matarazzo ofereceu quando do casamento de sua filha Filly foi considerada de mau-gosto".[150]

A perpetuação do perfil aristocrático na dinâmica entre as classes se evidencia tanto na diferenciação da burguesia agrária em relação à comercial, como desta em relação às classes médias, e, ainda, das camadas médias em relação às suas inferiores. A despeito das origens diferentes, a lógica comportamental que rege o consumo

---

149 *Idem, ibidem.*

150 "Foram 26 jantares em residências particulares, oito recepções, 16 ceias no Jequiti e sete do Roof, não falando de uma série de pequenos incidentes mundanos: coquetéis, chás com torradas, encontros formais, coisas assim". (Joel Silveira. *A Milésima Segunda Noite da Avenida Paulista*. Col. Jornalismo Literário. São Paulo, Companhia das Letras, 2003). O autor, jornalista nascido no Sergipe em 1918, muda-se para o Rio de Janeiro em 1938. A serviço do jornal semanal carioca *Diretrizes*, vai para São Paulo, onde passa a retratar os ricaços locais com a mais refinada ironia, que é o resultado de seu primeiro livro *Grã-finos em São Paulo*: "D. Odete casou-se com um homem muito rico. O que é mais, tem um sobrenome [Matarazzo], e os sobrenomes, quatro ou cinco deles, são donos de São Paulo. (…) Por trás dos sobrenomes, há um mundo incrível: centenas de fábricas, milhares de chaminés, milhares de motores, milhares de operários. Era um grupo terrível, avassalador. Com um gesto de mão, qualquer um deles poderia me aniquilar, me tanger longe, lá na rua". (Silveira, *Grã-finos…, op. cit.*).

em todas as classes e frações dispostas no conflito é muito similar. Assim se explica a existência de "dois Matarazzos" proposta por José de Souza Martins:

> permanentes discrepâncias de sentido entre o agir e o sentir, expressas em ambivalências de conteúdo, como a condição de empresário capitalista e a valorização de títulos nobiliárquicos, (…) o fato de ser imigrante valorizador do "self-made-man", e o consumo ostensivo. Os dados sugeriram logo que havia dois Matarazzos: o "interior" que se indicava pela "etiqueta" de Conde; e o "exterior", que era indicado pela "etiqueta" de operário número 1 de São Paulo.[151]

Aqui já temos um pequeno feixe de luz sobre o problema, que aponta para uma possibilidade de que o empresário estrangeiro se comporte ora como nobre cafeicultor, ora como operário de fábrica. Na arquitetura dos palacetes ou nos eventos promovidos, a diferença não fica muito clara, mas na forma de trajar e no linguajar, sim.

Outra luz sobre o problema vem de Gilda de Melo e Souza, para quem, não é a posse de riqueza, mas sua demonstração que é importante em uma sociedade fortemente marcada pela tradição,[152] o que exige que os imigrantes se comportem, por vezes, de acordo com o que dita a etiqueta oligárquica, uma vez que, ao entrar em uma nova sociedade, passam por um novo processo de socialização. Comportar-se como aristocrata é uma questão de sobrevivência social em uma sociedade ainda marcada pela tradição: "Além do rico que é *snob* por inocência, sem pecado, há os *snobs* profissionais que se apuram em ingressar as personalidades obtusas no meio culto das nossas plateias, ostentando-se a si mesmos, como exposições ambulantes".[153]

A força da tradição é apontada por Florestan Fernandes no caráter autárquico e patrimonialista da sociedade que provocava a abdicação, da parte dos grupos potencialmente burgueses, de seu *ethos* original em favor daqueles postulados pela tradição dominante.[154] Tal abdicação aparece na necessidade em entrar para as famílias tradicionais, em obter títulos nobiliárquicos, em construir suntuosos

---

151 Martins, *Conde Matarazzo…*, *op. cit.*, p. 45.

152 Gilda de Mello e Souza. *O espírito das roupas: a moda no século XIX*. 5ª reimpressão. São Paulo, Companhia das Letras, 1987.

153 "Os *snobs* no teatro". In *A Vida Moderna*. São Paulo, 16/10/1924.

154 Fernandes, *A revolução burguesa…*, *op. cit.*, p. 98-99.

palacetes, enfim, em se fazer reconhecer socialmente, respeitando os meios legítimos da sociedade na qual se inseriam: "os títulos talvez só servissem para propiciar bons casamentos, pois há pessoas enriquecidas que gostam de adquirir títulos de família, assim como muitos novos-ricos compram retratos de seus 'antepassados' nos antiquários".[155]

Isso nos faz crer que é equivocada a caracterização de Richard Morse da sociedade brasileira como uma sociedade sem tradição. Para o autor, a prova cabal dessa ausência de personalidade seria a carência de um estilo próprio, observando-se, em seu lugar uma "miscelânea ostentosa de estilos – clássico, florentino, inglês, oriental, neocolonial etc."[156] Entretanto, essa profusão de estilos não demonstra a ausência de uma tradição, mas, ao contrário, a insistente tentativa, por vezes hesitante, em preservá-la durante a longa passagem da colônia para a nação. No caso brasileiro, a reinvenção do passado coloca, no lugar dos elementos tomados à tradição ibérica, referências dos países ditos civilizados, mas o caráter atávico grava-se com violência nessas novas referências. A tradição está, ali, nas idas e vindas de uma modernidade que, na medida em que se utiliza dos elementos externos para se construir, reafirma contraditoriamente ainda mais o seu passado:

> uma elite que pretendia assimilar as mudanças em curso na virada para o século XX e, simultaneamente, preservar o *status* e privilégios. Em meio a profundas metamorfoses, essa elite procurava alimentar um sentimento de continuidade, mantendo hábitos aristocráticos e reforçando a tradição. Para se legitimar, espelhava-se na França e na Inglaterra, reconhecidas como paradigma de cultura superior na Europa. De lá tomava emprestados valores a ser imitados com o objetivos de construir uma imagem de si mesma a mais próxima possível do original franco-inglês.[157]

---

155 Penteado, *Tudo em...*, *op. cit.*, p. 55.

156 Richard M. Morse. *Formação histórica de São Paulo: de comunidade à metrópole*. São Paulo, Difel, 1970. Edição revista e ampliada da obra *De comunidade à metrópole: biografia de São Paulo*. Trad. Maria Aparecida Madeira Kerberg. São Paulo, Comissão do IV Centenário da Cidade de São Paulo, 1954.

157 Carmargos, *Villa Kyrial...*, *op. cit.*, p. 16. Um dos únicos coevos a apontar o problema do "desenraizamento cultural do país" fora Monteiro Lobato, que questionava o modelo de civilização adotado pela burguesia brasileira. (*Idem*, *ibidem*, p. 17).

A percepção dos aspectos tradicionais, reinventados pelo processo de construção de uma determinada modernidade, dá uma luz sobre o processo de absorção da cultura estrangeira, sem o reducionismo de dizer que há uma submissão passiva e inexorável aos modismos estrangeiros. Na sociedade paulista, a tradição, combinada aos elementos estrangeiros, sublinha as fronteiras entre as frações de uma mesma classe. A alta mobilidade na sociedade capitalista nascente quebrava a identidade entre riqueza e origens. Era comum proprietários de terra passarem às atividades comerciais e comerciantes comprarem terras para se dedicarem ao cultivo de café.[158] A necessidade de demonstração generalizada preservou a sociedade tradicional. Pendia para o excesso ilógico de ornatos, combinações de gosto duvidoso que abarcavam desde a arquitetura até a indumentária: "Morava na Avenida Brigadeiro Luís Antônio em confortável palacete, que, um tanto pretensioso em suas linhas arquitetônicas e bastante espalhafatoso nas suas tonalidades picturais".[159] Para a construção civil, Monteiro Lobato sintetizou o fato na expressão "carnaval arquitetônico" e o mau-gosto não deixaria de ser retratado por estrangeiros, como Paul Walle: "Em Higienópolis, bairro novo, reunião de tudo o que São Paulo e o Estado possuem de mais rico e mais distinto, admira-se um grande número de casas suntuosas, vilas confortáveis e luxuosas. Na verdade, algumas destas construções são de um gosto mais ou menos bizarro".[160]

A manutenção das fronteiras sociais entre uma classe e outra, em particular em um contexto em que as frações da classe burguesa se aproximavam com rapidez, faz-se de uma maneira cada vez mais aristocrática, paradoxalmente, mais distante de modelo burguês que pretendia romper com isso. A diferenciação não assume o tom impessoal e abstrato do existente em uma sociedade industrial que massifica padrões antes restritos porque não é feita pelo sistema, mas pela

---

158 Dean, *A industrialização...*, *op. cit.* Um dos personagens do romance de José Agudo, Coronel Rogério, compõe um desses tipos da sociedade paulistana, no caso, o do fazendeiro de café que se torna industrial, ativo participante da política paulista: "Proprietário de uma grande fábrica de tecidos, fazendeiro de café em Descalvado e sócio de importante casa comissária em Santos, fora candidato a um alto cargo de eleição". (José Agudo. *Gente Rica – Scenas da Vida Paulistana*. São Paulo, Typ. Edit. "O pensamento", 1912, p. 89).

159 Agudo, *Gente...*, *op. cit.*, p. 88.

160 Paulo Walle. *Au Pays de l'Or Rouge – l'état de São Paulo (Brésil): ses ressources, ses progrès, son avenir.* Paris, Augustin Challamel, 1921, p. 54.

iniciativa pessoal, familiar, que lhe dá um tom individualista completamente distinto do individualismo burguês.

Uma das soluções adotadas pela fração de elite de origem agrária frente à vulgarização de seus símbolos seria a encomenda de modelos personalizados oferecidos por alguns núcleos artesanais europeus, em particular franceses.[161] Estes núcleos se propunham a inscrever sobre os produtos as iniciais daqueles que os compravam, assegurando assim, tanto autenticidade quanto exclusividade ao seu portador. Esse foi o caso, por exemplo, de uma sopeira de porcelana encomendada à Sèvres pelo Comendador Francisco Paes de Barros, que teria suas iniciais gravadas em sua base. Tais inscrições constituem um registro expressivo da maneira como se constitui a individualidade em contexto periférico e como seus caminhos e descaminhos podem ser captados pelo consumo. Não basta dizer que não há indivíduo. O processo de individuação constitui-se de maneira distinta e o processo de socialização que o caracteriza erige-se sobre os escombros da sociedade patriarcal em decomposição.

A construção de uma individualidade específica ao capitalismo periférico reside na pessoalidade manifestada sobre a concretude das posses e não na abstração que caracteriza o indivíduo burguês moderno, embora, a resultante final não deixe de se encaixar nos pressupostos universais de sua configuração. A respeito de como tal processo se dá nos estilos arquitetônicos, diz Eudes Campos:

> desde o final da Idade Clássica, tornara-se a "expressividade simbólica" um verdadeiro postulado da arquitetura internacional. Por intermédio da teoria do "caráter" dos edifícios, à Arquitetura passou a ser reconhecida a capacidade de transmitir ideias abstratas, sentimentos e valores que jaziam num nível muito acima de sua realidade material. Segundo os teóricos, o gênero que mais se prestava a expressar os sentimentos sociais e morais do homem era a arquitetura doméstica. Assim, as construções residenciais deviam não apenas exprimir certo ideal de domesticidade, como

---

161 Segundo Landes, a industrialização francesa não se deu pelo sacrifício das pequenas propriedades que cederiam lugar à grande indústria, mas, ao contrário, deu-se pela preservação daquelas. (David Landes. *Prometeu Desacorrentado: transformação tecnológica e desenvolvimento industrial na Europa Ocidental, desde 1750 até nossa época*. Trad. Vera Ribeiro. Rio de Janeiro: Nova Fronteira, 1994).

também servir de meio para que os proprietários manifestassem sua necessidade de afirmação pessoal e de evasão sentimental.[162]

O trecho acima explicita como alguns pressupostos universais, no caso, os da arquitetura moderna, acabam por se conciliar com as necessidades das elites locais. O excesso de refinamento, permitido pelo estilo eclético, é um importante aspecto dessas construções, que expressam, não somente uma maneira específica de constituição do espaço privado frente ao público, "um ideal de domesticidade", mas invocam o respeito e admiração que devem ser prestados ao proprietário que ali expressa livremente sua "necessidade de afirmação pessoal e de evasão sentimental".

Com a organização de interiores não era diferente. O excessivo rebuscamento, necessário para marcar as clivagens sociais, estava sempre presente. Eram veludos, filós, véus, franjas, tantos tecidos e ornamentos que tornavam confusa a linguagem espacial, indecisa entre a linguagem aristocrática e a burguesa: "peças de tapetes aveludados para salas e corredores; peças de finos tecidos para cobrir móveis, ditas de filó inglês para cortinados, braçadeiras, franjas e diversos tecidos à fantasia para ornamentação".[163] Os bronzes, níqueis e dourados eram usados abundantemente nos paramentos e acessórios como forma de não colocar em dúvida o pertencimento social de seus possuidores:

> "Atraíram-me a atenção bronzes de Barbedienne, expostos em uma vitrine interior. Alguns eram reproduções dos que eu possuo, o hoplitódromo conhecido por gladiador Borghése, a Vênus de Milo, a Vênus de Salona: outros eu ainda não conhecia, o menino da cesta, por Barrias; a bacante do cacho, por Clodion. Que bronze adorável este; que verdade nos panejamentos! Que morbidez suave de postura.! No rosto o metal parece ter o emaciamento, a transparência fosca da pele viva. Os olhos como se cerram em um êxtase de volúpia..."[164]

Em uma passagem sobre o casarão Penteado, Sérgio Micelli expressa a dificuldade em se "discernir, de imediato, as feições dessa variedade de objeto,

---

162 Campos, *Nos caminhos...*, *op. cit.*, p. 25-26.

163 *O Estado de S. Paulo*. São Paulo, 17/02/1897.

164 Ribeiro, *A Carne*, *op. cit.*

O mercado do prestígio 265

dispostos conforme uma estética peculiar, que hoje mais se assemelha ao visual saturado característico de uma loja de antiguidades".[165]

Para Baudrillard, o excesso de brilhos e vernizes um dos traços de expressão da burguesia e do seu *ethos*, filtrados, no entanto, pela racionalidade e higienismo que lhe conferem cadência: "uma ética da proteção, do cuidado e da limpeza, convergente com o ritual disciplinar do enquadramento".[166] Se a ética burguesa é uma das expressões de uma ética do trabalho que se assume no ritual doméstico do polimento, do verniz, do brilho, a ética burguesa presente na sociedade capitalista periférica em formação não é a do trabalho, mas a de sua negação. Ou então a ética da afirmação de um novo trabalho, não feito com as mãos, já que este continua a ser relegado a brancos pobres, a ex-escravos e aos imigrantes recém-chegados. Em lugar do enquadramento e da simetria, da ordem moral da propriedade e da correção, propostos por Baudrillard, o que se vê é, ao contrário, o *ethos* de desbordamento quase aristocrático, típico da burguesia da *Belle Époque* paulistana.[167] A combinação entre formas novas de afirmação burguesa – o verniz, a higiene, o polimento – a um *ethos* tradicional, que valoriza o paramento, a aparência, o gasto, dá-se em razão da superposição, em contexto periférico, de dois tempos: o tempo célere da economia-mundo capitalista e o tempo da sociedade tradicional sobre a qual o capitalismo se constrói. O primeiro chega pelos produtos industriais, pelas novas modas, pelas novas ideias; o segundo se conserva nas estruturas. O resultado é de um capitalismo com novas contradições entre forças produtivas, classes e frações de classes.

Essa tese se expressa claramente na construção das moradas de elite. As casas aburguesavam-se, do ponto de vista de sua divisão, num crescendo de especialização de espaços, mas também aristocratizavam-se, radicalizando o efeito demonstração exercido pelos espaços e pela decoração:

> Naturalmente, foi uma produção de gosto muito discutível e, embora essa miscelânea eclética não nos encante, não podemos negar a sua importância como verdadeira expressão artística

---

165 Miceli, *Nacional...*, *op. cit.*, p. 77. "A decoração doméstica abrigava todos os componentes simbólicos indispensáveis a um interior de luxo: móveis Luís XV, porcelanas, cristias, pratarias, *chinoiseries*, espelhos venezianos, peles de felinos, tapeçarias de Aubusson, estatuetas, bustos, paisagens, pinturas, esculturas, retratos familiares". (*Idem, ibidem*).

166 Jean Baudrillard. "A moral dos objetos. Função-signo e lógica de classe". In *Semiologia dos objetos.* Seleção de ensaios da revista *Communications*. Petrópolis: Vozes, 1972, p. 63.

167 Baudrillard, "A moral...", *op. cit.*, p. 64.

representativa do gosto da classe média cafezista. (...) Toda casa que se prezasse deveria possuir grades, gradis, cancelas, portões e portas, guarda-copos e grimpas (...). Dobradiças trabalhadas e maçanetas de bronze fundido. Lambris e forros artesoados, planos de lavoras entalhados inspirados na decoração renascentista. Estofados e móveis incríveis, nas madeiras mais finas, em 'puro estilo provençal'. Mosaicos, estuques, escaiolas variadíssimas, molduras, gregas e festões de gesso decorado.[168]

Podemos agora compreender porque o *Art Nouveau* foi tão bem acolhido entre os membros da elite paulistana. Afinal, proporcionavam, a um só tempo, a modernidade e a possibilidade de afirmação pessoal por meio de contornos originais e, ao mesmo tempo, tradicionais. Esse gosto pelas formas naturais por parte da elite não tem nada de natural, decorre, ao contrário, da possibilidade da generalização de padrões proposta pela indústria nascente e do risco de indiferenciação entre as classes ligadas à acumulação de capital, cujas formas, como já vimos, são fluidas.[169] Valoriza-se, então, o gosto pelo antigo, reinventado por um projeto elitista, que se ergue sobre a distância em relação ao trabalho manual, herdada do escravismo e transposta para o trabalho livre na figura do imigrante: "o gosto pelo antigo é característico do desejo de transcender a dimensão do êxito econômico, de consagrar em um signo simbólico, culturalizado e redundante, um êxito social ou uma posição privilegiada. O antigo é, entre outras coisas, o êxito social em busca de uma legitimidade, de uma herança, de uma sanção nobre".[170]

Alguns dos traços que caracterizam o tipo ideal burguês eram menos encontrados na classe dominante do que na classe média que, em razão da falta de recursos, levava uma vida menos cheia de regalias. Enquanto os ricos habitavam os Campos Elíseos, Higienópolis e a Avenida Paulista, a gente média habitava a

---

168 Lemos, *Alvenaria...*, *op. cit.*, p. 68.

169 Ressaltamos que as ideias trabalhadas pelo autor no texto em que discute a moral dos objetos advêm da reflexão junto ao processo de consumo ocorrido nas sociedades europeias contemporâneas e não em sociedades capitalistas em formação. Selecionamos somente as afirmações de caráter geral que tratam do processo de diferenciação da burguesia que se consolida frente às demais classes, informações que não se comprometeriam quando transpostas para outros períodos históricos. As devidas incoerências foram citadas sempre que possível. (Baudrillard, "A moral....", *op. cit.*, p. 66).

170 *Idem, ibidem*, p. 62.

Vila Buarque, Vila Mariana, Aclimação, Ipiranga, Cerqueira César, Vila Romana, Pompeia, Sumaré, todos os bairros praticamente fora do perímetro urbano cidade. As casas eram bem menores que os palacetes; tinham o pé direito de 4,50 a 5,50 metros de altura e possuíam um saguão, uma sala de visitas, uma sala de jantar, alguns quartos, copa, cozinha, banheiro, quarto de criadas e quintal, sem os jardins imensos que caracterizavam o solar de elite. As paredes da sala eram forradas de papel com tons mais suaves que oscilavam entre o verde e o bege, às vezes estampados com "caçadas, patos e perdizes suspensas pelos pés, ou frutas".[171] Os quartos tinham a cor "azul, rosa ou verde-claro, com flores".[172] Os tapetes eram de fabricação mecânica, jamais artesanais como os *gobelins* e os tapetes persas das casas endinheiradas. Havia ainda os nada elegantes "oleados de linóleo na sala de jantar".[173] A mobília não era muito farta: um único canapé de palhinha no saguão; na sala de visitas, em lugar dos suntuosos móveis estilo Luís XIV e *Art Nouveau*, predominavam os de estilo Império, bem menos impressionantes; um único lustre de cristal pendente do centro.

As casas médias exibiam, raramente, algum luxo ou sinal de ascensão social, como um piano com uma banqueta e a estante para álbuns de música, na medida em que esta passava por um processo de popularização. Havia uma vitrina com bibelôs, dentre os quais predominava o *biscuit*, raramente porcelanas de Sèvres; uma mesinha de centro "com toalha bordada e um vaso de porcelana com flores".[174] Na sala de jantar, um *étagère*, acima deste, duas gavetas sobre as quais pousava uma laje de mármore, onde ficavam as compoteiras, fruteiras e o licoreiro, com não mais que duas qualidades de licor. As portas do armário superior eram de vidro *biseauté*. Em algum outro canto ficava o aparador com superfície de mármore. Os quadros sobre as paredes eram geralmente vulgares, "com motivos comestíveis, ou a Ceia de Cristo".[175] Nada de extraordinário.

Com a vinda do imigrante, a classe média cindiu-se em duas:

> uma nacional preconceituosa e outra francamente voltada às
> novidades e ambas com elementos tanto situados à beira do

---

171 Americano, *São Paulo...*, *op. cit.*, p. 52-53.

172 *Idem, ibidem.*

173 *Idem, ibidem.*

174 *Idem, ibidem.*

175 *Idem, ibidem.*

proletariado como bem próximos da elite endinheirada composta de velhos fazendeiros e de recentes imigrantes saídos vitorio-
sos de empreitadas comerciais como a mascateagem, ou indústrias iniciadas com suas próprias mãos calejadas.[176]

A parte mais fluida dessa camada esvai-se para as camadas superiores, nas
quais é sorvida pela mentalidade ali disseminada: "O novo dinheiro da indústria
somado à abastança do café foi criando, aos poucos, na classe média também, o
desejo de manifestações qualitativas na sua produção arquitetônica".[177] Era evidente
a intenção imitativa dessa média burguesia em relação à alta, explícita nos motivos
arquitetônicos, hesitantes entre a sobriedade e exagero:

> Imitações reduzidas, mas que desejam manter aparências.
> Diríamos uma arquitetura ilusória, que arremeda a outra, mas
> que nessa emulação vai propiciando aos poucos o nascimento de
> uma linguagem própria, que representa a média das expectativas
> estéticas do segmento mediano da sociedade. Define-se uma ex-
> pressão, um gosto, ou uma falta de gosto, como queiram. Quase
> sempre uma arquitetura insossa, bem comportada, que resigna-
> damente diz-se inspirada na arquitetura dos ricos.[178]

Trajes, acessórios e divisões de classes

As divisões sociais expressas pela moda, embora regidas pela mesma lógica de diferenciação e generalização que atravessa a arquitetura urbana e o mobiliário, apresentam
algumas minúcias não tão evidentes naqueles.

A primeira razão de porque isso acontece é devido ao caráter particularmente
individualizador da moda moderna, que, segundo Georg Simmel:

> satisfaz igualmente a necessidade de distinção, a tendência para
> a diferenciação, para mudar e se separar. E este último aspec-
> to consegue-o, por um lado, pela mudança dos conteúdos, que

---

176 Lemos, *Alvenaria...*, *op. cit.*, p. 12

177 *Idem, ibidem*, p. 16).

178 Lemos, *Alvenaria...*, *op. cit.*, p. 13.

> marca individualmente a moda de hoje em face da de ontem e da de amanhã, consegue-o ainda de modo mais enérgico, já que as modas são sempre modas de classe, porque as modas da classe superior se distinguem das da inferior e são abandonadas no instante em que esta última delas se começa a apropriar.[179]

A segunda razão relaciona-se com a dinâmica do capitalismo nascente em contexto periférico. Nesta última, dois são os fatos evidenciados pela moda. O primeiro se refere à separação de um grupo intelectual, filho da elite de base agrária, em relação a suas gerações anteriores, consideradas arcaicas, provincianas e incultas. O segundo é o de um maior distanciamento entre a fração de elite de bases agrárias e a fração de origens estrangeiras que ascende socialmente, diferenciação essa não tão clara nos palacetes construídos por uma e outra.

Ambos os aspectos não podem ser compreendidos separadamente um do outro por se tratar de partes de um mesmo fenômeno social, que é o da diferenciação e equalização entre as classes, expressas no consumo. Grande parte da explicação da distinção mais manifesta no que concerne às vestimentas reside na produção arbitrária de desníveis por parte de uma fração de classe que oscila contraditoriamente entre a admiração incondicional que devota ao estrangeiro e o medo de que este lhe ofusque o brilho uma vez participante do mesmo jogo social. Afinal, o maior receio da elite tradicional era o de ser confundida com essa leva de imigrantes, vista como desclassificada, endinheirada e aparvalhada. Diante da rapidez com que se dava a mobilidade na sociedade paulista, a elite de base cafeicultora tentava, então, permanentemente provar que era mais culta e tinha gostos mais depurados que os *nouveaux riches*.

---

179 Georg Simmel. *A Filosofia da Moda e outros escritos*. Coleção *Biblioteca Universal*. Trad. Artur Morão. Lisboa, Edições Texto e Grafia, 2008. O autor, que foi o primeiro a trabalhar sobre a dinâmica da diferenciação/generalização que caracteriza o consumo moderno, acrescenta: "Por isso, a moda nada mais é do que uma forma particular entre muitas formas de vida, graças à qual a tendência para a igualização social se une à tendência para a diferença e a diversidade individuais num agir unitário". (Simmel, *A Filosofia...*, *op. cit.*). Em "Psicologia do adorno", continua a ideia da individuação a partir dos acessórios: "O adorno aumenta ou amplia a impressão da personalidade, porquanto atua, por assim dizer, como uma emanação sua. Por isso, os metais reluzentes e as pedras preciosas foram, desde sempre, a sua substância; são 'adorno' num sentido mais estrito do que a indumentária ou o penteado, os quais todavia também 'adornam'". ("Psicologia do adorno". In *A filosofia da moda e...*, *op. cit.*, p. 61).

A prova cabal dessa produção social de diferenças atinge seu ápice com a invenção do termo "quatrocentão"[180] contraposto ao estereótipo do italiano criado por Juó Bananére, o *gazúa*[181] ignorante, falante do mau português, portador do velho casaco esfarrapado mal-cheirando a suor e sempre motivo de chacota:

> Dissta maniéra in tuttas parte insgugliambádo
> O Dudú pobri goitado
> Apparedia un cão sê dono.
> Tuttos giurnale só xamava illo di vacca
> Di gretino, urucubacca,
> Di goió, gara di mono.
> Imbax'o dos assubio
> Vivêa o Dudú nu Rio.[182]

Ou ainda, o estereótipo do sujeito que nunca sabia se portar, pecando sempre pelo gestual excessivo e a palavra falada alto demais:

> Boanotte Raule! Io vô s'imbóra!
> Boanotte, boanotte, ó Bananére...
> Boanotte, Raul! é molto tardi...
> Ma non mi aperti a mó dista maniéra.
> Boanotte io digo i tu mi dize, boanotte!
> Ma non basta só isso non signore...
> Raul! mi impresta duzentó p'ru bondi,
> I non scugliamba dispois faccia o favore.

---

180 A partir de 1913, a elite tradicional passou a se autodenominar preceptora do legado de João Ramalho, sobre o qual se construíra todo um passado mítico de grandes conquistas e desbravações. Em 1976, quando escreveu o prefácio do livro de Yolanda Penteado, da família Guedes Penteado, Gilberto Freyre a conclama, a certa altura, legítima descendente do aventureiro paulista: "Quando menos se espera. aponta aí o João Ramalho, seu multiavô insigne, que, em 1562 não quiz ser vereador nesta vila, por se achar homem velho, para lá dos 70 anos. Isso combina mal com outro dito do mesmo João, quando em 1570 afirma ter mais de 80 anos de assistência na terra, e pessoas menos avisadas têm concluído daí que chegou ele a São Vicente antes de Cristóvão Colombo descobrir a América". (Penteado, *Tudo em..., op. cit.*, p. 3).

181 A gazúa é o grampo, arame, chave falsa ou qualquer outro instrumento usado para abrir uma porta.

182 Juó Bananére (Alexandre Ribeiro Marcondes Machado). "O Dudú-c'oa cabocla do Caxangá". In *A Divina Increnca*. São Paulo, Editora 34, 2001, p. 20.

A visão que a elite de base agrária tinha de si mesma guardava estreita relação com a visão que tinha do trabalho. Tal visão remontava à sociedade colonial escravista cujos fundamentos tinham sido preservados pela transição para o capitalismo que se fez sobre algumas das mesmas bases em que aquela se sustentava. Durante o processo de constituição do novo sistema produtivo, o culto ao ócio foi substituído pelo culto ao intelectual, identificado por Sérgio Buarque de Holanda, como tendo uma natureza semelhante à daquele: "A dignidade e importância que confere o título de doutor permitem ao indivíduo atravessar a existência com discreta compostura e, em alguns casos, podem libertá-lo da necessidade de uma caça incessante aos bens materiais, que subjuga e humilha a personalidade".[183]

O trabalho manual continuou, portanto, a ser condenado e o enriquecimento sobre suas bases não dignificava o trabalhador, mas, ao contrário, maculava-o. Em sua maior parte, os ofícios manuais eram executados pelos estrangeiros que não impunham barreiras culturais à sua execução: "Poucas pessoas haverá na nossa terra que queiram sujeitar-se a qualquer ofício considerado inferior, e não pode haver maior prova do bem estar geral do nosso povo, além de que é a única explicação possível do franco prosperar de todos os estrangeiros que para aqui vêm desenvolver sua atividade".[184]

O fato não passaria em branco pela crítica dura de Monteiro Lobato:

> Arredou, assim, o brasileiro, das profissões manuais, da indústria e do comércio, entregues ao elemento alienígena, e marcou-lhe a giz, como campo único para o exercício de suas energias e o só compatível com sua dignidade, o funcionalismo público, as profissões liberais, a política e o feitorismo (...) comércio: coisa de português e italiano; trabalho manual: coisa de negro.[185]

E, a Ina Von Binzer, preceptora alemã contratada pelos Prados, a atitude refratária do brasileiro em relação ao trabalho, causava a mais completa incompreensão: "Não pode existir aspecto mais alucinante do que esse, do milharal crescendo viçoso e pujante na selvagem desordem dos destroços sapecados ou inteiramente

---

183   Holanda, *Raízes...*, *op. cit.*, p. 157.

184   Agudo, *Gente Rica...*, *op. cit.*, p. 137

185   José Bento Monteiro Lobato. *Mundo da lua e miscelânea*. São Paulo, Brasiliense, 1948, vol. X, p. 142-3.

carbonizados. Em nossa terra, é impossível fazer-se ideia de tamanha confusão, nem tal esbanjamento".[186]

As observações tanto de Lobato quanto de Binzer expõem o comportamento peculiar a uma ética burguesa avessa ao trabalho, ao invés de propensa a ele. Na verdade, seriam duas as éticas a perpassar a classe dominante, uma vez que frações de origens diferentes guardavam posturas diferentes em relação ao trabalho. O trabalho especializado era, para o imigrante urbano, motivo de orgulho familiar. No entanto, a realização de ofícios manuais por estrangeiros, fossem especializados ou não, acabaria por perpetuar a aversão ao trabalho manual que contaminava mesmo as últimas gerações da aristocracia tradicional, para quem, a licitude da riqueza acumulada pelo estrangeiro era, no mínimo, duvidosa.

Duas frações burguesas, duas éticas, que se manifestam em três tipos de trajos, já que, ao intelectual cabia vestir-se de maneira que apontasse para sua posição de distanciamento total em relação ao trabalho. Distante dos ofícios manuais, o *doutor* era a maior preciosidade de toda família cafeicultora porque perpetuava a sua nobreza de uma forma mais sublime: pelo intelecto.

Zezinho, personagem de *Gente Rica,* formara-se bacharel unicamente pelos caprichos do pai que sempre sonhara em ter um "filho doutor para a honra da família",[187] embora jamais tivesse exercido o ofício, o que demonstra o forte simbolismo em torno da posse de um diploma.[188] Para Maria Helena Bueno Trigo, o diploma, assim como os títulos nobiliárquicos, fazia parte do conjunto das estratégias

---

186 Ina Von Binzer. *Os meus romanos: alegrias e tristezas de uma educadora alemã no Brasil.* Trad. Alice Rossi e Luisita da Gama Cerqueira, 6ª ed. bilíngue. Rio de Janeiro: Paz e Terra, 1994, p. 34-35. A educadora alemã esteve no Brasil entre os anos de 1881 e 1884, dividindo-se entre Minas Gerais, Rio de Janeiro e São Paulo, onde dedicou-se aos cuidados das crianças da família Prado, Caio, Plínio, Lavínia Cordélia e Clélia. Usando o pseudônimo de Ulla von Eck, escreveu uma série de cartas para a amiga Grete na Alemanha demonstrando a sua mais profunda incompreensão dos costumes brasileiros. Nas cartas, faz-se ligeira correlação entre a insubmissão ao trabalho manual e a necessidade em se importar tudo: "O artesanato é pouco comum aqui, sendo raro encontrar-se entre os brasileiros um artesão; os poucos disponíveis são alemães, portugueses, italianos. Esta falha encarece demais a vida, pois só se podem adquirir coisas já feitas, sem se contar com a possibilidade de conservá-las à custa de ocasionais consertos e reformas". (Binzer, *Os meus romanos...,* op. cit., p. 110).

187 Agudo, *Gente Rica..., op. cit.,* p. 90.

188 "As nossas academias diplomam todos os anos centenas de novos bacharéis, que só excepcionalmente farão uso, na vida prática, dos ensinamentos recebidos durante o curso". (Holanda, *Raízes..., op. cit.,* p. 156).

de reprodução social do grupo cafeicultor.[189] Alguns trajes eram de uso exclusivo dessa nobreza de diploma:

> Zezinho, em duas coisas, aproveitava positivamente a olhos vistos: era no vestir com apuro e esbanjar o cobre do velho. (...) alguns dos seus colegas, mais ricos de intelecto e muito menos providos de recursos materiais, quando ele saiu da solenidade da colação de grau, murmuraram, ao vê-lo passar, todo glabro no rosto e todo correto na sua impecável casaca: "Este é um ilustre bacharel em roupas!"[190]

A colação de grau era um rito de passagem na vida do bacharel, lembrada eternamente pelo trajo portado na ocasião, que o diferenciava em relação aos seus próprios pais: "(...) fraque 'mescla', colete com fímbria de fustão branco na gola, gravata com pérola, calça cinza listrada, luvas de camurça, polainas de camurça ou botinas de abotoar, cartola de seda, bengala com castão de ouro".[191] As festas dadas pelas famílias na ocasião em que um de seus filhos colava grau ostentavam o fato como uma insígnia de nobreza, dificilmente conquistada pelo filho de um imigrante de origens modestas nos primórdios de 1890.

Em sua crônica, Jorge Americano diz ter ido "(...) a 15 festas sucessivas, todas em casaca ou smoking"![192] Eram as colações de grau de seu grupo, celebradas entre 14 de dezembro de 1912 e 15 de janeiro de 1913. A passagem para a vida adulta do jovem bacharel portava regras de combinação de trajos bastante rígidas: "(...) quando em smoking usava-se chapéu duro, ou palheta no verão, e cravo vermelho no peito; todo o mais, como com a casaca".[193] Os acessórios usados com esta última eram faustosos:

---

189 Maria Helena Bueno Trigo. *Os paulistas de quatrocentos anos. Ser e parecer.* São Paulo, Annablume, 2001, p. 15.

190 Agudo, *Gente Rica...*, *op. cit.*, p. 91. A dinâmica do romance é dada por estereótipos da sociedade paulista incorporados nos personagens: Leivas, o ascendente, Juvenal, o rico tradicional; o velho coronel cafeicultor, Coronel Rogério e seu filho janota, Zezinho; Júlio, o comerciante que sempre quis ser bacharel; o italiano Alexandre Rossi, que transforma a própria mulher em *cocotte*, para com ela fazer fortuna; Dr. Orthépio Gama, membro da elite política, admirador caricato da França.

191 Americano, *São Paulo...*, *op. cit.*, p. 442.

192 *Idem, ibidem*, p. 443.

193 *Idem, ibidem*.

scarpins (sapatos rasos, de verniz); *chatelaine* (corrente de relógio que pendia para fora), com medalhão em ouro, colocado o
relógio no pequeno bolso à cintura da calça, do lado esquerdo;
cravo branco à botoeira da lapela; lenço de *baptiste* com iniciais
no lado esquerdo do peito; corrente de platina, prendendo chaves, pendente do botão direito do suspensório, e enfiada no bolso
direito da calça.[194]

A velha casaca, outrora traje de gente rica, seria aposentada:

Já nem se vê a tão usual, outrora e aristocrática jaqueta de cauda
ambulante (como a denominava um colega meu), a casaca. Há
30 anos, todos nesta cidade, salvo exceções, usavam casacas (...),
não se a dispensava quando se ia ao teatro, ao passeio, ao júri, às
repartições públicas, a toda parte enfim, e até quando se passeava
a cavalo. O estudante não prescindia dela para ir às aulas; e como
não ser assim se quando se chegava à entrada da Academia já
se encontrava o porteiro, o C. Godinho, de casaca, de casaca os
bedéis Mendonça, Firmino e Fortunato, de casaca os Lentes?.[195]

Enquanto a casaca se democratizava entre a camada média, o fraque se afirmava
como traje de diferenciação do trabalho intelectual em relação ao manual. O fraque
tornava o bacharel um indivíduo, sujeito dotado de vontade própria, e, ao mesmo
tempo, um legítimo membro da elite cafeicultora:

Um poeta de casaca pode fazer um soneto de anos, ou uma
epístola em louvor da vacina, mas é-lhe indispensável pelo menos um fraque para soltar com entusiasmo o verso apaixonado;
um orador de casaca pode fazer um elogio acadêmico muito
suportável. Mas desafio o próprio Castelar a arrojar de casaca a
turba, que o escuta ansiosa, as torrentes de fogo de sua eloqu-
ência tribunícia.[196]

---

194 *Idem, ibidem.*

195 Firmo do Albuquerque Diniz (Junius). *Notas de Viagem.* (1882). Coleção Paulística, vol. V. São
Paulo, Governo d 'O Estado de S. Paulo, 1978, p. 7.

196 Junius, *Notas...*, *op. cit.*, p. 40.

No fundo, o que se apreende pelos trajos, são as funções sociais de sujeitos em processo de individuação. A autonomia em uma sociedade de passado colonial, escravista é patriarcal restringe-se ao intelectual, que é o típico indivíduo dessa sociedade. Quando a casaca deixa de representar os valores mais dignos da pessoa humana, na verdade, perde seu sentido social:

> O que me parece é que antigamente geralmente se supunha ser a casaca o ornato, que dava elegância à figura, o característico do homem de bom tom, e talvez alguém acreditasse que ela eliminasse todos os defeitos do espírito e do corpo, e tornava o indivíduo correto em todos os sentidos, *de maneira a ser quem a enfiava um cidadão apreciável na sociedade.*[197]

É uma sociedade em movimento esta que se expressa nos padrões de consumo que se afirmam, se generalizam e se descartam.

Se os excessos de rebuscamento dos palacetes marcavam a um só tempo a tradição oligárquica e a ascensão do imigrante, a ausência de praticidade das vestimentas, o trajo impecavelmente alinhado, eram monopólio social dos filhos da fração de classe cafeicultora. Estes pretendiam distanciar-se não somente em relação ao trabalho bruto do imigrante, mas também em relação ao de seus pais, que representavam a ignorância campestre contrariada pela modernidade urbana:

> O estadulho, a bengala grossa são fato imprescindíveis das suas teorias de moralização social (...) Colarinho de pontas quebradas, gravata branca de nó, colete fechado até o nó da gravata, fraque, flor enorme na lapela, calças de casimira preta com listinha de seda branca, chapéu preto, alto, mole, sapatos *Clark*, pince-nez.[198]

O *pince-nez* era um dos traços mais distintivos daquele que, como Ramalho Ortigão, nesse trecho escrito por Júlio Ribeiro, dedicava-se ao mundo das ideias.

Todavia, se Ortigão, imigrante português da cidade do Porto, preferia o branco e o negro representados no elegante conjunto de seda, outros optariam pelo trajo

---

197 *Idem, ibidem.*

198 Ribeiro, *A Carne, op. cit.*

colorido, assinalando a transformação pela qual passa o trajo do dândi nos trópicos. Cedia-se espaço às casacas coloridas, à "gravata borboleta, [aos] sapatos abotoados e apertados, luvas impecáveis e cartola, depois substituída pelo chapéu coco".[199] O negro, cinza e marrom foram relegados ao operário ou ao tipo que trabalhava com o comércio e com a indústria. O trabalho manual exigia também maior liberdade de movimentos, por isso, os trajos mais folgados. O imigrante deu preferência, então, ao velho traje de "peças de lã, usadas sobre algodão ou linho".[200]

O distanciamento em relação ao trabalho distinguia também os trajes das senhoras de elite, sempre supliciadas dentro de espartilhos, anáguas e anquinhas:

> essa inadequação e exagero mal dissimulava o objetivo de demonstrar, por meio de trajes luxuosos, a situação de classe. Caminhar empertigado dentro de indumentária cuja principal característica residia na inexistência de praticidade livrava a eventual dama ou cavalheiro da suspeita de envolvimento com qualquer tipo de ocupação produtiva, evidenciando seu perfilhamento a um meio privilegiado e ocioso. A herança escravocrata muito próxima desvalorizava o trabalho, tornando-se de bom alvitre manter-se a salvo dele, especialmente para as mulheres.[201]

A vestimenta é expressa contradições de uma sociedade capitalista, mas ainda não industrial. O estudo centrado na dinâmica de consumo capta a passagem de uma sociedade que é deixada no passado para uma sociedade que, embora não industrial, ocupa determinada posição no mundo industrial capitalista, que é a de exportadores de matérias-primas e importadores de bens industriais, de luxo e de massa, que se combinam às estratificações sociais específicas dessa sociedade.

Para Gilberto Freyre, a importância conferida ao bacharel, símbolo da febre "intelectualista" do período, marcaria o processo de reconfiguração da família patriarcal em ambiente urbano:

> A urbanização (…), a consequente diminuição de tanta casa gorda, em sobrado magro (…) tornou quase impossível o equilíbrio

---

199 Camargos, *Villa Kyrial…, op. cit.*, p. 30.

200 *Idem, ibidem.*

201 *Idem, ibidem*, p. 31.

> antigo (…). A valorização social começara a se fazer em volta de
> outros elementos: em torno da Europa, mas de uma Europa bur-
> guesa, donde nos foram chegando novos estilos de vida, contrá-
> rios aos rurais e mesmo aos patriarcais (…). E todos esses novos
> valores foram se tornando as insígnias de mando de uma nova
> aristocracia: a dos sobrados. De uma nova nobreza: a dos douto-
> res e bacharéis.[202]

A reestruturação da família patriarcal em ambiente urbano expressa-se materialmente na arquitetura e na moda, ditada por famílias de renome que têm acesso
aos centros difusores da moda internacional, como os Prados, os Penteados, os
Souzas Queiroz, os Guedes, os Paes de Barros, os Coutos Magalhães.

A tese de Sérgio Buarque de Holanda exposta em *Raízes do Brasil* também explica com grande clareza a devoção ao não-trabalho. Esta continua a reproduzir-se
no interior de um novo sistema sendo recriada, contraditoriamente, pelas próprias
bases capitalistas sobre as quais se desenvolve a economia primário-exportadora. A
transição ao capitalismo, que se constitui pela formação do mercado de trabalho livre
e pelo processo de industrialização, não é acompanhada por uma ética de trabalho
burguesa, mas por uma ética burguesa do não trabalho, que expressa sua contradição
máxima no vestuário portado pelo bacharel.

Para se ter uma ideia do montante de gastos de um bacharel em vestuário, to-
memos os dados do diário de Paulo de Almeida Nogueira.[203] Grande homem de
negócios paulista, fazendeiro de café e de açúcar, membro acionista da Companhia
Mogiana de Estradas de Ferro, os gastos de Paulo com roupas, somente em dezembro de 1893, totalizaram 486$000. As despesas distribuíam-se entre: um par de
botinas Clark: 30$000; um terno de fraque e dois coletes mandados fazer no Bittetti
e Rizzo: 215$000; um terno claro comprado no mês anterior no Chic Americano:
120$000; dois pares de sapatos, um de verniz e o outro branco, mandados fazer
no Rocha: 56$000; um brim comprado nas Duas Cidades de Campinas: 65$000,
lenços comprados na Duas Cidades de São Paulo.[204] As despesas totais com roupas

---

202 Freyre, *Sobrados…*, *op. cit.*, p. 573-574.

203 Paulo de Almeida Nogueira. *Minha vida (diário de 1893 a 1951)*. São Paulo, Imprensa Oficial
do Estado, 1955. O autor nasce em Campinas em 1874, filho de D. Paula Joaquina de Camargo
Nogueira e Antonio Carlos de Almeida Nogueira.

204 Nogueira, *Minha vida…*, *op. cit.*, p. 17-18.

nesse ano de 1893, quando apenas começava na Academia de Direito de São Paulo, foram de: 780$000, o que, no entanto, é somente uma pequena porcentagem do que foi gasto o ano todo: 12% de 6: 650$000. Para se ter uma dimensão relativa do montante, comparemo-lo com o valor da diária de um operário, que girava em torno de 100 réis por dia, ou seja, 3000 réis ao mês.[205] Nogueira teria então gasto o equivalente a 4860 diárias operárias somente no mês de dezembro, ou seja, mais de 162 vezes o salário que um operário percebia por mês; em relação ao ano todo, Nogueira teria desbaratado 7800 diárias de operários, o mesmo que 22 anos de trabalho para estes últimos! A disparidade assinala a imensa importância do vestuário na confecção social de diferenças.

Abaixo dessa camada diferenciada, estavam aqueles que não tinham logrado a sorte de nascerem em boas famílias que lhes dariam o título de bacharéis, mas que, pelo esforço de seu trabalho ou a partir da sorte de um casamento, passavam para o grupo seleto. Os trajos, os gestos, as formas de portar-se continuariam denunciando, entretanto, sua origem social.[206] No romance *Gente Rica*, o antagonista de Zezinho, Júlio, era filho de pais pobres e, não tendo inteligência notável nem recursos suficientes, não pudera estudar, o que era o seu mais profundo desgosto. Seguiu a carreira comercial, mas, na tentativa de compensar a falta de capital cultural pelo hábito da leitura, "considerava-se um dos membros da grande falange de intelectuais brasileiros, que ele classificava muito comovidamente entre beletristas e cientistas".[207] O personagem expressa a sua profissão pelo trajo portado: casaca preta, calça de lã, sapato surrado:

> Júlio, que era então refratário à exibição do seu corpo mal encadernado, ou ficava em casa estudando e escrevendo, ou frequentava outros colegas que tinham o mesmo gosto (…) Não era rico, não pudera escrever uma obra que fizesse atrair para si a atenção

---

205 Valor fornecido por Americano, *São Paulo...*, *op. cit.*

206 Segundo Bourdieu, as disposições dos sistemas de classificação social são dadas pela alta burguesia. Ao tentar seguir tais disposições para as quais não tem capital cultural suficiente, a pequena burguesia termina por denunciar suas origens reais: "(…) l'entrée de la petite bourgeoisie dans le jeu de la distinction se marque, entre autres indices, par l'anxiété que suscite le sentiment de donner prise au classement en livrant au goût des autres des indices aussi sûrs de son propre goût que de vêtements ou des meubles, une simple paire de fauteuils (…)". (Bourdieu, *La distinction...*, *op. cit.*, p. 61).

207 Agudo, *Gente Rica...*, *op. cit.*, p. 81.

de seus contemporâneos; na sua profissão só havia de certo o ordenado, que ele recebia pontualmente no fim do mês.[208]

O fato surrado expressa menos uma questão ética do que a falta concreta de recursos, que Júlio corrigiria ilustremente a partir de um casamento bem arranjado com uma senhora de elite. Então, poderia abusar legitimamente das formas de exibição pessoal, ainda que em um corpo "mal encadernado": "Estava escrito que ele não poderia progredir artisticamente. Pois podia progredir socialmente. Depois de casado, tornou-se monarquista ostensivo, e não podia dominar sua paixão pelos penduricalhos".[209]

Diferente é o caso de um tipo como Matarazzo, que faz questão de exprimir sua ética do trabalho nos trajes e nos hábitos utilizados:

> O repórter que o entrevistava gostava de ouvi-lo dizer: "Nunca estudei nada, sou um ignorante". O merceeiro da esquina, que lhe comprava a farinha em barricas, leria em seu jornal: "Sou um simples negociante de farinha, bacalhau salgado e algodão... Não compreendo muita coisa". Vestia sempre um terno preto desafetado e bebia cerveja. Mas ao convidado para o jantar servia bom vinho e ainda lhe dava uma garrafa para levar se caso a elogiasse.[210]

O trecho denuncia a identificação entre o imigrante estrangeiro e a indumentária mais simples, adaptada ao trabalho manual. A despeito de ser incapaz de compreender "muita coisa", faz questão de mostrar que conquistou uma posição social digna de reconhecimento, que ostenta pelo bom vinho oferecido ao conviva em dia de festa – ao contrário da cerveja bebida no dia-a-dia. As grandes ocasiões rompem com o cotidiano de modéstia, um traço da ética católica voltada à disciplina do trabalho, cuja ascese tem contornos um pouco distintos da ascese protestante, embora também envolva uma conduta orientada. Por outro lado, o elemento alienígena vivencia uma espécie de ética dupla: a do trabalho, que traz de seu país, e a da ostentação, que adquire no processo de socialização em uma sociedade ainda muito tradicional. A ambiguidade fica explícita nas formas de consumo, que se

---

208 *Idem, ibidem.*

209 *Idem, ibidem*, p. 85.

210 Dean, *A industrialização...*, *op. cit.*, p. 77.

alterna entre a ostentação dos palacetes e do bom vinho e a privação da vestimenta, pela qual os imigrantes exprimem as particularidades nacionais dos processos de Reforma ou Contra-Reforma e constituição do capitalismo em seus respectivos países de origem.

À simplicidade do vestuário do imigrante contrapõe-se o rebuscamento do trajo da elite tradicional, que, igualmente ao mobiliário e às formas arquitetônicas, conta com combinações exageradas que beiram o ridículo. Enquanto a moda mundial adotava tendências mais simples, concordes com a consolidação dos valores modernos burgueses, a moda nacional guardava os exageros eduardianos, contrariando mesmo a tradicional sobriedade que até então qualificara a vestimenta da mulher paulistana: "(…) a *toilette* discreta que por séculos caracterizou a mulher paulistana vai sendo paulatinamente substituída por vestidos elegantes, peles, plumas, *aigrettes* e chapéus".[211] O paradoxo explica-se porque, o momento da simplificação da moda europeia, direcionada pelos valores ascéticos burgueses, era também o momento em que a sociedade paulista enriquecia-se. Dentro do contexto inaugurado pela Proclamação da República em 1889, em que os poderes políticos regionais estão em permanente disputa por um espaço da esfera do governo federal, a exposição e a demonstração veiculadas pelas formas de consumo são também expressões de poder:

> O excesso dos postiços que elas usam leva-as naturalmente a feições postiças, e então, atiram-se de corpo e alma à caça do novo *sport*, para baterem o novo *record*… É tão bonito andar bem vestida e cheia de joias, como essas *demoiselles* que passam escandalosamente pelo *triângulo* em automóveis abertos; que vão à Antarctica estadear o seu luxo e a sua falta de decoro ou que enchem as frisas e camarotes de primeira ordem com as suas sedas, as suas peles, as suas fulgurantes penas… de pato.[212]

O episódio é notavelmente observado por José Agudo, que, na artificialidade das combinações do ato de vestir-se, percebe o nascimento de uma ordem competitiva, dentro da qual as frações de classe concorrem por um espaço no interior do

---

211 Deaecto, *Comércio e vida urbana…, op. cit.*, p. 171. A*igrette*: conjunto ou feixe de plumas longas destinado a ornamentar. Era comumente usado em fantasias, chapéus ou trajes femininos". (Houaiss).

212 Agudo, *Gente Rica…*, p. 96.

círculo elitista. A classificação social não tem, no entanto, contornos definidos. O francês Louis Mouralis, vindo ao Brasil em 1930, observou que a tradicional imitação da Europa criava caricaturas do que se acreditava ser a cultura civilizada: "os refinamentos de uma cultura pedida de empréstimo à Europa, viciada pela ostentação, produzem o efeito não desejado de uma caricatura e de modo nenhum conseguem ocultar os sentimentos de barbarismo primitivo. Logo se tem a impressão de que, tudo é falso, exceto as joias".[213]

O distanciamento ou a aproximação em relação ao trabalho manual assumem manifestações distintas para o sexo e o feminino, dependendo da fração de classe à qual se reportam. No caso da fração de classe burguesa de origem imigrante, a diferenciação entre o vestuário masculino e o vestuário feminino é menor, o que denota uma cooperação maior entre os sexos, uma relativa indiferenciação, particularmente no momento em que ainda não se completou a ascensão social. Tanto o homem, quanto a mulher dedicavam-se ao comércio varejista, embora a mulher se dividisse entre os afazeres domésticos e o pequeno comércio. No caso da fração burguesa de origem cafeicultora, não somente a diferenciação com a fração de classe emergente, ligada ao trabalho manual, é cultuada, mas também a maior diferenciação entre o sexo forte e o sexo frágil.

O total distanciamento do trabalho manual, expresso nos trajos empertigados e excessivamente adornados da fração de elite tradicional, remete à continuidade entre os papeis sociais da antiga sociedade patriarcal tradicional e os papeis sociais da nova sociedade burguesa. Ao homem cabia o exercício do intelecto, manifesto em detalhes do costume portado:

> os óculos – aqueles instrumentos ópticos com hastes para apoiar-se sobre as orelhas – concebidos, ao contrário dos *face-à-main* (tipo de *lorgnon*), para serem usados por tempo prolongado, eram de uso preferencialmente masculino, denotando "a capacidade deste objeto em concentrar aqueles atributos entendidos como masculinos", isto é, "atividades cerebrais associadas ao trabalho produtivo, às ciências, ao controle financeiro da vida doméstica, à escritura em geral, à memória da linguagem patriarcal".[214]

---

213 Louis Mouralis. *Un séjour aux États-Unis du Brésil: impressions et réflexions.* Paris, Les Presses Universitaires de France, 1934, p. 3, 7-9.

214 Barbuy, *A cidade-exposição...*, op. cit., p. 45.

A leveza do trajo portado pelo bacharel, assim como a escolha acertada do bom charuto – entre a variedade de Havanas, Bahias e Hamburgos, que substituíam o tradicional fumo de enrolar – são a materialização da nobreza de espírito masculina. Diferenciam-se de suas mulheres pela sua capacidade intelectual, dos mais velhos, pelo seu espírito revolucionário e dos mais pobres pela sua condição estamental privilegiada:

> E é preciso não esquecer (...) o hábito dos charutos que, difundido a partir de meados do século, atravessa o Romantismo, banindo a um só tempo o vício antigo do rapé, a que continuam fiéis os mais velhos, e o "nojento cigarro de palha" a que estão condenados os mais pobres. Pois o "moço bonito que passeia de tarde vendo as moças" – como os nossos poetas byronianos e os inúmeros Rubemprés locais – fuma charutos de primeira qualidade, de Havana ou de Manilha, cujas belas caixas, compradas na casa de Wallerstein, estão sempre ao alcance da mão sobre a escrivaninha ou o aparador, na intimidade dos aposentos.[215]

---

215 *Idem, ibidem*, p. 78-79.

Um curioso anúncio de cigarros *Fon-Fon* que toma a mulher como sujeito
(*Revista A Lua*, jan./1910)

Masculinidade e Modernidade (*O Estado*, 1912)

Frente à incipiente generalização do hábito de fumar charutos, a forma de distinção social que se lhe seguiu residiu na escolha cuidadosa dos materiais de que eram feitos os acessórios, como as piteiras, "de âmbar, espuma, madeira e argila", e os cachimbos, em "louça, madeira, barro e argila".[216] Afinal, as classes e frações, durante a luta que travam no interior da esfera de consumo, tendem a conservar as posições hegemônicas já conquistadas, conferindo relativa imobilidade aos estratos sociais. Na medida em que o consumo de charutos, corroborado no seguinte trecho retirado de Jorge Americano, difunde-se para a classe mediana, as classes mais abastadas tendem a fixar novos acessórios destinados a conservar o hábito de fumar um monopólio exclusivo de sua classe: "Ouve-se agora um rodar de carro de praça, a dois cavalos. Traz a capota baixada e, dentro, quatro caixeiros endomingados. Casaco ou fraque preto,

---

216 *O Estado de S. Paulo*. São Paulo, 01/01/1892.

chapéus melão, calças brancas. Todos quatro fumam charutos, e olham para as casas caiadas de amarelo batido. (...) Devem ser parentes que saíram no domingo, a procurar casa de aluguel para um deles".[217] São quatro caixeiros e não quatro fazendeiros ou quatro comissários; procuram uma casa de aluguel e não um espaço para construí-la; ainda assim, têm cada um deles o seu charuto à mão.

As mesmas casas comerciais que vendiam os artigos para fumo comercializavam também bebidas "de todas as qualidades, espíritos de vinho, vinho nacional, branco, tinto, virgem, palhete, de Bordeaux e Porto, Vermouth, Cognac, Genebra, Bitter, Água Seltz, xaropes e licores"[218] e, no caso da Casa Mitchell, ofereciam-se ainda ferramentas,[219] denunciando traços de uma sociedade que conferia novas funções ao homem, sem deixar de redefinir as antigas, sempre guardando o devido distanciamento das profissões manuais.

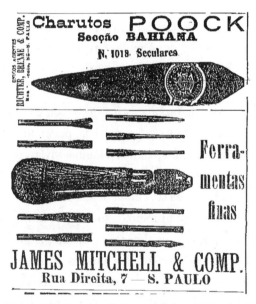

Casa Mitchell: anúncio de charutos e ferramentas de luxo (*O Estado*, 08/02/1903)

217 Americano, *São Paulo...*, op. cit., p. 200.
218 "O maior empório dos fumos. Rivadavia & C. Colossal depósito de fumos de todas as procedências, tanto em folha, como em corda, picados e desfiados, grande sortimento de palhas nacionais e estrangeiras, de 1ª e 2ª qualidades, bem como variadíssimo sortimento de charutos de Havana, Bahia e Hamburgo. Bolsas e carteiras para fumos e cigarros, papéis Duc e Ambré etc. Completo sortimento de bebidas, como seja: vinagre branco e tinto de 1 duplo, triplo e quádruplo". (*O Estado de S. Paulo*. São Paulo, 01/01/1892)
219 *O Estado de S. Paulo*. São Paulo, 080/2/1903.

Em 1892, regulamentou-se o funcionamento de charutarias e tabacarias em São Paulo sob a condição de que fossem comercializados unicamente produtos destinados aos fumantes.[220] O esforço do aparato público em impor certa racionalidade ao ramo seja pela regulamentação, seja pela tributação, era, no entanto, inócuo, já que as casas sempre acabavam oferecendo bebidas – inclusive o proibido e sobretaxado absinto –, além de outras coisas que iam de ferramentas a artigos de caça. É preciso atentar que, no contexto da formação da modernidade brasileira, que corre em paralelo ao nascimento de um capitalismo particular, a ausência de racionalidade dos espaços corresponde à ausência de racionalidade dos comportamentos sociais que, por vezes, pendem para o excesso e não para a sobriedade característica do mundo burguês. Tanto um quanto outro processos são produto de uma sociedade hesitante entre os valores modernos incutidos nos produtos importados e sua herança colonial, escravista e rural.

Enquanto os novos hábitos masculinos expressam o seu domínio sobre a esfera pública, os novos papeis relegados à mulher expressam o seu domínio do mundo privado. A mulher, na nova configuração burguesa da sociedade patriarcal, dedicava-se menos, porém, à realização dos afazeres domésticos do que ao seu gerenciamento, preservando-se, da mesma forma que o seu companheiro, do trabalho manual. Condenada à clausura da esfera privada, podendo sair somente acompanhada de um criado ou de algum parente, a mulher vivia, contudo, o paradoxo da necessidade da exibição pública permanente.[221] Tanto no caso da mulher burguesa solteira, quanto da casada, o zelo em cuidar de sua proteção conflitava com essa necessidade de exibição social: no primeiro caso a fim de conseguir um bom partido; no segundo, a fim de expor ocasionalmente as fortunas familiares.

Essa ambiguidade da posição feminina em relação à esfera pública se dava em duas instâncias. Em primeiro lugar, na instância econômica. Vulnerável ao apelo publicitário e às formas de exposição, a mulher teve seu papel econômico redefinido por seu forte potencial de consumo: "Ela [a mulher] era a reprodutora e a

---

220 "Trata-se de um ramo novo que está em franco crescimento, confirmando a superação do uso de fumo de rolo ou de corda pela população citadina, que aos poucos assimila os cigarros, charutos, cachimbos etc. (…) Esses estabelecimentos são autorizados a comercializar apenas artigos para fumantes, como 'fumo, papel, palha, piteiras, bolsas' e seus congêneres". (Deaecto, *Comércio…, op. cit.*, p. 167).

221 "Para o homem, a rua significava a heterogeneidade, o desconhecido, a liberdade e o vício; para a mulher, a perda da virtude". (M. Cecília N. Homem, *O palacete…, op. cit.*, p. 27).

consumidora, cabendo ao homem o trabalho e a produção que ocorriam fora do âmbito doméstico".[222] Em *A Alma Encantadora das Ruas*, de João do Rio,[223] o autor descreve o fascínio da vitrine exercia sobre as mulheres, ricas e pobres:

> Param, passos adiante, em frente às enormes vitrinas de uma grande casa de modas. As montras estão todas de branco, de rosa, de azul; desdobram-se em sinfonias de cores suaves e claras, dessas cores que alegram a alma. E os tecidos são todos leves – irlandas, *guipures, pongées,* rendas. Duas bonecas de tamanho natural – as deusas do *"Chiffon"* nos altares da frivolidade – vestem com uma elegância sem par; uma de branco, *robe Empire;* outra de rosa, com um chapéu cuja pluma negra deve custar talvez duzentos mil réis. Quanta coisa! Quanta coisa rica! Elas vão para a casa acanhada jantar, aturar as rabugices dos velhos, despir a blusa de chita – a mesma que hão de vestir amanhã... E estão tristes. São os pássaros sombrios no caminho das tentações. Morde-lhes a alma a grande vontade de possuir, de ter o esplendor que se lhes nega na polidez espelhante dos vidros. Por que pobres, se são bonitas, se nasceram também para gozar, para viver?[224]

Nesse trecho, João do Rio trabalha sobre os dois extremos da sociedade, que ficam expressos na singela observação de uma vitrine por duas moças miseráveis. Riqueza e pobreza colocam-se em lados opostos: um é o mundo guardado pela vitrine; outro é o mundo da rua, que abriga não somente as moças vestidas de seda, mas também aquelas que se despem da chita de todos os dias. Às moças pobres não era permitido sequer o acesso às joias de fantasia:

> Elas fixam a atenção. Nenhuma das quatro pensa em sorrir. A joia é a suprema tentação. A alma da mulher exterioriza-se irresistivelmente diante dos adereços. Os olhos cravam-se ansiosos, numa atenção comovida que guarda e quer conservar as minúcias mais insignificantes. A prudência das crianças pobres fá-las reservadas.
> — Oh! aquelas pedras negras!

---

222 *Idem, ibidem*, p. 25.

223 O seu nome verdadeiro era João Paulo Emílio Cristóvão dos Santos Coelho Barreto.

224 João do Rio. *A Alma Encantadora das Ruas*. São Paulo, Companhia das Letras, 1997.

— Três contos!

Depois, como se ao lado um príncipe invisível estivesse a querer recompensar a mais modesta, comentam as joias baratas, os objetos de prata, as bolsinhas, os broches com corações, os anéis insignificantes.[225]

O autor trabalha o contraste entre o desejo – que é o que movimenta, segundo Baudrillard, a sociedade de consumo, mais do que o consumo concreto de valores de uso – e a sua frustração, que também entra nesse jogo de afirmação social, que permite a acumulação capitalista ininterrupta. Mesmo as variantes mais baratas, as joias de fantasia, que se difundiam amplamente no Brasil na virada do século, eram inacessíveis às mulheres mais humildes. A tais variantes recorriam as mulheres de uma camada média nascente que, ao pretender ostentar algum prestígio, marcavam mais acentuadamente sua posição social intermediária na sociedade.[226] Afinal, era completamente inadmissível o uso dessas joias por qualquer mulher de certa respeitabilidade:

Trajadas com os belos vestidos do Rio, as senhoras cobriam-se de pérolas e brilhantes – *inadmissível, naquela época, as atuais joias de fantasia!*, levando lenços de finíssimas rendas e leques preciosos, os ombros cobertos de magníficos xales de seda branca, chamados 'Toquim', porque vinham diretamente da China.[227]

A burguesia de raízes tradicionais continua a usar somente os acessórios autênticos. O problema é o reconhecimento do que é autêntico em meio à difusão de imitações quase perfeitas, promovida pelo processo de industrialização periférica, que aqui, dá um novo sentido à substituição de importações, explicada do ponto de vista do consumo e dos conflitos de classe e não da produção e da tecnologia.

---

225 João do Rio, *A Alma ...*, *op. cit.*

226 "Quanto à ourivesaria, abrangia toda a produção de artes decorativas em ouro e prata, estendendo-se, depois, à produção industrial de um sem-número de objetos em metais menos nobres, para uso privado, utilitários e ostensivos ao mesmo tempo, consumidos pela burguesia enriquecida. As casas que comercializavam esse tipo de mercadoria logo ampliaram seu leque de ofertas com porcelanas e outros materiais também utilizados nas artes decorativas e seus desdobramentos". (Heloisa Barbuy. *A Cidade-Exposição: Comércio e Cosmopolitismo em São Paulo, 1860-1914*. São Paulo, Edusp, 2006, p. 141).

227 Maria Paes de Barros. *No Tempo de Dantes*, 2ª ed. São Paulo, Paz e Terra, 1998, p. 49.

A cultura de joias recebera um significado particular na São Paulo da *Belle Époque*, onde o processo de diversificação das camadas sociais era mais acelerado:

> O fato é que a joia e a bijuteria de uso feminino chegaram ao século XIX como objetos de prestígio na cultura local. Pela presença constante de ourives e de fornecedores de joias e bijuterias na cidade, presume-se que, apesar das mantilhas pretas com que se cobriam em geral as paulistas, é certo que as mulheres não dispensavam tais adornos.[228]

A segunda instância em que se manifesta a ambiguidade da relação entre a mulher e a esfera pública é a política. A exibição periódica das mulheres da família, fossem solteiras ou casadas, era instrumento capital na legitimação social dos "clãs" paulistanos de renome que, por sua vez, projetavam-se sobre a vida da república nascente. Em uma sociedade que ainda guardava os grandes traços da organização patriarcal de família, que se refletia na organização patrimonialista do Estado, esta dimensão da ambiguidade expressava contradições peculiares à sociedade brasileira em geral e paulista em particular. Abalizado pela preservação de estruturas familiares, que se manifestavam tanto na dinâmica econômica quanto no arranjo político do período, o período da *Belle Époque* foi marcado pelos conflitos regionais engendrados por grandes conglomerados familiares. Esse mesmo conflito alimentou a dinâmica de consumo em São Paulo, onde atingiu seu paroxismo pelas razões já expostas: necessidade de afirmação nacional frente às demais elites regionais; necessidade de afirmação frente à fração estrangeira de origem comercial.

Se o papel da mulher sofrera severa reestruturação do ponto de vista econômico, que a convertera de figura ativa da produção material em personagem sujeita aos ditames da esfera da circulação, do ponto de vista da dinâmica de diferenciação social, seu papel complexificou-se enormemente. Para que a legitimação social se fizesse, a moça não somente continuou a dedicar-se às prendas domésticas, mas intensificou o aprendizado de alguns comportamentos não comuns entre as mulheres brasileiras. Aprendeu a tocar piano, a dançar a valsa, a falar o francês, a portar-se de maneira correta à mesa e em recepções sociais. Manuais de etiqueta, como

---

228 Barbuy, *A Cidade-Exposição...*, *op. cit.*, p. 129

o *Dicionário do bom gosto ou genuína linguagem das flores*,[229] publicado em 1903, eram dos mais lidos entre as moças casadoiras. Aí se ensinavam o manejo do leque, jogos, brincadeiras e regras para um carteado elegante; a linguagem das flores, frutas, cores, pedras preciosas e suas correspondentes significações, enfim, formas de conquistar um pretendente:

> no pequeno espaço de tempo que mediava entre a vida da menina e a da senhora, a moça entregava-se ao aprendizado da música e das maneiras, ao interesse pelos vestidos, vivendo na expectativa da chegada do marido (...) também proliferavam por toda a parte os livros de boas maneiras, característicos de uma classe que se formava, e onde este sutil esquema do comportamento ainda não se tinha imposto pela tradição.[230]

Ao lado da extrema diferenciação das classes, das roupas e dos gêneros, surgiam formas de difusão de padrões de consumo e hábitos. Diferenciação e difusão expressam a dinâmica contraditória do consumo em qualquer sociedade capitalista. Há que especificar como as formas de difusão surgem no capitalismo periférico.

No caso das roupas, dois dos principais mecanismos difusores de padrões eram os catálogos estrangeiros e o acesso das classes médias e baixas às máquinas de costurar surgidas da Revolução Industrial:

> Os vestidos de senhoras orientavam-se pelos figurinos franceses ou brasileiros *que os copiavam escandalosamente*. Gente de recursos médios chamava a costureira, dava-lhe o molde tirado do figurino, cortado em folhas de jornal e depois ia experimentar. Gente de menores recursos fazia isso em casa, com a máquina de costura, que não faltava nas casas abaixo da média econômica.[231]

A propagação dos figurinos enquadra-se no processo de expansão comercial que caracterizou o capitalismo em sua fase imperialista, sendo de interesse dos *grands*

---

229 *Dicionário do bom gosto ou genuína linguagem das flores contendo também jogos, poesias e o secretário de cupido ou novíssimo correio dos amantes, mais correto e aumentado com a linguagem dos leques...* Tomos I e II. Rio de Janeiro: São Paulo, Recife, Laemmert & C., 1903.

230 Souza, *O espírito...*, *op. cit.*, p. 89; 92.

231 Americano, *São Paulo...*, *op. cit.*, p. 63.

magasins europeus a difusão de seus produtos para a América Latina. Os catálogos, traduzidos para o português e para o espanhol, eram distribuídos na América como forma de incentivar a importação de seus produtos. O que não imaginavam, talvez, era o imenso talento dos brasileiros em reproduzir réplicas perfeitas. Diga-se de passagem que isso não era restrito à arquitetura ou às vestimentas, mas também às bebidas, cujos vasilhames e rótulos eram reaproveitados para conferir ao artigo falsificado um autêntico ar europeu. Não demoraria a que isso se conformasse em um sério problema diplomático, expresso em debates calorosos publicados em jornais do período e relatados nas correspondências diplomáticas estrangeiras.[232]

Quanto aos calçados, os fatores da difusão do consumo para outras camadas sociais foram dois: 1) o crescimento da população urbana que chamou a atenção das instituições higienistas para o calçado como um poderoso aliado no combate às epidemias; 2) o fim da escravidão, que permitiu que o sapato deixasse de ser a marca da diferença entre senhores e escravos e fosse visto como um bem de consumo necessário a todos. Ainda nos anos imediatos que sucederam à Abolição, nem nas ocasiões especiais, como a pose para as fotos da família, era permitido aos escravos o uso de calçados.[233]

Aos poucos, os mecanismos diferenciadores que regiam a dinâmica de consumo de calçados deixavam de estar relacionados ao produto em si – sendo a inclusão ou

---

232 O debate assume formas mais agudas a partir de 1900, ano em que as ideias protecionistas se fortalecem com a discussão sobre as tarifas alfandegárias diferenciais (*O Estado de S. Paulo*. São Paulo, 13/02/1900). Tanto em um quanto outro lado, a percepção dos bens franceses enquanto artigos de luxo e, portanto, de baixo consumo, é clara: "É, porém seguro que a exportação francesa para o Brasil vem de há alguns anos em franco declínio e que a Alemanha está substituindo, cada vez mais, a França no comércio de nosso país. Sabe-o a França e sente, sem dúvida, que neste combate lhe falecem as condições necessárias para a vitória. (...) O nosso café é bom e é barato: poderia, portanto, oferecer vantagens a uma população fundamentalmente econômica como é a francesa, ao passo que os produtos franceses, bons em sua maioria, são, todavia, mais caros que os congêneres de outras origens". (*O Estado de S. Paulo*. São Paulo, 11/02/1900). A despeito da forte argumentação francesa, os brasileiros têm a clara consciência da não reciprocidade entre as duas nações, já que a França negava-se terminantemente a impor tarifas mais baixas para o café brasileiro: "Pelos telegramas ontem publicados nesta folha, vê-se que o governo francês não acede aos desejos do Brasil na questão pendente aos direitos do café. (...) Ao passo que deseja a aplicação da tarifa mínima sobre os produtos franceses importados pelo nosso comércio, oferece-nos uma redução insignificante nos direitos de entrada sobre o café e estabelece, como condição prévia desta redução, que adotemos, para a importação de origem francesa, o tratamento da nação mais favorecida". (*O Estado de S. Paulo*. São Paulo, 11/02/1900).

233 Alencastro, "Vida Privada e Ordem Privada no Império", In *História da Vida Privada no Brasil...*, *op. cit.*, p. 19.

exclusão social determinadas pelo seu uso ou não uso – para se reportarem às marcas. É um processo semelhante ao que se passa com o hábito de fumar, que, uma vez mais difundido, passa a contar com acessórios que recriam a estrutura de diferenciação social. Dentre as marcas de calçado mais ilustres, citamos a *Clark*, marca inglesa que fez história na São Paulo da *Belle Époque*. Percebendo que comercializava um artigo que estivera relacionado não somente à distinção de classes, mas também de raças, sobre o qual pesava, portanto, uma forte carga excludente, a *Clark* criou dois endereços para suas vendas. Lojas mais requintadas destinavam-se aos clientes que frequentavam a Rua 15 de Novembro (número 37) e a São Bento (número 18); aos de recursos mais parcos lojas mais populares, localizadas nas ruas São Caetano (números 1 e 27), Rangel Pestana (números 1767 e 2147) e na Avenida Celso Garcia (número 51), ofereciam produtos mais em conta.[234] Para as roupas feitas, as lojas populares localizavam-se na Ladeira João Alfredo (Rua General Carneiro) ou na Rua da Estação (Rua Mauá).[235] E entre os produtos de luxo e os populares, estavam os falsificados que conferiam o *status* dos primeiros pelo preço dos segundos.

Calçados Femininos (*Galeries Lafayettes*, 1906)

---

234 Deaecto, *Comércio...*, op. cit., p. 181.
235 Americano, *São Paulo...*, op. cit., p. 64.

Frente à propagação indiscriminada de artigos falsificados, a construção de alguns estereótipos, em particular os do imigrante *nouveau riche* mal vestido, foi outra forma encontrada pela burguesia de raízes tradicionais para sustentar as fronteiras sociais que pareciam dissipar-se tão rapidamente. Nasceu daí a figura caricata do imigrante beócio e vigarista, quase sempre maltrapilho:

> há uma classe que prospera a olhos vistos: é essa chusma de congregados e congregadas, expulsos de diversos países da Europa, que para aqui têm vindo em grandes levas e que aqui exploram livre e folgadamente (…) Ah, meus amigos, essa pacífica invasão de hábitos e roupetas é um temeroso problema que o Brasil tem de resolver no futuro.[236]

Os pequenos detalhes do trajo passam, então, a ser tão ou mais importantes que as vestimentas em si, servindo para selecionar aqueles que teriam ou não acesso à vida familiar: "Veio ontem à nossa casa um homem. Queria falar com meu pai. Minha mãe perguntou à criada: 'Tem gravata? Então o faça entrar'. A gravata era um pouco desalinhada, mas o homem tinha punhos engomados. Entrou".[237]

Enquanto a vestimenta refinada assegurava ao rico sua posição superior, ao novo rico, contribuía para se fazer notar sua ascensão social: "Toda mãe sensata, do tipo emergente, que sonhava em dar um futuro para o filho, fazia questão de comprar camisa um número maior para o garoto, que geralmente crescia e ia perder a roupa".[238] A falta de compostura quase sempre denunciava a origem social daquele que era portador de trajo alinhado: "Pois não são poucos esses *bibelots* de péssimo *biscuit*, bem vestidos por fora, tresandando a perfumes, mas completamente nus por dentro. Abrem a boca: dizem asneiras; fecham a boca: irritam debaixo do mutismo das suas casacas cheias de frisos e de dobras".[239] Para Roger Chartier, a criação de tipos abstratos, como esses estereótipos, está intimamente relacionada a uma determinada ordenação ou hierarquização da estrutura social, que expressa os conflitos entre classes e frações de classe pelas ideologias que criam a respeito de

---

236 Agudo, *Gente Rica…*, *op. cit.*, p. 69.

237 Americano, *São Paulo….*, *op. cit.*, p. 371.

238 Lourenço Diaféria. *Brás-sotaques e desmemórias*. São Paulo, Boitempo Editorial, 2002, p. 47-48.

239 "Os *snobs* no teatro". In *A Vida Moderna*. São Paulo, 16/10/1924.

si mesmas e de suas contrárias.[240] Tanto os estereótipos do "quatrocentão", quanto o do "carcamano", traduzem a necessidade de perpetuação das diferenças da parte de uma elite que pretende se fazer respeitar diante de um processo de mobilidade social em franca aceleração.

Traje especial para a turnê lírica
(*O Estado*, 08/06/1914)

A revelação das verdadeiras origens sociais é feita, no entanto, de maneira mais aguda durante a frequentação de alguns espaços de sociabilidade, como a ópera, por exemplo. Se, por um lado, todo aquele que tivesse dinheiro para comprar a entrada poderia participar do evento, de outro, atuavam rígidos mecanismos de restrição social sobre o recém-chegado à situação de classe. Em primeiro lugar, estavam os trajes obrigatórios:

Automóveis paravam, trepidantes, despejando ondas de sedas, plumas e arminhos; auroras de carne de moça, fulgores de olhares e pedrarias; crepúsculos e noites de cabelos, que impregnavam o ar de capitosos perfumes e povoavam os cérebros de espicaçantes estímulos, de aspirações ardentes e de lúbricos desejos.[241]

Em segundo lugar, a ópera, ao contrário de outros espaços de sociabilidade, exigia certo capital cultural que não era jamais obtido com a ascensão social.[242] Lembremos que, mesmo na Itália deste momento, os grandes espetáculos executados em teatros eram destinados à nata

---

240 Roger Chartier. *A história cultural. Entre práticas e representações*. Coleção *Memória e Sociedade*. Trad. Maria Manuela Galhardo. Lisboa; Rio de Janeiro: Difel; Bertrand do Brasil, 1990, p. 22.
241 Agudo, *Gente Rica...*, *op. cit.*, p. 135.
242 Bourdieu, *La distinction...*, *op. cit.*

da sociedade e jamais aos humildes. Os ascendentes podiam, então, compreender a língua em que era cantada a ária, mas não entendiam o código simbólico que a ópera encerrava porque não haviam sido preparados socialmente para isso: "Haverá cousa mais interessante que um novo rico colocado em uma poltrona do Municipal, envernizado pelo seu dinheiro e oco como sua burguesia medíocre?"[243]

O oposto se passava com a burguesia de raízes tradicionais, que fora educada para esse momento ao longo de toda uma vida. Certamente, ser convidado para uma frisa pertencente a uma família de renome não seria para qualquer um: "(...) fomos convidados por sua tia, Dona Olívia Guedes Penteado, para ouvir Strawinsky, num concerto de Rubinstein, e então ficamos na mesma frisa do Lírico".[244]

Assim, ainda que o mercado, esfera das trocas, permitisse o acesso a bens restritos por uma camada privilegiada, na esfera do consumo, reestruturavam-se as hierarquias sociais, que adquiriam o caráter de estamentos: "La consommation est une institution de classe (...): non seulement il y a inégalité devant les objets au sens économique, (...) le savoir et la culture ne sont, pour ceux qui n'en ont pas la clef, c'est à dire le code qui en permet l'usage légitime, rationnel et efficace, que l'occasion d'une ségrégation culturelle plus aiguë et plus subtile".[245] O ascendente poderia ter um piano em casa, comprar um gramofone ou bilhetes para a ópera, podia parecer entender a ária, mas, em realidade, nunca teria o conhecimento necessário à sua perfeita compreensão, uma vez que este não é simplesmente adquirido, mas transmitido de uma geração a outra.

Dentro da cultura burguesa, apoiada pelo *Art Nouveau*, que dá lugar a vestimentas mais discretas e mais próximas ao formato do corpo, a diferenciação de classes acontece em vários níveis, sendo o mais sutil, embora também mais marcante, o nível do gosto: "O indivíduo se distinguia no anônimo cenário urbano através da escolha 'correta' associada a um determinado modo de vida sutilmente diferente do de outro meramente rico".[246] Os elementos que denotam refinamento são adquiridos pela educação familiar, o que reforça, mais uma vez, a situação do enquanto estamento, anulando, em alguma medida, o processo de mobilidade social da estrutura de classes no sistema capitalista:

---

243 "Os *snobs* no teatro". In *A Vida Moderna*. São Paulo, 16/10/1924.

244 Penteado, *Tudo em...*, *op. cit.*, p. 12.

245 Baudrillard, *La société de consommation...*, *op. cit.*, p. 76-77.

246 Needell, *Belle Époque...*, *op. cit.*, p. 186.

> La définition dominante du mode d'appropriation légitime de la culture et de l'oeuvre d'art favorise, jusque sur le terrain scolaire, ceux qui ont eu accès à la culture légitime très tôt, dans une famille cultivée, hors des disciplines scolaires; elle dévalue en effet le savoir et l'interprétation savante, marquée comme "scolaire".[247]

Nas situações relativamente democráticas, em que se defrontam os grupos tradicionais e os ascendentes, o gosto é o responsável por reforçar as fronteiras entre aqueles que começam a ter acesso a bens materiais simbólicos e aqueles que tinham acesso a estes e também ao modo de dispô-los corretamente, ou seja, ao seu significado.

No próximo item, veremos como, em arranjo periférico, organizam-se os espaços de lazer e sociabilidade da elite paulistana e como eles reproduzem os princípios de diferenciação social em um nível mais sutil: o do *habitus* de classe.

Lazer e espaços de sociabilidade da elite paulistana

Tomaremos as diferentes formas de lazer como os caminhos através dos quais se tornam efetivamente demarcadas as diferenças sociais, uma vez que o acesso aos divertimentos criados pela sociedade burguesa, seja no plano econômico, cultural ou simbólico, deriva das condições de classe.

Para André Gorz, a "civilização do lazer", que valoriza os espaços do não-trabalho na sociedade capitalista, é resultado de uma compensação a um trabalho que não liberta, mas, ao contrário, priva o trabalhador da liberdade. Seguindo uma lógica de raciocínio marxista, o lazer seria a exacerbação da reprodução do trabalhador enquanto força de trabalho, o seu consumo levado ao paroxismo, já que é na esfera do consumo, privada, que ele se produz e reproduz enquanto força disponível a ser explorada pelo sistema capitalista.[248]

---

247 Bourdieu, *La distinction...*, *op. cit.*, p. II.

248 "Submetendo-se à sociedade, mais do que a criando conscientemente; incapaz de coincidir com a sua realidade social, o indivíduo tende a se refugiar na esfera privada, considerada como a única esfera de sua soberania (...) Esse refúgio (...) não é, em primeiro lugar, nem, sobretudo, uma atitude do cidadão face à sociedade, mas uma atitude do trabalhador que, privado de iniciativa, de responsabilidade, de realização pessoal no seu trabalho, tende a buscar compensações no não-trabalho". (André Gorz. *O socialismo difícil*. Tradução de Maria Helena Kühner. Rio de Janeiro: Zahar editores, 1968).

Há, no entanto, que historicizar o nascimento do lazer, que não surge somente como uma compensação às condições subumanas de trabalho, senão, como uma forma de afirmação social da própria burguesia que se consolida enquanto classe dominante. Afinal, o lazer não foi inventado pelo trabalhador, senão pela própria burguesia. É, aliás, um instrumento ideológico de sua própria dominação fazer acreditar aos dominados que existe um espaço em que possam desfrutar do não-trabalho de maneira igualitária e cidadã, quando, na realidade, é neste espaço que os trabalhadores, de maneira distinta à dos capitalistas, revigoram a si mesmos enquanto força produtiva capitalista.

Dentro do processo de acumulação capitalista, além da acumulação produtiva, mercantil e financeira, surge uma forma incipiente de acumulação, que é a espacial. É uma novidade trazida pelo movimento de consolidação do capital monopolista que torna o espaço alvo da acumulação. A fração do capital financeiro apropria-se da terra urbana, conferindo-lhe, além da renda da terra, um lucro que provém das próprias reformas urbanas, das revitalizações, que agregam valor a um mesmo espaço. A segregação espacial, que reproduz as diferenças sociais no plano geográfico, potencializa também a acumulação capitalista, já que esta se assenta sobre o alargamento do fosso existente entre as classes sociais. Ao mesmo tempo em que se tornam alvo da produção capitalista, os espaços são convertidos em objeto de consumo, que demarca ainda mais acentuadamente as hierarquias sociais em meio urbano.

Na sociedade brasileira, o lazer segue os ditames de seus condicionantes estruturais, que moldam uma burguesia concorde com suas especificidades históricas. O referencial sobre o qual se constrói o lazer, assim como na sociedade capitalista central, é o trabalho, mas os determinantes são distintos. Os espaços de sociabilidade burguesa legitimam, na nascente modernidade periférica, o total distanciamento das classes abastadas em relação ao trabalho manual, que dentro do imaginário da oligarquia cafeeira é representado pela figura do imigrante. O trabalho, apesar de ser livre, reproduz, em certa medida, a mesma condição degradante do trabalho escravo, que é o trabalho feito com as mãos. Esse é o principal referencial que, legado pela sociedade escravista, continuou não somente a dirimir as diferenças entre privilegiados e destituídos na sociedade capitalista nascente, mas, principalmente, as diferenças entre aqueles que herdavam fortuna, nome e sangue daqueles que ascendiam socialmente com base no trabalho.

Com a *Belle* Époque, as oportunidades de diversão multiplicariam-se. Se voltássemos à São Paulo de meados do século, encontraríamos pouquíssimas possibilidades de lazer e, portanto, de exibição pública. A diferença social era, então, legitimada mais pela origem da família do que pelo que se consumia ou pelos espaços que se frequentava:

> Nesses tempos serenos, a cidade pobre não oferecia diversões. Não existia, portanto, a gana pelos divertimentos (...) A não ser pelo desempenho de seus afazeres, ninguém andava pelas ruas solitárias, calçadas de grandes pedras irregulares. Sobre elas rodavam, aos solavancos, as três únicas seges da cidade, pertencentes ao bispo, à Marquesa de Santos e ao Comendador Luiz Antônio Souza Barros.[249]

As reformas urbanas empreendidas durante as gestões de Antônio da Silva Prado (1899-1910) e Raymundo Duprat (1911-1914) – abertura de avenidas (Campos, Elíseos, Higienópolis, Paulista), os loteamentos da Companhia City, o ajardinamento de praças, como a da República, as reformas no Triângulo Central, o nascimento dos Jardins Públicos, a construção dos viadutos que passariam a integrar melhor a cidade – foram fundamentais na configuração de novas formas de sociabilidade mais cosmopolitas. A sociedade mais móvel criou também barreiras mais nítidas entre os espaços de frequentação elitistas e os demais: "construía-se uma esfera pública excludente e privatizada, em que prevaleciam os interesses particulares das elites econômicas e dos grupos financeiros estrangeiros, brancos e masculinos, em detrimento do bem público".[250]

De tal modo, sobrepõe-se à estratificação geográfica produzida pela urbanização a clivagem social gerada pelo comércio e ratificada pelo consumo. Os contornos excludentes da geografia urbana, dado pela ocupação desigual do espaço segundo grupos de diferentes origens sociais, foram corroborados pela ressignificação comercial da cidade da virada do século que acentuou algumas dessas divisões. A reforma urbana deslocou negros e imigrantes para a periferia da cidade; o comércio expulsou

---

249 Barros, *No tempo de dantes...*, *op. cit.*, p. 5.

250 Margareth Rago. "A invenção do cotidiano na metrópole: sociabilidade e lazer em São Paulo, 1900-1950". Cap. 10 de Paula Porta (org.). *História da Cidade de São Paulo*, vol. 3, *A cidade na primeira metade do século XX*. São Paulo, Paz e Terra, 2004, p. 390.

os ambulantes, os entregadores de leite e pão, as carroças de burros, criou lojas para os ricos. Anteriormente, o suprimento de víveres alcançava a todos indiferentemente e, ainda que houvesse nuances de qualidade entre os produtos consumidos por uma classe e por outra, os distribuidores eram os mesmos, fossem os mercados, as feiras ou os vendedores ambulantes, que ofereciam seus produtos tanto às casas mais abastadas quanto às mais humildes. Com a reforma urbana, não somente os padrões de consumo tornam-se mais heterogêneos, como também os espaços de sua distribuição, ou os próprios espaços que são consumidos. O Triângulo Comercial, formado pelas ruas São Bento, Direita e XV de Novembro, fora zelosamente arquitetado para que as diferenças sociais fossem também ali representadas:

> Les fazendeiros venus à capitale, tous les négociants et trafiquants de café prirent l'habitude de se rencontrer dans les cafés du Triangulo, dans ses sombres petites boutiques ou l'on sert toujours du jus de canne fraîchement broyée, à côté des "casas de loteria" qui offrent bruyamment leurs billets et la fortune à tous les passant.[251]

A empresa das compras, a observação das vitrines, o *footing* vespertino, a frequentação de alguns hotéis e restaurantes transformaram-se em costume exclusivo da elite, fazendo com que o consumo ampliasse seus limites muito além das "coisas banais", que caracteriza a vida material pré-capitalista, com a produção voltada à subsistência e as trocas realizadas a partir dos excedentes.[252] Ao mesmo tempo, os espaços destinados ao suprimento das camadas populares – que cada vez mais eram empurrados para a periferia – continuavam a manter sua função de "fornecimento de víveres" e onde o ato de comprar continuava a ser uma necessidade em seus termos pré-capitalistas, não uma diversão.

A hierarquia de espaços também seguia a regra da separação entre a nobreza da terra e os ascendentes; entre os ricos por natureza e os ricos por mérito; entre os cafeicultores nacionais e os imigrantes comerciantes:

---

251 Monbeig, *La croissance...*, *op. cit.*, p. 41.

252 Alusão à Daniel Roche. *Histoire des choses banales. Naissance de la consommation au XVIIe-XIXe siècle.* Paris, Fayard, 1997.

Não pensemos que a cidade democratiza os seus espaços. Pelo contrário, ela acentua as diferenças. Se os espaços representativos parecem indissociáveis entre os investidores nacionais – industriais, comerciantes e banqueiros – o mesmo não ocorre entre os imigrantes. Daí o poder da distinção, que está claro entre os memorialistas e o pequeno mundo ao qual aparecem circunscritos e entre os comissários de café, para os quais as associações de estrangeiros com nacionais não faziam parte da regra de internacionalização dos mercados.[253]

Espaços como o acima citado por Pierre Monbeig, aonde só iam os fazendeiros e negociantes de café, conviviam com estabelecimentos para a gente braçal, como o Café América: "uma espécie de *bas fond* central, com fregueses em mangas de camisa: carregadores, motorneiros, pretalhões".[254] Outros, como o Schortz e o Café Guarani, reuniam somente o público intelectual que frequentava as rodas literárias e boêmias. Aí os bacharéis costumavam "expor diariamente aos transeuntes pacatos o irrepreensível corte das calças vincadas e dos paletós cintados, a cromática mirabolância das gravatas e a extravagância morfológica dos chapéus".[255] Também a Confeitaria Castelões, no Largo do Rosário, "era o escoadouro do mundo galante de São Paulo (…). Mulheres elegantes num ruge de seda vinham tomar sorvetes".[256] Era na Castelões que, em 1900, "as famílias se encaminhavam para lá por volta das duas e meia às quatro da tarde, para tomarem seus sorvetes e comerem seus doces".[257] Ao se sentirem, no entanto, ameaçadas pelas *cocottes* que aí vinham se exibir, as famílias se retiravam para a Confeitaria Nagel, para a Brasserie Paulista ou para a Confeitaria Progredior: "Vamos à Brasserie. Não me agrada a freguesia que a estas horas frequenta o Castelões".[258] Na confeitaria Progredior se reuniam, de preferência, as famílias estrangeiras.[259]

---

253 Deaecto, *Comércio…*, *op. cit.*, p. 26.

254 Bruno, *História e Tradições…*, vol. III, *op. cit.*, p. 1158.

255 Agudo, *Gente Rica…*, *op. cit.*, p. 27.

256 Edmundo Amaral. *A grande cidade*. São Paulo, José Olympio Editora, 1950, p. 71-72.

257 Bruno, *História e Tradições…*, *op. cit.*, p 1156.

258 Agudo, *Gente Rica…*, *op. cit.*, p. 119.

259 Cícero Marques. *Tempos Passados*. São Paulo, Moema Editora, 1942, p. 86.

O mercado do prestígio 301

Confeitaria Progredior e o Hábito do Chá das 5 (*Almanaque*, 1886)

A Progredior havia se transformado num dos ícones do cosmopolitismo paulistano. Desde a arquitetura até a indumentária dos garçons, vestidos de "jaqueta preta e longo avental branco à europeia",[260] tudo parecia transportar o frequentador assíduo aos mais requintados salões da Europa. Não obstante a rica atmosfera do

---

260 Barbuy, *A cidade-exposição...*, op. cit., p. 125.

restaurante, um artigo publicado no *Estado de São Paulo* em 1893 afirmava serem os serviços de administração e atendimento detestáveis. As alusões às heranças coloniais, que vão desde a atitude dos garçons, que "conversavam encostados e de vez em quando acariciavam-se com golpes de toalha", até sua formas de falar, "numa língua que quase parecia lusitana", contrastavam com o recinto decorado com apuro. Novamente, a utopia da civilização expressa nas formas urbanas construídas para tal fim destoavam das relações sociais tomadas à colônia, que se faziam presentes a todo o momento delatando o que as formas materiais pretendiam ocultar.[261]

Com o final do século, chegaria também a São Paulo a vida boêmia, generalizando-se entre o público masculino o hábito de ir a cafés-concertos, como o Politeama, o Moulin Rouge, no Largo do Paissandu, o Cassino, na Rua Vinte e Quatro de Maio, o Bijou-Théatre, o Iris, o Pathé-Palace e o High Life.[262] O café-concerto nascera na França do Segundo Império, inaugurando a convivência entre *monde* e *demi-monde* em um mesmo espaço: "La disposition de la salle de spectacles traduisait la diversité du public: dans les loges du bas, les 'gens du monde'; au premier balcon, les bourgeois; au deuxième, les boutiquiers du quartier; au troisième, le 'poulailler', les ouvriers, midinettes et petits employés".[263] Se a característica central do café concerto na França era ser democrático,[264] sendo as clivagens expressas nos lugares ocupados pelas classes reunidas em um só recinto, em São Paulo, o café concerto era de acesso único da elite. Havia também cafés para os de outras classes, mas aí não se davam espetáculos. Em São Paulo, o mais famoso de todos os cafés-concertos seria o Casino Antartica, inaugurado em 1913. O Casino tornar-se-ia o *music hall* paulista: "O programa é o de todos

---

261 *Idem, ibidem.*

262 "No High Life. Inaugurou-se na sexta-feira passada o seu novo e luxuoso salão de espera, o apreciado cinema do largo do Arouche, incontestavelmente o ponto predileto da élite paulistana. E faz bem a nossa élite preferindo o High Life pois lá, não só está livre de ver fitas imorais, como frequentemente sucede no Bijou e outros cinemas, como também é ele a todos os títulos o mais confortável e que melhor conjunto de qualidades apresenta". (*O Pirralho*. São Paulo, 30/01/1912).

263 Philippe Joutard. "L'ouverture des connaissances et les mutations culturelles". In Georges Duby (dir.). *Histoire de la France* (3 vols.), vol. 3. *Les temps nouveaux: de 1852 à nos jours*. Paris, Larousse, 1995, p. 178.

264 "Effort pour lier haute culture et expression populaire, les cabarets jouèrent un rôle important dans le mouvement littéraire et artistique non conformiste de la fin su siècle". (Joutard, "L'ouverture...", in *Histoire...*, *op. cit.*, p. 179).

O mercado do prestígio 303

os estabelecimentos deste gênero: canto, danças e atrações. Bailes mascarados e à fantasia aí são dados na época do carnaval, obtendo franco sucesso".[265]

O aparecimento da vida boêmia caminha em paralelo à constituição do indivíduo burguês, que tanto afirma sua individualidade a partir dos novos espaços constituídos para a exibição pública, quanto expressa sua crítica à excessiva racionalização do mundo procurando algum refúgio na noite urbana. Ora exibe-se, ora esconde-se:

> A vida boêmia passava a exercer enorme fascínio como lugar da evasão, do diletantismo, dos prazeres, da possibilidade de escapar à normatividade da vida cotidiana que progressivamente se instaurava. Vida boêmia, espaço da imaginação e da criatividade, pensavam os intelectuais, espaço da promiscuidade e do desregramento, denunciavam os médicos.[266]

Se, na Europa, a vida boêmia contava com a difusão do hábito de fumar, com o uso de bebidas de caráter proibitivo, como o absinto,[267] com a associação entre a alucinação produzida pelo ópio e o universo intelectual, em São Paulo não seria diferente. A difusão dos vícios na capital receberia forte impulso com a regularização do funcionamento das charutarias em 1892. A legalização do comércio do fumo tornaria mais fácil a obtenção de um Havana ou de um Johannisburgo na mesma medida em que o rapé era progressivamente deixado de lado, em particular pelos que exerciam os *métiers* cerebrais. Alguns anos antes, obter um charuto com essa facilidade seria impensável, já que, naquele momento, Campinas era a única fornecedora de fumo do estado: "(...) nisto a cidade tem feito notáveis progressos: a qualquer canto encontrarás cafés e charutarias, e nestas, além do fumo nacional,

---

265 Albert Bonnaure. *Livro de Ouro dO Estado de S. Paulo. Relatório Industrial, Commercial e Agrícola.* São Paulo, Typo-Litho Duprat & Cia., 1914, p. 101.

266 Rago, "A invenção...", In *História da cidade de São Paulo...*, *op. cit.*, p. 396.

267 Em 1912, alguns observadores da sociedade assumem a crítica do lado pernicioso da modernidade capitalista, como o problema do consumo excessivo de álcool, do absinto particularmente. Na França, os *Bonneffs* propõem um aumento dos impostos sobre mercadorias que induzem ao vício, como o álcool e o fumo, mas afirma haver outros interesses, dos particulares aos estatais, que sobrepujam os pressupostos higienistas. O nome do livro, *Marchands de la Folie*, refere-se ao pequeno comerciante de vinho, "dont le comptoir remplace pour l'ouvrier, pour le petit bourgeois, pour le tâcheron, le cercle, le club, le salon". É esse comerciante que alimenta o vício e a loucura sociais ao oferecer ao trabalhador um meio de fugir de seu mundo demasiado racional e desencantado. (L. et M. Bonneff. *Les Marchands de la Folie*, 1912, p. 2).

terás à escolha o francês, inglês, americanos, suíços, charutos do Rio, da Bahia, de Hamburgo, da Suíça e dizem que também de Havana".[268] Por outro lado, a regulamentação e a taxação sobre determinados bens de consumo aponta para uma nova forma de intervenção da esfera pública sobre o privada no Brasil, que tem, como pano de fundo, a continuidade do processo de racionalização do Estado e da constituição do monopólio do poder e do fisco.

Alguns dos novos hábitos noturnos são ricamente traçados no romance de Hilário Tácito, *Madame Pommery*. A crônica narra a saga de uma cafetina, batizada pelo autor de *Pommery*, tal qual o champanhe. Recém-chegada a São Paulo, simboliza o desvirtuamento de costumes tradicionais pelo processo de modernização: "De todos os pontos acorriam à Capital fazendeiros aos magotes, todos dinheirosos e ávidos, todos, por quebrar a longa abstinência dos maus dias passados, numa vida renascente de prazer e de fartura. (…) Cumpria remodelar tudo isso, e quanto antes melhor; quer em cousas de dinheiro como em cousas de amor".[269] A cafetina transporta o leitor aos primeiros momentos da vida mundana na Pauliceia, apequenada na imagem do *Paradis Retrouvé*, um cabaré: "quando me ponho a considerar a engenhosa aplicação do álcool, não de um modo geral e abstrato, porém efetivamente, no funcionamento conjunto daquela máquina completa que era o Paradis Retrouvé".[270] Trata-se de uma outra dimensão do processo civilizador, que animaliza o comportamento que a educação moderna pretende conter, que valoriza os sentidos, calados pelo processo de racionalização dos comportamentos e regras de etiqueta: "Na história do progresso de São Paulo distingo três fases, a partir da chegada de Mme. Pommery, assinaladas por três passos do mundanismo na sua tendência civilizadora de estreitar, quanto possível, a zona neutra que extrema de todo o comércio ilícito com o santuário familiar".[271]

Outra manifestação bastante particular da vida boêmia em São Paulo eram os clubes e associações carnavalescas. Dentre os clubes mais consagrados estavam os

---

268 "(…) No nosso tempo, se não tínhamos provisão dos célebres cigarros de Campinas, ou se de repente nos faltava o fumo, não nos seria fácil alimentar o vício". (Junius, *Notas…*, *op. cit.*, p. 82-89).

269 Hilário Tácito. *Madame Pommery*, 5ª ed. Campinas; Rio de Janeiro: Editora da Unicamp; Fundação Casa Rui Barbosa, 1997, p. 76.

270 Tácito, *Madame Pommery*, *op. cit.*, p. 101.

271 *Idem, ibidem*, p. 117.

Fenianos, os Democráticos Carnavalescos (em uma alusão à democracia possível permitida pela festa profana), os Girondinos, os Políticos, os Tenentes de Plutão:

> Quando tiveres exibido ao povo da Pauliceia os tesouros de imaginação e de espírito que viemos de descrever, entrareis triunfantes na CAVERNA! Lá, briosos soldados de Momo, encontrareis as magnificências desconhecidas da antiga Grécia, as suntuosidades inimagináveis da terra em que o gozo se despenha em ondas quentes de vida e onde o amortecimento do prazer enerva os sentidos até o entorpecimento. Lá esquecereis as tristezas torpes da vida e sentireis que a alma se evola docemente para as regiões eternas do azul, liberando-se no espaço, haurindo com delícias as harmonias deliciosas da música suavíssima dos beijos. Lá cantareis a glória eterna de Momo e de Plutão ao tilintar cristalino das taças que se quebram no auge do entusiasmo, quando os desejos da carne erguem-se mais fortes para saudar a do prazer. E quando o cansaço dominar-vos, deitareis a cabeça nos ombros macios das formosas pecadoras de seios brancos como o alabastro e aí sonhareis delícias desconhecidas dos mortais.[272]

As sociedades carnavalescas transformariam-se em motivo de séria preocupação da parte do poder público que, em dias de baile de carnaval, proibia a todos, e em particular a essas sociedades, de andarem mascarados, executando, no anonimato, vilanias que corrompessem os bons costumes.[273] O carnaval considerado civilizado, eminentemente europeu, era o carnaval de corsos na Avenida Paulista,[274] que reunia as famílias mais elegantes:

---

272 *O Estado de S. Paulo*. São Paulo, 27/02/1892. O autor do texto usa o termo "caverna" que designava o lugar onde se encontravam para beber os "profanos" pertencentes a clubes carnavalescos.

273 "O chefe de polícia do Estado manda fazer público e, especialmente, às sociedades carnavalescas que, nos termos do artigo 261 do Código de Posturas Municipais, é proibido, nos dias de carnaval, andarem mascarados, vestidos indecentemente ou fazerem alegorias contra quaisquer pessoas ou empregados civis, militares e eclesiásticos, bem como usarem de emblemas, ofensivas a religiões. Os infratores incorrerão em multa de 30$000 e serão obrigados pela autoridade policial a recolherem-se mudando de traje e deixando os objetos recolhidos sob pena de desobediência". (*O Estado de S. Paulo*. São Paulo, 07/02/1895).

274 Rago, "A invenção do cotidiano...", cap. 10 de *História da cidade de São Paulo...*, *op. cit.*, p. 408. Sobre o carnaval, vide Maria Isaura Pereira de Queiroz. *Carnaval brasileiro: o vivido e o mito*. São Paulo, Brasiliense, 1992.

> Por um prodígio de arquitetura transformavam o veículo em pagode chinês, todo de hortênsias. Outro figurava um caramanchão de cravos vermelhos. Ou barco, de vela de adáleas e casco de rosas. Aquele, um quiosque ornado de rosas. (...) Dentro de cada carro, cestos de flores e, seguindo o corso em quatro linhas entrecruzadas, toda vez que encontravam conhecidos, atiravam flores, acompanhadas de sorrisos e cumprimentos.[275]

A tradição dos desfiles de carros e das batalhas de flores fora trazida para o Brasil pelas famílias notáveis que tomavam conhecimento daquelas em suas viagens de recreio à Europa. No diário de Paulo de Almeida Nogueira, por exemplo, consta uma foto das famílias Nogueira e Penteado em um carro após uma batalha de flores no *Bois de Bologne* em 1908. Em São Paulo, apesar de algumas ilustres guerras de flores, como a de 1903, promovida no Parque Antártica, com "carros bonitos, principalmente do Clube Internacional, Sílvio Penteado, Matarazzo, Arary etc.",[276] o costume não demoraria a ser deixado de lado, por ser muito caro.[277]

Alguns vícios trazidos pela constituição da modernidade, que combinava o velho ao novo, o agrário ao urbano e o nacional ao estrangeiro, sem, no entanto, compor uma nova síntese, denunciavam um descompasso entre os dois tempos:

> Importamos tudo do estrangeiro, até seus vícios, seus maus costumes. É a nevrose latente do francesismo. Dir-se-ia que somos apenas uma sombra de povo, uma nacionalidade morta. Para completar esse quadro só nos falta deparar com as casas de ópio, à maneira chinesa.[278]

---

275 Americano, *São Paulo...*, *op. cit.*, p. 375. "Morávamos a um quarteirão da Avenida Paulista, o foco da animação onde se arrastava o corso de automóveis, superlotados de jovens, sentados sobre as capotas arriadas com as pernas balançando para fora, atirando serpentinas de um carro a outro, travando batalhas de confetes e lança-perfumes... As calçadas regurgitando de gente fantasiada, cantando e pulando, desabafando os recalques de um ano inteiro. Nesses três dias de carnaval a Avenida Paulista perdia seu ar austero, explodia em risos e alegria". (Zélia Gattai. *Anarquistas, graças a Deus*. 10ª ed. Rio de Janeiro: Record, 2001, p. 130).

276 Nogueira, *Minha vida...*, *op. cit.*, p. 94.

277 Americano, *São Paulo...*, *op. cit.*, p. 325.

278 "A escandalosa venda da cocaína em São Paulo". *A Capital*. São Paulo, 01/09/1916.

As manifestações veiculadas pelos jornais, como a morte da prostituta Cecília por um excesso de ingestão de cocaína, traziam à tona a problemática de vícios modernos, que se faziam tanto mais perniciosos quanto mais rápida a transformação pela qual a sociedade passava, combinando à sua base material, valores descolados de sua realidade social: "Cecília vinha dizendo estar cansada da vida de vícios a que se atirara num momento de loucura". [279]

A contradição entre vida boêmia e normatividade da vida cotidiana seria levada ao paroxismo nas regiões periféricas da cidade, onde a dificuldade de atuação do poder público e a ausência total de polícia, cuja prioridade era segurança dos ricos,[280] tornava o espaço da diversão uma expressão da marginalidade:

> No Brás, porém, a nesga populosa mais importante da Capital, não há os botequins de literatura nem 'cabarets': há, entretanto, e em quantidade a corda epidêmica dos cafés cantantes, frequentados na sua totalidade pela boêmia... desocupada e perigosa.[281]

É evidente o contraste entre os botequins frequentados pelos habitantes do Brás e a suntuosidade dos salões literários organizados por Olívia Guedes Penteado, Veridiana da Silva Prado e Freitas Valle, os grandes promotores da intelectualidade paulistana.[282] O cabaré, associação entre café e espetáculo musical, depois popularizado, era ainda um divertimento exclusivo dos abastados. Apesar de o bairro do Brás ser um bairro operário, formado, em sua maioria, por trabalhadores braçais, o texto os trata pejorativamente de "nesga mais populosa da capital" ou "totalidade desocupada", invertendo seus papeis sociais. Tal discurso legitima ideologicamente a exclusão social, justificando a marginalização dos espaços e daqueles que, paradoxalmente, eram os trabalhadores que aceitavam as precárias condições de

---

279 "Na 'pension chic': morte de uma mundana envenenada pela cocaína". *O Commercio de São Paulo.* São Paulo, 20/03/1912.

280 "(...) antigamente podíamos dormir, em qualquer casa, tendo as portas e as janelas abertas durante toda a noite (...). Não se pode fazer o mesmo hoje: os ladrões andam por toda a parte e mostram-se de uma ousadia admirável. (...) A polícia não tem agente, não tem soldados em número suficiente para a vigilância das ruas, não tem os recursos pecuniários para todas as diligências, faltam-lhe pois todos os meios preventivos; talvez se deva acrescentar – falta-lhe também o tino". (Junius, *Notas...Op. cit.*, p. 45-46).

281 *Folha do Brás.* São Paulo, 18/06/1899.

282 Camargos, *Villa Kyrial...*, *op. cit.*

trabalho na nascente indústria, que enfrentavam as dificuldades do não acesso ao saneamento básico e aos meios de transportes.

Outro hábito instaurado com a vida moderna e cosmopolita fora o hábito de comer fora em ocasiões especiais: "Lembro-me da amizade que o papai tinha com Dr. Júlio de Mesquita. Almoçávamos no Hotel Pinheiro, onde o Dr. Júlio morava".[283] A abertura para o público de um ato até então circunscrito à vida privada diferenciava e expunha aqueles que tinham recursos para jantar ou almoçar em um restaurante de luxo. As pessoas comuns paravam para olhar os elegantes no interior dos cafés, expostos eles próprios como mercadorias através das vitrines dos estabelecimentos:

> Os Charles e os Fontaines multiplicam-se, mas mais aperfeiçoados: o modernismo nos trouxe o grande benefício de já não ser necessário, como outrora, visitá-los às escondidas, à noite: hoje come-se e bebe-se de dia – nessas casas, a toda hora, à vista dos fregueses e dos transeuntes, que ao passarem pela rua resolvem lançar os olhos para as salas dos cafés e dos restaurantes.[284]

O Grande Hotel tornar-se-ia um lugar de referência para o serviço dos *buffets* das festas da alta sociedade paulistana.[285] Alguns cronistas estrangeiros o igualariam em conforto e elegância aos grandes hotéis da Europa: "Candelabros a gás iluminavam o vestíbulo e por uma escada de mármore branco subia-se ao primeiro andar, onde um empregado de 'irrepreensível estilo e toalete', avisado pelo porteiro por campainha elétrica, recebia o recém-chegado".[286] Outros cronistas, como Paul Walle, diriam ser o Hotel da Rotisserie Sportsman o melhor da capital. O hotel tinha três pavimentos

---

283 Penteado, *Tudo em...*, *op. cit.*, p. 46.

284 Junius, *Notas...*, *op. cit.*, p. 84.

285 *Almanaque da Província de São Paulo para 1886*. São Paulo, 1886. "(…) então [há trinta anos] se se quisesse um jantar bem servido seria necessário encomendá-lo com antecedência de muitos dias; e quanto a vinhos, cervejas, licores, indispensável se tornaria mandar vir tudo isso de Santos ou mesmo da corte. (…) Pois hoje se pode oferecer um esplêndido banquete (…) a qualquer outro possuidor de coroa, cetro e trono; nada faltará: feita a encomenda ao meio-dia, às sete horas da noite estará pronto o banquete e luxuosamente servido com variedades de iguarias à europeia, de sobremesa, com profusão de vinhos de finas qualidades (…): os três hotéis de primeira ordem, as confeitarias, e várias outras casas oferecem todos os recursos para a realização de uma tal festa". (Junius, *Notas...*, *op. cit.*, p. 45).

286 Bruno, *História e Tradições...*, vol. III, *op. cit.*, p 1150.

que ficavam defronte à Rua São Bento e mais quatro nos fundos, dando para a Líbero Badaró. Era dirigido por franceses e o serviço de mesa era considerado excelente.[287] Com decoração requintada, era procurado pelas famílias de elite para as recepções dadas fora de suas residências: "Em seu salão nobre, sustentado por três colunas e com palco para orquestra, é que se davam os grandes banquetes da época".[288]

Uma nova prática introduzida pelo higienismo urbano e pela modernidade capitalista foi a prática esportiva que, na esteira do processo de individuação, contribuiria para o disciplinamento dos sentidos, adequando o corpo à sociedade burguesa. Exercitar-se ou assistir a competições ao ar livre tornaram-se um lazer.[289] Também em São Paulo assiste-se ao processo: "Há já alguns anos os esportes fazem parte da cultura de São Paulo. Uma mocidade ardente desenvolve pela prática dos exercícios físicos, esta cultura do corpo e da vontade, sintetizada no esforço que torna as raças sãs e vigorosas".[290]

Em 1894, Charles Miller, agente da Mala Real Inglesa, traria o *foot-ball* para o Brasil, organizando a primeira partida entre o São Paulo Athletic Club e a Companhia Inglesa.[291] Por outro lado, os esportes náuticos deixavam de ter um cunho amador e clandestino – a natação fora terminantemente proibida no Tamanduateí entre 1880 e 1889, desaparecendo completamente em 1900 – para serem praticados em clubes fechados, organizados por sociedades desportivas: "Em 1912, uma publicação já registrava a existência dos clubes São Paulo, Espéria e Tietê, de natação e regatas".[292] Em 1912, era fundada a Sociedade Hípica Paulista, a primeira do país especializada em equitação.

---

287 Walle, *Au Pays....*, *op. cit.*, p. 70-71.

288 Bruno, *História e Tradições...*, vol. III, *op. cit.*, p. 1161.

289 A respeito da relação entre os avanços da modernidade e o corpo na capital paulista dos anos 20, vide Nicolau Sevcenko. *Orfeu extático na metrópole: São Paulo, sociedade e cultura nos frementes anos 20*. São Paulo, Companhia das Letras, 1992.

290 Bonnaure, *Livro de ouro...*, *op. cit.*, p. 105.

291 Bruno, *História e Tradições...*, vol. III, *op. cit.*, 1242.

292 *Idem, ibidem*, p. 1249.

Anúncios de bolas e prática do *Foot-ball* (*O Estado*, 02/02/1903)

O ciclismo tomaria também um enorme impulso a partir de finais do XIX e as páginas dos jornais veriam-se repletas de anúncios de bicicletas de todos os tipos e preços, com vantagens inéditas até para os menos abastados: "Até 1893, as poucas bicicletas existentes na cidade eram privilégio dos mocinhos ricos. Em 1894, elas começaram, porém, a ser importadas comercialmente".[293] Em 1896, começaria a circular um semanário intitulado *A Bicicleta* anunciando a difusão do esporte no país.[294]

---

[293] Idem, ibidem, 1245.
[294] Idem, ibidem.

Anúncios de Bicicleta (*O Estado*, 03/07/1898)

Se por um lado, crescia o número daqueles que poderiam adquirir uma bicicleta, o mesmo não acontecia, no entanto, com os espaços de promoção do esporte, que tornavam-se cada vez mais fechados. Ao lado das vendas a prestações do aparato esportivo, fundavam-se os clubes e associações para ciclistas, que selecionavam os seus participantes. Ao Velódromo Paulistano, onde aconteciam as corridas de bicicletas, dirigiam-se somente os endinheirados. Ali, como nos Jardins Públicos, as mulheres iam exibir suas toaletes recém-chegadas de Paris e torcer pelos seus favoritos nas corridas.[295]

À medida que bens, antes restritos aos círculos elitistas, difundem-se para as camadas médias, criam-se maneiras de restringir o seu uso. A propagação de cigarros de feltro e do hábito de fumar para outros estratos sociais fez surgir acessórios, como piteiras e isqueiros, que diferenciassem o uso do cigarro pelas camadas elitistas. A reestruturação das hierarquias sociais transpõem para um nível mais sutil, embora fortemente segregador, as diferenças. A forma de segurar o cigarro, de acender o isqueiro, de combinar o fumo e a bebida denunciam a origem social. No caso da difusão dos pianos ou das bicicletas, a criação de espaços restritos à circulação elitista, é evidente. A participação dos saraus ou de um clube esportivo não era aberta a todos. Muito menos a compreensão de alguns rituais que somente era acessível àquele com o capital cultural necessário a apreendê-lo em toda sua inteireza e complexidade.

---

295 "A sociedade encontrava-se no Jardim da Luz, onde se realizavam concertos semanais, e no Velódromo. As mulheres de elite aproveitavam a oportunidade para exibir as *toilettes* chegadas de Paris". (M. Cecília N. Homem, *O palacete...*, *op. cit.*, p. 199). A presença das mulheres em alguns grandes clubes esportivos foi tema de um quadro de Jacques Joseph Tissot, um dos expoentes da *Belle Époque* francesa, "Ces dames des chars à l'Hippodrome" (1885). Retratar a mulher em situações da vida mundana, nos salões, nos cabarés e nos clubes esportivos será um dos feitos da arte na *Belle Époque*. É o momento também do surgimento da publicidade associada à arte, com cartazes de Toulouse-Lautrec retratando e divulgando o cabaré *Moulin Rouge* ou os anúncios do *Lait pur stérilisé* e da *Compagnie Française des chocolats et thès* ou ainda dos biscoitos *Lefèvre-Utile* desenhados pelo seu rival, Theophile-Alexandre Steilen, que também fazia os desenhos para *Les Ambassadeurs* e *Le Chat Noir*, outros cafés-concertos da época: "Les années 1890 marquèrent l'apogée de l'affiche artistique. La rue devint la galerie de tout le monde. De nouvelles affiches en couleurs apparaissaient continuellement sur les murs de Paris, faisant l'éloge d'une représentation théâtrale ou d'une marque de dentifrice". (Victor Arwas. *Affiches et gravures de la Belle Époque*. Paris, Flammarion, 1978). Em São Paulo, os anúncios da Casa Alemã, de venda de roupa masculina, foram uns dos primeiros a terem um traçado mais artístico e textos menos diretos. A publicidade de cunho mais artístico e abstrato apareceria, no entanto, somente nos anos 20, com o modernismo.

O mercado do prestígio

A proporção excessivamente exibicionista que tomava algumas práticas esportivas, que fundia a competição e a necessidade de afirmação social, tornava o esporte não somente motivo de exaltação, mas também alvo de crítica severa:

> São vítimas do atual esportismo... Uns correm loucamente em automóveis, para baterem o *record* de velocidade... Outros ainda mais loucamente sobem ao ar em aeroplanos ou dirigíveis, para baterem o *record* da altura... Estes estropiam horrivelmente o corpo com o abuso do *foot-ball* ou do *box*, para baterem o *record* da agilidade ou da força...[296]

Outro produto do higienismo moderno, que revela, como já dito, uma nova forma de a sociedade apropriar-se do corpo, individualizando-o, foi o costume de ir a estações balneárias no período de veraneio. Ia-se por motivos de saúde, para diversão ou ambos. O culto à saúde é um culto burguês, embora, em outros níveis, é o indivíduo doente que contraditoriamente se produz. De um lado, o esportista, de outro, o boêmio tuberculoso e sifilítico; de um lado a ciclista, de outro, a mulher oprimida pelos espartilhos e dietas para emagrecimento.

Ia-se a Santos e ao Guarujá, mas também a Poços de Caldas, para reumáticos:

> Todo ano, eu acompanhava Papai e Mamãe a Poços de Caldas. Papai tinha reumatismo. Ficávamos no Grande Hotel, que era o melhor daquela época. Depois do jantar, todos se sentavam numas cadeiras na calçada. O hotel tinha um cassino que era a perdição dos homens e deixava as mulheres todas alvoroçadas porque, a não ser os que estavam reumáticos demais, todos iam fazer sua fezinha.[297]

Na capital, a elite criou o costume de refrescar-se na mais famosa casa de banhos, a Sereia Paulista. Para a classe média relegavam-se as represas, como aquelas de Santo Amaro:

> Les lacs artificiels de la Cie 'Light and Power' ont attiré les visiteurs dominicaux; les facilités de circulation, soit par tramway, soit par

---

296 Agudo, *Gente Rica...*, *op. cit.*, p. 95.
297 Penteado, *Tudo em...*, *op. cit.*, p. 46.

autobus, soit par de bonnes routes, ont décidé des Paulistas de classe moyenne, des étrangers aussi, résider près de Santo Amaro, dans la petite ville même et aux environs des "represas".[298]

Estação Balneária (*O Estado,* 02/05/1914)

Por trás da ideologia higienista, estava a clara exclusão social que tornava a não participação de negros, pobres, trabalhadores braçais e mulheres[299] objeto de legislação. Regulamentos de algumas práticas desportivas, por exemplo a do remo, impedia a total participação de "criados de servir" de alguns estabelecimentos, como hotéis, cafés, bares, confeitarias e bilhares; condutores de veículos; "os de profissão manual que não exija esforço mental"; operários e outros.[300] No caso da mulher, temia-se que a prática regular de um esporte a fizesse perder seus traços mais frágeis tão caros ao estereótipo feminino da *Belle Époque*: "O medo da mas-

---

298 Monbeig, *La croissance...*, op. cit., p. 48.

299 Margareth Rago. *A invenção do cotidiano na metrópole: Sociabilidade e Lazer em São Paulo, 1900-1950,* p. 401.

300 Henrique Nicolini. *Tietê: o rio do esporte.* São Paulo, Phorte, 2001, p. 208.

culinização da mulher decorria de que se considerava ser inevitável o abandono de suas supostas funções naturais, como a maternidade e os cuidados da família e da casa".[301] A presença de uma regulamentação específica prova que a constituição da modernidade periférica criava aparatos de racionalização que, ao invés de minimizarem os mecanismos excludentes a partir da criação de instâncias democráticas, reorganizava-os sob uma nova forma, condizente com a ordem social competitiva. O futebol, por exemplo, só terá uma composição mais democrática a partir dos anos 20. Antes disso, só era permitida a participação dos grã-finos.

Alguns clubes de maior prestígio – como o Jockey, o Automóvel Clube e o São Paulo – não permitiam, até 1918, o ingresso de imigrantes e "ainda hoje não se encontram muito amiúde nomes de imigrantes em suas diretorias",[302] assinalando as clivagens que existiam entre os espaços de sociabilidade dos grupos tradicionais e os da camada ascendente: "Os brasileiros 'europeizados' frequentavam o Automóvel Clube; os mais tradicionais, o Clube Comercial; e os italianos ricos, o Circolo Italiano".[303] A separação de espaços servia para consolidar as identidades, ratificando ou acentuando as diferenças entre os grupos, vista, às vezes, com pitadas de bom humor: "Perguntava-se há dias um velho ituano, torcendo-me o botão do casaco, na Praça do Patriarca: 'Onde é que nós vamos parar com estes estrangeiros todos? Onde é que estão os paulistas?'. 'No Automóvel Club, formulando planos de salvação do Brasil'"[304]

Se a bicicleta já havia sido um artigo altamente excludente que recém começara a se difundir, o automóvel, introduzido na sociedade há pouco tempo, era o artigo que melhor simbolizava, no alvorecer do século XX, a distinção social e as lutas entre as frações da classe burguesa. Afinal, a Pauliceia de 1903 contava com somente cinco veículos automotores, cujos proprietários eram: Conde Francisco Matarazzo, Dr. Walter Seng, Dr. Antônio Prado Jr., Persano Pacheco e Silva, Conde Eduardo Prates.[305] O péssimo estado das ruas, ao contrário do que se poderia imaginar, permitia a máxima ostentação, uma vez que acentuava os contrastes entre o rico e o

---

301 Rago, "A invenção...", cap. 10 de *História da cidade de São Paulo...*, *op. cit.*, p. 401.

302 Dean, *A industrialização...*, *op. cit.*, p. 85.

303 M. Cecília N. Homem, *O palacete...*, *op. cit.*, p. 199.

304 Americano, *São Paulo...*, *op. cit.*, p. 369.

305 Lauro Costa. *O alvorecer do automóvel em São Paulo de Piratininga – breves notas sobre veículos e transportes em São Paulo.* São Paulo, s./ ed., 1956.

pobre, entre o quatrocentão e o imigrante enriquecido, entre o mundo moderno e o atrasado. O uso de um objeto de consumo como o automóvel em uma sociedade sem os condicionantes materiais necessários à sua utilização torna-se um espetáculo: "deixam atrás de si um fétido horrível de gasolina queimada, e sujam as ruas de óleo esverdeado, mas... é distinto, é *chic* andar de automóvel. Um 40 HP é soberbo! Depois, quem anda dentro deles não fica sujo pela poeira nem sente o cheiro da rabeira".[306] Não havia um transeunte sequer que não se detivesse alguns minutos para admirar a passagem de um automóvel.

Automóvel na Pauliceia (*O Estado*, 05/05/1914)

Dentre todas as diversões, não havia, contudo, ambiente mais segregador do que a ópera. Nem mesmo os cinematógrafos, que entrariam na cidade com o século XX e, dentro dos quais as famílias abastadas tinham uma frisa só para si.[307] O

---

306 Agudo, *Gente Rica...*, op. cit., p. 92.
307 "Íamos muito ao cinema. (...) As famílias tinham uma frisa reservada. Para nós, era importante que a frisa fosse sempre a mesma". (Penteado, *Tudo em...*, op. cit., p. 53). Bonnaure e sua impressão sobre o cinematógrafo em São Paulo: "O cinematógrafo ocupa em São Paulo o primeiro lugar importante

O mercado do prestígio

enriquecimento da cidade e o contato com a cultura europeia promoveriam a multiplicação das casas de espetáculo, desde o pequeno Teatro Minerva, o Provisório Paulistano, o Ginásio Paulistano, até o São José, o Politeama, o Eldorado, o Santana. A estação lírica era o momento em que se reunia em São Paulo uma população flutuante, que trazia à cidade enorme animação.[308] Quando as companhias estrangeiras apresentavam-se em São Paulo, atraíam todos os endinheirados da capital, mas também de Jundiaí e de Campinas, que para lá se transportavam a fim de assistir aos espetáculos do São José. Todos buscando ver e se fazer vistos.

O mais célebre teatro seria, sem dúvida, o Municipal. Construído por Ramos de Azevedo, Domicílio e Cláudio Rossi no estilo barroco dos seiscentos, o Teatro Municipal, cuja construção começara em 1903, seria inaugurado em 1911, no final do mandato do intendente Antônio da Silva Prado.[309] No dia de sua inauguração, parece ter havido até engarrafamento:

> Quando fomos entrando pela Rua Barão de Itapetininga, tudo parou. Os carros chegavam ao Municipal por todas as direções. Vinham pelo viaduto do Chá, pela Rua Conselheiro Crispiniano, direção do Largo do Paissandu, pela Rua 24 de maior. (...) Atingimos a Praça da República às 8:30 e o Municipal às 10:15 no começo do segundo ato. Mas ninguém teve a iniciativa de descer e seguir a pé. Seria escandaloso".[310]

---

que, em poucos anos, esta maravilhosa arte da expressão conquistou em todo o mundo. Numerosas e elegantes salas acham-se instaladas em todos os bairros da capital". E, continuando, cita alguns bairros da capital cujas salas eram frequentadas pelas melhores famílias que ali habitavam, mostrando, portanto, o caráter elitista inicial do cinema: "Os bairros dos Campos Elíseos, Santa Ifigênia, Vila Buarque, Luz, Braz e Liberdade possuem excelentes cinemas, frequentados pelas melhores famílias que neles residem". (Bonnaure, *Livro...*, *op. cit.*, p. 101). Mais detalhes a respeito do cinematógrafo, vide Flora Sussekind. *Cinematógrafo das letras*. São Paulo, Companhia das Letras, 1987.

308 "A população flutuante em ocasião de certas festas, principalmente na estação lírica, toma extraordinário incremento, aparecendo em grandes ondas nas ruas, nas praças, nos arrabaldes, nos jardins, em toda a parte, dando visivelmente mais animação ao comércio, mais vida à cidade, e fazendo circular mais dinheiro". (Junius, *Notas...*, *op. cit.*, p. 44).

309 "O edifício ocupa uma superfície de 3609 metros quadrados; de aspecto muito livre, a harmonia do seu conjunto obedece às linhas gerais do estilo 'Renaissance baroque' que dá ao caráter imponente da renascença grego-romana mais variedade e liberdade de imaginação no emprego da linha curva e nos motivos e detalhes ornamentais". (Bonnaure, *Livro...*, *op. cit.*, p. 89).

310 Americano, *São Paulo...*, *op. cit.*, p. 329.

O ano de inauguração do teatro, 1911, foi também o ano da maior exportação de café da província de São Paulo. O Municipal foi uma espécie de coroamento da proeza. Os ramos de café delicadamente entalhados em suas paredes marcavam a visão que a burguesia paulistana tinham de si mesma. Nas dependências do teatro havia também o Café Municipal, "dentre os de São Paulo, o mais seleto e elegante",[311] cuja vista dava para o Viaduto do Chá e onde os boêmios da capital passavam "instantes agradáveis"[312]: "Vencido o primeiro passo, a voga, a popularidade apoderou-se do Café Municipal, que passou a ser o ponto favorito da élite mundana da capital (...) é principalmente à noite, à saída do espetáculo, que a animação torna-se mais intensa".[313]

Já dissemos que, para a perfeita compreensão da ópera, era necessário que o gosto também fosse educado e a educação é a base do capital cultural de uma classe, forma pela qual delimita suas fronteiras. A educação musical e a construção do gosto pela cultura lírica em São Paulo começara com a ligação mais estreita entre São Paulo e a corte graças à estrada de ferro construída em 1877. Por ela chegariam à capital paulista as mais célebres companhias líricas. Com o enriquecimento proporcionado pelo café, os quatrocentões passariam também a valorizar o estudo do piano e da música clássica, que ganharia novo alento com a fixação de professores estrangeiros na capital e com a fundação da casa de música Levy. A voga do piano, à época importante concessor de *status* social, seria tão marcante que o folhetinista França Júnior intitularia São Paulo de "uma verdadeira Pianópolis".[314]

A presença concomitante da burguesia tradicional e da ascendente em alguns espaços "relativamente" democráticos, como a ópera, o Corso da Paulista, o Trianon, não tinha outra intenção senão a de reforçar o acesso privilegiado da primeira à boa educação. Afinal, não bastava o gosto educado de pronto, a absorção grosseira de um conjunto de códigos de comportamentos repetidos até a exaustão. Para ser um verdadeiro apreciador do espetáculo, era necessário o cuidadoso cultivo dos gostos desde a mais tenra idade: "L'oeuvre d'art ne prend un sens et ne revêt

---

311 Tácito, *Madame Pommery, op. cit.*

312 Bonnaure, *Livro...*, *op. cit.*, p. 102.

313 "(...) o local parecia afastado e o público, rotineiro em seus hábitos, não se decidia a atravessar o Viaduto do Chá". (Bonnaure, *Livro de outro...*, *op. cit.*, p. 103-104).

314 Bruno, *História e Tradições...*, *op. cit.*, p. 1301.

O mercado do prestígio

un intérêt que pour celui qui est pourvu du code selon lequel elle est codée".[315] Na ópera, o espetáculo estendia-se muito além daquele que era visto no palco:

> No segundo intervalo, passeava-se no "foyer". Os homens, de cartola na cabeça (...). Os que tinham claque (chapéu de molas londrino, que se achatava, e em cujas dobras se apertavam as luvas), esses o traziam debaixo do braço. Tudo como em Londres ou Paris, vejam-se os quadros de Renoir, do fim do século.[316]

Esses eram os momentos durante os quais se denunciavam as verdadeiras origens dos gostos, diferenciando-se os legítimos portadores do capital cultural daqueles que o adquiriram posteriormente via mercado e educação tardia. O comportamento de classe percebe-se nos mínimos detalhes, que vão das possibilidades de exploração do trajo de maneira delicada ao gesto maquinal e treinado:

> Aplaudem porque veem aplaudir. Ficam nas suas poltronas, impacientes, à espera do intervalo, que é o melhor momento do espetáculo, na sua opinião porque podem ir ao "foyer" passear os seus vernizes, bamboleando o corpo em trejeitos, procurando posições para a bengala, inventando atitudes de graça que não passam de uma ridícula demonstração de petulância.[317]

Essas nuances conferem a algumas classes ou frações a possibilidade de configurarem como estamentos rígidos, com fronteiras bem definidas. Segundo Bourdieu:

> Le spectateur dépourvu du code spécifique se sent submergé, "noyé", devant ce qui lui apparaît comme un chaos de sons et de rythmes, de couleurs et de lignes sans rime ni raison. Faute d'avoir appris à adopter la disposition adéquate, il s'en tient à ce que Panofsky appelle les "propriétés sensibles", saisissant une peau comme veloutée ou une dentelle comme vaporeuse, ou aux résonances affectives suscités par ces propriétés, parlant de couleurs ou de mélodies sévères ou joyeuses.[318]

---

315 Bourdieu, *La distinction...*, *op. cit.*, p. II.

316 Americano, *São Paulo...*, *op. cit.*, p. 320.

317 "Os *snobs* no teatro". In, *Vida Moderna, op. cit.*

318 Bourdieu, *La distinction...*, *op. cit.*, p. II.

Sendo a ópera um dos meios mais importantes para apontar os legítimos portadores do capital cultural, algumas tentativas de democratização do espetáculo foram inócuas. Sugeriu uma vez Bonnaure que se os ingressos fossem mais acessíveis, a renda arrecadada seria maior e, assim, mais companhias seriam contratadas, permitindo a uma parcela cada vez maior da população o deleite proporcionado pela cena lírica: "O preço das localidades mais ao alcance de todos não contribuiria para aumentar a receita, pelo acréscimo do número de telespectadores?"[319] Mas era essa a intenção? Aumentar a lucratividade à custa dos monopólios sociais instituídos pelas classes dominantes?

O lugar do consumo na formação do capitalismo nacional: tentativa de síntese

A apropriação da cultura estrangeira em contexto periférico relaciona-se com o projeto de superação do *status* de colônia, o que se ilustra pela preferência dada às influências inglesas e francesas, em lugar do antigo modelo português, que passava a ser alvo de críticas e chacotas a partir do final do Império e começo da República. À base material capitalista embrionária, assentada na economia primário-exportadora, associava-se a reorganização radical da sociedade brasileira, que se traduzia em novas classes sociais e frações de classe.

As diferentes nuances regionais do nascimento desse capitalismo associavam-se a diferentes projetos nacionais. As transformações ocorridas na agricultura, que inclui a mercantilização da terra e do trabalho, assume diferentes direções, dependendo das condições estruturais que remetem à maneira como o trabalho escravo é destruído e como se encetam as forças produtivas capitalistas. Todos os projetos regionais que se engendram nessa atmosfera progressista apresentam diferentes visões de nação, distintos posicionamentos em relação ao Estado republicano; em todos eles, no entanto, a cultura estrangeira constituiu a base ideológica de um projeto alternativo ao legado português.

Em São Paulo, com o advento da cafeicultura e do processo de industrialização que com ela nasce, as contradições características do nascente capitalismo brasileiro destacam-se. A apreensão dos conflitos de classe em um capitalismo periférico

---

319 Bonnaure, *Livro de ouro...*, *op. cit.*, p. 100.

nascente é complicada, uma vez que as forças produtivas ainda se encontram em um estágio nascente e a industrialização é descontínua.

No entanto, é nas relações de produção e de classe que reside a percepção mais aprofundada de um modo de produção, a compreensão de sua essência. Daí a proposta de nosso estudo: apreender os conflitos de classe a partir da dinâmica de consumo, em que as classes e suas frações não se apresentam enlaçadas a múltiplas possibilidades de acumulação, que as confundem, mas se apresentem em sua pureza, enquanto estamentos.

Construir o processo de como a classe converte-se em estamento no processo de consumo – análise essa que combina tanto elementos teóricos marxistas, quanto weberianos – foi, neste capítulo, o objetivo principal. A dinâmica de consumo na periferia do capitalismo em finais do século XIX é uma dinâmica com traços já capitalistas, dada pela diferenciação e generalização incipiente de padrões. A generalização é, no entanto, sempre truncada, feita por vias pré-capitalistas, uma vez que não há um processo de industrialização plenamente constituído, nem uma classe burguesa que o conduza. Há fragmentos de burguesia, que ficam evidentes na luta travada entre a fração de elite tradicional e a imigrante, que é apropriada pela sociedade em que se insere e lhe impõe sua pesada tradição patriarcal. Por isso, a fração de classe capitalista de origem no comércio urbano, geralmente composta de estrangeiros, conserva certa ambiguidade nas ações, indecisas entre serem orientadas por valores herdados de sua cultura ou os construídos a partir dos processos de socialização pelos quais passa ao longo de sua ascensão social.

Se, no centro do sistema, o consumo é importante para compreensão da transição do feudalismo para o capitalismo, na periferia, o consumo é crucial para a compreensão de como se dá a dinâmica de classes na passagem de uma economia colonial criada dentro do escopo do capitalismo mercantil para uma economia nacional primário-exportadora que se ergue durante a consolidação do capitalismo monopolista.

Quanto à relação entre formação da burguesia e nascimento do capitalismo, é possível fazer uma analogia entre Norbert Elias, que trabalha sobre a especificidade da formação da classe burguesa alemã, e Florestan Fernandes, sobre as peculiaridades da burguesia brasileira que, nascida das oligarquias regionais, preserva fortes traços "aristocráticos". Estes são tomados às estruturas coloniais que se perpetuam no interior do capitalismo dependente e são preservados pelo caráter patrimonialista do Estado imperial. Se o surgimento de uma burguesia atípica no primeiro autor estaria relacionado a um processo civilizador peculiar, que escapa ao movimento mais geral característico do mundo ocidental,[320] em Florestan, o surgimento de uma burguesia dependente relaciona-se com as condições do nascimento do capitalismo na periferia do sistema e com a necessidade de combinar estruturas sociais arcaicas, que propiciassem a acomodação da ordem social competitiva, e modernas, que permitissem a inserção do Brasil na economia mundial. A passagem do mundo arcaico para o moderno caracteriza-se, tanto em um autor quanto em outro, pelo conflito entre grupos ou indivíduos que emergem da estrutura produtiva em fase de constituição (*outsiders)* e os grupos tradicionais legados pelo modo de produção anterior (*establisheds*):

> Nas perspectivas desses autores, o papel das elites senhoriais teria sido marcante nos processos de transição à ordem burguesa. Nas cortes germânicas ou no Brasil Imperial, a floração relutante de um espírito urbano por obra de uma elite agrária que concebia seu domínio em espaços autárquicos impediu a ruptura de padrões tradicionais de dominação.[321]

Os conflitos entre as frações de classe seriam representados ativamente nas dinâmicas de consumo presentes em uma e outra transição: tanto na transição do feudalismo para o capitalismo quanto na transição de uma estrutura colonial mercantilista para uma nacional capitalista.

Assim, a admiração que beira a quase devoção pelo estrangeiro deve ser compreendida não como uma imposição dos valores forâneos levados pelos canais do "imperialismo", mas sim enquanto um produto das relações sociais travadas no interior de uma transição capitalista bastante particular. O fenômeno desnuda a existência de um processo civilizador subliminar ao consumo e, portanto, o valor político deste: "A desigualdade se faz mais sutil (...) é que o consumo, com suas dissimulações aparentemente sociais, vela a verdadeira estratégia política, sendo ele, portanto, um dos elementos essenciais desta estratégia política".[322] A esse respeito é bastante ilustrativo o caso do Dr. Orthépio Gama, eminente deputado, também

---

320 Norbert Elias. *Os alemães*. Rio de Janeiro: Jorge Zahar, 1997, p. 157.

321 Marcelo Rosa. "Indivíduo e Sociedade na Transição para o capitalismo. O possível diálogo entre Norbert Elias e Florestan Fernandes". In *Novos Estudos CEBRAP*, nº 69, jul./2004, p. 172.

322 Baudrillard. "A moral dos objetos ...", *op. cit.*, p. 85.

um dos estereótipos construídos por José Agudo. Morador de Higienópolis, o que o remetia de alguma forma às elites do café, Dr. Orthépio fazia questão em expressar suas habilidades políticas na sua paixão pela França:

> Era deputado, francófilo (...) e residia numa bela vivenda em Higienópolis, cuja adega, bem sortida de raros vinhos, entre os quais o sublime *Taphos* figurava como principal elemento decorativo, era mostrada aos visitantes, que nela penetravam encolhidos e contritos como se penetrassem nas catacumbas de um templo gótico (...) A sua francolatria ia ao ponto de escrever correntemente a língua de Racine, e em casa, com a mulher, com os filhos e com os fâmulos, só falava nessa língua, nasalizando horrivelmente os ditongos e arrastando lamentavelmente os *rr*.[323]

A ligação da elite política, principalmente a que vinha da primeira geração enriquecida pelo café, com a França era bastante singular e expressa-se, no trecho acima, na veneração do personagem à cultura, à língua, aos produtos franceses. No entanto, a aculturação acabava, por vezes, por alimentar as estruturas atrasadas, ao invés de superá-las. A ausência de qualidades que poderiam converter, por exemplo, o Dr. Orthépio em um legítimo Petrônio, "o árbitro das elegâncias paulistas", acabaram por transformá-lo num caricato Trimalcião dos campos de Piratininga a partir do desajuste entre o que realmente era e o que gostaria de ser.[324] Essa contradição da modernização à periferia do capitalismo, captada pela ironia de Machado de Assis, espelha-se no gosto arquitetônico bizarro, nas combinações indumentárias esdrúxulas e no processo civilizador do coronel conduzido por *Madame Pomery*.

A referência à França não é, no entanto, fortuita, em especial se olharmos acuradamente para as semelhanças entre a sociedade francesa e brasileira quanto aos seus processos de transição para o capitalismo, que se fizera mais a partir da continuidade com as estruturas produtiva do Antigo Regime do que a partir de uma ruptura brusca. A Revolução Francesa de 1789 estabeleceu essa continuidade, abrindo espaço às transformações jurídicas que permitiram a coexistência entre o pequeno e o grande proprietário; entre o artesanato e a grande indústria; entre o banco comercial e o de investimento.

---

323 Agudo, *Gente Rica...*, *op. cit.*, p. 87.

324 *Idem, ibidem*, p. 88.

No Brasil, a continuidade se fez, no plano econômico, pela manutenção da grande propriedade agrária exportadora combinada à mão de obra livre de origem estrangeira, que vinha substituir a mão de obra escrava. As novas relações de produção não nascem da contradição e da destruição das relações de produção anteriores, mas de uma transição negociada, que permite a convivência entre as relações de produção assentadas sobre o trabalho livre e as antigas. O negro torna-se um marginal na sociedade de finais do XIX e primórdios do XX, enquanto o imigrante urbano conquista um lugar ao sol enriquecendo pelo comércio.

Nesse novo desenho de sociedade, contemplam-se hesitações nas mudanças dos papéis sociais, que assumem sua roupagem burguesa, importada nas novas modas e ideias, sem perder sua essência patriarcal e colonial. Em perímetro urbano, assistiu-se ao nascimento de uma variante do poder familiar – que, em meio rural, assumia a forma do coronelismo – expressa nos palacetes e em sua distribuição espacial. Havia uma divisão espacial das ruas entre as grandes famílias da oligarquia cafeicultora que praticamente reconstituía seus clãs na forma horizontal, entrando em permanente disputa com o poder público.

O consumo, nesse contexto, não era somente uma forma criada pelo capitalismo para expandir mercado,[325] mas era uma forma específica para expandir um mercado específico. A moda tinha um cunho fortemente familiar, sendo influenciada por ilustres como Eduardo Prado, dono do jornal *O Comércio de São Paulo*, Santos Dumont, um dos precursores do estilo *dândi* no Brasil[326] e Edu Chaves. Os elegantes da virada do século eram pertencentes às mais ilustres famílias paulistanas: Alfredo Guedes, irmão de D. Olívia Guedes Penteado e pertencente ao clã dos Guedes Penteados; Lucas Antônio Monteiro de Barros, da família Paes de Barros;

---

325 Por esse motivo nos referimos ao consumo como força produtiva, termo emprestado à Baudrillard.

326 "Alberto Santos-Dumont, de uma elegância refinadíssima, quando vinha à casa da tia Amália era impecável. Vestia-se muito bem e lançou a moda: o colarinho Santos-Dumont, o chapéu Santos-Dumont... Dentro daquela simplicidade, era vaidoso e original. Foi quem primeiro usou um relógio de pulso. Procurou o Cartier e disse: 'Quero fazer um relógio para pôr no pulso, porque não posso estar a toda hora tirando o relógio do bolso'. Olharam para ele, espantados, mas fizeram o relógio. Hoje em dia, poucos usam relógio de algibeira". (Penteado, *Tudo em...*, *op. cit.*, p. 59). O pai de Santos-Dumont, o francês Henri Dumont, viera ao Brasil e transformara-se em um dos "reis do café". (*Idem, ibidem*, p. 60). Alberto morou em Paris por longos anos, sendo reconhecido por seus dirigíveis que viraram, inclusive, tema das famosas *pâtisseries* francesas.

Bento Pereira Bueno; Eduardo Prado, irmão de Antônio da Silva Prado.[327] A projeção na esfera social, feita por meio dos mais trajos mais alinhados emprestados à última moda europeia, associa-se à projeção familiar na esfera política, que conta com a participação ativa de alguns paulistas tanto no governo provincial quanto federal. O consumo, uma vez inserido no contexto da República Velha, demonstra aqui o seu eminente poder político.

Nas sociedades capitalistas centrais, é a industrialização que proporciona a generalização de produtos antes restritos aos privilegiados. Isso pode ser feito pela produção em massa de variedades mais simples do mesmo produto – conseguida graças à utilização de matérias-primas sintéticas – ou pela difusão do mesmo produto em razão de um barateamento nos custos de produção ou serviços ou simplesmente porque existe um mercado em potencial que, ao ser suprido, tornará a produção em escala altamente lucrativa. No plano cultural, a generalização de produtos encontra respaldo nos valores democráticos que compõem o cerne da modernidade capitalista. Na medida em que um modelo converte-se em uma série, ou seja, é produzido em massa, o processo de acumulação capitalista revaloriza as formas artesanais de produção, dando-lhes um lugar no interior do capitalismo altamente concentrado, centralizado e monopolista. Isso é, ao mesmo tempo, uma estratégia de acumulação, que somente encontra forma plena com o consumo de massa, mas também, um artifício das classes dominantes em preservarem as fronteiras que as separam das demais classes. O retorno aos produtos artesanais ou o consumo de produtos novos é a forma encontrada para perpetuar diferenças e reproduzir hierarquias.

No capitalismo periférico, o processo inverte-se. A ausência de uma base industrial faz com que os produtos difundam-se por mecanismos espúrios, como a falsificação e a imitação dos padrões importados, fato esse que torna as relações diplomáticas extremamente tensas. Se alguns dos mecanismos generalizadores são internos, a fonte da diferença é, no entanto, externa. Não se constrói aqui uma dinâmica ininterrupta entre a generalização, promovida a partir de uma base industrial consolidada (composta por DI, DII e DIII), e a diferenciação, permitida por um setor da produção dedicado ao luxo.

O dinâmica social que caracteriza o consumo à periferia do capitalismo não produz novas necessidades materiais, recriadas à proporção que se difundem os

---

327 Americano, *São Paulo...*, *op. cit.*, p. 290.

novos produtos, senão reproduz a necessidade permanente do reconhecimento social que rasga a sociedade de seu topo à sua base.[328] Logo, não se trata da generalização de um produto ou de seus substitutos mais simples respaldada pelos valores democráticos modernos, mas de uma difusão ilusória, que anula completamente a diferença entre os estratos sociais, diferença essa que precisa ser novamente alimentada no setor externo, perpetuando a dependência. Por vezes, alguns desses produtos importados simplesmente desaparecem após percorrida a sociedade de cima a baixo como se jamais tivessem existido: "Esta vestimenta espanhola [mantilha], adotada aqui pelas damas de alta posição, foi logo descendo a escala social, vindo a tornar-se o traje habitual das mendigas, para depois desaparecer completamente".[329] O fenômeno da difusão ilusória é agravado se pensarmos que a formação da modernidade periférica se faz sobre bases excludentes – desnudadas pelos mecanismos de consumo – e não sobre pressupostos universais como nos países centrais.

Se o produto que distingue socialmente precisa vir de fora, embora sua origem possa ser obscurecida pelo fenômeno da imitação e falsificação, nada mais óbvio do que criar mecanismos que assegurem sua procedência. Daí, novamente, os sinais inscritos sobre os objetos e vestimentas pessoais, sígnos de poder que atrelam o seu portador à sua autêntica base produtiva. É o caso, por exemplo, de um chapéu coco Borsalino, com as iniciais AP, de Antônio Leite Penteado, e de muitos outros exemplos preservados pelo Museu Paulista:

> As peças de vestuário assim diferenciadas, ao mesmo tempo correspondendo a padrões gerais em uso e apresentando caráter único, associavam-se àquelas estratégias de distinção social estabelecidas pelas elites e fortemente exteriorizadas pelo vestuário e bens materiais em geral, às quais se havia adicionado, na era industrial, a ostentação das marcas de fábrica ou casas de comércio

---

328 Segundo Baudrillard, o que é inovador no consumo capitalista é que seus produtos conseguem não somente atender às necessidades físicas, mas, principalmente simbólicas. Os objetos têm a propriedade de servir "comme ustensile et joue[r] comme élément de confort, de prestige etc. C'est proprement ce dernier champ qui est celui de la consommation. (...) Dans la logique des signes comme dans celle des symboles, les objets ne sont plus du tout liés à une fonction ou à un besoin défini. Précisément parce qu'ils répondent à tout autre choses, qui est soit la logique sociale, soit la logique du désir, auxquelles ils servent de champ mouvant et inconscient de signification". (Baudrillard, *La société de consommation*, op. cit.).

329 Barros, *No tempo...*, op. cit., p. 5.

> de prestígio. (…) Tais marcas garantiam a qualidade do produto, mas também sua condição de bens acessíveis a poucos, o que fazia considerar seus usuários, homens ou mulheres, *distintos*.[330]

Assim, a configuração da individualidade não se faz sobre pressupostos gerais, comuns a toda a sociedade, que somente se fazem exprimir na concretude do consumo; ao contrário, a individualidade brasileira constrói-se sobre um excesso de personalismo, cujos abusos impressos sobre o concreto são mais uma representação da exclusão permanente – nitidamente colonial e arcaica – do que fruto do conflito travado entre exclusão e necessidade de integração característica do mundo moderno.

Os mecanismos de diferenciação existentes na periferia do sistema, que contribuem para a compreensão de um individualismo particular, não podem ser pensados sem a maneira específica de como se dava a difusão de padrões nessa economia pré-industrial. Igualmente, a industrialização e a constituição do capitalismo brasileiro não podem ser entendidos sem a dinâmica de consumo que os precedem e os atravessa, nem, tampouco, sem uma análise do processo de constituição da modernidade que, tantas vezes, perturba os encaminhamentos já obscuros de um capitalismo específico.

---

330 Barbuy, *Cidade…*, *op. cit.*, p. 198.

Capítulo V
Consumo, indústria e modernização capitalista em São Paulo (1890-1914)

A São Paulo de meados do século XIX foi radicalmente transformada pelo desenvolvimento da cafeicultura em bases capitalistas, que trouxe consigo uma configuração de classes extremamente peculiar. A transição ao trabalho livre, a conformação de novas formas de propriedade e de novas relações de produção imprimiu uma determinada direção à divisão entre o campo e a cidade, desenhando o agrário e o urbano em um dos capitalismos periféricos. A cidade trouxe consigo a multiplicação das possibilidades de enriquecimento que dissolveu um pouco da profunda rigidez existente entre os estratos sociais nos períodos colonial e imperial, permitindo relativa mobilidade entre as frações, particularmente no que se referia às classes proprietárias.[1] A vida urbana alterou o cotidiano, criou novas necessidades e construiu novos gostos. O consumo passou a ser uma esfera de construção das distinções sociais, sendo a principal fonte de diferenciação a adoção aos padrões importados.

Às possibilidades de mobilidade social criadas pela expansão cafeeira e pelas novas atividades urbanas, cola-se a estratificação social dada pelos elementos tradicionais que são recriados pelas novas bases em que se dá a dinâmica de consumo capitalista, a diferenciação pela importação e a generalização limitada. No capítulo anterior, vimos que os elementos tradicionais são responsáveis por uma dinâmica

---

1   "No terreno econômico observaremos a eclosão de um espírito que se não era novo, se mantivera no entanto na sombra e em plano secundário: a ânsia de enriquecimento, de prosperidade material. Isto, na monarquia, nunca se tivera como um ideal legítimo e plenamente reconhecido. O novo regime o consagrará. O contraste destas duas fases, anterior e posterior ao advento republicano, se pode avaliar, entre outros sinais, pela posição respectiva do homem de negócios, isto é, do indivíduo inteiramente voltado com suas atividades e atenções para o objetivo único de enriquecer. No Império, ele não representa senão figura de segundo plano, malvista aliás e de pequena consideração. A República levá-lo-á para uma posição central e culminante". (Caio Prado Jr. *História Econômica do Brasil*. São Paulo: Brasiliense, 1976, p. 208).

de consumo compósita e contraditória que, ainda que contenha traços capitalistas em seu interior, reproduz os traços do sistema produtivo que vai sendo superado. A tradição oligárquica de feito aristocrático se expressa na excessiva necessidade de demonstração, que absorve mesmo os grupos ascendentes de origem estrangeira.

O aparecimento das possibilidades de ascensão social em uma sociedade ainda de raízes fortemente patriarcais potencializa os conflitos existentes entre as camadas ascendentes e as já consolidadas pela tradição. A dinâmica de exclusão/generalização que caracteriza o consumo permanece, então, restrita a esses estratos que competem pela hegemonia social.[2] As camadas médias emergentes entram no processo também de uma forma peculiar, consumindo produtos nacionais ou falsificados e, quanto consolidada a ascensão social, produtos importados que conferem maior *status*. Na base da pirâmide social, uma imensa massa social é excluída do processo, o que constituirá em um traço estrutural da dinâmica de consumo capitalista no Brasil. Com os ulteriores desdobramentos, esta será uma das principais contradições que marcarão o capitalismo brasileiro e suas crises, necessitando, para superá-las, de uma imensa concentração de renda e propriedade nas mãos das classes dominantes. No século XIX, as classes baixas permanecem voltadas à produção doméstica para consumo próprio, reproduzindo, no interior da base material, uma dinâmica de consumo pré-capitalista que convive ao lado de uma já capitalista.

Como em toda transição para o capitalismo, o consumo reúne elementos da sociedade arcaica que é suplantada e elementos da sociedade capitalista emergente. Nasce da ainda inconclusa separação entre o trabalhador e seus meios de produção e da mercantilização incipiente que permite a satisfação de algumas necessidades pelo mercado. É essa relação com o mercado que, no processo de transição, permite a especialização do produtor doméstico e o aumento de sua produtividade: "le rapport des hommes aux choses marchands doit tenir compte du processus de contestation né avec le passage d'une civilisation de la rareté et de l'économie stationnaire à celle du développement et de l'abondance".[3]

---

2 Utilizamos o conceito de hegemonia de Gramsci, entendida como a capacidade de uma classe ou grupo social se apropriar do exercício de liderança não somente com base no exercício da dominação e da coerção, mas também com base na construção de um consenso. Quando nos referimos ao termo elite, reportamo-nos às frações ou grupos capazes de se apropriar da liderança e efetivamente exercê-la.

3 Daniel Roche. *Histoire des choses banales. Naissance de la consommation XVIIe-XIXe siècle*. Paris, Fayard, 1997, p. 14.

O mercado do prestígio 331

Diante da mercantilização de algumas insígnias e da possibilidade de sua aquisição por todos aqueles que disponham de recursos para isso, a dinâmica de consumo apropria-se de elementos culturais que dificultem a mobilidade social. Por isso o estudo do consumo nos fornece informações privilegiadas sobre determinada sociedade, que se situam na fronteira entre cultura e economia.

Na Europa – mais particularmente na França e na Inglaterra, durante a constituição de seus respectivos Estados Absolutistas –, o primeiro momento da passagem à dinâmica de consumo propriamente capitalista reside na formação da sociedade de corte, a qual dá lugar a um consumo reservado à nobreza, que é apropriado pela burguesia, compondo uma luta de classes que se expressa pelos bens consumidos.[4] É neste momento, que abrange os séculos XVII e XVIII, que o consumo deixa de ser sinônimo de consumação. O bem consumido não desaparece nos interstícios da esfera privada; ele se exibe na esfera pública. O sociólogo Norbert Elias diferencia o consumo da transição como consumo de prestígio (*consommation de prestige*), que teria encontrado seu tipo ideal no caso francês. Na Inglaterra:

> on trouve dans beaucoup de sociétés des exemples de consommation de prestige, de consommations imposées par la lutte pour le statut social et le prestige. (…) Il est vrai qu'en Angleterre, le roi et sa cour ne constituaient pas un centre dépassant en puissance tous les autres. Les couches supérieures anglaises n'avaient, par conséquent, pas dans la même mesure que les couches supérieures françaises un caractère de 'cour'. Les barrières sociales entre les couches supérieures aristocratiques et bourgeoises (…) étaient moins marquées et moins étanches en Angleterre. La couche typiquement anglaise des grands propriétaires terriens d'origine bourgeoise, la 'gentry' se lançait, poussé par une rivalité de rang sans fin, avec autant de zèle dans la construction des résidences de prestige et d'une manière générale dans les dépenses ostentatoires, que les familles de la haute noblesse. En Angleterre aussi, de nombreuses familles se sont ainsi ruinées.

O final do século XIX, que assiste à II Revolução Industrial e à constituição do capitalismo monopolista nos países centrais, inaugura um novo momento para a

---

4 Norbert Elias. *La société de cour.* Trad. Pierre Kamnitzer et Jeanne Etoré. Paris, Champs-Flammarion, 1985, p. 49.

dinâmica capitalista de consumo.[5] O momento anterior teria sido dado pela revolução agrícola do século XVIII, concomitante à Primeira Revolução Industrial, permitindo que, com o barateamento dos alimentos, uma parte da renda familiar passasse a ser consagrada a bens até então inacessíveis, relacionados a outras necessidades que não a mera sobrevivência.[6] Na Inglaterra, a pioneira do processo, a Primeira Revolução Industrial – baseada na difusão dos têxteis produzidos com a energia a vapor – concluíra-se no século XVIII e, um século depois, a grande potência marítima e militar estreava sua Segunda Revolução Industrial.[7] Para alguns autores, a Revolução Industrial não se faria sem uma correspondente revolução no consumo: "What has gone ignored is the 'consumer revolution' that was the necessary companion of the industrial revolution. A change in productive means and ends (...) cannot have occurred without a commensurate change in consumers' tastes and preferences".[8]

Fundamental para a consolidação da dinâmica de consumo capitalista, a segunda Revolução Industrial trouxe consigo outras revoluções. A primeira delas seria uma revolução nas formas de comercializar, que teria surgido junto com os *grands magasins,* que propuseram a exposição de produtos em vitrines, a venda a preço fixo, a divisão da loja em seções para todos os gostos e bolsos. De acordo com Baudrillard, o *grand magasin* seria a dimensão palpável da transformação de uma sociedade de escassez em uma sociedade de abundância: "Les grands magasins, avec leur luxuriance de conserves, de vêtements, de biens alimentaires et de confection,

---

5   Importante atentar que diferenciamos a formação de uma cultura do consumo, existente já no século XVI, da sociedade de consumo, que somente se torna uma realidade após a II Revolução Industrial nos países do centro do sistema capitalista. No Brasil, sua presença dependeria da consolidação da industrialização e das políticas de concessão de crédito ao consumo promovidas na década de 60 do século XX. Adotamos a definição proposta por Gisela Taschner. (Gisela Taschner. "A Revolução do Consumidor". Relatório de Pesquisa nº 34. EAESP/FGV/Núcleo de Pesquisas e Publicações, 1997).

6   Fontana, *Introdução...*, *op. cit.*, p. 118-125.

7   O debate sobre a Revolução Industrial é bastante amplo e passa por autores como Christopher Hill, Phyllis Deane, Paul Mantoux, Thomas Southcliff Ashton, Eric Hobsbawm, David Landes, que se dividem entre continuidade ou ruptura do processo, entre uma única e longa revolução industrial ou duas revoluções. A respeito de um balanço do polêmico debate, vide José Jobson de Andrade Arruda. *A Grande Revolução Inglesa (1640-1780)*. São Paulo: Hucitec, 2000.

8   Grant McCracken. *Culture and consumption: new approaches to the symbolic character of consumer goods and activities*. Bloomington, Indiana University Press, 1988, p. 5.

sont comme le paysage primaire et le lieu géométrique de l'abondance".[9] Dentro da mesma revolução comercial, citamos ainda a criação de Museus Comerciais, fruto da própria iniciativa estatal estrangeira, e a difusão de catálogos dos principais artigos nacionais, exibidos na ocasião nas Exposições Universais e enviados pelo alto comércio aos demais países. A difusão de catálogos estaria associada a uma outra revolução, a dos meios de transporte, que generalizou as ferrovias e aplicou o vapor ao transporte marítimo, tornando as viagens transatlânticas muito mais rápidas e confortáveis, permitindo, então, incursões mais frequentes à Europa e o acesso de pronto às últimas novidades.

Ao lado das transformações materiais, houve uma radical mudança nos gostos, que é também artefato da revolução no consumo. É somente a partir desta última revolução que a novidade substitui a pátina enquanto um valor social,[10] o que confere ao consumo, simultaneamente, a propriedade de excluir e democratizar, assegurando a realização da mais-valia na esfera da circulação. Consumo e produção capitalistas são necessariamente complementares e contraditórios: a toda massificação que se processa na esfera da produção corresponde uma generalização de padrões, que se manifesta na esfera do consumo. À essa generalização logo se contrapõe uma diferenciação, que cria novas necessidades, novos artigos ou novos modelos destinados a uma classe privilegiada. A criação de necessidades é, portanto, ininterrupta: "Or le développement de la standardisation a pour conséquence l'introduction de produits radicalement nouveaux mais également une certaine uniformisation de l'offre du fait de stratégies de mimétisme de la plupart des entreprises induisant un croissant besoin de différentiation par l'image".[11]

Na periferia do sistema capitalista, o consumo ganhou traços bastante particulares em razão da insuficiência de sua parte antitética, a indústria. Em São Paulo, a técnica chegou à agricultura e aumentou imensamente produtividade do cafeeiro – considerando, obviamente, a solução para o problema da mão de obra que é sua

---

9   Jean Baudrillard. *La Société de consommation: ses mythes, ses structures*. Paris, Éditions Denoël, 1970, p. 19.

10   "De fait, la malléabilité et l'innovativité croissante permises par le phénomène d'industrialisation et de sérialisation des objets suscitent rapidement une véritable culture de la nouveauté et de l'innovation". (Benoît Heilbrunn. *La consommation et ses sociologies*. Paris, Armand Colin, 2005, p. 10).

11   Heilbrunn, *La consommation...*, *op. cit.*, p. 10.

pré-condição –, mas não resolveu o problema de abastecimento de alimentos. Parte era produzida entre os cafeeiros, parte na pequena propriedade, parte pela própria subsistência e parte continuou a ser importada. A urbanização criou também novas necessidades, que não foram acompanhadas, no entanto, por um processo de industrialização encadeado e consistente:

> Nos primeiros anos do surto do café, o negócio das importações atingira o zênite. Assim, nas lojas apinhadas dos sírios, que comerciavam com as fazendas na Rua Vinte e Cinco de Março, como nas lojas de luxo da Rua São Bento, o paulista comprava todos os produtos da Europa e dos Estados Unidos, *desde o mais básico até o mais supérfluo*. Em 1910, as importações de São Paulo igualavam a produção das usinas e oficinas do Estado. Em 1915, só o afluxo de produtos alimentícios não bastava a proporcionar meia libra de alimento diário para cada habitante diário.[12]

Entre 1880 e 1910, "a grande expansão da capacidade produtiva e da produção cafeeira paulista, coincide com o momento em que a economia brasileira é submetida a grandes pressões por aumento nas importações".[13] As importações saltam de 16 milhões de libras na década de 1880, para cerca de 25 milhões na década de 1890, alcançam mais de 30 milhões entre 1900 e 1910 e mais de 50 milhões na década seguinte. Até 1901, 40% dos gastos eram com alimentos. De 1901 a 1920, cerca de 30% o eram.

O que explica, em primeira instância, esse aumento brutal da importação de alimentos foi a explosão demográfica ocorrida com a imigração. No entanto, não se trata somente da importação de alimentos de primeira necessidade, mas também alimentos para as camadas mais abastadas, como queijos e vinhos franceses, manteiga, azeite de oliva, conservas que, juntamente com o bacalhau e o trigo, perfaziam cerca de 70% das importações de alimentos para a província de São Paulo na primeira década do século XX, passando a 90% na década seguinte: "Por serem de consumo obrigatório, e de difícil produção interna, ou por serem consumidas pelas

---

12 Warren Dean. *A industrialização de São Paulo (1880-1945)*. Trad. Octávio Mendes Cajado. São Paulo: Difel, 1971, p. 25.

13 Wilson Cano. *Raízes da Concentração Industrial em São Paulo*. Campinas-SP, Unicamp-IE, 1998, p. 69.

O mercado do prestígio

altas classes, essas importações dificilmente são comprimíveis, tanto é que somente após a crise de 1930 (inclusive o trigo), é que se conseguiu uma efetiva substituição por produtos nacionais, na maioria dos casos".[14] Se o primeiro grupo de dados – relação entre a importação de alimentos e o total de importações – expressa a ligação entre a insuficiência da produção de alimentos de base para toda a população[15] e o fenômeno imigratório, o segundo grupo de dados – que aponta, dentro da pauta importadora de alimentos, o grupo de maior peso – traduz a relação entre a urbanização, o conflito de classes dentro da dinâmica do capitalismo nascente e a expressão de suas diferenças no consumo.

Importação de gêneros alimentícios do exterior					
Anos	Import. Alimentos 1000 L (ouro)		I/II %	Importações de alimentos como % das exp. totais	
	Total p/ o Brasil (II)	Total p/ São Paulo (I)		(Brasil-SP)/Tot. Brasil	São Paulo/Tot. São Paulo
1905	10. 281	1. 907	18,5	18,69	17,50
1907	10. 880	2. 600	23,9	18,48	23,85
1910	12. 338	2. 895	23,5	21,07	26,56
1915	11. 317	3. 498	30,9	17,45	32,09
Total	44. 816	10. 900	24,3	75,68	100,00

Fonte: Wilson Cano, *Raízes...*, p. 293

Participação do Estado de São Paulo no total das exportações (X) e importações (M) brasileiras		
Anos	X	M
1900	31,1	14,0
1909-1910a	36,5	20,2
1915	44,6	26,9

Fonte: Wilson Cano, *Raízes...*, p. 286 a) média anual

---

14 Cano, *Raízes..., op. cit.*, p. 71.

15 Lembremos que a prioridade da ocupação das terras era da cafeicultura: "O Brasil tornar-se-á neste momento um dos grandes produtores mundiais de matérias-primas e gêneros tropicais. Dedicará, aliás, a isto, em proporção crescente, todas suas atividades, já não sobrando mais margem alguma para outras ocupações. Em consequência, decairá a produção de gêneros de consumo interno que se tornam cada vez mais insuficientes para as necessidades do país, e obrigam a importar do estrangeiro a maior parte até dos mais vulgares artigos de alimentação". (Prado Jr., *História Econômica..., op. cit.*, p. 210).

O surgimento da vida urbana trouxe a necessidade da diferenciação, especialmente ante a convivência forçada entre a burguesia de base cafeicultora e a fração forânea dedicada ao comércio; a presença do setor externo proporcionou os meios que tornaram essa diferença concreta. Não havendo uma base efetivamente capitalista que lhe correspondesse, o consumo permaneceu indeciso entre os valores burgueses e os tradicionais. A fonte de sua *diferenciação* era externa, fundada em produtos originados no interior de um capitalismo já consolidado, enquanto sua fonte de *generalização* era interna, permitida pela pequena indústria incapaz de suprir todo o mercado interno.[16] O resultado seria a importação não somente de produtos mais elaborados destinados a uma elite, mas também de produtos menos elaborados destinados ao restante da população.

Se a diferenciação do consumo depende completamente do setor externo, sua generalização, embora de raízes nacionais, é insuficiente tanto do ponto de vista material quanto social, não conseguindo prover nem a subsistência física, nem os anseios de igualdade que atinge, particularmente, as classes médias. Em razão da ausência de uma base industrial capaz de massificar, diferenciação e generalização têm fundamentos diversos: a primeira é fundada no setor externo e a segunda na indústria simples do complexo cafeeiro e nas cópias, imitações e falsificações, promovidas por uma base industrial que é um prolongamento do comércio varejista. Se, no interior da base produtiva periférica, a industrialização do complexo cafeeiro é insuficiente para atender a todos, por outro lado, sua dimensão espúria, ilegal, clandestina pretende compensar a exclusão social, democratizando o que os produtos importados assaz caros excluem. O processo se desdobra como se, na produção clandestina, os produtos nacionais fossem igualados em valor de uso aos importados,[17] permitindo um valor de troca razoavelmente mais baixo, embora ilu-

---

16 "As primeiras indústrias que se instalam nos países subdesenvolvidos concorrem com a produção artesanal e se destinam a produzir bens simples destinados à massa da população (…) produzem artigos de amplo consumo (alimentos, tecidos, confecções, objetos de couro), tanto em razão de sua relativa simplicidade técnica como pela pré-existência de um mercado relativamente amplo abastecido parcialmente pelo artesanato". (Celso Furtado. *O mito do desenvolvimento econômico*. Rio de Janeiro: Paz e Terra, 1974, p. 81; 90).

17 Lembremos que as análises marxistas aplicadas ao consumo trouxeram para o valor de uso uma dimensão mais ampla que a estritamente econômica, ligada à sobrevivência. A base material, que remete a mudanças de mercado e tecnológicas surgidas com a Revolução Industrial, permitem a análise do fetiche da mercadoria em um plano, enquanto a esfera do consumo permite sua análise em outro, mais propriamente, o da propriedade da mercadoria em conferir *status* social. É a esse

O mercado do prestígio

sório. A indústria ilegal, embora precária, consegue suprir os anseios sociais de democratização.[18] Aliada à dificuldade de formação de um mercado interno de crédito que se canalize para os investimentos produtivos, essa precariedade da indústria contribui para postergar a consolidação de uma base industrial propriamente capitalista que reúna uma indústria capaz de criar sua própria demanda, e também, diferenciadora e massificadora. Os únicos momentos em que a base produtiva consegue fundir diferenciação e generalização do consumo em um processo relativamente contínuo são os momentos de restrição à importação, como as guerras mundiais e a crise de 29. Nesses momentos em que a fonte da diferenciação é impedida de agir, tem lugar a substituição de importações. Trata-se aqui de um outro olhar sobre a industrialização substitutiva de importações que vê os limites não somente pelo lado da produção, mas também do consumo.

Mesmo durante as graves crises do café, a importação foi mantida constante ou aumentou, reforçando o fato de que enquanto não houvesse restrições consideráveis, os gastos em consumo por motivos de legitimação de *status* continuariam. O período compreendido entre 1897 e 1910 assistiu à bancarrota de muitos fazendeiros. Em nenhum momento do período verifica-se, todavia, baixa considerável do volume de importações, nem mesmo com a grande crise de 1905, após a qual seriam erguidas

---

valor de uso que aqui nos referimos: "O significado do fetichismo da mercadoria na Europa do século XIX deriva de *mudanças tecnológicas* e de *mercado* ligadas à tensões oriundas da insegurança e da ansiedade em relação ao *status* social". (Jeffrey D. Needell. *Belle Époque Tropical: sociedade e cultura de elite no Rio de Janeiro na virada do século.* Trad. Celso Nogueira. São Paulo: Companhia das Letras, 1993, p. 185). Em contexto periférico, o fetichismo produzido pelo consumo capitalista antecipa-se à outra dimensão fetichistanão acompanhando sua dimensão tecnológica. Para Needell, o fenômeno pode ser observado em vários aspectos da cultura nacional, mas é mais significativo no vestuário.

18   O ideal democrático tornou-se, com a consolidação da modernidade capitalista, um elemento substancial da composição do valor de uso da mercadoria moderna. Para Lipovetsky, o fenômeno que representa a sua síntese mais completa é a moda. Ao contrário das interpretações tradicionais, dentre as quais se enquadram as de Simmel e de Tarde, a dinâmica da moda não teria sua origem nas lutas de classes, mas sim, na formação da própria modernidade, dentro da qual, o aspecto democrático constitui pedra basal. Contra a corrente classista, o autor diz ser a moda "folie des artifices et architecture nouvelle des démocraties". (Gilles Lipovetsky. *L'empire de l'éphémère. La mode et son destin dans les sociétés modernes.* Paris, Gallimard, 1987, p. 11). Anuncia assim a moda como um fenômeno essencialmente moderno, relacionado aos valores e significações culturais modernas que se expressam na busca incessante pelo novo e pela individualidade. (Lipovetsky, *L'empire...*, *op. cit.*, p. 13-14).

tarifas protecionistas sobre alimentos e alguns produtos industriais.[19] O comentário de Jorge Americano em relação ao comportamento ostensivo dos fazendeiros, a despeito do período crítico de 1905, é significativo:

> Quando o preço era 4 mil réis a arroba, viviam chorando miséria. No ano passado, quando subiu a 10 mil réis, esqueceram de que era melhor pagar as dívidas para desencalacrar. Foram todos para a Europa. O Clyde, aquele grande navio inglês de mais de 3 mil toneladas, quase não aguentou o peso de tantos paulistas.[20]

Norbert Elias explica esse tipo de comportamento perdulário, necessário à manutenção das posições sociais conquistadas pela classe dominante: "Les couches supérieures animées d'un éthos de consommation de prestige sont toujours organisées de telle manière qu'en cas de forte émulation, un certain nombre de familles se ruinent".[21]

A manutenção de gastos elevados, ainda que em momentos críticos, revela *ethos* aristocrático, preservado por nossa nascente burguesia.[22] A necessidade em

---

19 O protecionismo foi instaurado pela lei 1452 de 30 de dez de 1905, "que estabeleceu a cobrança de 506 dos direitos aduaneiros em ouro, para os gêneros alimentícios e para alguns produtos industriais". (Nícia Vilella Luz. *A luta pela industrialização do Brasil*. São Paulo: Difel, 1961, p. 30).

20 Jorge Americano. *São Paulo naquele tempo 1853-1915*. São Paulo: Saraiva, 1957, p. 372.

21 Elias, *La société...*, *op. cit.*, p. 50. O gasto em consumo de prestígio é fundamentalmente diferente do gasto de consumo burguês: "(...) le mot 'économie', quand il signifie harmonisation des dépenses et des revenus ou limitation planifiée de la consommation en vue de l'épargne, garde jusqu'à la fin du XVIIIe siècle, et parfois même après la Révolution, un relent mepris. Il symbolise la vertu des petits gens". (*Idem, ibidem*, p. 48). A respeito da relação entre classe, nobreza e burguesia, e o gasto, mais propriamente, uma ética do gasto, vide Gisela Taschner. "Raízes da cultura do consumo". *Revista Usp*, nº 32, *Dossiê Sociedade de Massa e Identidade*, p. 26-43. São Paulo, dez-fev, 1996-7, p. 36).

22 Importante notar que, quando falamos em "valores aristocráticos", referimo-nos ao conjunto de valores associados a determinado estamento e intranferíveis a outro; reportam-se à honra, ao privilégio e ao orgulho de pertencer a uma linhagem ou grupo. Usamos aqui o termo historicizado. Tais valores teriam sido transplantados durante o processo de colonização e aqui preservados por condições locais extremamente peculiares que, associadas aos motores sócio-econômicos da colonização, engendrariam a grande propriedade e o patriarcado rural: "Isolado em sua unidade produtiva, tolhido pela falta de alternativas históricas e, em particular, pela inexistência de incentivos procedentes do crescimento acumulativo das empresas, o senhor de engenho acabou submergindo numa concepção de vida, do mundo e da economia que respondia exclusivamente aos determinantes tradicionalistas da dominação patrimonialista. Não só perdeu os componentes do patrimonialismo que poderiam dirigi-lo, em sua situação histórica, para novos modelos de

O mercado do prestígio

recorrer ao consumo de bens importados para afirmar as posições sociais alimenta o processo, tornando a dimensão pública do consumo mais importante que sua dimensão privada. O processo explica-se pelas próprias raízes da burguesia, que nasce da oligarquia cafeeira. É mesma a classe que se dedica à administração da propriedade agrícola e investe na indústria de têxteis. O complexo cafeeiro comporta atividades agrícolas, mercantis, industriais e financeiras e as frações de classe capitalistas movem-se indiferentemente entre as múltiplas possibilidades de acumulação, o que dificulta uma visão clara sobre os conflitos internos à classe dominante no âmbito da produção. Quando há disputas, elas são mais geracionais do que determinada por esta ou aquela base da acumulação capitalista.

Tão logo passa-se da instância da produção para a do consumo, a preservação da atitude aristocrática denuncia-se. O mais interessante é que a necessidade de diferenciação social é alimentada pela ameaça das frações de classe burguesia de origem imigrante, não pela necessidade de tomar o poder de uma suposta classe decadente. As oligarquias reinventam-se como burguesias regionais ao longo de todo o período da I República. Obviamente, uma grande parte nascida no período imperial, é destruída com o fim da escravidão, mas, em São Paulo, a solução para a transição ao trabalho livre não somente lhe permite sobreviver, como também dominar. Essa fração de classe reveste-se de todo o seu tradicionalismo patriarcalista para poder afirmar-se enquanto burguesia (tanto interna, quanto externamente), o que explica os contornos aristocráticos da dinâmica de consumo. Este aspecto faz parte da essência do nascente consumo capitalista em condição periférica e se reproduz com os desdobramentos sofridos pelo capitalismo e modernidade periféricos.

Cafeicutura, consumo e indústria em São Paulo: possíveis combinações rumo ao capitalismo periférico

Conforme já dito, uma das contradições imanentes ao capitalismo periférico refere-se à relação entre consumo e indústria. Enquanto no centro, o consumo tem

---

ação capitalistas; condenou tais modelos de ação, em nome de um código de honra que degradava as demais atividades econômicas e que excluía para si próprio inovações audaciosas nessa esfera". (Fernandes, *A Revolução Burguesa...*, op. cit., p. 43). A existência de uma "aristocracia dos trópicos" não está presente somente na obra de Florestan Fernandes, sendo comum a outros intérpretes do Brasil, como Gilberto Freyre e Sérgio Buarque de Holanda.

como contrapartida o longo processo de constituição da base industrial nacional, que engendra a diferenciação e a generalização a partir das mercadorias por ela produzidas, na periferia, o gasto em diferenciação canaliza-se em sua maioria para os produtos importados. Não há um artesanato tradicional que seja reinventado pelo capitalismo para a produção de luxo, assegurando a acumulação em suas bases ampliadas. O luxo, na periferia do sistema capitalista, define-se por sua origem forânea. Não à toa, assim que ascendem socialmente, as classes deixam o consumo de artigos nacionais para aderir aos importados mais sofisticados.

Os produtos "fora do lugar", cujo uso é direcionado pela tradição, ratificam as posições sociais das frações de classe burguesas, excluindo todas as demais do processo. Segundo Celso Furtado, esse aspecto faz parte de toda cultura capitalista subdesenvolvida que canaliza seus excedentes, obtidos a partir da exportação de produtos primários, tanto para a importação bens de consumo e de tecnologia, cujas dinâmicas são incapazes de serem incorporadas pela base capitalista interna:

> Nos casos em que esse excedente foi parcialmente apropriado do interior, seu principal destino consistiu em financiar uma rápida diversificação dos hábitos de consumo das classes dirigentes, mediante a importação de novos artigos. Este uso particular do excedente adicional deu origem às formações sociais atualmente identificadas como economias subdesenvolvidas.[23]

Neste item do capítulo, trabalharemos sobre o surgimento de formas espúrias de generalização do consumo, que compensam a ausência de uma indústria capaz de atender às necessidades materiais e sociais e amenizam a forte carga excludente criada pelos produtos importados. A relação entre a expansão desse tipo de produção – considerada pelo ministro do comércio exterior francês uma "verdadeira indústria [24] – permitiu a inclusão de grande parte da classe média ao processo de consumo. Não por acaso o fato se relaciona com uma das principais quizílias diplo-

---

23 Furtado, *O mito...*, *op. cit.*, p. 78.

24 "Ces imitations frauduleuses constituent à São Paulo comme du reste dans presque tout le Brésil, et je pourrais même dire comme dans toute l'Amérique, une sorte d'*industrie nationale* qui fait vivre un grand nombre de destilateurs parmi lesquels il est regrettable d'avoir à s'igualer quelques français". (Consulat de France à São Paulo. *Annexe à la Dépêche du 7 juillet de 1895-Articles Importés dans l'État de São Paulo e pouvant intéresser le commerce français-Vins et boissons spiritueuses*. São Paulo, 07/07/1895).

O mercado do prestígio 341

máticas do período: a intensa disputa travada entre nacionais e franceses no que se referia ao aumento progressivo das tarifas aduaneiras.

Iniciado o aumento em 1895 e atingido o seu ápice em 1905 com a crise do café, a França foi uma das principais prejudicadas. Sendo a principal fornecedora dos produtos de luxo, os responsáveis pelo comércio exterior França-Brasil passaram a estudar ativamente as formas pelas quais se dava a generalização de seus produtos, fossem legais ou ilegais.

O tom do discurso usado nas cartas não consegue por vezes ocultar a concorrência entre as principais hegemonias do período pelos mercados latino-americanos:

> Il nous a paru extraordinnaire que le gouvernement anglais fasse publier dans les journaux brésiliens une liste des maisons ennemies avec lesquelles il est interdit de faire des opérations de commerce, alors qu'au même moment nous avons la preuve d'expéditions faites ouvertement par des propres maisons anglaises sur des propres bateaux anglais.[25]

Durante o processo de expansão do modo de produção capitalista do centro para a periferia do sistema, uma das formas encontradas pela indústria para fugir de suas crises foi não somente a expansão da produção de artigos mais baratos, réplicas dos artigos de luxo para o restante da população nacional, mas também a adaptação de alguns artigos aos países latino-americanos. Esse foi o caso dos pianos, cujas cordas tiveram de ser adaptadas ao clima tropical.

Mais radicais foram outros artifícios de conquista de mercados, como as expedições de pesquisa, por exemplo.[26] Por meio destas, os países hegemônicos penetraram na cultura local dos países periféricos, produzindo mercadorias adaptadas a tais culturas. Não cabe, portanto, a argumentação usada na teoria imperialista do subconsumo, segundo a qual a Grande Depressão de 1873 a 1876 teria sido causada

---

25 *Lettre adressée au Ministre du Commerce par le Président du Comité de Propagande Franco-Belge.* Rio de Janeiro: 28/03/1916.

26 Usamos aqui o argumento proposto por Gallagher e Robinson, segundo o qual, o imperialismo do período assumiu formas diversas além da ocupação territorial efetiva. (John Gallagher & Ronald Robinson. "The imperialism of free trade". In *The Economic History* Review, vol. I, nº 1, 1953). Além das formas imperialistas citadas pelos autores do texto, acrescentamos a diversificação de bens de consumo, pelos quais se atingia o ideal de civilização proposto por potências rumo ao capitalismo consolidado, como Inglaterra, França e Alemanha.

por um problema de mercado nos países centrais, o que, por sua vez, proporcionaria a migração do capital e de seus produtos para outras partes do planeta a fim de manter sua lucratividade.[27] A política de expansão europeia com base no consumo é profundamente ativa, caracterizada pela diferenciação específica de produtos para outros países e não de um suposto excedente de produtos encalhados. A diferenciação conduzida pelas pesquisas do mercado e das preferências do consumidor locais demonstram que a crise foi uma crise de acumulação e os excedentes de capital encontraram não somente um lugar nos países periféricos, pela construção de ferrovias e indústrias, mas um espaço dentro dos próprios países centrais, em ramos que pudessem produzir para o mundo tropical: "Dans cet article [les objets d'art et les objets religieux], notre fabrication trouverait un écoulement très important en se conformant aux goûts particuliers du pays où le genre brillant, les couleurs voyantes et tout ce qui frappe l'oeil sont assez appréciés".[28]

Foram vários os caminhos que tornaram possível a dinâmica de generalização do consumo na São Paulo da *Belle Époque*. Um dos eixos centrais foi o da cópia dos artigos estrangeiros para classes sociais que também buscavam afirmar-se socialmente. Trataremos de duas formas, a cópia e a falsificação. Enquanto a primeira forma se relaciona aos mecanismos legais engendrados pelas mudanças de mercado, a segunda se relaciona aos seus fundamentos ilegais. O nascente capitalismo encontraria nessas formas a mesma função de massificação, que, nos países centrais, era realizada pela base industrial consolidada. A diferenciação continuava, no entanto, a se fazer necessariamente pelo setor externo.

A primeira dessas formas, a cópia, restrita ao mundo da moda, foi possibilitada graças à difusão da máquina de costura. Chegada no Rio de Janeiro e instalada na Rua do Ouvidor, nº 117, em 1858, a Singer obteve em 1888, a partir do decreto 9. 960, a permissão da Princesa Isabel para funcionar no país. Seriam abertas novas filiais em Niterói, Campos, São Paulo, Salvador, Recife e Pelotas. Com a obtenção, em 1905, do registro definitivo para operar no Brasil, os anúncios de máquinas

---

27 John A. Hobson. *Imperialism: a study.* 2nd edition. Ann Arbor, Univ. of Michigan, 1987. Maiores detalhes a respeito da teoria imperialista no contexto do desenvolvimento capitalista europeu vide Eduardo Barros Mariutti. "Colonialismo, imperialismo e o desenvolvimento econômico europeu". Tese de doutorado. Campinas, 2003.

28 *Lettre adressée au Ministre du Commerce par le Président du Comité de Propagande Franco-Belge.* Rio de Janeiro: 28/03/1916.

de costura invadiram os jornais com suas revolucionárias vendas a prazo. Em 1906, anunciavam-se no *O Estado de São Paulo* autênticas Singer em prestações semanais de 4$000, permitindo quase a todos os bolsos o acesso ao consagrado invento norte-americano.

Máquina de Costura Singer, Prestações (20/09/1908)

Os catálogos, que, em finais do século XIX começaram a ser difundidos pelas lojas de departamento na América Latina, e a possibilidade de comprar uma Singer a prazo permitiriam às mulheres de classe média vestirem-se como as ricas compradoras dos *magasins de* Paris.[29] Alguns jornais destinados ao público feminino,

---

29 "A moda de cem anos" se caracterizou, desde meados do século XIX até 1960, por duas tendências diversas: a Alta Costura, cuja essência é a da diferença, do luxo e a do "sob medida", contra a *confecção*, cuja tendência é a da massificação: "Centralisation, internationalisation et, parallèlement, *démocratisation* de la mode. L'essor de la confection industrielle d'une part, celui des communications de masse d'autre part, enfin, la dynamique des styles de vie et des valeurs modernes ont, en effet, entraîné non seulement la disparition des multiples costumes régionaux folkloriques, mais aussi l'atténuation des différenciations hétérogènes dans l'habillement des classes au bénéfice des toilettes au goût du jour pour des couches sociales de plus en plus larges". (Lipovetsky, *L'empire...*, *op. cit.*, p. 84). Os movimentos não eram, no entanto, desconexos. Nos anos 20, principalmente a

Milena Fernandes de Oliveira

como o *A Estação*,[30] chegavam a publicar periodicamente riscos de moldes. Não admira, portanto, que a etiqueta junto à indumentária personalizada a alguns poucos compradores se configurasse em uma importante fonte de diferenciação social.

Contrariando, também, a tendência de generalização engendrada pela produção caseira, os proprietários das casas de comércio começariam a contratar modistas, conferindo um tom individualizado aos artigos comercializados em seus estabelecimentos.[31] O fato é flagrado nos valores da arrecadação do imposto de indústria, comércio e profissões, que aumenta sensivelmente na categoria: "Em 1905, a tabela de arrecadação do imposto de indústrias, comércio e profissões contabilizou 154 pagantes, entre costureiras e alfaiates. Em 1910, contam-se 225 profissionais. Número que sobre para 317 em 1915, 414, em 1920 e 566, em 1925".[32]

De outro lado, a atitude oposta, a do comerciante importador que passa a produzir em maior quantidade para as classes média e baixa, estaria na origem das primeiras fábricas, erigidas sobre produtos de baixíssimo valor agregado que atendessem à demanda da maioria por artigos que promovessem reconhecimento social.[33] Fosse produzindo réplicas de uma variante importada mais sofisticada que já possuíam em seu estabelecimento, fosse produzindo artigos diferenciados a partir da contratação de modistas e alfaiates estrangeiros, alguns comerciantes passariam a oferecer artigos a públicos de diferentes estratos sociais.[34] Outros o fariam não pela produção, mas

---

partir do estilo lançado por Chanel, as pessoas simples passavam a acompanhar os grandes acontecimentos do mundo da Alta Costura: "la mode devient, en effet, moins inaccessible parque que plus facilement imitable". (*Idem, ibidem*).

30 Americano, *São Paulo...*, *op. cit.*, p. 67.

31 Heloisa Barbuy. *A Cidade-Exposição: Comércio e Cosmopolitismo em São Paulo, 1860-1914*. São Paulo: Edusp, 2006, p. 188.

32 Marisa Midori. Deaecto *Comércio e vida urbana na cidade de São Paulo (1889-1930)*. São Paulo: Editora Senac São Paulo, 2002, p. 181.

33 Dean, *A industrialização*, *op. cit.* "Analisando-se o tipo dos industriais brasileiros, observa-se que boa parte deles se constituiu de indivíduos de origem modesta que estabelecendo-se com empreendimentos a princípio insignificantes, conseguiram graças aos grandes lucros dos momentos de prosperidade e um padrão de vida recalcado para um mínimo do essencial à subsistência, ir acumulando os fundos necessários para ampliarem suas empresas. Este será o caso, em particular, de imigrantes estrangeiros (...) – os Matarazzo, Crespi, Jaffet, Pereira Ignacio, etc". (Prado Jr., *História econômica...*, p. 265).

34 Para as bebidas, o mesmo processo é válido: "Trata-se de gêneros mais sofisticados, os quais compõem, afinal, as casas de comércio mais luxuosas. Ao lado dos produtos finos aparecem, em grande quantidade, a importação de vinhos – classificados como comuns, em oposição às marcas mais

O mercado do prestígio

pela importação de produtos de qualidade inferior que seriam expostos ao lado dos mais elaborados. Aliás, esse era o objetivo de países que, como a França, pretendiam ampliar o mercado consumidor de seus produtos contornando o fato de estes serem caros demais. Contudo, a nação francesa esbarraria no obstáculo das poucas variantes de massa criadas por sua industrialização, predominantemente assentada sobre unidades produtivas artesanais tomadas ao Antigo Regime.

O caso da produção de luvas em São Paulo ilustra a passagem da importação de artigos sofisticados, combinada a uma produção pontual, a uma produção mais ampla em que a unidade manufatureira consegue associar o fabrico de artigos comuns e refinados. Em 1890, havia duas fábricas de luvas em São Paulo: a Luva de Ouro, de Manoel Ferreira dos Santos, e a Luva Paulista, de Victor Savin & Companhia, também importadoras de luvas estrangeiras. Em 1895, o número de estabelecimentos subiria para quatro, todos igualmente importadores e produtores: a Casa de Madame Leonor, no Largo do Rosário, as fábricas de Henry Jeannot, na Rua São Bento, 83-B, a Scaramella & Machado e a célebre À Luva Paulistana, na Rua Direita, nº 53.[35] Em 1910, a Luvaria Martins já se apresentaria como um estabelecimento conhecido por fabricar luvas de pelica e luvas finas, especialmente confeccionadas para bailes e casamentos.[36]

Não raras vezes, o importador estrangeiro era o responsável pela adaptação do produto ao clima ou aos gostos do mercado nacional, nascendo daí um primeiro impulso produtivo.[37] Esse foi o caso dos pianos, cujas cordas foram tornadas mais resistentes contra a corrosão; das roupas (a silhueta francesa, em especial a feminina, era bastante diferente da silhueta brasileira, dificultando a comercialização de modelos prêt-à-porter) e dos chapéus: "(…) no ramo do vestuário, o comércio de importados dependia da existência de profissionais capacitados à sua adaptação ao consumidor individual, o que certamente colaborou para o desenvolvimento de artesãos

---

nobres – fato que se justifica, evidentemente, em função do número vultoso representado pela comunidade italiana no estado. Importam-se do exterior (…) vinho champagne, vinho comum, vinhos finos, porto e semelhantes, *vermouth, bitter* (…) entre outros (…)". (Deaecto, *Comércio e vida urbana...*, *op. cit.*, p. 88).

35 Barbuy, *A cidade...*, *op. cit.*, p. 200.

36 *Idem, ibidem.*

37 "Não esqueçamos também a participação de tantos estrangeiros nas atividades econômicas do país, e ocupando sobretudo no comércio e na indústria posições de relevo". (Prado Jr., *História Econômica...*, *op. cit.*, p. 209).

e manufaturas locais".[38] Foi esse mecanismo criativo, associado à febre científica do *fin-de-siècle*, que levou à criação dos inventos mais esdrúxulos, vistos no capítulo terceiro, feitos especialmente para o *habitat* em clima tropical.

Uma categoria importante surgida dessa atividade de adaptação foi a de "consertadores de chapéus".[39] Esse era o ofício dos artesãos da Chapelaria Alberto, localizada na Rua São Bento, nº 69; dos da Velloso Braga, no Largo da Misericórdia, e daqueles que trabalhavam na Chapelaria Moderna, na Rua 15 de Novembro. Por vezes, as réplicas e os artigos importados feitos de materiais mais simples seriam mais bem recebidos pelo público do que as variantes extremamente sofisticadas, caras e pouco confortáveis. Caso característico do chapéu de palha e dos tecidos de chita, tais produções não eram, todavia, consideradas de fino trato:

> Muito nos rimos, quando, indo ao armazém [Schritzmeyer] com os tais chapéus bonitos, vimos verdadeiros horrores de chapéus de palha (…) enfeitados de quanta cor disparatada, verdadeiros chapéus de macaco que dança nas ruas, e que são destinados à gente da roça! Ri-me, mas deplorei, ao mesmo tempo, que não se possa educar o gosto. Por ora, ao menos dizem que estes vendem melhor que os de melhor gosto, e quem vende naturalmente quer ganhar, a menos de ter grande amor à arte e ao gosto.[40]

De acordo com Maria Saenz Leme,

> a introdução de chapéus de palha, já no século XX, deve-se às exigências do clima local, e um dos pioneiros nesse sentido é Dante Ramenzoni, cuja fábrica vem da década de 1890. Contudo, a produção de chapéus de palha permanece pequena, e o que segue realmente é a moda europeia. Assim, na fábrica Ramenzoni, o gerente técnico baseia-se no *Manuale del chapelaio*, de Milão, para a contínua reformulação de modelos.[41]

---

38 Barbuy, *A cidade…*, *op. cit.*, p. 194.

39 *Idem, ibidem.*

40 "Diário da Princesa Isabel". *In* Carlos Eugênio Marcondes de Moura (org.). *Vida cotidiana em São Paulo no século XIX.* São Paulo, Unesp, 1998, p. 243.

41 Marisa Saenz Leme. *Aspectos da evolução urbana de São Paulo na 1ª República.* Tese de doutoramento. São Paulo, Departamento de História da FFLCH-USP, 1984, p. 228.

O mercado do prestígio

Da mesma forma que as fábricas de luvas, algumas fábricas de chapéus também se originaram da inicial importação dos estabelecimentos. A produção posterior geralmente principiava pelas cópias dos modelos estrangeiros, a que recorriam as classes média em ascensão: "O mecanismo das imitações passou a valer para vários tipos de artigos destinados ao consumo privado de uma camada social com condições financeiras suficientes para alimentar um modo de vida burguês, em grande parte ostensivo e exibicionista, que funcionava como modelo social para as fortunas em ascensão".[42]

No final de 1870, eram quatro as fábricas de chapéus, todas de proprietários estrangeiros: Francisco Fischer, Irmãos Bierrenbach, Frederico Hempel e João Adolpho Schitzmeyer. Na década de 80, a atividade ampliou-se e se diversificou: Guilherme Auerbach, Carlos Weltmann e Schritzmeyer mantinham fábricas a vapor; Frederico Gilherme Alcanforado especializou-se na fabricação de chapéus femininos. O sucesso da fábrica de Schritzmeyer seria notório:

> Daí prosseguimos nosso caminho pelos grandes espaços da fábrica, onde se pode acompanhar a fabricação de chapéus em todos os seus sucessivos aspectos. Como já disse, trabalham 132 pessoas na fábrica, que tem as máquinas de mais recente construção e cuja produção é colossal. É uma criação de primeira ordem, da qual o Sr. Schritzmeyer deve estar orgulhoso a justo título.[43]

Em 1901, o Almanaque Laemmert dizia haver também modistas que se dedicavam à fabricação de chapéus, como Madame Bacsinsky, cujo estabelecimento ficava à Rua São Bento, 47, e Ida Weiler, dona da À Pygmalion.

Outro caso patente de generalização encetada pelo próprio comerciante importador foi a de joias a fantasia e de objetos de decoração banhados a ouro e prata. Nesse caso, tanto os bens de consumo diferenciadores quanto os produzidos para os médios eram importados,[44] sendo o próprio comércio, na ausência de uma indústria consolidada, o responsável por conferir dinâmica ao processo de consumo.

---

42   Barbuy, *A cidade...*, *op. cit.*, p. 149.

43   Carl Von Koseritz. *Imagens do Brasil.* São Paulo: Martins; Edusp, 1972, p. 259 e 271.

44   Ao usar o termo massificação, é importante atentar para os limites do processo já que a generalização de padrões se restringia à camada média, jamais compreendendo a malta, que continuava a produzir seus próprios bens de consumo. No caso das roupas, era bastante comum vê-los em casas de roupas usadas: "(...) quero referir também aqui os que compravam roupas feitas na Ladeira

Os artigos de fantasia teriam surgido na França junto com o método da galvanoplastia, processo de revestimento de metais não nobres com uma película de ouro ou de prata. Esse tipo de produto foi apresentado pela primeira vez na Exposição Universal de 1855 por Henri Vever, um famoso *joaillier* parisiense do final do século XIX, autor também de uma obra exaustiva relacionando a produção de bijuteria ao novo contexto político, econômico e social chegado com o Império.[45] Não por acaso, a prática da produção da ourivesaria de fantasia contava com o apoio de Napoleão III.[46] Era uma das formas, minuciosamente arquitetada pelo imperador, de conquista de mercados externos. Afinal, a França vinha perdendo mercado para os países que produziam artigos de consumo em massa, como a Inglaterra e a Alemanha, objeto, aliás, das já citadas discussões presentes na correspondência consular francesa. Com as técnicas advindas da Segunda Revolução Industrial, como o tratamento dos metais, por exemplo, abriram-se enormes possibilidades de barateamento e difusão de joias, aproveitadas de imediato pela nação francesa que via agora surgir a primeira possibilidade de um mercado de massa para seus artigos de luxo. Surgiriam sofisticadas ligas metálicas imitando a prata, como o alfenide (cobre, zinco, níquel e ferro) e a alpaca (liga de cobre, zinco, níquel e apenas uma parte de prata).

Em São Paulo, os artigos de fantasia multiplicariam-se com rapidez. Em 1911, a Casa Netter anunciava que o metal com que se fabricavam seus serviços de lavatório, chá, pratas e faqueiros era o "único comparável à prata".[47] Outros produtos,

---

João Alfredo (Rua General Carneiro) ou na Rua da Estação (Rua Mauá). Abaixo deles, os que se vestiam nas casas de roupa usada. Abaixo os que recebiam dada a roupa usada. E ainda abaixo os que recebiam 'de esmola'". (Americano, *São Paulo...*, p. 64). O fato é que a generalização limitada exercia a função social de relacionar frações da classe dominante e classe média, não incorporando jamais o populacho ao jogo social do consumo.

45 Henri Vever. *La Bijouterie française au XIXème siècle (1800-1900)*. 3 volumes. Vol. I, *Consulat, Empire. Restauration. Louis-Philippe*. Vol. II, *Le Second Empire – 1908*. Vol. III, *La 3ème Republique – 1908*. Paris, H, Fleury, 1908.

46 A larga produção de fantasia do período pode ser encontrada hoje no *Musée des Arts Décoratifs*, pertencente ao Louvre. Nomes e endereços de ourives, joalheiros e relojoeiros do período, alguns deles produzindo inclusive para a exportação, são vistos no almanaque *Didot-Bottin*, pertencente aos *Archives Départamentales de Paris*. Alguns outros nomes aparecem nos Monitores de Comércio (*La Bijouterie industrielle et artistique. Moniteur de l'industrie et du commerce de la bijouterie, de la joaillerie et de l'orfèvrerie*. Paris, s.nº, 1883-...).

47 *O Estado de S. Paulo*. São Paulo, s.d., 1911.

como os afamados "lúcios de Nova York", imitações de diamantes, receberiam, na ocasião de sua chegada à província em 1906, uma casa provisória, montada às pressas na Praça Antônio Prado:

> Os brilhantes científicos lúcios são a imitação mais perfeita de brilhantes jamais descoberta, são de um cristal puro e resplandecente, sendo refinado, lapidado e polido por peritos lapidadores de brilhantes, com o mesmo número de facetas e da mesma forma que os brilhantes genuínos. Não são uma novidade. Já são bem conhecidos em todas as grandes cidades do mundo e usados pela elite da sociedade, tornando-se cada dia mais popular desde a sua introdução na América.[48]

Algumas observações sobre o trecho são necessárias porque remetem à relação entre Revolução Industrial e Revolução do Consumo, que caracterizaram o processo de formação e consolidação do modo de produção capitalista. A nova descoberta recebe o *status* de *científica*, no que explicita a relação entre a onda industrial revolucionária de meados do século XIX e a ciência. Graças a essa onda revolucionária, o consumo foi finalmente consubstanciado em consumo capitalista já que artigos antes restritos foram tornados populares. Foi o que conferiu fluidez à dinâmica entre diferenciação e massificação, que compõe o consumo como processo contínuo de criação e difusão de necessidades. A novidade dos lúcios, ainda que *popular*, não deixa de ser usada pelas elites de *todas as grandes cidades do mundo*, mas, na realidade, quem os porta são os médios ascendentes que ainda não disponibilizam do montante de recursos necessários para a aquisição de uma joia legítima. Aos adeptos do modo de vida burguês *par excelence* continuam a se destinarem somente os artigos autênticos:

> além daqueles produtos com materiais nobres que eram comercializados, começou o tempo do consumo em maior escala das joias de fantasia, imitações feitas com materiais baratos, que permitiam a venda a preços baixos, em maiores quantidades, mas eram, no entanto, igualmente importadas. Visavam às camadas sociais abastadas, mas não tanto, que num processo de emulação

---

48 *O Estado de S. Paulo.* São Paulo, 05/08/1906.

iriam consumir os simulacros dos produtos de alto nível técnico e artístico, estes acessíveis apenas à elite social e financeira.[49]

Tanto a diferenciação de padrões concessores de *status*, como sua difusão para as camadas médias faziam-se pela importação, prescindindo do esforço industrial responsável por tal papel:

> hábitos tão estranhos a uma elite rural que ganhava ares europeus, ou mesmo de uma classe média ascendente que encontrara na cidade seus próprios meios de ascensão social. Tanto uma como outra se fizeram refratárias ao artigo nacional. Exemplo significativo é o do comércio de modas e fazendas, que envolve o setor têxtil e, por sua vez, as importações de tecidos e seus derivados.[50]

Ainda assim, insistia-se sobre o fato de que mesmo as figuras mais ilustres estariam se rendendo aos tais lúcios. O *status* social, fabricado pelo discurso publicitário, residia na novidade que os lúcios representavam enquanto produtos da era científica, que "embrulhavam até os peritos":[51]

> Não acham que os brilhantes científicos de lúcios, sendo bons para serem usados nas grandes funções de estado pela senhora de um presidente, podem ser usados também pelo público? Se os peritos dos Estados Unidos foram enganados, pensam que os transeuntes nas ruas e os expectadores dos teatro serão mais perspicazes? Desafiamos de distinguir os brilhantes científicos de lúcios daqueles que se vendem diariamente em casas de joias por preços elevadíssimos.[52]

---

49 Barbuy, *A cidade...*, *op. cit.*, p. 148.

50 Deaecto, *Comércio e vida urbana...*, *op. cit.*, p. 79. No caso das joias, a França fornecia tanto os artigos autênticos como os de imitação, segundo atesta o *Annexe à la Dépêche du 7 juillet de 1895-Articles Importés dans l'État de São Paulo et pouvant intéresser le commerce français-Vins et boissons spiritueuses*. São Paulo, 07/07/1895.

51 *O Estado de S. Paulo*. São Paulo, 21/10/1906.

52 *O Estado de S. Paulo*. São Paulo, 26/08/1906. Grifos nossos. Segundo a reportagem, a excelentíssima viúva do presidente da Guatemala tivera suas joias orçadas pelos funcionários da alfândega dos EUA em 100:000$000 quando, na verdade, sendo todas de imitação, valiam somente 1: 600$000.

O mercado do prestígio

Lúcios de Nova York, (*O Estado*, 26/08/1908)

Outro produto, antes importado, que passaria a ser fabricado internamente seria a cerâmica. A despeito do prejuízo que os impostos federais causavam à sua produção, segundo Bandeira Júnior,[53] "as telhas, os tijolos, os canos para serviço de

---

53 "A importância da indústria cerâmica, apesar dos impostos federais prejudicarem-na, facilitando a introdução de similares estrangeiros, ainda assim, tem crescido de modo considerável. (Antônio Francisco de Bandeira Júnior. *A Indústria nO Estado de S. Paulo em 1901*. São Paulo: Typ. do Diário Oficial, 1901, p.).

água, esgoto e higiene, de Vila Prudente e de Osasco, impõem-se pela superioridade e qualidade da produção, a que o Congresso Nacional, com relação a São Paulo, pelo menos, dificulte quando possível a importação desses produtos".[54] Considerada por Bandeira Júnior "pela qualidade da argila e pela perfeição do fabrico superior às de Marseille e de outras procedências europeias e norte-americanas", claro ficou no capítulo anterior que os artigos em cerâmica nacionais não eram usados por todos, destinando-se ao uso popular. Jamais seria concebida a utilização da cerâmica nacional na construção de um palacete, por exemplo. A produção nacional era incapaz de atender a uma faixa mais ampla do mercado, tanto por sua insuficiência técnica, como por seus limites culturais, que valorizavam o produto estrangeiro, a cerâmica importada ou a porcelana. Mesmo a classe média, absorvida por essa dinâmica de consumo que valorizava a cultura estrangeira, era refratária ao artigo nacional, o que impedia que a produção nacional conseguisse se fazer aceita entre a maioria. No geral, a importação manteve-se por longo tempo como a fonte diferenciadora por excelência uma vez que havia não somente óbices materiais, mas também culturais, típicos dos contornos assumidos por um capitalismo e modernidade periféricos que tinham de conviver com aspectos estruturais que, combinados aos modernos, engendravam contradições bastante peculiares.[55]

Nos países capitalistas centrais, McKendrick aponta a cerâmica como um dos artigos de consumo que, ao lado dos têxteis, representou uma quebra com as formas de consumo do Antigo Regime, contribuindo para o surgimento de uma dinâmica de consumo efetivamente capitalista. A cerâmica – substituindo a cerâmica indiana, cuja fabricação fora proibida pelos alvarás ingleses, e a porcelana chinesa – tornou-se um dos primeiros artigos a serem generalizados para a massa, ajudando a produzir o que se denominou de "revolução no consumo", baseada no aumento de uma demanda de massa por tecidos e utensílios domésticos. Produtos dessa natureza eram frequentemente modestos, porém, a generalização de seu uso demonstra

---

54 Bandeira Jr., *A Indústria...*, *op. cit.*

55 "Até um certo ponto, era uma decorrência da falta geral de aceitação dos produtos que os fabricantes ofereciam. O empresário paulista produzia, no princípio, os bens de consumo mais simples e mais baratos. Isto era necessário, inevitável até porque o novo fabricante precisava adquirir a técnica gradativamente. Ao mesmo tempo, encontrava maiores lucros em artigos cuja relação entre o peso e o custo lhe proporcionava a maior vantagem sobre as importações. A consequência dessa estratégia foi uma associação inevitável, por parte do consumidor, *entre os artigos de má qualidade e a manufatura nacional*". (Dean, *A Industrialização...*, *op. cit.*, p. 17).

O mercado do prestígio

as grandes mudanças que se haviam produzido nas formas de vida e nos hábitos das pessoas comuns. Foi essencial, por exemplo, a boa aceitação dos utensílios de cozinha e de mesa de peltre (liga de zinco, chumbo e estanho que era como a prata dos pobres) e, em nível superior, a da cerâmica.[56] Em São Paulo, à medida que a cerâmica se difundia entre as classes inferiores, as camadas mais abastadas acediam às pratarias e porcelanas de Sèvres e da Saxônia, cujas fábricas, fundadas no século XVIII, tencionavam produzir internamente variantes da porcelana chinesa, verdadeira paixão das suntuosas cortes europeias oitocentistas.[57]

Da mesma forma que a cerâmica, a produção de vidro nacional se restringiu aos utilitários cuja demanda seria estendida com a fabricação de cerveja. O vidro utilizado nas mansões burguesas continuava, contudo, a vir de fora: "(…) como garrafas para fábricas de bebidas e vidros para estabelecimentos farmacêuticos, e não, ainda, a faixa voltada para o consumo burguês de varejo, na qual o artigo estrangeiro reinava, com todas as conotações de modernidade de que se revestia".[58] A produção de vidros seria ampla e centrada na Vidraria Santa Marina (de Antônio da Silva Prado e Elias Fausto Pacheco Jordão) e na Cristalaria Germânia, de Souza Lima e depois de Conrado Sorgenicht, mas sempre circunscrita ao mercado de garrafas para cervejas: "Todas essas fábricas trabalhavam em frascaria, garrafas e artigos de fantasia, além de copos para chopes e produtos feitos a prensa".[59]

Aliás, a cerveja é um grande exemplo de um produto nacional grandemente difundido, mas que continuava, nas camadas mais abastadas, a ser preterido pelo vinho importado. Segundo Bonnaure, a indústria mais próspera chegava a produzir 220.000 hl/ano:

---

56 Fontana, *Introdução…*, *op. cit.*, p. 162.

57 *Idem, ibidem.*

58 Barbuy, *A cidade…*, *op. cit.*, p. 153.

59 Jacob Penteado. *Belenzinho, 1910: retrato de uma época*, 2ª ed. São Paulo: Carrenho Editorial, 2003, p. 64: "As vidrarias eram denominada, pomposamente, de cristalerias. A mais antiga foi a 'Germânia', do alemão Guilherme Klimburguer, na Rua Martim Afonso. Nela aprenderam a arte quase todos os vidreiros do nosso tempo. Começara com oficiais estrangeiros, tal como aconteceria com a Vidraçaria Santa Marina, da Água Branca, fundada pelo Conselheiro Antônio Prado e Elias Fausto Jordão, em 1897, para o fabrico de vasilhame de vidro preto, para a Companhia Antártica e a Cervejaria Germânia, dos irmãos Reichert, na Rua dos Italianos, depois absorvida por aquela. A Santa Marina era uma verdadeira potência, com 200 vidreiros, vindos da Itália e da França, especializados nesse gêneros de produção, a primeira do Brasil". (Penteado, *Belenzinho…*, *op. cit.*, p. 63).

As cervejas destas grandes fábricas podem rivalizar com as melhores cervejas alemãs. Há alguns anos apenas, São Paulo importava cervejas estrangeiras em grande quantidade, mas hoje, graças à importância da produção nacional, ele fabrica, não só para seu consumo, como exporta ainda para os outros estados da União.[60]

No entanto, a plena difusão do produto esbarrava em fatores materiais, como a importação dos ingredientes,[61] e culturais, como o consumo inelástico das bebidas importadas pela classe paulistana abastada. Quanto a esse aspecto, é significativo que nos sonhos de *Madame Pommery* antes de sua notoriedade, a cerveja fosse substituída por champanha, que desaparecia assim que voltava à dura realidade:

> quando o seu olhar foi cair sobre as garrafas de champanha, alinhadas no armário envidraçado, de gargalo para baixo. O champanha engarrafado enchia-lhe a imaginação de perspectivas prodigiosas... Entretanto, bebia cerveja. Cerveja e cognac. Mais cognac. Mais cerveja. E quanto mais bebia cerveja e cognac, maior lhe resultava a fascinação do champanha...[62]

Outro produto que começou a ser produzido internamente, mas cuja fonte diferenciadora manteve-se no setor importador, foi o têxtil: "Os tecidos finos para roupas elegantes vinham de fora, assim como os padrões estéticos, as técnicas, as modas".[63] Vinham mais particularmente da França que apresentava uma imensa variedade de tecidos sofisticados: "Nos fabriques des draps, lainages, soieries trouveraient sûrement un énorme débouché à São Paulo, où en matière d'habillement,

---

60 Albert Bonnaure. *Livro de Ouro d'O Estado de S. Paulo. Relatório Industrial, Commercial e Agrícola.* São Paulo: Typo-Litho Duprat & Cia., 1914, p. 173.

61 "A Cia. Antártica Paulista já fez quanto é possível fazer-se em favor desta bebida, produzindo-a por baixo preço e quase tão boa como as melhores do mesmo gênero fabricadas na Europa. O que agora se faz necessário, mesmo para tornar a mercadoria acessível a todas as classes da sociedade, é a exploração dos cereais próprios e também da cultura do lúpulo". (Secretaria de Agricultura, Comércio e Obras Públicas do Estado de São Paulo. *Boletim da Diretoria de Indústria e Comércio.* São Paulo: Tipografia Brasil de Rothschild e Cia., 1907, p. 138).

62 Hilário Tácito. *Madame Pommery,* 5ª ed. Campinas; Rio de Janeiro: Editora da Unicamp; Fundação Casa Rui Barbosa, 1997, p. 43.

63 Barbuy, *A cidade...*, *op. cit.*, p. 172.

O mercado do prestígio

tout est à la mode de Paris, et l'où se pique de copier le goût français".[64] Apesar de ter sido a primeira indústria a surgir na província, a fabricação local de tecidos de algodão se manteve circunscrita por longo período de tempo "a panos de algodão destinados à sacaria para produtos agrícolas e às roupas de trabalhadores".[65] Sendo a produção restrita, incapaz de atender a todo mercado também por razões de insuficiência técnica e de capital, parte dos tecidos destinados à massa também precisava ser importada, objeto de lamento dos franceses que viam as potências adversárias conquistar mercados com seus produtos a preços baixos, "qui est aujourd'hui l'âme du commerce":[66] "Nous avons perdu du terrain en ce qui concerne les tissus: l'Angleterre, l'Allemagne, et, depuis quelque temps, l'Italie, nous ont supplantés. Nous pouvons encore lutter pour les soieries de Lyon et pour certains lainages".[67]

Os que haviam conquistado maior terreno nos últimos anos, no que referia ao mercado de produtos populares, eram a Alemanha, no mercado de tecidos,[68] e os Estados Unidos, no de conservas alimentares.[69] Os EUA ocuparam grande

---

64 *Annexe à la Dépêche du 7 juillet de 1895-Articles Importés dans l'État de São Paulo et pouvant intéresser le commerce français-Vins et boissons spiritueuses.* São Paulo, 07/07/1895.

65 Barbuy, *A cidade...*, *op. cit.*, p. 172.

66 *Annexe à la Dépêche du 7 juillet de 1895-Articles Importés dans l'État de São Paulo et pouvant intéresser le commerce français-Vins et boissons spiritueuses.* São Paulo, 07/07/1895.

67 Temoignage de M. H. Levy. *Enquête auprès de la colonie française de St-Paul, sur les causes de la diminution de notre commerce. Avis de nos nationaux sur les moyens de les relever.* Direction des Consulat et de Affaires Commerciales. Paris, 18/08/1896.

68 "On demande de préférence les produits allemands, en raison de leur extrême bon marché. La bonneterie de Troyes revient à 6 ou 7 francs; l'article similaire allemand à 2 ou 3 francs. Le client s'accomode de cette marchandise inférieure. En dépit de nos avertissements, on semble vouloir ne pas le comprendre chez nous". (*Enquête auprès de la colonie française de St-Paul, sur les causes de la diminution de notre commerce. Avis de nos nationaux sur les moyens de les relever.* Direction des Consulat et de Affaires Commerciales. Paris, 18/08/1896).

69 Apesar de os franceses ainda serem mestres do mercado em latas de conservas, é inegável o crescimento da concorrência a baixos preços oferecida pela Inglaterra, pelos EUA e por Hamburgo: "les huiles de coton ou de bois, de provenance nord-américaine, sont devenues d'une consommation courante dans la grosse masse du public, plus appréciateur du bon marché que de la finesse du produit". (*Cours du change. Situation Générale du Marché Brésilien. Tendances Protecionistes.* Direction du Consulat et des Affaires Étrangères. Paris, 10/11/1895). No caso dos queijos, os produtos americanos também começavam a ser bem aceitos, marcando a tendência de uma parte da generalização também ser feita pelo setor externo: "Pour les fromages, nos Roquefort, nos Camembert et nos gruyère, sont assurés d'un bon débouché et très appreciès, mais les fromages italiens et nord-américains (patagros) sont les seuls qui soient consommés dans les classes populaires et dans l'intérieur". (*Idem, ibidem*).

parte do mercado de alimentos a partir da Exposição Universal do Rio de Janeiro.[70] Apesar da propaganda francesa que anunciava serem de baixa qualidade os produtos oriundos daqueles países, o consumo se ampliava como se, nas restrições enfrentadas pela indústria nacional, a única solução fosse, no limite, transferir toda a dinâmica do consumo capitalista para o setor externo, permitindo que produtos importados menos elaborados se destinassem ao mercado em expansão, enquanto que os produtos franceses continuariam a se reservar aos privilegiados. O processo reflete a formação de uma camada média urbana e os entraves à expansão do consumo em contexto periférico.

A indústria têxtil paulista não conseguia produzir, sobre suas próprias bases, nem a diversidade, nem a generalização, que era limitada. Os produtos nacionais continuariam, por longo período de tempo, a destinar-se aos criados, aos pobres, aos trabalhadores do campo;[71] os ricos continuaria a comprar tecidos importados. Esse caráter da industrialização periférica, que assume contornos capitalistas, mas não consegue comportar a diferenciação e a massificação dentro de um mesmo sistema, acaba por reforçar o caráter social excludente, que, tomado à sociedade colonial e escravista, não consegue ser superado pela modernidade periférica que reforça esses traços ao invés de superá-los.

Durante os períodos em que se dão as substituições de importações, a produção interna é estimulada porque a base industrial fica responsável tanto pela diferenciação, como pela generalização, relacionando-se com o consumo dentro de uma dinâmica contínua. Afinal, ao vir a fonte da diferenciação sempre de fora, priva-se a produção nacional de uma estrutura produtiva mais complexa, que não somente produza artigos simples, mas também os mais elaborados, destinados aos mais abastados:

> Ora, a composição de uma cesta de bens de consumo determina, dentro de limites estreitos, os métodos produtivos a serem adotados (...). Assim, se é a produção de bens de uso popular que aumenta, recursos relativamente mais abundantes (terra, trabalho

---

70 "Permettant d'établir entre les produits nationaux brésiliens et les produits de l'Amérique du Nord, un paralèle tout en faveur de ces derniers, oeuvre d'une industrie et d'une agriculture mieux outillées et plus perfectionnées". (*Cours du change. Situation Générale du Marché Brésilien. Tendances Protecionistes*. Direction du Consulat et des Affaires Étrangères. Paris, 10/11/1895).

71 Dean, *A industrialização...*, *op. cit.*

não especializado) tendem a ser mais utilizados e recursos relativamente escassos (trabalho especializado, divisas estrangeiras, capital) menos utilizados do que seria o caso se fosse a produção de bens altamente sofisticados, consumidos pelos grupos ricos, a que aumentasse.[72]

Durante o processo de substituição de importação, alguns dos antigos importadores, que já haviam investido algum capital na indústria, ampliavam sua produção, chegando a produzir tanto artigos de luxo, como artigos mais populares. Caso notório é o do proprietário do Ao Mundo Elegante:

> No início, a casa vendia preferencialmente artigos europeus. Com a Guerra, o rumo de seus negócios foram mudados, pois as dificuldades de importação de artigos para o vestuário fez com que a firma investisse na montagem de *ateliers* de confecção e de chapéus femininos e masculinos.[73]

Nesse sentido, o processo que está por trás de uma substituição de importações começa muito antes do advento de um choque externo e não significa produzir aquilo que não se consegue importar, senão abrir espaço para que a diferenciação e a generalização sejam reproduzidas internamente, constituindo uma dinâmica contínua dada pela tensão entre produção e consumo.

Tornada estrutural a contradição entre diferenciação e generalização inaugurada no século XIX, o consumo de massa não surgiria mesmo com o pleno desenvolvimento das forças produtivas industriais. É esse aspecto estrutural que explica a necessidade de concentração de renda nos estratos superiores da sociedade durante os períodos em que a indústria cresce ativamente, como o período Kubitschek e o período do Milagre Econômico. Afinal, desde as primeiras manifestações do consumo capitalista no Brasil, sua dimensão diferenciadora, assentada na importação, sempre se destinou a um estrato que concentrava renda em excesso, o que era

---

72 Furtado, *O mito...*, *op. cit.*, p. 83. "Expandir o consumo dos ricos – e isto também é verdade para os países cêntricos – de maneira geral significa introduzir novos produtos na cesta de bens de consumo, o que requer dedicar relativamente mais recursos a 'pesquisa e desenvolvimento', ao passo que aumentar o consumo das massas significa difundir o uso de produtos já conhecidos, cuja produção muito provavelmente está na fase de rendimentos crescentes". (*Idem, ibidem*)

73 Deaecto, *Comércio e vida urbana...*, *op. cit.*, p 186.

possível graças a estruturas excludentes construídas historicamente e preservadas pela modernidade periférica: "A adoção de novos padrões de consumo seria extremamente irregular, dado que o excedente era apropriado por uma minoria restringida (…) os frutos dos aumentos de produtividade revertiam em benefício [dessa] pequena minoria, razão pela qual a renda disponível para o consumo do grupo privilegiado cresceu de forma substancial".[74]

Para que os artigos se difundissem continuamente, além da consolidação de DI, DII e DIII, que compõem a base industrial capitalista,[75] seria necessária uma brutal concentração de renda em alguns estratos sociais estratégicos, chamados por Celso Furtado de "grupos sociais modernizados".[76] Durante o período militar, isso foi feito a partir de uma política regressiva de concentração de renda nos estratos médios sob um Estado autoritário.[77] Afinal, se assim não fosse, não seria possível colocar em pé de igualdade a "tecnologia incorporada aos equipamentos importados",[78] o "perfil da demanda",[79] tornado diversificado graças ao adiantamento do consumo capitalista em relação à produção capitalista, e o "nível de acumulação de capital",[80] extremamente baixo. O nivelamento entre esses três elementos seria pré-condição para o surgimento concomitante do consumo de massa, baseado principalmente na difusão de bens duráveis domésticos, e da indústria de massa nas décadas de 50 e 60 do século XX.[81]

---

74 Furtado, *O mito...*, *op. cit.*, p. 80.

75 A problemática da industrialização periférica é bastante ampla para ser tratada em tão poucas linhas. Aqui, restringir-nos-emos à sua relação com a dinâmica de generalização e difusão do consumo.

76 Furtado, *O mito...*, *op. cit.*, p. 81.

77 "(…) se se tem em conta que a situação de dependência está sendo permanentemente reforçada, mediante a introdução de novos produtos (cuja produção requer o uso de técnicas cada vez mais sofisticadas e dotações crescentes de capital), torna-se evidente que o avanço do processo de industrialização depende de aumento da taxa de exploração, isto é, de uma crescente concentração da renda. Em tais condições, o crescimento econômico tende a depender mais e mais da habilidade das classes que se apropriam do excedente para forçar a maioria da população a aceitar crescentes desigualdades sociais". (*Idem, ibidem*, p. 88). Daí vem a explicação da brutal compressão dos salários dos trabalhadores em favor de uma concentração de renda nos estratos médios.

78 *Idem, ibidem*, p. 81-82.

79 *Idem, ibidem*, p. 81-82.

80 *Idem, ibidem*, p. 81-82.

81 "A importância do processo de modernização, na modelação das economias subdesenvolvidas, só vem à luz plenamente em fase mais avançada quando os respectivos países embarcam no processo

O mercado do prestígio

A imitação se manifestaria também pela falsificação, o segundo caminho pelo qual se fez a generalização de padrões em contexto periférico. Interpretadas em conjunto, imitação e falsificação compõem um dos planos a partir do qual o consumo relaciona-se com o processo de industrialização no capitalismo periférico. E também remetem a uma necessidade de democratização que não encontra respaldo nem na esfera econômica, com a generalização dos padrões de consumo que precisam ser difundidos de forma ilegal, nem nas esferas superestruturais, desnudando, por vezes, uma modernização perversa que perpetua os mecanismos de exclusão social. A falsificação, ao exprimir uma necessidade social de difusão de padrões, acentua, por outro lado, a baixa concentração de capital, característica estrutural do processo de industrialização brasileiro.

Conforme acima exposto, a documentação consular francesa do período afirmava ser a falsificação praticamente "une sorte d'industrie nationale". A discussão insaciável que se instaurou em finais do século XIX entre França e Brasil deu-se em razão da industrialização incipiente em São Paulo, que exigia tarifas alfandegárias mais elevadas,[82] mas, também, devido à falsificação de produtos de luxo, dos quais, os maiores fornecedores e, portanto, prejudicados, eram os franceses: "Il faudrait combattre les contrefacteurs sans relâche ni merci. On imite tout ici, depuis les produits de Grimaud, jusqu'aux tabacs de la régie. La loi brésilienne autorise les poursuites. Des pénalités sévères contre les imitations de marques, seront votées prochainement".[83]

Sendo a França a grande fornecedora de produtos de luxo, tais correspondências são uma fonte privilegiada para o estudo das formas de diferenciação e generalização de padrões na periferia. As cartas mostram como a necessidade de ostentação generalizada, mas também um clamor pela inclusão social a partir do consumo

---

de industrialização; mais precisamente, quando se empenham em produzir para o mercado interno aquilo que vinham importando". (Furtado, *O mito...*, *op. cit.*, p. 81).

82 "(...) l'industrie brésilienne s'est développée depuis quelques années, au point de créer pour divers articles, une concurrence sérieuse à l'industrie étrangère concurrence contre laquelle il deviendrait impossible de lutter, le jour où des tarifs protecteurs viendraient aggraver les droits de douane, déjà très lourds, qui pèsent sur les produits étrangers, à l'entrée du Brésil". (*Cours du change. Situation Générale du Marché Brésilien. Tendances Protecionistes*. Direction du Consulat et des Affaires Étrangères. Paris, 10/11/1895).

83 Depoimento de M. F. Bloch, comerciante francês residente na cidade de São Paulo a respeito de quais as causas do arrefecimento do comércio entre França e Brasil. (*Enquête auprès de la colonie française de St-Paul, sur les causes de la diminution de notre commerce. Avis de nos nationaux sur les moyens de les relever*. Direction des Consulat et de Affaires Commerciales. Paris, 18/08/1896).

incentivariam o aparecimento de um mercado ilegal para similares mais baratos ou falsos das variantes de luxo. Concentrar-se nos produtos de baixo valor agregado foi uma saída para o atendimento da demanda, que acabou por incentivar a industrialização, contornando temporariamente o problema da escassez de capital[84] e das decisões de investimento. Caso típico é o de tecidos: "La confection étrangère est appelée à disparaître, peu à peu, en raison des droits prohibitifs qui la frappent. Elle sera remplacée par la confection nationale. Ce fait est regrettable, car cet article venait, en grande partie, de nos ateliers".[85]

Dessa forma, ao lado do incentivo dado pela cafeicultura, o início da industrialização em São Paulo se fez também pelas novas demandas por bens de consumo, dadas pelas pressão social pela difusão de alguns padrões. Tanto produção, como consumo assumem um lugar específico nos primórdios da constituição das forças produtivas capitalistas no Brasil.

A imitação pela contravenção demonstra alguma complexidade, no sentido de apresentar mesmo uma divisão de trabalho em seu interior, como demonstra o seguinte trecho retirado de *A Alma Encantadora das Ruas*:

> — Oh! não. O pessoal que se dedica ao ofício não se compõe apenas do doloroso bando de pés descalços, da agonia risonha dos pequenos mendigos. Trabalham também na profissão os malandros de gravata e roupa alheia, cuja vida passa em parte nos botequins e à porta das charutarias.
> — E é rendoso?

---

84 A escassez de capital, segundo Caio Prado, era um fator estrutural que se relacionava tanto às necessidades de financiamento do setor público, impedindo que se formasse uma poupança interna de peso, quanto à iniciativa individual ou, principalmente, familiar, à qual se associa a origem da indústria nacional: "O baixo nível econômico do país, e sobretudo deficiências estruturais, tornam o processo de capitalização lento e muito difícil. Não se chegara a formar no Brasil nada que se parecesse com um mercado de capitais semelhante ao de todos os países industriais da atualidade. (…) O Estado, sempre grandemente necessitado de recursos e oferecendo uma aplicação de capital muito mais certa e segura que as indústrias, absorverá todas as disponibilidades das modestas poupanças acumuladas. E assim os fundos necessários para a indústria dependerão unicamente do concurso individual de seus iniciadores". (Prado Jr., *História Econômica...*, op. cit., p. 264).

85 Témoignage de M. Félix Bloch. *Enquête auprès de la colonie française de St-Paul, sur les causes de la diminution de notre commerce. Avis de nos nationaux sur les moyens de les relever*. Direction des Consulat et de Affaires Commerciales. Paris, 18/08/1896.

O mercado do prestígio 361

> — Rendoso, propriamente, não; mas os selistas contam com o natural sentimento de todos os seres que, em vez de romper, preferem retirar *o* selo do charuto e rasgar a parte selada das carteirinhas sem estragar o selo.
> — Mas os anéis dos charutos?
> — Oh! isso então é de primeiríssima. Os selistas têm lugar certo para vender os rótulos dos charutos Bismarck – em Niterói, na Travessa do Senado. Há casas que passam caixas e caixas de charutos que nunca foram dessa marca.[86]

O trecho retrata a organização daqueles que se dedicavam ao processo de falsificação de charutos e como funcionava a dinâmica nesse tipo de atividade. Apesar de os catálogos sempre atentarem para as falsificações, claro estava que existia um amplo mercado que consumia esse tipo de produto. Em outro excerto, as razões da existência desse mercado para a falsificação ficam um pouco mais claras:

> — (...) não leve a capital o seu orgulho a ponto de supor que pode oferecer charutos Havana aos fumantes: isso só por ficção: esse gênero não se produz na pequena capital da Ilha de Cuba em tal abundância (...) há por aqui verdadeiros Havanas, como o há o Johannisberg, o Tokay, o Lacryma-christi, o Champagne...
> — (...) Em todo caso, os que usam de todas essas coisas, convencidos de que são elas os verdadeiros produtos, que as denominações indicam, gozam bastante...
> — De que?
> — Ora é boa: a ilusão também traz gozos.
> — Sim, quanto a isso, nada tenho a opor, só gabo o prazer dos que conscientemente se iludem.[87]

Conforme se vê, essa "verdadeira" produção voltava-se para os produtos em torno dos quais se elaboravam as hierarquias sociais. Charutos e cigarros – salvo os de rapé, que eram populares – assinalavam os atributos intelectuais do homem de elite. Para evitar a falsificação. algumas marcas adotariam símbolos inconfundíveis:

---

86   João do Rio. *A Alma Encantadora das Ruas*. São Paulo: Companhia das Letras, 1997.

87   Firmo do Albuquerque Diniz (Junius). *Notas de Viagem*. (1882). Coleção Paulística, vol. V. São Paulo: Governo do Estado de São Paulo, 1978, p. 89.

> Recomenda-se esta marca de cigarros, confeccionados com superior fumo caporal, legítimo S. Felix, papel *ambré* e acondicionados em elegantes carteiras. Preço 6$000 o milheiro. A fim de evitarmos a falsificação de produtos da nossa fábrica, avisamos ao público de que todos os artigos de nossa manipulação levam a marca da fábrica que é representada por um elefante.[88]

Além do charuto, a bebida alcoólica também era objeto do processo falsificador. Não obstante, a questão da falsificação de bebidas vai um pouco além. Ela expõe as entranhas de uma sociedade que tem como principal elemento da classe média o trabalhador estrangeiro que, além já trazer consigo hábitos de consumo diferentes, adotava o consumo de estratos superiores uma vez concretizada sua ascensão social. A discussão presente nas cartas consulares, que adquire tons imperialistas, reconhece que os vinhos franceses, caros demais, não conseguiriam açambarcar também a classe média. Suas necessidades eram então supridas pela importação de vinhos italianos, portugueses,[89] argentinos e mesmo pela produção de vinhos nacionais: "leur consommation dans les masses populaires se répand d'autant plus facilement qu'en raison de leur bon marché relatif (de 500 à 700 réis la bouteille soit moitié moins que les vins similaires étrangers), *les vins indigènes sont à la portée de toutes les bourses*".[90] Uma emanação clara da relação entre preço e demanda em uma sociedade que se mercantiliza e assiste às primeiras formas de massificação:

> Vinho? Sim! De pura uva? Sim! A 700 réis a garrafa? Sim! A 7$000 réis a dúzia? Sim! E o espírito do vinho garantido também? Sim! Vende-se também em quartolas, quintos e décimos a preço de não temer a concorrência, sendo que o proprietário desta casa recebe vinho em todos os vapores que vêm da Europa, *e contenta-se em ganhar pouco.*[91]

---

88 *O Estado de S. Paulo*. São Paulo, 05/12/1899.

89 "En second lieu, l'introduction des vins italiens et portugais, qui, bien qu'épais et lourds, sont de vente très courante, en raison de l'importance numérique des colonies portugaises et italiennes représentant près de 60% de la population totale de l'état de São Paulo". (*Annexe à la Dépêche du 7 juillet de 1895-Articles Importés dans l'État de São Paulo et pouvant intéresser le commerce français-Vins et boissons spiritueuses*. São Paulo, 07/07/1895).

90 *Idem, ibidem.*

91 *O Estado de S. Paulo*. São Paulo, 15/03/1892. Grifos nossos.

O mercado do prestígio

Tendo já acumulado algum pecúlio, mas não podendo ainda aderir aos produtos de luxo importados, os pertencentes ao estrato médio acolhiam de bom grado os produtos falsificados, mais baratos e possíveis portadores de *status* social. Para minimizar a gravidade da venda de vinhos das mais diferentes qualidades sob rótulo de vinhos franceses, o ministro do comércio exterior francês proporia o fornecimento de vinhos menos caros, como os produzidos na Argélia a mais baixo custo em razão da mão de obra barata,[92] capazes de abastecer também esse singular mercado de massa em constituição. Afinal, o provimento do mercado paulista com outros produtos, que não os da França, causava enorme prejuízo ao comércio exterior desta nação:

> Les principaux produits alimentaires français, les beurres et les conserves, sont concurrencés par les conserves italiennes et allemandes; les beurres danois et argentins remplacent trop souvent nos marchandises. Les cognacs et les vermouths, fabriqués à Hambourg, viennent sur cette place. Ils les vendent à prix dérisoires, sous des étiquettes françaises.[93]

O problema era a tal ponto grave que os próprios fornecedores de produtos importados franceses, como a Casa Garraux, talvez o mais importante de todos, já atentavam para as falsificações:

> Tendo aumentado consideravelmente o consumo de vinho de Bourdeaux nesta província, tem-se introduzido, neste ramo de negócio, produtos falsificados, às vezes, perigosos, sempre nocivos à saúde. A Casa oferece aos consumidores todas as garantias contra semelhantes abusos; reputa e garante os seus vinhos; os melhores que se pode encontrar nos mercados de produção.[94]

---

92 "(…)le marché de ces gros vins de l'Aude et de l'Hérault et de ces petits vins d'Algérie, qui par suite des dernières recoltes vinicoles peuvent se vendre à des prix exceptionellement bas (5 et 10 francs l'hectolitre)". (*Annexe à la Dépêche du 7 juillet de 1895-Articles Importés dans l'État de São Paulo et pouvant intéresser le commerce français-Vins et boissons spiritueuses*. São Paulo, 07/07/1895).

93 Temoignage de M. Gaston Picard. *Enquête auprès de la colonie française de St-Paul, sur les causes de la diminution de notre commerce. Avis de nos nationaux sur les moyens de les relever*. Direction des Consulat et de Affaires Commerciales. Paris, 18/08/1896.

94 *Almanach Administrativo, Commercial e Industrial da Provincia de São Paulo*. São Paulo: Jorge Seckler Editor, 1886.

Reconhece-se no trecho que a demanda expandiu, mas, em razão da oferta insuficiente e, logo, do produto dispendioso, optou-se pela falsificação. É certo que os anos de 1890 foram os anos de maior devastação da filóxera no sul da França e, em decorrência da queda na produção, o vinho se tornaria ainda mais caro.[95] Porém, mais poderoso ainda foi o fator imigração, que traria consigo uma demanda não suprida. Como os produtos franceses eram de difícil acesso, permanecendo circunscritos ao topo da pirâmide social, a solução encontrada seria a venda de bebidas de outras origens com rótulos e garrafas das bebidas francesas. O falsificação do Bordeaux, acima condenada por Garraux, era das mais comuns:

> Quant aux vins fins de qualité supérieure, nous demeurons incontestablement maîtres du marché, mais nous devrions veiller à ce que l'étiquette indique bien la qualité et lutter contre l'emploi trop fréquent de fausses marques d'origine. Un certain nombre de vins italiens et portugais sont frauduleusement débités sous l'épithète de Bordeaux ou Mâcon (...) la législation locale n'offre malheureusement pas assez de garanties repressives contre de pareils abus qui causent un préjudice incalculable à l'écoulement de nos produits.[96]

A adulteração das marcas não é um problema, como se poderia erroneamente intuir, anacrônico ao capitalismo. Ao contrário. As formas mais primitivas de acumulação são açambarcadas pelo capitalismo e combinadas às formas mais avançadas, como a acumulação industrial e financeira.[97] Para melhor compreender o problema, é preciso estabelecer alguns paralelos entre luxo e capitalismo. Do ponto de vista teórico, o tema do luxo aparece de diferentes maneiras em autores como Veblen, Weber, Sombart e Bourdieu. Em Veblen, o luxo relaciona-se à necessidade de ostentação de uma classe ociosa frente a uma classe trabalhadora que emula os

---

95 A filóxera – nome da mosca, mas também da doença do vinhedo – seria descoberta em 1868 nos vinhedos franceses por Jules Louis Planchon e se tornaria a maior praga da viticultura mundial do último quartel do século XIX.

96 *Annexe à la Dépêche du 7 juillet de 1895-Articles Importés dans l'État de São Paulo et pouvant intéresser le commerce français-Vins et boissons spiritueuses*. São Paulo, 07/07/1895.

97 Suzanne Strehlau. *O luxo falsificado e suas formas de consumo*. Tese de doutorado. São Paulo EAESP-FGV, 2004. As diversas definições para "falsificação" encontram-se dispostas em um quadro às páginas 48-49 da referida tese.

O mercado do prestígio

seus hábitos de consumo.[98] Em Sombart, o luxo está no origem do capitalismo.[99] O luxo emerge das pulsões materialistas da época renascentista que conformam o que ele chama de "luxo materialista e egoísta".[100] Tais pulsões são as responsáveis pela diferenciação entre "necessidades comuns" e "necessidades sofisticadas", sendo esta última a responsável por alavancar o capitalismo. A presença de necessidades sofisticadas é o seu ponto em comum com Weber, para o qual, o distanciamento em relação às necessidades comuns compõe o que chamou de "estilização da vida", uma das referências da noção de distinção desenvolvida por Bourdieu.[101] Logo, o luxo seria uma das formas pelas quais se materializa o distanciamento máximo em relação às necessidades, contribuindo para que, na esfera do consumo, as classes, construídas no âmbito da produção, finalmente se hierarquizem.[102]

As diferentes explicações sobre a natureza da relação entre luxo e capitalismo contribuem para o esclarecimento da relação entre este e a falsificação uma vez que luxo e falsificação compõem uma outra antítese da dinâmica de consumo. O consumo

---

98 "Under the selective surveillance of the law of conspicuous waste there grows up a code of accredited canons of consumption, the effect of which is to hold the consumer up to a standard of expensiveness and wastefulness in his consumption of goods and in his employment of time and effort". (Thorstein Veblen. *The Theory of Leisure Class*. Nova York: Augustus M. Kelly, 1975, p. 50).

99 "(…) reconocíase unánimemente que el lujo desarollaba las formas económicas que empezaban a surgir entonces y que eran precisamente las formas capitalistas; por eso, todos los partidarios del 'progreso' económico eran ardientes defensores del lujo". (Werner Sombart. *Lujo y capitalismo*. Trad. Luis Isábal. Segunda Edición. Madrid, Alianza, 1979, p. 175).

100 "Esta forma de lujo es precisamente la que se desarolla de modo considerable en la época del Renascimiento. (…) El lujo personal nasce, en primer término, del puro recreo y goce de los sentidos". (Sombart, *Lujo...*, *op. cit.*, p. 95).

101 "À mesure que croît la distance objective à la nécessité, le style de vie devient toujours davantage le produit de ce que Weber appelle une 'stylisation de la vie', partie systématique qui oriente et organise les pratiques les plus diverses (…) Affirmation d'un pouvoir sur la nécessité dominée, il enferme toujours la revendication d'une supériorité légitime sur ceux qui, faute de savoir affirmer ce mépris des contigences dans le luxe gratuit et le gaspillage ostentatoire, restent dominés par les intérêts et les urgences ordinaires". (Pierre Bourdieu. *La Distinction-Critique Social du Jugement*. Paris, Les Éditions de Minuit, 1979, p. 59).

102 Para Weber, as classes são limitadas e estratificadas pela situação de mercado, enquanto os grupos de *status* se hierarquizam pelo grau de honra social, associado, no capitalismo, à compra de bens que exprimem estilos de vida diferentes. Ao contrário de Marx, que define a classe segundo sua relação com os meios de produção, Weber as define pela situação de mercado. A estrutura de estratificação social, além da classe e do *status*, conta ainda com o partido, que remete ao grau de influência legítima exercido pelos grupos. (Max Weber. "Classe, estamento e partido". *Ensaios de sociologia*. Trad. port, 5ª ed. Rio de Janeiro: Zahar, 1982).

ilícito tem dois vetores: um vetor material – como, por exemplo, a extrema concentração de renda na sociedade ou a percepção de um salário abaixo das necessidades de exposição social – e um vetor social de distinção, que objetiva a aquisição de *status* social ou acúmulo de capital social, segundo Bourdieu.[103]

Tanto o fator material quanto o fator social encontram-se presentes no momento histórico que analisamos, embora de forma muito particular. A sociedade paulistana do ocaso do século complexificava-se, incorporando certa dose de mobilidade social, mas a riqueza extremamente concentrada e a estratificação social herdada da sociedade escravista impediam que os produtos diferenciadores legítimos circulassem livremente. Acrescente-se a esse fator social a inexistência de uma base industrial capaz de massificar os produtos, barateando-os ao mesmo tempo em que são generalizados. A falsificação foi uma saída para a difusão de padrões assentada sobre uma base produtiva bastante simples.

Os produtos importados, sejam industriais, símbolos do arrivismo, ou artesanais, símbolos da ancestralidade, exercem um papel crucial na dinâmica da diferenciação social do capitalismo periférico. Sendo raros, dispendiosos e exigentes de um conhecimento prévio para sua plena fruição, adquirem características de legitimadores das diferenças sociais. Tais produtos apontam para a apropriação ou para a invenção – no caso dos artigos industrializados – de uma tradição diversa daquela sobre a qual se construiu a história dessas nações periféricas: "

> A valorização de aspectos intangíveis de uma marca salienta a simbologia em seu uso. Estes símbolos, criados no exterior, em uma cultura diferente, são importados e utilizados, no Brasil, por pessoas que nasceram e foram criadas em outro contexto. Isso, somado ao pouco conhecimento sobre o que é marca de luxo por parte do público em geral, acabou por propiciar um ambiente peculiar de consumo.[104]

Dessa forma, as contrafações tornar-se-iam cada vez mais frequentes em razão da incompatibilidade, retomando Weber, entre a rapidez com que as classes se reestruturavam no plano material e a lentidão com que os instrumentos de afirmação

---

103 Strehlau, *O Luxo falsificado...*, *op. cit.*, p. 18.

104 *Idem, ibidem*, p. 14.

O mercado do prestígio

se difundiam no plano social. Em contrapartida, inicia-se um processo de diferenciação social cada vez mais sutil em que os que conhecem os produtos originais distinguem-se daqueles incapazes de identificar uma marca falsificada ou que a ela submetem-se conscientemente.

As advertências contra as imitações tornar-se-iam cada vez mais presentes nos jornais da última década do século XIX, denunciando-se mesmo as falsificações de produtos de outras origens que não a francesa. Esse foi o caso da *Fernet* italiana, de cujo processo de adulteração se dizia ter sido bastante elaborado:

> Uma das mais importantes marcas de *Fernet* foi falsificadas nestes dias. Na semana passada sobre a praça de São Paulo fizeram-se vendas em vasta escala e muitos honestos comerciantes foram enganados. A marca, as alíquotas, as garrafas, as caixas são imitadas de modo a enganarem o mais esperto conhecedor, porém isto pode-se dizer a mesma coisa do conteúdo, que é uma misturança suja impossível de beber, e talvez de prejuízo à saúde.[105]

Bebidas outras com alta concentração de álcool, as conhecidas *boissons spiritueuses*, como licores e conhaques, eram também amplamente falsificadas. No caso do *cognac*, o líquido era substituído pela Paraty brasileira, chamada pelos franceses de "liqueur du pays", e a bebida era vendida "dans les conditions de bon marché qui nuisent à la vente de cognacs véritables, d'un prix de révient supérieure et gréves en outre de droits considérables".[106] Um exemplo das principais marcas que sofriam com esse problema era o conhaque *Jules Robin*, premiado em diversas exposições, e cujos fabricantes "(…) cientes da grande falsificação dos mesmos, tomaram a resolução de constituir procurador para perseguir os falsificadores, que além de serem processados criminalmente, têm de indenizar os danos que causam com sua fraude. (…) Pela lei, é tão culpado o falsificador como o vendedor de gênero falsificado".[107] Alguns comerciantes, como Charles Hü, chegariam a delatar compatriotas franceses que, vergonhosamente, dedicavam-se à degenerescência dos produtos de seu país de origem:

---

105 *O Correio Paulistano*. São Paulo, 12/12/1895.

106 *Annexe à la Dépêche du 7 juillet de 1895-Articles Importés dans l'État de São Paulo et pouvant intéresser le commerce français-Vins et boissons spiritueuses.* São Paulo, 07/07/1895.

107 *O Estado de S. Paulo*. São Paulo, ago./1895.

> Chegando ao nosso conhecimento que certos concorrentes sem
> escrúpulo e alguns franceses sem consciência andam caluniando
> surdamente nossa casa, espalhando que só vendemos produtos
> falsificados (…) Pesa-nos encontrar patriotas sem pudor nesta
> campanha de difamação; felizmente, são poucos, e compensa-
> -nos o número sempre crescente dos nossos fregueses, compos-
> tos da mais alta sociedade brasileira e dos membros mais distin-
> tos de todas as colônias estrangeiras.[108]

Outros produtos de origem estrangeira, como perfumes e sabonetes, seriam também falsificados, chegando a suscitar, entre os fabricantes, mudanças na forma e na embalagem dos produtos:

> Para proteger os interesses dos fiéis clientes (…) L. Legrand, pro-
> prietário da perfumaria Oriza de Paris, tem a honra de participar
> à sua clientela, seja por atacado ou por miúdo que desde o 1º de
> janeiro de 1896, suas especialidades hão de ser postas em venda,
> *modificadas*, no seu aspecto exterior e forma, no alvo de impedir
> as inumeráveis e detestáveis falsificações de seus produtos tão
> afamados".[109] Também o sabonete Rifger adotaria medidas contra
> a falsificação: "Para evitar falsificações exigir no rótulo externo,
> em tinta vermelha a firma dos agentes Carvalho Filho & Cia.[110]

A problemática da industrialização nacional, dentro da qual inserimos também os métodos de difusão espúrios, que abre novos caminhos para a generalização do consumo, remete ainda à imposição da cobrança de impostos de consumo, inaugurada com a lei número 25 de 30 de dezembro de 1891. Na verdade, a lei era a recidiva de antigas formas de cobrança do imposto, em particular sobre o fumo, surgidas em 1879, mas suprimidas em 1880, em razão da resistência dos fabricantes do produto. A lei de 1891 determinava sua cobrança sobre o sistema de estampilhas, que encontraria ainda maiores resistências:

---

108 *O Estado de S. Paulo.* São Paulo, 06/06/1903.

109 *O Estado de S. Paulo.* São Paulo, 01/08/1896.

110 *O Correio Paulistano.* São Paulo, 12/12/1895.

> Esses impostos, que, na maior parte das nações, tornaram-se fontes perenes da renda pública, têm custado a aclimar-se em nosso país, não em consequência de obstáculos levantados pelo consumidor, mas em razão de dificuldades criadas pelos fabricantes e varejistas, que encontram sempre dúvidas em satisfazê-lo, seja qual for o sistema de cobrança.[111]

O volume arrecadado pelo imposto seria, dessa forma, descendente: 1. 108: 207$149 em 1893, passando a 812: 973$188 em 1894, e 785:000$000 em 1895, quando decidiu-se mudar a lei em vigor, "deixando facultativo ao Governo o modo de cobrança"[112] e acrescentando-se o imposto sobre bebidas, autorizado pela lei nº 359 de 30 de dezembro de 1895. Não tendo surtido ainda efeito as novas imposições, a arrecadação continuaria a decrescer e, em 10 de dezembro de 1896, seria imposta a arrecadação por estampilhas e a sugestão era a de que fossem colocadas "antes de sair o produto das fábricas e dos depósitos, como se pratica na Inglaterra em relação ao imposto sobre certos preparados farmacêuticos (*patented medicines*)".[113] A arrecadação subiria, então, para 2. 506: 616$278, sendo distribuída entre 1. 386: 637$871 originária de impostos sobre o fumo, e 1. 119: 978$407 sobre a bebida.

O ano de 1896 seria o marco para a arrecadação dos impostos de consumo, não à toa, coincidindo com o momento em que se ampliam os lamentos documentados nas correspondências consulares francesas. O problema é que a cobrança do imposto recairia principalmente sobre os artigos de luxo, oferecidos em sua grande parte por produtores franceses. Tanto o imposto sobre a bebida, como sobre o fumo, afetavam-nos diretamente:

> Incidindo sobre um objeto de luxo, que é ao mesmo tempo um vício, e demonstrando as estatísticas de toda a parte do mundo que, mesmo onerado o consumo (...) com fortíssimas taxas, a sua produção ainda assim cresce indefinidamente, os legisladores de quase todas as nações têm feito desse produto o assento para um

---

111 *Relatório do Ministério da Fazenda apresentado ao Presidente da República dos Estados Unidos do Brasil no ano de 1896.* Rio de Janeiro: Imprensa Nacional, 1896, p. 30. (Retirado do site do projeto de digitalização de documentos do *Center for Research Libraries*: http://brazil.crl.edu/bsd/bsd/hartness/fazend.htm).

112 *Idem, ibidem*, p. 31.

113 *Idem, ibidem*, p. 32.

370 Milena Fernandes de Oliveira

imposto base, isto é, enormemente rendoso, de fácil fiscalização, econômica arrecadação e suscetível de sucessivas agravações".[114]

Outros produtos sobre os quais se propunha a arrecadação do imposto de consumo eram as perfumarias, sabonetes, velas, calçados e chapéus, ou seja, todos os produtos visados pela falsificação. A falsificação constituiu-se em uma maneira de driblar o imposto que truncava a difusão do consumo. O imposto sobre esses produtos seria instituído, finalmente, pela lei n° 559 de 31 de dezembro de 1898.[115]

Em dezembro de 1899, seriam também estabelecidos os impostos sobre tecidos, que geraria nova controvérsia.[116] No plano da ideologia nacional, os impostos de consumo apareceriam como "indispensáveis aos grandes Estados modernos, sujeitos ao pagamento de dívidas pesadas ou a exorbitantes despesas de armamento e efetivos militares".[117] A formulação porta uma conotação claramente imperialista, fundamentada na expansão territorial e outras formas de imperialismo informal. Estas, por sua vez, relacionavam-se com a "última" fase do capitalismo, a monopolista, e ao novo papel do Estado Nacional nesse contexto. No Brasil, o discurso servia para justificar a centralização de certas competências por parte do governo central, tantos eram os conflitos das administrações regionais entre si e destas para com o governo federal. São estes conflitos que conferem, afinal, a tônica da Primeira República.

---

114 *Relatório do Ministério da Fazenda apresentado ao Presidente da República dos Estados Unidos do Brasil no ano de 1897.* Rio de Janeiro: Imprensa Nacional, 1897, p. 163.

115 *Relatório do Ministério da Fazenda apresentado ao Presidente da República dos Estados Unidos do Brasil no ano de 1898.* Rio de Janeiro: Imprensa Nacional, 1898, p. 26.

116 *Relatório do Ministério da Fazenda apresentado ao Presidente da República dos Estados Unidos do Brasil no ano de 1899.* Rio de Janeiro: Imprensa Nacional, 1899, p. 34.

117 *Relatório do Ministério..., op. cit.*, 1897, p. 169.

Indústrias sujeitas a impostos de consumo (1911)		
Indústrias	Número de Fábricas	Valor da Produção
Bebidas	1. 542	65. 665: 620$000
Bengalas	20	49: 607$000
Calçados	4.542	57. 132: 587$000
Cartas de Jogar	7	358: 231$000
Chapéus	534	29. 675: 541$000
Conservas	291	9. 582: 476$000
Especialidades farmacêuticas	623	11. 177: 762$000
Fumos	2. 118	32. 121: 928$000
Perfumarias	272	6. 309: 225$000
Fósforos	30	18. 177: 100$000
Sal	834	10. 768: 386$000
Tecidos	190	190. 470: 763$000
Velas	11	5. 739:046$000
Vinagre	319	1. 299: 348$000
Total	11. 335	438. 527: 620$000

Fonte: *Anuário Estatístico do Brasil*, 1908-1912.

Em 1900, as discussões em torno dos impostos de consumo atingiriam o seu ápice uma vez que mais produtos, que não figuravam na receita de 1899, como chapéus, bengalas e tecidos, entrariam na pauta de arrecadação. O fato incitaria a reunião de todos os fabricantes e importadores de tecidos do estado de São Paulo que se opunham peremptoriamente à forma como o governo federal propunha a taxação, que deveria recair sobre os estoques e não sobre a venda:

> O senhor Rocha Melo, negociante de tecidos, sucessor da firma Barroco, Monteiro & Companhia, procurou demonstrar, com argumentos valiosos, que, em absoluto, era impraticável a selagem do *stock* das casas que negociam com tecidos, achando que, a ser cumprida a lei, deveria o governo fornecer selos de pequeno valor, que pudessem ser apostos pelo comerciante sobre metro por metro de fazenda, à proporção que fosse vendida.[118]

---

118 *O Estado de S. Paulo.* São Paulo, 07/02/1900. Um dia após a reunião, dois meses após o decreto 3535.

Segundo os membros da Associação Comercial do Estado de São Paulo, o referido imposto seria inconstitucional, já que o mesmo trabalho de taxação era já feito pelo Imposto sobre Indústrias e Profissões, de alçada dos estados. Alguns importadores defendiam o mesmo argumento, dizendo que seus produtos já estariam sendo tributados na alfândega, sofrendo, então, uma dupla taxação: "O Sr. Miguel Sarmento, da firma Pereira, Vilela e Cia. (...) é de opinião que tudo que é de importação não deve ser selado porque já paga direitos na alfândega".[119] Victor Nothmann, secretário da reunião, deixou claro que o imposto do selo prejudicava em particular os importadores, uma vez que, por exemplo, a aguardente não era taxada: "O Sr. Nothmann demonstra também a desvantagem para o comércio do imposto sobre bebidas e critica o fato de não pagar imposto a aguardente. O orador procura demonstrar que o governo não lança impostos sobre a pinga temendo a política da gente do norte do país".[120] Segundo o *Relatório do Ministério da Fazenda de 1896*, o fumo de rapé também não era taxado, embora devesse sê-lo.[121] Novamente, a tributação sobre o consumo desnuda uma rede de interesses, inevitavelmente ligada às disputas regionais que caracterizaram o pacto federalista.

Embora não fosse intencional, mas um produto da própria organização política, que dificultava a imposição das medidas da União sobre as oligarquias dos diferentes estados, a não taxação do produto nacional provocaria um distanciamento ainda maior entre os produtos importados, demasiado caros e podendo ser consumidos por uma minoria cada vez mais restrita, e os produtos nacionais, que não conseguiam, por sua vez, suprir todas as necessidades da população. Tratava-se de uma medida protecionista em uma economia que, paradoxalmente, não tinha indústrias de peso que precisassem ser protegidas para exercerem o seu potencial encadeador.

O ano de 1895 reúne, então, a instauração dos impostos de consumo e o início dos protestos dos comerciantes franceses, cujos produtos eram os mais prejudicados, tanto pela variações cambiais, como pelas tarifas alfandegárias crescentes, pelo imposto do

---

119 *Idem, ibidem.*

120 *Idem, ibidem.*

121 "Em geral, no sistema tributário estrangeiro a base da tabela de taxas é o preço do produto. No Brasil, a taxa de um maço de cigarros (10 réis) é igual à de um pacote de fumo desfiado, de 25 gramas, que produz proximamente o dobro do número de cigarros. Identicamente um charuto cujo peso é 7 a 8 vezes superior ao de um cigarro, paga a mesma taxa que este (meio real). (*Relatório do Ministério da Fazenda apresentado ao Presidente da República dos Estados Unidos do Brasil no ano de 1897.* Rio de Janeiro: Imprensa Nacional, 1897, p. 165).

O mercado do prestígio

consumo e, ainda, pela contrafação. Esta última cresceria a taxas cada vez maiores com o surgimento de uma dinâmica de consumo de traços capitalistas, caracterizada por frações de elite móveis que mudam seus padrões constantemente.

Classificação das mercadorias francesas mais importadas pelo Brasil em diferentes períodos		
Períodos/Mercadorias		
1847-1856	1887-1896	1925
tecidos (algodão, seda, lã)	objetos de decoração (metal/bijuterias)	tecidos (algodão, seda, lã)
couros trabalhados	couros trabalhados	máquinas e material metalúrgico
papelaria, livros	vestuário	produtos químicos, farmacêuticos e perfumarias
artigos de armarinho	objetos de decoração (tecidos)	peles e couros
vidraçaria e cristais	manteiga	papelaria, livros
vinhos	bibelôs	relojoaria e joalheria
manteiga	artigos de armarinho	comestíveis e bebidas
perfumaria	vinhos	veículos

Fontes: Takeya, *Brasil, França e Ceará...*, p. ?; Deaecto, *Comércio e Vida Urbana*, p. 54

Para fugir à taxação excessiva, a solução, para muitos importadores, seria investir na produção interna de variantes de artigos anteriormente importados:

> Algumas das casas importadoras (...) desdobraram-se, depois, em empreendimentos industriais próprios, graças ao grande conhecimento que seus proprietários tinham adquirido de todo o sistema internacional de produção e comércio de bens manufaturados (...) Foi ela [a importação] que criou a cultura técnica e comercial necessária à implantação da indústria.[122]

Apesar das severas críticas de Wilson Cano dirigidas a Warren Dean,[123] não se pode negar que uma parte da indústria nasceu da ampliação da atividade de alguns

---

122 Dean, *A industrialização...*, *op. cit.*, p. 25-49.

123 Wilson Cano critica Warren Dean a partir de duas de suas hipóteses. Na primeira, segundo Cano, Dean tenta criticar uma "teoria de que a indústria cresceu porque o comércio exportador

comerciantes estrangeiros que buscavam a adaptação de seus produtos ao clima ou percebiam uma demanda não suprida para artigos caros demais ou, ainda, tentavam evitar que uma parcela do lucro fosse abocanhada pela União. É impossível traçar uma única origem para a indústria. Ela é pluridirecional, em particular no capitalismo periférico, cuja fonte de diferenciação de consumo reside no setor externo.

Para Caio Prado Jr., a gênese da indústria residiu na atividade do comerciante importador, fundamentada em produtos de baixíssimo valor agregado e em investimento ligado ao pecúlio acumulado individualmente pelo comerciante. O processo tornaria a indústria nacional estruturalmente débil:

> E se formou assim por pequenos e sucessivos concursos de economias duramente reunidas. Esta circunstância, devido ao vulto que representa no conjunto da indústria brasileira, tem no terreno econômico grande significação porque dá conta não só do grande número de pequenas empresas que não são mais que escalões de um processo de crescimento potencial (...), como sobretudo da debilidade de indústrias que repousam exclusivamente em bases financeiras tão estreitas e precárias.[124]

Para Celso Furtado, de maneira análoga, a relação entre o consumo alimentado pelo setor importador e produção nacional caracterizaria também uma debilidade que apontava para uma fenda no interior do aparelho produtivo nacional: "um segmento destinado a atividades tradicionais, ligadas às exportações ou ao mercado interno e outros constituído por indústrias de elevada densidade de capital, produzindo para uma minoria modernizada".[125] Ao contrário das estruturas do Antigo

---

declinou". Na segunda, que é a que nos interessa, critica-o por "mostrar a figura do importador como origem da industrialização", dizendo ser esta sua segunda hipótese incompleta, uma vez que, não acusa as suas raízes: "Além de não ter compreendido o 'enfoque cepalino', Dean não viu também a importante 'lacuna' que persistia, e que J. M. Cardoso de Mello desenvolveu no capítulo 2 de seu trabalho, qual seja, a da análise do crescimento industrial, vista pelo ângulo do processo interno de acumulação engendrado pelo complexo cafeeiro. Preocupado em demasia em criticar a 'teoria dos choques', Dean parece não ter se apercebido disso, por o que se nota constantemente em seu livro é o declarado objetivo de tentar uma relação direta e num só sentido entre a "industrialização e o comércio do café"". A crítica é longa e se estende da página 144 a 149. (Cano, *Raízes...*, *op. cit.*, p. 148-149).

124 Prado Jr., *História Econômica...*, *op. cit.*, p. 265.

125 Furtado, *O mito...*, *op. cit.*, p. 87.

O mercado do prestígio

Regime absorvidas pelo processo de consolidação do capitalismo, dentro do qual são subordinadas ao ritmo da acumulação em escala concentrada, as estruturas que compõem o sistema capitalista periférico mantêm-se diacrônicas e profundamente heterogêneas. Não há uma sintonia entre as diferentes frações do capital, cuja acumulação continua a ser predominantemente comandada pelo capital mercantil, que conserva os diferentes tempos da acumulação.

A atividade industrial decorrente do comércio também fica clara em outros documentos, como o relatório comercial escrito por Bonnaure, que afirmava terem sido algumas fábricas – como as do complexo Matarazzo; as da família Duchen, relacionadas à produção de biscoitos;[126] as de produção de telhas, pertencentes a industriais marselheses[127] – começadas por famílias estrangeiras.

Para José de Souza Martins, essa produção, organizada pelos proprietários estrangeiros, seguiria uma lógica estritamente familiar. O patriarcalismo se configuraria em um traço típico da indústria paulista nascente, tanto na indústria que era um prolongamento do comércio urbano, quanto na indústria que nascia no interior do complexo cafeeiro. E é essa organização econômica familiar que se imprime nas ruas e nos palacetes, caracterizando um processo de urbanização capitalista específico.

Ainda para o autor, seria da relação entre importadores e consumidores, ou de choques nessa relação, que nasceriam as primeiras manifestações da indústria nacional: "se o mercado de produtos industriais 'pertencia' aos importadores e se os momentos de crise são insuficientes para explicar a industrialização, esta ocorreu estimulada pelos importadores ou, em caso negativo, pela quebra das relações entre o importador e o consumidor. Resumindo, as duas hipóteses continham a suposições de que o industrialismo brasileiro foi propiciado, no plano econômico, ou pelo tipo de relação entre os importadores e os consumidores ou por perturbações nessa relação".[128] O autor contraria a tese de que a indústria exerceria um papel de reserva nas crises e, segundo ele, a substituição de importações seria insuficiente para explicar o processo de industrialização brasileiro.

Para nós, o processo de industrialização brasileiro estaria menos ligado a uma ou outra maneira de como se deu a industrialização, se originária do comércio

---

126 Bonnaure, *Livro de Ouro...*, *op. cit.*, p. 173.

127 *Idem, ibidem*, p. 182-183.

128 José de Souza Martins. *Conde Matarazzo: o empresário e a empresa. Estudo de sociologia do desenvolvimento*, 2ª ed. São Paulo: Hucitec, 1976, p. 5.

importador, se originária já de todo um complexo produtor criado pelo café. Ambas as vias, relacionadas de maneira contraditória, estão na raiz do capitalismo brasileiro. Em separado, não conseguem explicar, o lapso temporal existente entre o nascimento de indústrias isoladas e um processo integrado de industrialização, que só aconteceria na década de 50 do século XX. Afinal, por que as indústrias existentes já no século XIX não foram capazes engendrar uma industrialização consistente? Se pensarmos a industrialização não a partir de si própria, mas a partir de sua cara-metade, o consumo, talvez consigamos encontrar o porquê dessa defasagem temporal. Afinal, os cursos tomados pelo consumo em contexto periférico relacionam-se intimamente às dificuldades criadas à industrialização, adiando-a no tempo.

Embates entre modernização e modernidade capitalista na periferia do sistema

O consumo, estudado ao longo deste trabalho, revela algumas das contradições surgidas ao longo do processo de modernização, desnudando, a um só tempo, as limitações materiais – expressas na dificuldade em passar por uma revolução industrial – e as limitações socioculturais – manifestas na dificuldade de generalizar padrões, em democratizá-los. Para que as necessidades sejam satisfeitas, recorre-se ao setor externo – tanto para artigos mais sofisticados como para artigos de massa – ou a uma base produtiva precária, caracterizada pela indústria de pequeno porte e pela presença em peso da falsificação.[129]

Neste item, examinaremos os elementos gerais presentes no processo modernizador paulistano, ou seja, os elementos mais significativos para a compreensão do processo de modernização no Brasil e na periferia do sistema como um todo. A análise será feita em duas instâncias – econômica e política. Se, por um lado, tal divisão

---

129 Do ponto de vista das limitações materiais impostas ao processo modernizador, Celso Furtado explica que o processo de modernização é muito mais veloz no âmbito do consumo do que no âmbito produtivo: "As duas formas [transformação de técnicas produtivas e modificação nos padrões de consumo] eram correlatas, constituindo um só processo; mas, enquanto os padrões de consumo se transformavam em uma área com ramificações em rápida expansão em todos os continentes, as técnicas produtivas somente se transformavam de forma significativa em uma pequena subárea (...) os atuais *países desenvolvidos*". (Celso Furtado. *Análise do "Modelo" Brasileiro*. Coleção Perspectivas do Homem, vol. 92. 7ª. ed. Rio de Janeiro: Civilização Brasileira, 1982, p. 9).

O mercado do prestígio

377

é feita para facilitar a compreensão do processo, as instâncias se confundem a todo o tempo e voltam a entrelaçar-se no movimento de constituição da modernidade capitalista periférica. A ideia é a de que as contradições criadas no plano modernizador refletem-se nesta. Daí o exame dos aspectos constitutivos do processo modernizador serem feitos em paralelo ao da constituição de nossa modernidade. A partir desse paralelo, discutiremos, no próximo item, como essas contradições impedem que nossa modernidade exerça suas plenas potencialidades, dando lugar a exclusões sociais, ao apego à razão instrumental e à mercantilização de aspectos superestruturais.

A modernização econômica expressa-se fundamentalmente nas mudanças espaciais – novo desenho das cidades e nova relação campo-cidade –, na transformação da base produtiva – aplicação de novas técnicas ao campo e à indústria – e em novos hábitos consumo. Seu prolongamento ideológico manifesta-se na crença em um ideal de civilização claramente eurocêntrico, no qual o desenvolvimento econômico aparece como etapas a serem seguidas e que conduzirão à superação natural das "mazelas herdadas do colonialismo e da escravidão".[130]

Para que a superação seja plena, necessária se faz a invenção de uma tradição que em nada remeta a esse passado degradante. Se, como diria Hobsbawm, toda tradição é uma reconstrução do passado sobre o qual se fundamenta a nação moderna,[131] o que se vê, nas nações de passado colonial, é o fenômeno oposto: o de uma tradição que não se fundamenta sobre o passado, mas sobre o futuro, sobre o arrivismo, sobre a ideia de progresso. Ora, o que aqui se vê não é uma continuidade em relação ao passado, senão uma ruptura radical em relação a este. Importante salientar que, sobre esse aspecto contraditório da tradição, fundamentar-se-á nossa modernidade.

No que se refere à modernização política, o cerne é o da superação "e atualização das estruturas ossificadas do Império",[132] em particular porque estas o atrelavam à

---

130 Sevcenko, Introdução a *História da Vida privada no Brasil* vol. 3, *República: da Belle Époque à era do rádio*. Coordenador geral da coleção Fernando Antônio Novais. 4ª reimpressão. São Paulo: Companhia das Letras, 2001, p. 27.

131 "na medida em que há referência a um passado histórico, as tradições 'inventadas' caracterizam-se por estabelecer com ele uma continuidade bastante artificial (...) elas são reações a situações novas que ou assumem a forma de referência a situações anteriores, ou estabelecem seu próprio passado através da repetição quase que obrigatória". (Eric Hobsbawm & Terence Ranger (orgs.). *A invenção das tradições*. Trad. Celina Cardim Cavalcante, 3ª ed. Rio de Janeiro: Paz e Terra, 2002, p. 10).

132 Sevcenko, Introdução a *História da Vida Privada no Brasil*, vol. III, *op. cit.*, p. 14.

escravidão. O jogo das forças dispostas na arena política do Estado federativo conduziu-se, porém, de forma a privilegiar as oligarquias regionais – em particular a paulistana e a mineira – em detrimento do poder central. As conquistas democráticas foram muito restritas porque, embora os princípios fossem abrangentes, o Estado não o era na prática. Comprovação deste fato foi a emergência de um dos fenômenos que melhor caracterizam as disputas políticas no período, o coronelismo.[133]

Da forma como estava disposto, o Estado – modernizado institucionalmente, mas fundamentado em mecanismos arcaicos de monopolização de poder – contribuía cada vez mais para o agravamento das clivagens e tensões regionais.[134] A tendência acentuava-se ainda mais à medida que a modernização econômica concentrava-se no sudeste e sul do Brasil, instaurando desequilíbrios não somente entre campo e cidade, mas entre as regiões do país.

Não obstante, alguns pontos em comum mantiveram-se entre as estruturas coronelísticas conservadas no campo e as estruturas de poder criadas pela burguesia agrária em meio urbano. Tendente a desaparecer, a postura diante da riqueza era um aspecto comum a ambas. Todavia, a posse de bens econômicos e o consumo de feições capitalistas substituíam, nas cidades, o critério da distinção por fortunas:

> a posse de bens econômicos – critério por excelência da distinção em camadas na nova sociedade – já existia e era importante na forma social anterior. A persistência deste critério de distinção da posição sociopolítica de indivíduos e de grupos fez com que a mudança de uma sociedade dominada pelas pirâmides de parentela, para uma sociedade estruturada segundo o prestígio econômico e ocupacional não produzisse grandes abalos: ambas as formas sociais estavam baseadas na posse de bens de fortuna. As modificações seguiram a linha de riqueza do país; por isso, o

---

133 O coronelismo, segundo Maria Isaura Pereira de Queiroz, é "a forma assumida pelo mandonismo local a partir da Proclamação da República" que compõe "o aspecto essencial, a originalidade da estrutura política do Brasil, na primeira República, traço que se prende diretamente à estrutura socioeconômica tradicional do país, fundamentada em grupos de parentela que são ao mesmo tempo grupos de parentesco de sangue com suas alianças e grupos de associados econômico-políticos". (Maria Isaura Pereira de Queiroz. "O coronelismo numa interpretação sociológica". Cap. 3 de *História Geral da Civilização Brasileira*, vol. 8, *Estrutura de Poder e Economia (1889-1930)*. Dir. Boris Fausto, 8ª ed. Rio de Janeiro: Bertrand Brasil, 2006, p. 177-178).

134 Queiroz, "O coronelismo…", *História Geral…, op. cit.,* p. 202.

Estado de São Paulo, devido ao café, foi aquele em que elas tiveram um ritmo mais acelerado.[135]

Consequentemente, as formas de exposição, características do consumo conspícuo, tornaram-se bastante fortes porque remetiam aos traços aristocráticos dessa burguesia que se fazia citadina: "O fazendeiro de café, transformado no 'coronel' e no homem de negócios, ocupava os postos-chave da estrutura econômica, política e social. Era o principal agente da passagem do capitalismo comercial e financeiro externo para interno".[136] O tipo oligárquico urbano, ligado ao consumo como forma de afirmação social, e o rural, personificado no tipo do coronel, são faces de uma mesma moeda que, frente ao processo de modernização da sociedade, tomaram sentidos diversos uma vez estando em ambientes diferentes.

No plano da modernidade, a presença de interesses privados – tanto econômicos, quanto políticos – no interior do Estado, daria continuidade à secular inversão entre esferas pública e privada, nascida no período colonial em razão de um Estado metropolitano que se curvava diante da grandeza de sua colônia e do vigor dos poderes locais aí gerados. Com o advento da República, esse aspecto estrutural se converteu em uma racionalização específica que acarretou a construção da modernidade periférica sobre as intersecções e as inversões entre esfera pública e privada e não sobre a diferenciação de funções cada vez mais nítida entre ambas. A racionalidade que lhes perpassa não é a da separação, mas a da interpenetração. Não é o princípio da impessoalidade burocrática, mas seu contrário que rege as relações no interior da esfera pública: "Nesse tempo, estavam em moda os *congraçamentos*, essas complicadas transações da alta política, em que o principal elemento é o patriótico interesse da conservação do mandonismo local exercido por certas e determinadas pessoas, sempre as mesmas".[137] Essa lógica invertida, fundada no favor, foi amplamente discutida nos marcos do debate sobre as ideias fora do lugar.[138]

---

135 Queiroz, "O coronelismo…", *op. cit.*, p. 203.

136 Maria Cecília Naclério Homem. *O Palacete Paulistano e Outras Formas Urbanas de Morar da Elite Cafeeira (1867-1918)*. São Paulo: Martins Fontes, 1996, p. 117.

137 José Agudo. *Gente Rica – Scenas da Vida Paulistana*. São Paulo, Typ. Edit. "O pensamento", 1912, p. 116.

138 "a colonização produziu, com base no monopólio da terra, três classes de população: o latifundiário, o escravo e o 'homem livre', na verdade dependente. Entre os primeiros dois, a relação é clara, é a multidão de terceiros que nos interessa. Nem proprietários, nem proletários, seu acesso à vida social e a seus bens depende materialmente do *favor*, indireto ou direto, de um grande. (…) O favor (…)

Além da apropriação do aparato estatal pelos interesses oligárquicos, a outra manifestação da interpenetração entre espaço privado e público remete à relação entre o espaço do trabalho, tornado público em contexto moderno, e o espaço da família, o âmago da privacidade. O curioso é que, se o processo de separação entre trabalho e família é válido para a elite, não o é para as classes média e baixa, que raramente habitam em lugares fisicamente separados de seu local de trabalho. No centro da cidade, alguns comerciantes ainda não enriquecidos dividem o espaço da habitação com as transações comerciais efetuadas no dia-a-dia. Em bairros operários, como o Brás e o Belenzinho, apesar de existir a unidade fabril, os casebres são praticamente contíguos às fábricas, e dispensam a necessidade de transporte público. Aliás, a intenção era exatamente essa. Os bairros de elite, servidos pelos meios de transporte, localizavam-se na região centro-oeste do planalto, enquanto os bairros populares, ao norte, ladeavam a indústria.[139] O movimento é totalmente avesso ao da construção da infraestrutura urbana nos países centrais que serve principalmente para assegurar a reprodução e o deslocamento da força de trabalho.

As unidades formadas pela relação entre a fábrica e a moradia, os cortiços, anulavam completamente a possibilidade de constituição de uma dimensão privada tal qual à que se sucedia com os palacetes paulistanos:

> das portas surgiam cabeças congestionadas de sono; ouviam-se amplos bocejos, fortes como o marulhar das ondas; pigarreava-se grosso por toda a parte; começavam as xícaras a tilintar; o cheiro quente do café aquecia, suplantando todos os outros; trocavam-se de janela para janela as primeiras palavras, os bons-dias (…). No confuso rumor que se formava, destacavam-se risos, sons de vozes que altercavam, sem se saber onde, grasnar de marrecos,

---

esteve por toda parte, combinando-se às mais variadas atividades, mais e menos afins dele, como a administração, política, indústria, comércio, vida urbana, Corte etc. (…) *O favor é nossa mediação quase universal*". (Roberto Schwarz. "As ideias fora do lugar". Introdução à Roberto Schwarz. *Ao vencedor as batatas. Forma Literária e Processo Social nos Inícios do Romance Brasileiro*. São Paulo: Livraria Duas Cidades, 1981, p. 16).

139 "As qualidades estéticas e funcionais da cidade moderna eram obtidas apenas parcialmente, nos espaços de maior relevância simbólica ou importância econômica (…) Tal situação comprometia as tentativas de racionalização do espaço segundo os requisitos do modelo agroexportador e também atrapalhava as intenções de 'embelezamento' das capitais brasileiras". (Cândido Malta Campos. *Os rumos da cidade – Urbanismo e Modernização em São Paulo*. São Paulo: Senac São Paulo, 2002, p. 22).

O mercado do prestígio 381

> cantar de galos, cacarejar de galinhas. (…) em volta das bicas era um zunzum crescente; uma aglomeração tumultuosa de machos e fêmeas. Uns, após outros, lavavam a cara, incomodamente, debaixo do fio de água que escorria da altura de uns cinco palmos. O chão inundava-se. As mulheres precisavam já prender as saias entre as coxas para não as molhar (…). As portas das latrinas não descansavam, era um abrir e fechar de cada instante, um entrar e sair sem tréguas. Não se demoravam lá dentro e vinham ainda amarrando as calças ou as saias; as crianças não se davam ao trabalho de lá ir, despachavam-se ali mesmo, no capinzal dos fundos, por detrás da estalagem ou no recanto das hortas.[140]

O trecho retrata a ausência de barreiras entre os espaços privado e público, tendo a casa do cortiço a exclusiva função de moradia e não a de demarcação dos limites da intimidade, traço característico da privacidade moderna burguesa.[141] A conversão da casa em domínio específico da privacidade reporta-se, por sua vez, à transformação da moradia em objeto de consumo, que congrega em um único objeto valores materiais e culturais. Enquanto nos cortiços, a privacidade constituía-se sobre a exposição, nos bairros de elite, os palacetes assistiam ao isolamento cada vez maior de sua intimidade em relação à rua. Os quartos ocupavam o primeiro andar, acessíveis somente à família e aos criados, e a sala, transformada numa pequena circunscrição do espaço público, era a única conexão com a rua.[142] Logo, a relação público-privado que caracteriza a modernidade capitalista em contexto

---

140 Aluízio Azevedo. *O cortiço*. 36a ed., São Paulo: Ática, 2000.

141 "Alinhadas diretamente com as calçadas, as habitações populares formaram a paisagem marcante dos bairros de imigrantes, em cujas janelas debruçadas sobre as ruas rompia-se a desejada diferenciação espacial das elites empenhadas em discernir as fronteiras entre espaços públicos e privados. (…) os logradouros (…) transformavam-se em extensão das pequenas salas de estar, e rodas de cadeiras espalhavam-se pelas calçadas (…) As músicas, o vozerio alto e acalorado rompiam os tênues limites de paredes e vidraças, fundindo experiências – e fomentando solidariedades". (Paulo César Garcez Marins. "Habitação e vizinhança: limites da privacidade no surgimento das metrópoles brasileiras". Cap. 2 de *História da Vida Privada no Brasil*, vol. III, *República: da Belle Époque à era do Rádio*. Org. Nicolau Sevcenko; Coord. da Coleção Fernando Novais. São Paulo: Companhia das Letras, 1998, p. 173).

142 "A marcante diferenciação dos espaços privados praticada pelas elites em suas próprias residências pode representar um protótipo das distinções espaciais, da 'ordem' que desejavam disseminar por toda a cidade. Sua escala progressiva pode ser traçada dos diferentes cômodos entre si ao contraste da habitação com o terreno ajardinado, passando pelos recuos com os vizinhos do

periférico não é homogênea, mas se constrói sobre diferentes níveis de separação entre as esferas pública e privada, entre o local de moradia e o de trabalho.

Passemos agora aos elementos característicos do processo do constituição de nossa modernidade que não se estabelecem a partir da dinâmica entre esta e a modernização. Tais elementos nascem dos processos de longa duração que conformaram estruturas similares que constituem a identidade do mundo ocidental moderno.

Dentre os elementos que conformaram essa modernidade particular, citamos, em primeiro lugar, a profunda mudança na relação entre Estado e Igreja, que começou com a Questão Religiosa de 1870 e prolongou-se na crescente subordinação da Igreja ao Estado. No plano concreto, a dimensão secular ganhou ainda mais força a partir de 1910 com a demolição das igrejas coloniais e a ereção de prédios públicos. Seria o segundo impulso de uma Reforma Religiosa que se processava desde os tempos do Império.[143] O alijamento do clero pelo Estado daria forma mais definida à cultura mundana surgida no *fin-de-siècle*, base sobre a qual se assentou o consumo como instrumento de distinção social. O positivismo e sua particular racionalidade, um misto entre religião e ciência, teria uma função crucial nesse novo papel consagrado à Igreja e, de um ponto de vista mais geral, na transição de uma sociedade que valorizava profundamente a tradição e os elementos mágicos da religião para uma sociedade mais racional.

Uma outra contribuição veio de uma política educacional que, particularmente em São Paulo, tomaria grandes proporções. A educação fora perdendo os seus ares de exclusividade para se tornar um direito universal. Em 1874, uma lei provincial já havia instituído a educação compulsória para meninas entre 7 e 11 anos e para meninos entre 7 e 14 anos. Mas seria durante a Primeira República que se processariam mudanças significativas, principalmente no campo da educação primária. Foi introduzido o *grupo escolar* e São Paulo tornou-se o modelo para os demais estados. Em 1912, São Paulo já possuía mais bibliotecas e mais escolas primárias que o Rio de Janeiro.[144] As livrarias

---

bairro, chegando até o zoneamento social dos próprios bairros da capital". (Marins, "Habitação e vizinhança…", In *História da Vida Privada, op. cit.*, p. 178).

143 Paula Porta (org.). Introdução. *História da Cidade de São Paulo*, vol. 3, *A cidade na primeira metade do século XX*. São Paulo: Paz e Terra, 2004, p. 17.

144 *Anuário Estatístico do Brasil.* (1908-1912). Rio de Janeiro: Typographia da Estatística, 1917.

O mercado do prestígio

multiplicavam-se enormemente na cidade[145] e o comércio livreiro, antes insignificante, ganhava proporções em torno da livraria Garraux, a principal do ramo.[146]

Quanto à educação secundária, ainda era bastante insatisfatória em 1907, observação feita pelo viajante francês Pierre Denis que visitava São Paulo nesta ocasião. Esta negligência em relação à escola secundária coincidia com os interesses da elite agrária, para quem, segundo Love, a construção de mais escolas na zona rural, diminuiria o incentivo à mobilidade geográfica, fonte de alimentação do trabalho livre no campo.[147]

Embora a educação católica fosse bastante influente no período, o processo de difusão educacional não deixa de se relacionar com o processo de laicização da sociedade e do ensino que desde o período colonial fora monopolizado por ordens religiosas, principalmente a jesuítica. O período conta com a expansão de unidades de ensino laicas. Uma "recatolização" do ensino só aconteceria nas décadas de 20 e de 30.[148]

Também se disseminam estabelecimentos de ensino estrangeiros, cujos proprietários eram protestantes. Anúncios de colégios estrangeiros, ingleses, franceses e alemães, para ambos os sexos, eram frequentes nos jornais. A religião protestante, no entanto, não encontraria no Brasil um grande número de adeptos. Segundo Love, uma maior aceitação do protestantismo não aconteceria porque a religião não permitia o "apadrinhamento no momento do batismo, que constituía

---

145 "São Paulo criaria sua própria história gráfica-livreira-editorial, intelectual, artística, educacional. Sem ser esta cidade uma exceção aos processos estruturais da história do livro, duas instituições culturais desempenharam um papel decisivo como alicerce das relações e projetos intelectuais-editoriais ali gerados: a livraria e a oficina de produção de jornais e revistas. Destes âmbitos emanaram fórmulas de produção cultural que progressivamente rasgaram estruturas de poder monopolizadas pelo mecenato oligárquico e seus salões privativos. As livrarias e revistas acentuaram, ao longo dos anos vinte, a gênese e a regulação de projetos editoriais: produção e circulação de obras e autores, seu lançamento e consagração comercial". (Gustavo Sorá. *Brasilianas: A Casa José Olympio e a instituição do livro nacional*. Rio de Janeiro: PPGAS do Museu Nacional/UFRJ, 1998).

146 Sobre a criação de um mercado de livros em São Paulo, vide Marisa Deaecto. "A Livraria Francisco Alves em São Paulo: os meios de expansão da leitura e o desenvolvimento do mercado livreiro (1894-1917)". In: Seminário Brasileiro sobre o Livro e História Editorial. Rio de Janeiro: 2004; "Anatole Louis Garraux e o comércio de livros franceses em São Paulo (1860-1890)". In Revista Brasileira de História, 2008.

147 Joseph Love. *A Locomotiva – São Paulo na Federação Brasileira*. Trad. Vera Alice Cardoso da Silva. Rio de Janeiro: Paz e Terra, 1982, p. 136.

148 Love, *A locomotiva...*, *op. cit.*, p. 136

uma forma essencial de solidariedade da sociedade brasileira tradicional".[149] Assim, a educação estrangeira, inglesa ou americana, de base protestante, não era a educação de base, mas sim a educação superior. Alguns estrangeiros teriam, todavia, importância fundamental na reforma educacional, como a educadora americana Márcia Browne que, em 1894, foi responsável por toda uma reestruturação da escola Normal.

Com a fundação da faculdade de Direito em 1827, outros valores, de cunho universal e não estritamente religioso, seriam veiculados pelo ensino: "Foi, entretanto, o ensino superior e não o elementar que se tornou o mais poderoso agente de cosmopolitização. Desde que se abriram suas portas, em março de 1828, a Academia de Direito foi por muitos decênios o centro vital da cidade".[150] A sua influência sobre o consumo é, portanto, clara uma vez que este se vincula diretamente a uma cultura cosmopolita de cunho material e laico. Mais adiante, outros meios, como o cinematógrafo, difundido para os bairros operários em 1911, também exerceriam um papel educador sobre a população analfabeta: "Famílias inteiras vinham assistir, trazendo sanduíches e água engarrafada".[151]

A nova reestruturação de valores proposta pela educação laica, combinada às influências higienistas, traria uma nova relação entre o brasileiro e o corpo, também importante para o estabelecimento de uma cultura do consumo. Seriam frequentes a valorização das práticas esportivas e as férias em estações balneárias ou regiões de ares recomendados pelos médicos. O culto ao corpo conferia uma dimensão especial ao tempo livre, porque este deixava de ser um momento estritamente coletivo – festas de família, momento da "conversa jogada fora", do rapé enrolado nas rodas da vizinhança – para se tornar individual. Era a ocasião do cuidado de si mesmo, elemento fundamental no processo de individualização.

Importante lembrar que a concepção de tempo livre depende da forma como se vê o trabalho e como o tempo é empregado neste. Sendo a ética do trabalho também parte constitutiva da modernidade capitalista ocidental, é preciso acrescentar sua particularidade em nações de passado colonial e escravista. As sociedades, cuja gênese reside no processo colonizador, tinham praticamente dois únicos estamentos:

---

149 *Idem, ibidem*, p. 137.

150 Richard Morse. *Formação Histórica de São Paulo (de comunidade à metrópole)*. Trad. São Paulo: Difusão Europeia do Livro, 1970, p. 83.

151 Yolanda Penteado. *Tudo em cor-de-rosa*. Rio de Janeiro: Nova Fronteira, 1976, p. 189, 191 e 195.

os senhores, proprietários de terras, de minas e dos meios de produção necessários para trabalhá-las, e os escravos que, além de trabalhadores do sistema, a quem se cediam os meios de produção, constituíam um importante fator à acumulação primitiva de capital.[152] No plano dos valores, tal como acontece em toda sociedade de traços estamentais, instaurou-se uma visão dúplice do trabalho. Ao senhor, consagrava-se o ócio; enquanto ao escravo, também mercadoria, o trabalho.

Na fase de formação da modernidade capitalista periférica, essa duplicidade de posturas frente ao trabalho foi mantida. A fração da burguesia de origem tradicional, representada pelas oligarquias regionais, conservaria suas afinidades com o trabalho não manual, reservando-se, principalmente, à administração de suas propriedades e ao trabalho intelectual. Outra ética do trabalho, esta de valorização dos ofícios manuais, dentro dos quais se enquadrava o comércio, seria trazida por imigrantes estrangeiros. O tipo de ascese pregado pela religião protestante que, para Weber, estaria relacionada ao nascimento do capitalismo,[153] não encontraria, no entanto, lugar nesse sistema. Em primeiro lugar, porque o protestantismo não tomou grandes proporções em nosso país. Os imigrantes, em sua maior parte italianos, eram também católicos. Em segundo lugar porque sendo o catolicismo reformado muito mais próximo da cultura mundana, a relação entre ética, trabalho e riqueza seria muito mais propensa ao consumo do que avessa a este. Essa particular deformação da ética do trabalho que defendia não somente a austeridade, mas também os valores mundanos e a fruição da riqueza seria crucial para a incorporação do consumo nos processos de constituição das hierarquias sociais em São Paulo, que exprime uma tendência desse processo em perímetro periférico.

Os limites da modernidade capitalista periférica

A constituição da modernidade capitalista periférica não pode ser entendida sem o fenômeno da modernização.[154] Primeiramente porque, aplicado a uma es-

---

152 Fernando A. Novais *Portugal e Brasil na crise do antigo sistema colonial (1777-1808)*, 6ª ed. São Paulo: HUCITEC, 1995.

153 Max Weber. *A ética protestante e o espírito do capitalismo*. Trad. José Marcos Mariani de Macedo. São Paulo: Companhia das Letras, 2005.

154 Da reflexão sobre a temática da modernização, optamos, para o século XIX, pela definição da modernização enquanto um processo em que o eixo ideológico esteja centrado no progresso e em um ideal de civilização fundamentalmente eurocêntrico. Sua difícil definição se deve ao fato de ser

trutura eivada de contradições surgidas da condição de ex-colônia, o processo de modernização engendra novas contradições que àquelas se sobrepõem, colocando novos dilemas a serem resolvidos pela modernidade em constituição. O célere processo modernizador recria exclusões sociais e descontinuidades. Em segundo lugar, quando aplicada a outros campos que não o econômico, a modernização invade o domínio da modernidade, precipitando soluções não condizentes com os aspectos históricos que são constitutivos da última. O resultado é, assim, a formação de uma modernidade específica que, no jogo com o processo modernizador, nem sempre consegue exercer a inclusão social. A modernização, por sua vez, não pode ser entendida sem o estudo do processo de consumo, já que este é um dos meios mais imediatos de concretização do processo modernizador.

Os acirrados conflitos ocorridos no plano do consumo explicam-se pela rapidez com que, no plano produtivo, dava-se o processo de modernização, que engendrava, por sua vez, a possibilidade de indiferenciação entre uma e outra fração de classe dominante. Importadores tornavam-se industriais, mas também proprietários de terra, e não raro eram os exportadores que passavam às atividades produtivas e financeiras. Essa dinâmica relativamente móvel era, no entanto, restrita à camada dominante. A mercantilização da terra, juntamente com o processo de urbanização, foi um dos passos para que o consumo passasse a dar a tônica da diferenciação social. Afinal, a terra havia deixado de ser o único fator enobrecedor.

---

um termo inseparável de sua carga ideológica, desde o seu surgimento na década de 50, quando serviu para fundamentar a hegemonia norte-americana, (Carlota Solé & A. D. Smith. *Modernidad y Modernización*. Col. Barcelona, Anthropos, 1998, p. 14), até sua aplicação na teoria do desenvolvimento cepalina (Celso Furtado. *Desenvolvimento e Subdesenvolvimento*. Rio de Janeiro: Editora Fundo de Cultura, 1961). Assim como o termo "modernização", o conceito "modernidade" apresenta uma pletora de significados nas ciências sociais. Pode significar desde a substituição da tradição pela razão e secularização até um fenômeno que caracteriza o mundo ocidental, tendo surgido na Europa do século XVII (Danilo Martuccelli. *Sociologies de la modernité: l'itinéraire du XXe siècle*. Paris, Gallimard, 1999). Em nosso trabalho, trata-se do processo de conformação de uma instância de valores sobrepostos à base material capitalista e compensadores dos valores utilitários por ele criados. Ao mesmo tempo geral ao mundo capitalista ocidental, a modernidade possui contornos particulares porque é a história de cada sociedade que conduz à transformação das dimensões que a compõem: a religião e sua relação com o Estado, o lugar à razão, a relação com o corpo, a moral fundada na família, os princípios de cidadania, de educação republicana, de individualidade. (João Manoel Cardoso de Melo & Fernando Antônio Novais. "Capitalismo tardio e Sociabilidade Moderna". Capítulo 9 de *História da Vida Privada no Brasil: contrastes da intimidade contemporânea*. vol. 4. Coordenador geral da coleção Fernando A. Novais. Organizadora do volume Lilia Moritz Schwarcz. São Paulo: Companhia das Letras, 1998, p. 607).

Nesse movimento, existe uma fração de elite, a dos cafeicultores do oeste, que, no intento de diferenciação dos ascendentes, construiu barreiras ao consumo não somente econômicas, mas também políticas e culturais, perpetuando assim a rigidez social. De outro lado, a tensão premente para a generalização de padrões criava formas ilegítimas que tentavam compensar os limites de uma base industrial ligada ao café que, embora difundisse em parte os produtos necessários à sobrevivência, não generalizava os artigos concessores de *status* social. Se a indústria fundada pelo complexo cafeeiro remete a uma questão quantitativa (oferta de bens insuficiente *versus* necessidades físicas básicas), a indústria ilegal ou espúria, baseada na imitação, falsificação ou contrabando, de raízes na importação, traduz fundamentalmente as necessidades sociais, expressas pela demanda de certos padrões, cujo consumo implica inclusão social, ansiada particularmente por uma camada média.[155] É o que mostram, enfim, os temas trabalhados nesse capítulo e tomados à correspondência consular francesa e aos relatórios do Ministério da Fazenda.

Assim, tanto a teoria dos choques adversos, a partir dos quais nasceria a substituição de importações, como a teoria da indústria que nasce dos importadores tomam parte no processo de constituição do capitalismo periférico. Ambas são, todavia, mais uma consequência da forma como se deu a formação da sociedade capitalista no Brasil do que causas suas. Da mesma forma como invertem-se alguns elementos da modernidade periférica em relação à modernidade central, como acontece entre espaço público e privado, o consumo encontra-se em uma relação invertida com a produção, antecipando-se a esta. A dinâmica de consumo, embora não completamente capitalista, possuía muito mais elementos desse sistema do que a produção que lhe era correspondente, o que é atestado pela presença precoce da falsificação. Somente uma análise conjunta dessas duas dimensões – consumo e indústria – bem como da contradição especificamente

---

155 As raízes e as características do processo de industrialização brasileiro devem remeter não somente às necessidades econômicas, mas também às necessidades culturais, o que explica em parte suas bases extremamente simples, assentadas principalmente na produção de chapéus, pentes, roupas: "C'est lui qui suscite ce délire, ce monde forcené de bibelots, de gadgets, de *fetiches* qui tous cherchent à marquer l'éternité d'une valeur (…) Cette logique n'est pas du tout celle de l'appropriation individuelle de la *valeur d'usage* des biens et des services (…), ce n'est pas la logique de la satisfaction, c'est une logique de la production et de la manipulation des signifiants sociaux". (Baudrillard, *La société de consommation…, op. cit.*, p. 78-79).

periférica – a de que o consumo capitalista antecipa a produção desse sistema – é capaz de fornecer explicações sólidas para o atraso:

> Para captar a natureza do subdesenvolvimento, a partir de suas origens históricas, é indispensável focalizar simultaneamente o processo da produção (realocação de recursos dando origem a um excedente adicional e forma de apropriação desse excedente) e o processo de circulação (utilização desse excedente ligada à adoção de novos padrões de consumo copiados de países em que o nível de acumulação é muito alto), os quais, conjuntamente, engendram a dependência cultural que está na base do processo de reprodução das estruturas sociais correspondentes.[156]

Voltando à originária definição de capitalismo tardio de Ernest Mandel,[157] o papel desempenhado pelo consumo em sua dinâmica é fundamental.[158] Na fase monopolista, tal papel já encontrava-se em franco desenvolvimento[159] e poderíamos mesmo dizer ser o consumo dessa fase a forma pré-histórica do consumo de massas no interior do capitalismo tardio. Entretanto, se, nos países centrais, já ajustavam-se, durante essa fase, dinâmica de consumo e de produção em massa, nos países periféricos, à ausência de uma base industrial combinava-se a presença de um setor importador que permitia o consumo de produtos originários de um capitalismo já consolidado, com traços de massificação. Os produtos podiam ser tanto produtos

---

156 Furtado, *O mito...*, *op. cit.*, p. 80.

157 A definição seria retomada posteriormente por Jürgen Habermas. *A Crise de Legitimação no Capitalismo Tardio.* 600 volume da coleção Biblioteca Tempo Universitário. Rio de Janeiro: Tempo Brasileiro, 2002. Para o estudo do capitalismo periférico, a definição seria adaptada por João Manoel Cardoso de Melo. *O Capitalismo Tardio: contribuição à revisão crítica da formação e desenvolvimento da economia brasileira.* 10a ed. Campinas, Unicamp-IE, 1998.

158 O conceito de capitalismo tardio foi apresentado por Ernest Mandel em sua tese *Der Spätkapitalismus – Versuch einer marxistischen Erklärung*, traduzido para o português como *O Capitalismo Tardio* (São Paulo: Abril Cultural, 1982). Na tese, tenta esclarecer o que seria a última fase do capitalismo, caracterizada pela presença de corporações multinacionais, a globalização dos mercados, o consumo de massas e a intensificação dos fluxos internacionais de capital. Seria com essa tese que Mandel obteria seu seu PhD, em 1972, na Universidade Livre de Berlim.

159 Rosalind Williams. *Dream worlds: Mass consumption in late nineteenth century France.* Berkeley, University of California Press, 1982.

de luxo, quanto produtos já oriundos de uma dinâmica massificada, os tecidos de algodão ingleses, por exemplo.

A presença do setor externo, que permitia o acesso a produtos já capitalistas, seria a responsável por recriar, contraditoriamente, no plano da produção, a necessidade da difusão assentada em mecanismos espúrios, como a falsificação e imitação, que encontrariam vida longa na trajetória da constituição do capitalismo periférico. De outro lado, a parte da estrutura produtiva em fase de constituição e ligada ao café tornava-se cada vez mais dependente deste, *commodity* extremamente suscetível às flutuações do mercado internacional. Sua prosperidade e sua crise eram ditadas por aquele:

> A concentração cada vez maior das atividades na produção de uns poucos gêneros exportáveis, e a estruturação de toda a vida do país sobre base tão precária e dependente das reações longínquas de mercados internacionais fora de seu alcance, tornavam aquele sistema essencialmente frágil e vulnerável. E paradoxalmente, cada passo no sentido de ampliá-lo mais o comprometia porque o tornava mais dependente.[160]

Portanto, se o capitalismo no centro caracterizou-se pela concomitância entre consumo capitalista e base produtiva capitalista, na periferia, a relação entre ambas caracterizou-se pela defasagem no tempo, uma vez que a dinâmica de consumo instaurada em finais do século XIX, já com *alguns traços capitalistas*, criou, no âmbito da produção, *um verdadeiro setor fundado na falsificação*. Quanto mais traços capitalistas adquiria o consumo de transição no sistema capitalista periférico, maiores eram as necessidades de generalização; tanto mais numerosas seriam, então, as formas precárias responsáveis por sua difusão. Estas seriam ainda tanto mais abundantes quanto maior fosse a insuficiência da base produtiva atrelada ao café e dele dependente para o seu desenvolvimento. A necessidade de difusão assentada sobre formas espúrias, como a imitação e a falsificação, estaria, por sua vez, na raiz da heterogeneidade de níveis tecnológicos que caracterizam a industrialização periférica.[161] Se consumo e produção são incompatíveis quanto ao ritmo com o qual se aproximam do capitalismo, a acumulação propriamente capitalista seria, em contexto periférico, cada vez mais

---

160 Prado Jr., *História Econômica…*, *op. cit.*, p. 211.

161 Furtado, *O mito…*, *op. cit.*, p. 88.

adiada no tempo, tornando-se possível somente mediante uma brutal interferência estatal que contrariasse politicamente esse funcionamento contraditório.

Tal processo já havia sido apontado por Celso Furtado sob a forma de uma relação entre elites periféricas de traços cosmopolitas e produtos oriundos de uma estrutura com alto nível de acumulação capitalista:

> A existência de uma classe dirigente com padrões de consumo similares aos de países onde o nível de acumulação de capital era muito mais alto e impregnada de uma cultura cujo elemento motor é o progresso técnico, transformou-se, assim, em fator básico na evolução dos países periféricos.[162]

Esse fator seria fundamental nos desdobramentos capitalistas típicos das nações de passado colonial, caracterizando a modernização sem modernidade, que está na base das reformas urbanas, do desenvolvimento comercial e nos rumos tomados pelo consumo e, logo, pelo capitalismo na periferia: "Chamaremos de modernização a esse processo de adoção de padrões de consumo sofisticados (privados e públicos) sem o correspondente processo de acumulação de capital e progresso nos meios produtivos".[163]

A modernização, ao reproduzir determinado padrão civilização, serve para posicionar e legitimar as elites periféricas em relação às elites do centro do sistema capitalista. Portanto, os excessos que caracterizam o consumo de elite e a própria falsificação encontram sua justificativa não somente na luta de classes internas, mas também no posicionamento das elites nacionais em relação às elites europeias. A relação entre a modernização e o desenvolvimento capitalista latino-americano foi tema de diversos estudos, todos concordes na centralidade do período de passagem do século XIX para o XX:

> La période "fin de siècle" à Mexico (...) offre l'occasion d'explorer des notions d'époque telles que "cosmopolitisme", afrancesamiento, 'métropole', par lesquelles les élites de Mexico tentent de penser à la fois leur relation à l'Europe triomphante, et plus

---

162 *Idem, ibidem,* p. 80.

163 *Idem, ibidem,* p. 81. "O consumo de artigos industrializados e de padrões arquitetônicos e urbanísticos estrangeiros criou, em países como o Brasil, a autoconsciência de países atrasados com relação àquele mundo referencial dos países industrializados". (Barbuy, *A cidade...*, *op. cit.*, p. 87).

O mercado do prestígio

> particulièrement à la France, et le processus de modernisation
> dont elles sont les auteurs et les acteurs.[164]

Entrelaçada, contraditória e complementar ao processo de modernização está a modernidade capitalista que, nas nações de passado colonial, desdobra-se ao longo do século XIX, embora seja parte de um processo maior – a modernidade ocidental – que principia no século XVIII. Na periferia do sistema, a modernidade surge com a emergência dos Estados-nações independentes e toma vulto com a onda significativa de mudanças que caracterizaram o *fin-de-siècle*:

> Si les métropoles culturelles centrales sont le paradigme de la modernité, le modèle que l'on imite, le "modèle local" s'entend d'une part comme un "échantillon" ou "spécimen" de modernité, d'autre part comme la 'modélisation' ou représentation d'un processus complexe, celui de la modernisation des nation périphériques du monde occidental.[165]

No entanto, se uma dimensão da modernidade volta-se para a construção dos mecanismos democráticos, não consegue impedir, por outro lado, que se reproduzam formas estruturais de exclusão social. Na presença de um processo modernizador veloz – que se concentra massivamente no consumo, já que a difusão da técnica é muito mais lenta – a razão instrumental encontra seu lugar precocemente.

A elaboração do conceito de razão instrumental, razão de meios e não de fins,[166] fundamenta-se na análise do capitalismo das décadas de 40 e 50, identificado pelos teóricos frankfurtianos como o capitalismo da indústria cultural e do consumo de massa.[167] Neste estágio, a razão técnica substitui a razão hu-

---

164 Annick Lempérière. "Mexico 'fin de siècle' et le modèle français". In Annick Lempérière, Georges Lomné, Frédéric Martinez et Denis Rolland (coord). *L'Amérique Latine et les modèles européens.* Paris, Éditions l'Harmattan, 1998, p. 369.

165 Lempérière, "México…", in *L'Amérique…, op. cit.,* p. 370.

166 A respeito do conceito de razão instrumental e sua contraposição à razão crítica, vide Max Horkheimer. *Eclipse da Razão.* São Paulo: Centauro, 2000, cap. I. "Meios e Fins", p. 13-64.

167 O conceito de razão instrumental aparece, pela primeira vez, em um texto escrito por Theodor Adorno e Max Horkheimer, *Dialética do Esclarecimento*, redigido em plena II Guerra Mundial. Usamos aqui a versão inglesa *Dialectic of enlightenment: philosophical fragments.* Trans. Edmund Jephcoot. Stanford, Stanford University Press, 2002. O capítulo que relaciona razão e indústria cultural é: "The Culture Industry: Enlightenment as Mass Deception", p. 94-136.

mana porque o homem passa a comercializar sistematicamente bens que antes pertenciam ao domínio da cultura sem saber que, de um outro lado, torna-se escravo destes bens enquanto consumidor da cultura mercantilizada. A criação de necessidades pelo sistema é incessante, o que resulta no consumo frenético, na busca incansável por aquilo que há de mais novo e, como este é ultrapassado com rapidez, na frustração e insatisfação constantes.[168]

Relacionada a fases mais avançadas do capitalismo, a razão instrumental encontra seu lugar ainda na formação do capitalismo periférico. Em primeiro lugar porque a modernização converte a cultura nacional em *mimesis* da cultura europeia, cultura do progresso, encontrando no consumo o elemento mais eficiente da concretização desse projeto. O consumo serve aos anseios de legitimação social de uma pequena elite, que se pretende fazer respeitada no interior desse mundo "civilizado". A difusão dos padrões é restrita e, quando se faz presente, é pela falsificação ou pela presença de artigos massa oriundos de uma cultura externa.

A segunda explicação de porque a razão instrumental instala-se precocemente reside nos limites de nossa modernidade. Na presença de um projeto de civilização fundado no progresso e na técnica, e não nos valores humanos, aquela não pode atingir suas plenas potencialidades. Fortalecem-se as "relações de exploração econômica e de dominação política, nesta sociedade em que impera a 'vontade de poder' em meio à espontaneidade dos afetos", em detrimento de "nexos éticos" entre os homens.[169]

Na documentação, os exemplos dessa modernidade limitada e instrumentalizada pela razão do progresso abundam e são matéria-prima do caráter de alguns

---

168 "La frénesie de consommation des produits les plus récents de la technique ne rend pas seulement indifférent au produit même, mais fait accepter la camelote la plus éculée et jouer le jeu de la stupidité programmée. (...) Pour répondre au progrès technique, le consommateur n'a que sa volonté obstinée et bornée (...) de ne jamais être en retard sur le processus de production en cours et de ne jamais se demander à quoi sert un produit. (...) La masse de ce que l'on consomme sans discernement atteint des proportions inquiétantes. Elle empêche qu'on s'y retrouve et (...) la population, coincée entre tout ce qui s'offre à elle, attend le sien". (Theodor Adorno. *Minima moralia – Réflexions sur la vie mutilée*. Trad. Éliana Kaufholz et Jean-René Ladmiral. Paris, Éditions Payot & Rivages, 2003, p. 160-161).

169 João Manoel Cardoso de Melo & Fernando Antônio Novais. "Capitalismo tardio e Sociabilidade Moderna". Capítulo 9 de *História da Vida Privada no Brasil*, Vol. 4, *Contrastes da intimidade contemporânea*. Org. Lilia Moritz Schwarcz. Coord. Fernando Antônio Novais. São Paulo: Companhia das Letras, 1998, p. 608.

dos mais vis personagens produzidos pela literatura realista e simbolista, como é o caso de João Romão, de *O Cortiço*:

> Sempre em mangas de camisa, sem domingo nem dia santo, não perdendo nunca a ocasião de assenhorear-se do alheio, deixando de pagar todas as vezes que podia e nunca deixando de receber, enganando os fregueses, roubando nos pesos e nas medidas, comprando por dez réis de mel coado o que os escravos furtavam da casa dos seus senhores, apertando cada vez mais as próprias despesas, empilhando privações sobre privações, trabalhando e mais a amiga como uma junta de bois, João Romão veio afinal a comprar uma boa parte da bela pedreira, que ele, todos os dias, ao cair da tarde, assentado um instante à porta da venda, contemplava de longe com um resignado olhar de cobiça.[170]

Apesar de o personagem ser afeito ao trabalho, a imagem que se tem deste não é a da dignidade, mas a da extorsão contínua a partir da qual se alimenta uma ânsia de acumulação desmedida, que se faz à revelia de qualquer ética. Tem-se a mesma impressão na leitura do trecho abaixo:

> Vê o senhor aquele? É o Chico Basílio. Há cerca de 30 anos exerce a profissão. Está vendo aquele grupo? Encontra lá o Brasilino, o Caranguejo, o Bilu, o Espanhol da Saúde, o Mangonga. Os outros são o Joaquim, o Tatuí, o Paulino, o Cá e Lá, o Buriti, o Manduca. (...) Vêm para a secretaria da Santa Casa munidos de tiras de almaço para copiar dos livros os nomes e residências das pessoas mortas, isto é, só copiam os daquelas cujo enterro custar mais de 100$. Saem daqui para o lugar indicado e ficam às portas à espera que o corpo saia, um, dois, cinco às vezes. Quando o cadáver sai e a família ainda está aos soluços, embarafustam com as amostras de luto. Contaram-me que chegam à concorrência, a ver quem faz o luto em 24 horas mais em conta. Neste serviço conheço o Ferraz, o Saul, o Guedes, o Matos, o Araújo, o Campos, o Mesquita.[171]

---

170 Azevedo, *O cortiço...*, *op. cit.*

171 João do Rio, *A Alma Encantadora das Ruas*, *op. cit.*

O trecho retrata o processo de mercantilização dos funerais, antes realizados em casas de famílias ou em Igrejas. Os mais precisados não raro recebiam ajuda de custo de alguma grande família para a qual trabalhavam. Essa relativa "perda de aura", ainda que pertencente ao plano extra-econômico, partilha, juntamente com a falsificação de produtos, do mesmo processo de mercantilização pelo qual passa a sociedade brasileira em fins do século XIX. Se, no âmbito da esfera material, valores restritos precisam ser generalizados de forma ilegal, na esfera ideológico-cultural, valores anteriormente assentados na religião, na família ou na política são violentamente arrebatados por uma mercantilização desenfreada que não coloca nada no lugar, precipitando-se a fases mais avançadas do capitalismo que caracterizam o que Horkheimer chamaria de "eclipse da razão",[172] o equivalente à *démocratie du standing* de Baudrillard.[173]

Assim, parte da cultura do século XIX, como o *spleen*, combinado ao exagero de bebida alcoólica e do fumo, encontrariam boa acolhida em nosso país, prolongando-se para além do romantismo. Filho da elite cosmopolita, o espírito melancólico do século XIX é a metade dialética da febre progressista, produtos ambos da mercantilização abrupta de uma sociedade profundamente tradicional:

> As lâmpadas tremem, esticam-se na ânsia de queimar o narcótico mortal. Ao fundo um velho idiota, com as pernas cruzadas em torno de um balde, atira com dois pauzinhos arroz à boca. O ambiente tem um cheiro inenarrável, os corpos movem-se como larvas de um pesadelo e essas quinze caras estúpidas, arrancadas ao bálsamo que lhes cicatriza a alma, olham-nos com o susto covarde de *coolies* espancados.[174]

Eis as raízes que compõem o mosaico que representa a modernidade brasileira. Nesse sentido, uma parte da antecipação do consumo capitalista em relação à produção capitalista não encontra explicação exclusivamente em seus contornos materiais,

---

172 Horkheimer, *Eclipse da Razão, op. cit.*

173 "Le principe démocratique est transferé alors d'une égalité réelle, des capacités, des responsabilités, des chances sociales, du bonheur (au sens plein du terme) à une égalité devant l'Objet et autres signes évidents de la réussite sociale et du bonheur. C'est la *démocratie du standing*, la démocratie de la TV, de la voiture et de la chaîne stéréo, démocratie apparemment concrète, mais tout aussi formelle, qui répond, par-delà les contradictions et inégalités sociales, à la démocratie formelle inscrite dans la Constitution". (Baudrillard, *La société de consommation..., op. cit.*, p. 60-61).

174 João do Rio, *A Alma Encantadora das Ruas, op. cit.*

O mercado do prestígio

mas também na forma como se constituiu essa modernidade. Afinal, o consumo caracteriza-se pela síntese entre as transformações materiais e culturais que desembocam, respectivamente, no capitalismo e na modernidade ocidental.[175] Além de expressar a evolução econômica que caracteriza a emergência do capitalismo em âmbito periférico, o consumo também é parte de uma modernidade específica, que tem como eixo central um projeto civilizador nacional que pretende superar a herança colonial, portuguesa ou espanhola, vista como a principal razão do atraso. Daí a necessidade de importação de tudo o que era francês e inglês, que, em lugar de deslocar a herança colonial ibérica, combinaram-se a ela, resultando em uma nova síntese:

> Esses mesmos perfumes, esses mesmos milagres das costureiras de Paris influirão no nosso ambiente, as nossas criações estéticas, de uma maneira psíquica mais complexa, talvez misturadas com o cheiro do sassafraz que ficava ao pé da janela da casa em que nascemos, e confundidos com trajes de chita das ariscas colaninhas com quem brincamos na fazenda nativa.[176]

Como consequência, o consumo de produtos importados imporá um dilema à modernidade em contexto periférico, que, apesar de suas intenções formais generalizadoras, não consegue evitar a reprodução da desigualdade.

---

175 "Modern consumption is, after all, a historical artifact. It's present-day characteristics are the result of several centuries of profound social, economic, and cultural change in the West (…). Modern consumption was the cause and and consequence of so many social changes that its emergence marked nothing less than the transformation of the Western world". (McCracken, *Culture and consumption…*, op. cit., p. 3.

176 Menotti del Picchia, *Apud* Deaecto, *Comércio e vida urbana…*, op. cit., p. 205.

Conclusão:
O sentido do consumo na periferia do capitalismo

O impulso inicial à consecução deste trabalho foi o de pensar os condicionantes históricos envolvidos na formação do capitalismo brasileiro – um dentre tantos capitalismos periféricos –, tomando como recorte lógico o consumo e, particularmente, a dinâmica de consumo na São Paulo da *fin-de-siècle*, na qual primeiro se verificaram as condições necessárias ao estabelecimento de um consumo de contornos capitalistas.

A eclosão da economia cafeeira de bases capitalistas alteraria radicalmente o perfil da sociedade paulista. A progressão da exportação e dos campos de café a oeste alimentava o crescimento de cidades, como Campinas, Santos e São Paulo, contribuindo para um processo de urbanização específico. A implantação da ferrovia para o escoamento do "ouro verde" conseguiria o feito inédito de integração dessas cidades, conferindo a São Paulo a supremacia nesse processo. A solução para a mão de obra, assentada sobre a imigração e proposta em primeira instância pelos barões do café paulistas, alteraria radicalmente o perfil de uma sociedade até então acomodada sobre dois estamentos: os livres – dividido entre senhores e brancos pobres – e cativos. Na cidade de São Paulo, a imigração não só seria uma das fontes de uma total revitalização do comércio da cidade, como também a origem de uma das frações componentes da burguesia paulistana, que deitava raízes no trabalho manual, ao contrário da fração burguesa oriunda do café, que o condenava veementemente.

Os novos aspectos dessa sociedade, como a urbanização, a atmosfera republicana recém instaurada, o trabalho livre, passariam a conviver abertamente com elementos tomados à herança colonial, dentre os quais citamos o extremo tradicionalismo firmado em bases patriarcais e a mentalidade avessa ao trabalho manual por aquele criada. Além de suas manifestações políticas, como a particular fragilidade do poder central frente aos poderes regionais,[1] a combinação entre elementos modernos e arcaicos conferiria traços particulares à nascente dinâmica capitalista de consumo. Em primeiro lugar porque a imigração enxertara um elemento novo no seio da dinâmica social, que, combinada às oportunidades criadas pela prosperidade do café, inventou a mobilidade social em contexto periférico, obviamente inválida para as classes que, como os escravos, eram subordinadas no antigo modo de produção. O surgimento repentino da mobilidade no seio de uma sociedade com grande peso da tradição reforçaria as características exibicionistas e hedonistas do consumo, em detrimento de seu lado ligado à contenção e à discrição, típico de uma cultura burguesa já consolidada, desprendida da necessidade de competição com a aristocracia.[2]

Em segundo lugar, as particularidades da dinâmica do consumo em contexto periférico remetem à ausência de uma base industrial, cujas funções de generalização e diferenciação são substituídas pela importação, que fornece tanto os produtos necessários à massa, cuja produção interna é insuficiente, quanto os produtos de luxo fundamentais à afirmação social das elites. A combinação entre uma sociedade em permanente diversificação e mecanismos de generalização insuficientes engendraria processos espúrios de difusão de padrões, criados em razão de uma dinâmica capitalista de consumo, assentada sobre diferenciação e generalização, que convive, no entanto, com uma base produtiva precária, cujos limites são acentuados pela relação contraditória que esta estabelece com o consumo. Por conseguinte, se adotarmos o ponto de vista do consumo, a substituição de importações seria o momento em que ambos os processos, diferenciação e generalização, conseguem ser gerados pelo mesmo sistema produtivo, sem que sejam necessários mecanismos espúrios, como a falsificação, a imitação e o contrabando. Tais mecanismos materiais de difusão

---

1   "(...) dentro da elite paulista, cuja maioria dos membros foi recrutada na classe média alta e na classe alta, todos unidos por complexos laços de família, de educação e de interesses econômicos. (...) Já em 1891, o deputado federal Martinico Prado comentava, em tom acusador, 'Esse não passa de um governo de compadres'. Referia-se então ao governo de Deodoro, mas bem podia também estar falando da elite que controlava seu estado natal". (Joseph L. Love. *São Paulo and the Brazilian Federation 1889-1937.* Stanford, Stanford University Press, 1980, p. 241)

2   "Aprender sem estudar, enriquecer sem trabalhar, valer sem ter mérito, ostentar sem conta, sem peso e sem medida: eis os modernos ideais". (José Agudo. *Gente Rica – Cenas da Vida Paulistana.* São Paulo, Tipographia Editora O Pensamento, 1912, p. 150). Sobre a relação entre ética hedonista e consumo, vide: Colin Campbell. *The Romantic ethic and the spirit of modern consumerism.* Oxford, B. Blackwell, 1987.

O mercado do prestígio 399

associam-se, por sua vez, a mecanismos extra-econômicos latentes de democratização, que atuam em sua máxima potencialidade durante os períodos de choques.

Na periferia, o consumo foi também o artefato principal de um projeto nacional que pretendia superar o legado colonial em definitivo da maneira mais rápida possível, o que caracteriza um processo modernizador eivado de novas e velhas contradições. Alguns antecedentes, como a transformação radical da imagem das cidades, o renascimento comercial e a construção de valores modernos, ainda que contrários a elementos excludentes que também entravam para a formação de uma modernidade periférica, foram fundamentais. As ideias de progresso invadiriam todos os campos da vida social e a herança portuguesa seria inevitavelmente interpretada como o fundamento do atraso, rapidamente removido com o consumo de produtos vindos de países civilizados, como a França e a Inglaterra.[3] O movimento de modernização, ao mesmo tempo em que alimentava a esfera do consumo capitalista – que avançava mais rapidamente do que a esfera da produção –, reanimava, no entanto, os aspectos coloniais da sociedade que a impediam de se tornar nação capitalista, economicamente e culturalmente independente.

No caso das reformas urbanas, os elementos do legado colonial continuariam a persistir ao lado da imagem artificial e europeizada fabricada para a cidade, recriando formas de exclusão espacial.[4] Os traços coloniais excludentes reavivavam-se no crescimento irregular da cidade, na lógica de ocupação dos terrenos urbanos, na especulação imobiliária, na aparência esdrúxula que resultava da combinação do estilo arquitetônico colonial ao estilo "moderno" importado, tão bem sintetizada no "carnaval arquitetônico" de Monteiro Lobato. As contradições surgiam da adesão

---

3   "O prodigioso esforço efetivado no tempo colonial durante três a quatro séculos, considera-o nada perto daquele realizado a partir de 1880 e, sobretudo, de 1900. A glória do paulista é ser avançado. Ele despreza os países atrasados, esses que somam menos trilhos, menos estações, menos mobiliário vienense em madeira recurvada, menos eletricidade nas luminárias das lojas, mais casas antigas cor-de-rosa, azuis, marrons e brancas com arcadas, mais cadeirões em jacarandá maciço e entalhado, mais igrejas azuis e brancas de dois sinos e com amplos pórticos em estilo jesuíta". (Paul Adam. *Les visages du Brésil*. Pierre Lafitte & Cie., Paris, 1914).

4   "A grande transformação que ocorreu na cidade do café foi, sem dúvida, a configuração de uma segregação espacial mais clara: territórios específicos e separados para cada atividade e cada grupo social. Isso se deu por meio da constituição de bairros proletários e dos loteamentos burgueses, da apropriação e reforma do centro urbano pelas novas elites dominantes e da ação discriminatória dos investimentos públicos e regulação urbanística". (Raquel Rolnik. *São Paulo*. São Paulo: Publifolha, 2001, p. 18).

cega a um modelo urbano gerado nas cidades industriais do centro do capitalismo – feito para a livre circulação de trabalho e capital – por uma sociedade em que a herança do escravismo colonial criava empecilhos reais à circulação do trabalho, a despeito da existência de preceitos formais que a preconizassem.

Alguns dos conflitos familiares, anteriormente expressos na propriedade da terra, seriam transplantados para as cidades, onde o consumo também teria papel fundamental da demarcação dos limites dos poderes patriarcais.[5] Apesar de morarem nas cidades e serem imbuídos de um espírito de racionalização, os proprietários e administradores das fazendas, conservavam ainda algumas estratégias primitivas de ocupação da terra e de solidariedade social que se transfeririam inevitavelmente para o meio urbano.[6] Daí os conflitos urbanos assumirem, por vezes, a forma de questões territoriais. Significativas foram nesse sentido, as disputas entre o clã dos Silva Prados e o dos Barros, expressos nas figuras de Antônio de Silva Prado e do vice-prefeito Asdrúbal do Nascimento, do clã Barros.[7] Mesmo as famílias novo-ricas também erigiriam suas fortunas sobre a base do parentesco. E continuariam a aliar fortunas e poder sobre a base do casamento: "(…) as redes familiares e as oligarquias foram os principais meios através dos quais as economias regionais conquistaram reconhecimento e desenvolvimento nacionais, e partidos

---

5   "No Brasil, onde imperou, desde tempos remotos, o tipo primitivo da família patriarcal, o desenvolvimento da urbanização – que não resulta unicamente do crescimento das cidades, mas também do crescimento dos meios de comunicação, atraindo vastas áreas rurais para a esfera de influência das cidades – ia acarretar um desequilíbrio social, cujos efeitos permanecem vivos ainda hoje". (Sérgio Buarque de Holanda. *Raízes do Brasil*. 26ª ed. São Paulo: Companhia das Letras, 1995, p. 145).

6   "(…) à civilização rural, com raízes em nossa tradição colonial, na exploração extensiva e perdulária das terras da lavoura, baseada na autoridade patriarcal e na mão-de-obra escrava". (Maria Cecília Naclério Homem. *O palacete paulistano e outras formas urbanas de morar da elite cafeeira: 1867-1918*. Martins Fontes, São Paulo, 1996, p. 17).

7   Em 1904, Antônio Prado entrara em conflito com Maria Angélica de Sousa Queiroz Barros, a respeito de seus terrenos irregulares sem o fechamento. No ano seguinte, Antônio Prado, estando sob licença, assumiu Asdrúbal do Nascimento, que se voltava agora para as irregularidades dos terrenos de Veridiana Prado, mãe do prefeito. Em 1906, Antônio Prado batizaria a Avenida Higienópolis com o nome do irmão Martinho Prado Júnior morto alguns anos antes. Logo depois, Asdrúbal do Nascimento, reassumindo novamente o executivo, batizaria também a Avenida Itatiaia como Avenida Angélica, em homenagem à matriarca da família Barros. (Cândido Malta Campos. *Os rumos da cidade: urbanização e modernização em São Paulo*. São Paulo: Senac, 2002, p. 92).

O mercado do prestígio 401

locais se transformaram em partidos nacionais".[8] Essa lógica de dominação social do poder de família fundado da propriedade fundiária – o reverso do coronelismo de bases rurais – seria responsável também por intensos conflitos travados entre famílias e Estado, entre espaço privado e público, que, historicamente entranhados, travavam novas ofensivas nesse contexto de formação da modernidade periférica.

A ampliação do recorte da geografia urbana para o comércio surpreende uma nova contradição entre as reformas urbanas – que faziam parte da utopia da superação do passado colonial – e as classes que emergiam desse novo arranjo social. Se a reforma urbana era feita para excluir e evitar a circulação do trabalho, isolando ao máximo as classes operárias, não conseguia, no entanto, evitar a mobilidade social em ritmo de aceleração. Ao contrário, as reformas urbanas criaram novas oportunidades de ascensão social, em particular para o imigrante. O aburguesamento da fração de classe relacionada ao comércio fazia-se a partir dessa expansão urbana diferenciada que impulsionava a sofisticação dos artigos vendidos em seus estabelecimentos. Ao mesmo tempo em que a família imigrante ampliava o seu negócio, as gerações seguintes não somente se enriqueciam como iam se sofisticando, adotando comportamentos burgueses que chocavam a fração burguesa de origem na terra. Por exemplo, o vendedor Guilherme Fuchs começou com o comércio de arreios, selas, chicotes e outros artigos em couro e montaria. Com seu filho Jorge Fuchs, a casa passaria a vender "artigos de viagem em geral, como maletas, estojos de toalete e artigos para esportes campestres", artigos bem mais elaborados que acompanhavam a diversificação social em meio urbano.[9] Em 1913, Jorge ampliaria ainda mais seus negócios, comerciando, além dos tradicionais artigos de couro, roupas, móveis e objetos decorativos, produtos de luxo fornecidos para a alta sociedade paulistana.

O estabelecimento dessa fração de elite oriunda do comércio – que se deu na segunda ou terceira gerações dos imigrantes vindos em 1870 – resultava no investimento da educação de seus filhos, que eram mandados à Europa para se especializarem nos ofícios que gerações inteiras de suas famílias haviam exercido por costume. Concorriam, portanto, em educação, com as gerações de filhos de cafeicultores, mas, enquanto estes se educavam no trabalho intelectual, aqueles seguindo uma

---

8   Elizabeth Anne Kuznesof. "A família na sociedade brasileira: parentesco, clientelismo e estrutura social (São Paulo, 1700-1980)". *In: Revista Brasileira de História*, v. 9. n° 17, set. 1988/fev. 1989, p. 62.

9   Heloisa Barbuy. *A Cidade-Exposição: Comércio e Cosmopolitismo em São Paulo, 1860-1914*. São Paulo: Edusp, 2006, p. 160.

ética do trabalho diferente, dedicavam-se ao estudo voltado para a ordem prática. A concorrência entre as duas frações classes seria acirrada em razão da relativa indiferenciação econômica que as caracterizava, e que exigia mecanismos sociais e culturais cada vez mais pujantes.

Concretizada a mobilidade social do imigrante e lançado o conflito no interior da burguesia, o consumo apareceria como o principal instrumento de configuração das hierarquias sociais em contexto urbano. Não obstante virem do exterior os produtos que alimentavam a diferenciação, era a dinâmica interna do conflito de classes que direcionava os seus usos. O consumo de artigos importados não se resume, portanto, a uma mera aceitação passiva de ditames imperialistas, mas de um determinado arranjo interno entre as classes, que direcionou não somente o consumo, mas também sua relação com a indústria, e, logo, os desdobramentos de um capitalismo específico na periferia do sistema.

A imagem do imigrante ignorante e ganancioso compunha a dimensão ideológica dessa estratégia de diferenciação criada pela fração burguesa tradicional. No plano material, no arquitetônico, por exemplo, essa dinâmica específica de luta de classes atingiria o limite do excesso de símbolos que se combinavam de forma completamente esdrúxula e ilógica, incapazes de impor claramente os limites entre as esferas pública e privada. No lugar de uma racionalidade burguesa, que primasse pela ausência de acessórios, pelo reforço dos contornos mais austeros da habitação, pela configuração de um espaço privado perfeitamente isolado do público, o que se vê, é, ao contrário, uma racionalidade que prima pelos excessos, pela minimização da intimidade e pela apropriação do público pelo privado. E isso tanto é verdadeiro para os palacetes construídos pela burguesia com raízes na propriedade da terra, quanto para a fração burguesa de origem comercial.

Ao começar pela arquitetura, em que as distâncias sociais não mais se materializam em binômios como casa-grande/senzala, sobrado/mucambo, mas em amplas e complexas divisões espaciais que incorporam não somente as habitações, mas toda a geografia urbana, buscamos acentuar uma gradação das diferenças expressas pelo consumo. Na arquitetura, a distância social entre tradicionais e emergentes é mínima, uma vez que ambas as frações expressam seu poder econômico em palacetes suntuosos que valorizam o luxo e o conforto e jamais a privação. Na indumentária, ao contrário, surgem incongruências entre éticas de trabalho com fundamentos distintos: uma que valoriza o trabalho e a privação social e outra que o desvaloriza, embora enalteça o trabalho mental. A admiração pelas "ideias abstratas", conforme dito por Sérgio Buarque de Holanda, corresponde à forma moderna da ética do ócio tomada à colônia. Ainda no círculo das vestimentas, uma sub-fração – a dos bacharéis, filha dos fazendeiros do oeste – se destacaria como símbolo do apuro, do bom gosto e da civilização. Já no lazer elitista, a diferenciação social é máxima já que, de acordo com Bourdieu, o capital social necessário à admiração de uma obra de arte não é decorrência direta da ascensão econômica, ou seja, não pode ser comprada, mas fruto de gerações a fio dedicadas ao cultivo da boa educação.[10]

Seguindo o método materialista da História, da esfera do consumo passamos à esfera da produção, buscando nesta relação outras contradições específicas ao capitalismo periférico. Graças à documentação pesquisada nos Arquivos de Paris, as confusas relações entre consumo e produção, entre a dinâmica de diferenciação e generalização, entre exclusão e inclusão puderam ser esclarecidas. A dinâmica contraditória instaurada entre consumo, já de traços capitalistas, e a indústria, estruturalmente insuficiente e, portanto, incapaz de massificar, acarretou a acentuação dos traços deficientes desta última. Quanto mais traços capitalistas o consumo adquiria, tanto mais lança mão de mecanismos espúrios na esfera da produção para se fazer generalizar. A antecipação do consumo em relação à produção capitalista seria então uma das tantas explicações para o atraso e para a continuidade da dependência que, segundo Celso Furtado, não se manifesta somente no plano econômico, mas também no cultural.

E se o consumo é a resultante desses dois aspectos, não poderíamos deixar de traçar algumas considerações sobre a modernidade periférica, em particular sobre a forma como se manifestou em São Paulo. Afinal, o mundo moderno ocidental é caracterizado não somente por radicais transformações tecnológicas, que culminaram no capitalismo, como também culturais, sintetizadas na modernidade

---

10   "Os sistemas simbólicos não são simplesmente instrumentos de conhecimento; eles são também instrumentos de dominação (de ideologias no léxico de Marx e das teologias no léxico de Weber). (...) Os esquemas classificatórios socialmente constituídos, através dos quais nós construímos ativamente a sociedade, tendem a representar as estruturas de onde eles emergem como dados naturais, mais do que como produtos historicamente contingentes de uma relação de forças dada entre grupos (classes, etnias, sexos). (...) os sistemas simbólicos são produtos sociais que produzem o mundo, (...) não se contentam em refletir as relações, mas (...) contribuem para constituí-las (...)". (Pierre Bourdieu e J. D. L. Wacquant. *Réponses-Pour une antropologie réflexive*. Paris, Éditions du Seuil, 1992).

capitalista que àquele se contrapõe. O consumo capitalista é o produto da fusão de ambas. No capitalismo central, a modernidade e seus valores[11] estabelecem um contrapeso à exclusão permanentemente recriada pelo capitalismo. Já no capitalismo periférico, devido à forma como a modernidade se constituiu, em paralelo à modernização que retomava alguns mecanismos coloniais excludentes perpetuados na dominação oligárquica republicana, este processo é castrado. Ao invés de engendrar mecanismos generalizadores que compensassem a exclusão social criada na esfera econômica, a modernização capitalista os reforçava, obstando a constituição de uma modernidade includente. Devido à ausência de uma política democrática consistente, cujos preceitos somente existiam na teoria, algumas das funções de generalização de responsabilidade superestrutural passariam para o mercado, contribuindo para a instalação precoce da razão instrumental. A modernização capitalista periférica, ao ser extremamente veloz, dá continuidade, portanto, ao processo excludente. As funções de inclusão são relegadas ao sabor do mercado e a consequência, na ausência de uma base produtiva capaz de generalizar, é o reforço das tendências espúrias de difusão, que está na origem do subdesenvolvimento.

---

11 O processo de formação da modernidade remonta ao século XVI com o Renascimento e os primeiros anseios de expansão do racionalismo frente à religião. Somente se consolidaria, no entanto, com os novos valores políticos democráticos instaurados com a Revolução Francesa e com a Primavera dos Povos. Finalmente, o racionalismo receberia um novo alento com o Iluminismo do século XVIII e com o cientificismo do XIX.

Fontes e Bibliografia

Fontes primárias

Fontes e arquivos

• Almanaques

Almanach Administrativo, Commercial e Industrial da Provincia de São Paulo. São Paulo: Jorge Seckler Editor, 1886. AEL.

Almanak Administrativo, Commercial e Profissional do Estado de São Paulo. Commercio e Industria do Município da Capital. Org. Seckler – Thorman. São Paulo: Ed. Cia. Industrial de São Paulo, 1895. AEL.

Almanaque Brasileiro Garnier. Rio de Janeiro, Typ. H. Garnier, 1914. IEB.

Almanaque Mellilo para o Ano de 1904. São Paulo: Mellilo & Cia. Livreiros e Editores, 1905. IEB.

Almanaque Paulista Ilustrado. 1896. IEB.

Catálogo Descritivo dos Almanaques de São Paulo. Divisão de Arquivo do Estado. São Paulo, sd(sn). AEL.

GALVÃO, B. F. Ramiz. *Almanaque Brasileiro Garnier para o anno de 1905.* São Paulo, 1905. R/1634. AEL.

SOARES, Edgard de Azevedo. *Almanaque do Estado de São Paulo O Estado de São Paulo.* São Paulo, 1916. AEL.

• Jornais, revistas e catálogos

Album Illustrado. São Paulo, SP 1907.

America Ilustrada [antiga *Tarde Ilustrada*]. São Paulo, SP 1898.

Archivo Illustrado. Encyclopedia Noticiosa, Scientifica e Litteraria. São Paulo, SP 1899-1906.

Arte, A. Revista Litteraria e Theatral. São Paulo, SP 1900.

Bohemia, A. Quinzenario Ilustrado e Litterario. São Paulo, SP 1896.

Caixeiro Viajante. Da papelaria Guabany de Maciel. São Paulo, SP 1893.

Capital, A. São Paulo, SP 1900.

Catalogues Galeries Lafayette. (1905-1915). (AGM).

Correio Paulistano. São Paulo, 1890-1914.

Estado de São Paulo, O. São Paulo, SP (1890-1914). Microfilme.

Illustração Paulista. São Paulo, SP 1893.

Malho, O. São Paulo, SP 1897.

Perola, A. Folha Litteraria Bi-mensal dedicada ao Bello Sexo. São Paulo, SP 1899.

Platea. São Paulo, SP 1889, 1890, 1891, 1892.

Progresso, O. São Paulo, SP 1898, 1899.

Revista do Brazil. São Paulo, SP 1897; 1898; 1900; 1901.

Revista Moderna. Magazine Quinzenal. Paris 1897; 1898; 1899.

Revue des Deux Mondes. Paris, 1890-1915. (BNF).

Tarde Ilustrada, A. São Paulo, SP 1896.

Tarde, A. Diario Paulista. São Paulo, SP 1895.

Tribuna Caixeiral. São Paulo, SP 1899.

Tribuna Paulista. São Paulo, SP 1899

• Mapas

Mapa da Cidade de São Paulo entre 1870-1930. CECULT 002 – CD/00048.

COCOCI, Alexandre Mariano. *Planta Geral da cidade de São Paulo adotada pela Prefeitura Municipal*. 1901. Localização: ARC 2-11-11.

TAUNAY, Affonso de E. *Collectanea de mappas da cartographia paulista antiga*. São Paulo, Melhoramentos, 1922.

• Fotografias

Acervo fotográfico Guilherme Gaensly. *Coleção História da Industrialização-Casas Comerciais de São Paulo*. Coleção CECULT. (somente 3 fotos).

• Cartas Consulares

Lettres consulaires. (1890-1915).

Série F12-Commerce et Industrie.

• Cartons

7714. *Casas comerciais francesas no estrangeiro e Missões Comerciais*. Período: 1893-1895.

4999. Correspondência entre o Ministère du Commerce et d'Industrie, o Ministère des Affaires Étrangères e particulares, sobre as diversas exposições realizadas em Paris.

7427. Sociedades Comerciais Francesas no estrangeiro.

7052. Relatórios Consulares, Boletins Comerciais e Relatórios Diversos, dirigidos ao Ministère des Affaires Étrangères, referentes às províncias do Rio de Janeiro e São Paulo. 1879-1906.

Fontes publicadas

• Artigos

"A exposição de Paris em 1900". *O Estado de São Paulo*. São Paulo, 9/08/1892.

"Diário da Princesa Isabel". In: Carlos Eugênio Marcondes de Moura (org.). *Vida cotidiana em São Paulo no século XIX*. São Paulo: Editora Unesp, 1998.

"O pavilhão de São Paulo na Exposição Nacional de 1908". *Revista Politécnica*, n° 19-20, vol. IV, São Paulo, dezembro de 1907 a março de 1908.

"O Século Americano". *O Estado de São Paulo*. São Paulo, 10/08/1906.

"Os *snobs* no teatro". *A Vida Moderna*. São Paulo, 16/10/1924.

• Obras literárias

AMARAL, Amadeu. *Memorial de um passageiro de bonde* (1938). São Paulo: Hucitec, 1976.

ANDRADE, Mário de. "Pauliceia Desvairada. Paisagem, n° 3" (1922). In: *De Pauliceia Desvairada à Café: Poesias Completas*. São Paulo: Círculo do Livro, 19-.

ANDRADE, Oswald de. *Um homem sem profissão: memórias e confissões: sob as ordens de mamãe* (1954). In: *Obras completas de Oswald de Andrade*. São Paulo: Globo, 2002.

ASSIS, Machado de. *A Semana*. (1892-1897). In: *Obras Completas de Machado de Assis*. Vols. I, II e III. São Paulo: W. M. Jackson Inc. Editores, 1959.

_____. *Dom Casmurro* (1900). Coleção Grandes Escritores Brasileiros. Rio de Janeiro: Mediafashion, 2008.

ASSIS, Machado de. *Várias Histórias* (1896). São Paulo: Martins Fontes, 2004.

AZEVEDO, Aluízio. *O cortiço* (1890). 36ª ed. São Paulo: Ática, 2000.

BANANÉRE, Juó. *La Divina Increnca* (1915). São Paulo: Editora 34, 2001.

BARRETO, Afonso Henriques de Lima. *Vida Urbana: artigos e crônicas*. São Paulo: Brasiliense, 1956.

_____. *A Nova Califórnia: contos*. São Paulo: Brasiliense, 1979.

LOBATO, José Bento Monteiro. *Mundo da lua e miscelânea*. São Paulo: Brasiliense, 1948, vol. X.

MACHADO, A. de Alcântara. *Novelas paulistanas*. Rio de Janeiro: José Olympio, 1961.

RIBEIRO, Júlio. *A Carne* (1888). São Paulo: Martin Claret, 1999.

RIO, João do (Paulo Barreto). *A Alma Encantadora das Ruas* (1908). São Paulo: Companhia das Letras, 1997.

TÁCITO, Hilário. *Madame Pommery*. 5ª ed. Campinas; Rio de Janeiro: Editora da Unicamp; Fundação Casa Rui Barbosa, 1997.

• Memórias e diários pessoais

ADAM, Paul (1862-1920). *Les visages du Brésil*. Paris: Pierre Lafitte & Cie., 1914.

AGUDO, José. *Gente Rica – Cenas da Vida Paulistana*. São Paulo: Tipographia Editora O Pensamento, 1912.

ALMEIDA, Aluísio de. "São Paulo em 1907". *O Estado de São Paulo,* de 29 de dezembro de 1950.

ALMEIDA Júnior, José B. *Guia pitoresco e turístico de São Paulo*. São Paulo: Livraria Martins Editora, 1948.

AMARAL, Edmundo. *A grande cidade*. São Paulo: José Olympio, 1950.

AMERICANO, Jorge. *São Paulo naquele tempo 1853-1915*. São Paulo: Saraiva, 1957.

_____. *São Paulo naquele tempo*. 2a edição. São Paulo: Carrenho Editorial/ Narrativa Um/Carbono 14, 2004.

ANGERAMI, Domingos & FONSECA, Antonio. *Guia do Estado de São Paulo. Mandado organizar pelo Exmo. Snr. Dr. Antonio de Pádua Salles, Secretaria da Agricultura, Commercio e Obras Publicas*. São Paulo: Pocai &Weiss, 1912.

BARROS, Maria Paes de. *No Tempo de Dantes*. (1946). 2ª ed. São Paulo: Paz e Terra, 1998.

BASTOS, Raul Carvalho. *Homens e fatos do meu tempo*. S. Porto: Cia Indústria "Antonio Diedrichsen", 1903-1953.

BINZER, Ina Von. *Os Meus Romanos: alegrias e tristezas de uma educadora no Brasil*. Trad. Alice Rossi e Luisita da Gama Cerqueira. Rio de Janeiro: Paz e Terra, 1982.

BONNAURE, Albert. *Livro de ouro do Estado de São Paulo: relatório industrial, comercial e agrícola (1889-1914)*. São Paulo: Duprat, 1914.

BRUNO, E. da S. *Memórias da cidade de São Paulo: depoimentos de moradores e visitantes 1553-1958*. São Paulo: Secretaria Municipal da Cultura, 1981.

BUENO, Francisco de Assis Vieira. *A Cidade de São Paulo: Recordações Evocadas de Memória. Notícias Históricas*. Pref. Sérgio Buarque de Holanda. São Paulo: Academia Paulista de Letras, 1976. (BUENO, Francisco de Assis Vieira. "A Cidade de São Paulo – Recordações Evocadas de Memória". *Revista do Centro de Ciências, Letras e Artes*, Campinas, 1903, ano II, n°s 1, 2, 3.).

CARVALHO, Afonso José de. *São Paulo Antigo*. São Paulo: Imprensa Oficial do Estado, 1944.

CASABONA, Louis. *São Paulo du Brésil (Notes d'un colon français)*. Paris: E. Guilmote, 1908(?).

DENIS, Pierre. *Le Brésil au XXe siècle*. Paris: Armand Collin, 1911.

DIAFÉRIA, Lourenço. *Brás-sotaques e desmemórias*. São Paulo: Boitempo, 2002.

DINIZ, Firmo Albuquerque (Junius). *Notas de Viagem* (1882). Coleção Paulística, vol. V. São Paulo: Governo do Estado de São Paulo, 1978.

FREITAS, Affonso A. de. *Tradições e reminiscências paulistanas*. (1921). 2a edição. São Paulo: Martins, 1955.

GATTAI, Zélia. *Anarquistas, graças a Deus*. 10a edição. Rio de Janeiro: Record, 2001.

HADFIELD, William. *Brazil and the River Plate, 1870-1876*. Sutton: W. R. Church, 1877.

HÜ, Charles. *Lê Brésil. Revue France – Brésil*, Bordéus, França, 1907.

KOENIGSWALD, Gustavo. *São Paulo*. São Paulo, 1895.

KOSERITZ, Karl Von. *Imagens do Brasil*. Tradução de Afonso Arinos de Mello Franco. Rio de Janeiro: Biblioteca Histórica Brasileira, Livraria Martins Editora, 1941.

LEME, Luiz Gonzaga da Silva. *Genealogia Paulistana (1852-1919)*. São Paulo: Duprat & Companhia, 1903-1905, 9 volumes.

LLOYD, Reginald. *Impressões do Brazil no Século XX: Sua História, Seo Povo, Commercio, Industrias e Recursos*. Londres: Lloyd's Greater Britsh Publishing Company, 1913.

MARQUES, Cícero. *Tempos Passados*. São Paulo: Moema Editora, 1942.

MARQUES, Gabriel. *Ruas e tradições de São Paulo: uma história em cada rua*. São Paulo: Conselho Estadual de Cultura, 1966. (Coleção história, 4).

MARTINS, Antônio Egídio. *São Paulo Antigo (1554 a 1910)*. 2ª ed. São Paulo: Conselho Estadual de Cultura e da Secretaria da Cultura, Esportes e Turismo, 1973.

Memória Paulistana. São Paulo: Museu da Imagem e do Som da Secretaria da Cultura, 1975.

MENEZES, Raimundo de. *São Paulo de nossos avós*. São Paulo: Saraiva, 1969.

MOURA, Carlos Marcondes de (org.). *Vida Cotidiana em São Paulo no Século XIX: Memórias, Depoimentos, Evocações*. São Paulo: Editora Unesp; Ateliê; Imesp; Secretaria do Estado da Cultura, 1998 (período anterior).

MOURA, Paulo Cursino de. *São Paulo de outrora*. 3a edição. São Paulo: Livraria Martins Editora, 1943.

NOGUEIRA, José Luiz de Almeida. *A Academia de São Paulo: Tradições e Reminiscências. Estudantes, Estudantões, Estudantadas*. São Paulo: Lisboa, Typographia Vanorden; Typ. A. Editora, 1909-1912, 9 vols.

NOGUEIRA, Paulo de Almeida. *Minha Vida – Diário de 1893 a 1951*. São Paulo: R. dos Tribunais, 1955.

PENTEADO, Yolanda. *Tudo em cor-de-rosa*. Rio de Janeiro: Nova Fronteira, 1976, *passim*.

PINTO, Alfredo Moreira. *A cidade de S. Paulo em 1900*. São Paulo: Governo do Estado de S. Paulo, 1979.

PINTO, Alfredo Moreira. *São Paulo em 1899: chorographia do Estado para servir com o mappa de S. Paulo de Arthuer H. O'Leary*. Rio de Janeiro: Francisco Alves, 1899.

PRADO, A. Almeida. *Crônica de outrora*. São Paulo: Brasiliense, 1973.

RAFFARD, Henrique. *Alguns dias na Pauliceia*. 1890. São Paulo: Academia Paulista de Letras, 1977.

SAINT-HILAIRE, Auguste de. *Viagem à província de São Paulo e resumos das viagens ao Brasil, Província Cisplatina e Missões do Paraguay*. São Paulo: Martins/Edusp, 1972.

SOLORZANO Y COSTA, Juan N. *El Estado de São Paulo (Brasil): estudio acerca de la verdadera situacion del mismo en 1912-13*. São Paulo: Tip. del Diario Español, 1913.

THIOLLIER, René. *Episódios de Minha Vida*. São Paulo: Anhembi, 1956.

TRAVASSOS, Nelson Palma. *Minhas memórias dos Monteiros Lobatos*. São Paulo: EdArt, 1964.

_____. *Quando eu era menino*. São Paulo: EdArt, 1960.

WALLE, Paul. *Au Brésil-Rio de Janeiro*. Paris, E. Gilmoto, 1910, p. IX. Microfiche à la Bibliothèque Nationale de France.

_____. *L'État de São Paulo (Brésil), ses ressources, ses progrès, son avenir : étude générale économique et descriptive*. Paris: Augustin Challamel-Librairie maritime et coloniale, 1921.

_____. *Au Pays de l'Or Rouge – l'état de São Paulo (Brésil): ses ressources, ses progrès, son avenir*. Paris: Augustin Challamel, 1921.

• Relatórios econômicos

BANDEIRA JUNIOR. *A Industria no Estado de São Paulo em 1901*. São Paulo: Typ. "Diario Official", 1901.

BONNAURE, Albert. *Livro de Ouro do Estado de São Paulo: Relatório Industrial, Commercial e Agrícola 1889-1914*. São Paulo: Typo-litho Duprat & Cia., 1914.

• Fontes virtuais

Center for Research Libraries: http://brazil.crl.edu/bsd/bsd/hartness/fazend.htm

Relatórios do Ministério da Fazenda apresentado ao Presidente da República dos Estados Unidos do Brasil no ano de 1896. Rio de Janeiro: Imprensa Nacional, 1896-1914.

• Bibliografia

A Cidade da Light: 1889-1930. São Paulo: Eletropaulo, 1990, 2 vols.

ABREU, Alice Rangel de Paiva. *O Avesso da Moda*. São Paulo: Hucitec, 1986.

ADORNO, Theodor e HORKHEIMER, Max. *Dialectic of enlightenment: philosophical fragments*. Trans. Edmund Jephcoot. Stanford: Stanford University Press, 2002.

ADORNO, Theodor. *Minima moralia – Réflexions sur la vie mutilée*. Trad. Éliana Kaufholz et Jean-René Ladmiral. Paris: Éditions Payot & Rivages, 2003.

ALENCASTRO, Luiz Felipe de. "Vida Privada e Ordem Privada no Império". Cap. 1 de *História da Vida Privada no Brasil*, vol. II, *Império: a corte e a modernidade nacional*. Org. Luiz Felipe de Alencastro. Coord. Fernando Antônio Novais. 7ª reimpressão. São Paulo: Companhia das Letras, 2004.

ALVIN, Zuleika M. F & PEIRÃO, Solange. *Mappin 70 anos*. São Paulo: Ex Libris, 1985.

AMARAL, Antonio Barreto do. *Dicionário de história de São Paulo*. São Paulo: Governo do Estado, 1980. *Coleção paulística, 19*.

AMARAL, Antônio Barreto. *História dos velhos teatros de São Paulo: da Casa da Ópera à inauguração do teatro municipal*. São Paulo: Governo do Estado de São Paulo: 1979.

AMARAL, Edmundo. *A grande cidade*. São Paulo: José Olympio Editora, 1950.

ARAÚJO, Vicente de Paula. *Salões, circos e cinemas de São Paulo*. São Paulo: Perspectiva, 1981.

ARIÈS, Philippe & DUBY, Georges (orgs.). *História da Vida Privada. Da Revolução Francesa à Primeira Guerra*. Vol. 4. São Paulo: Companhia das Letras, 1991.

ARRUDA, José Jobson de Andrade. *A Grande Revolução Inglesa (1640-1780)*. São Paulo: Hucitec, 2000.

ARRUDA, Maria Arminda do Nascimento. "Arremate de uma Reflexão: A Revolução Burguesa no Brasil de Florestan Fernandes". *Revista da USP*, São Paulo, vol. 29, p. 56-65, 1996.

_____. *A embalagem do sistema: a publicidade no capitalismo brasileiro*. São Paulo: Livraria Duas Cidades, 1985.

_____. *Metrópole e cultura em São Paulo no século XX*. São Paulo: Edusp, 2001, p. 482.

ARWAS, Victor. *Affiches et gravures de la Belle Époque*. Paris: Flammarion, 1978

ASSOULY, Olivier & BERGE, Pierre. *Le luxe: essais sur la fabrique de l'ostentation*. Paris: Institut Français de La Mode, Regard, 2004.

AUSLANDER, Leora. *Taste and power: furnishing modern France*. Berkeley: University of California Press, 1996.

AZEVEDO, Aroldo de (org.). *A cidade de São Paulo. Estudo de Geografia Urbana*, vol. III. *A metrópole paulista*. São Paulo: Coleção Brasiliana, 1958.

BAER, Werner. *A Industrialização e o desenvolvimento econômico do Brasil*. 4ª ed. Trad. de Paulo Almeida Rodrigues. Rio de Janeiro, Fundação Getúlio Vargas, 1979.

BARBOSA, Francisco de Assis. "Alguns aspectos da influência francesa no Brasil (Notas em torno de Anatole Louis Garraux e da sua livraria em São Paulo)". In: *Coleção Documentos Brasileiros*, nº 100. Rio de Janeiro: José Olympio, 1962,

p. XXXII. Corresponde à introdução ao fac-simile de Anatole Louis Garraux. "Avant-Propos". *Bibliographie brésilienne: catalogue des ouvrages français & latins relatifs au Brésil (1500-1898).* Paris: Chadenat, 1898.

BARBUY, Heloisa. *A cidade-exposição: comércio e cosmopolitismo em São Paulo: 1860-1914.* São Paulo: Edusp, 2006.

BARTHES, Roland. *Mythologies.* Paris: Seuil, 1957.

BASTOS, Humberto. *O pensamento industrial no Brasil: introdução à história do capitalismo industrial brasileiro.* São Paulo: Martins, 1952.

BAUDRILLARD, Jean. "A moral dos objetos. Função-signo e lógica de classe". In: *Semiologia dos objetos.* Seleção de ensaios da revista *Communications.* Petrópolis: Vozes, 1972.

_____. *La Société de consommation: ses mythes, ses structures.* Paris: Denoël, 1970.

_____. *Le miroir de la production ou l'illusion critique du matérialisme historique.* Paris: Galilée, 1975.

_____. *Le système des objets. La consommation des signes.* Paris: Denoël; Gonthier Collection Médiations; Gallimard, 1968.

BENCHIMOL, Jaime Larry. *Pereira Passos: um Haussmann tropical. A Renovação Urbana da cidade do Rio de Janeiro no início do século XX.* Rio de Janeiro: Secretaria Municipal de Cultura, Turismo e Esportes, 1990.

BENJAMIN, Walter. "Rua de mão única". In: *Obras escolhidas,* vol. II. Trad. de Rubens Rodrigues Torres Filho. São Paulo: Brasiliense, 1987.

_____. "A obra de arte na era de sua reprodutibilidade técnica". Tradução José Lino Grunnewald. In: O*s Pensadores.* São Paulo: Abril Nova Cultural, 1980.

_____. *Charles Baudelaire: un poète lyrique à l'apogée du capitalisme.* Trad. J. Lacoste. Paris: Payot, 1982.

_____. *Paris, capital du XIXe siècle. Le livre des passages.* Trad. l'allemand par Jean Lacoste. 3ª ed. Paris: Du Cerf, 2006.

BERG, M.; CLIFFORD, H. (eds.). *Consumers and luxury: consumer culture in Europe 1650-1850*. Manchester: Manchester University Press, 1999.

BOSI, Ecléa. *Memória e sociedade: lembranças de velhos*. São Paulo: Queiroz Editor, 1979.

BOURDIEU, Pierre. *La distinction: critique sociale du jugement*. Paris: Éditions de Minuit, 1979.

BRAUDEL, F. *Civilisation matérielle, économie et capitalisme, XVe-XVIIIe siècle*. Paris: A. Colin, 1979, 3 vols.

BRENNA, Giovana Rosso del. *O Rio de Janeiro de Pereira Passos*. Rio de Janeiro, Index, 1985.

BRESCIANI Stella *et al. Cidade e história: modernização das cidades brasileiras nos séculos XIX e XX*. Organização Marco Aurélio A. de Filgueiras Gomes. Salvador: UFBA, Fac. de Arquitetura, 1992.

BREWER, J.; PORTER, R. (eds.). *Consumption and the World of Goods*. Londres, Routledge, 1997 [1993].

BROCA, Brito. *A vida literária no Brasil – 1900*. Rio de Janeiro: José Olympio, 1975.

BRONNER, Simon J. *Consuming visions: accumulation and display of gods in America 1880-1920*. Nova York; Londres: W. W. Norton & Company, 1989.

BRUNO, Ernani da Silva. *História e tradições da cidade de São Paulo*. Vol. I. *Arraial de sertanistas (1554-1828)*. 4ª ed. São Paulo: Hucitec, 1991.

_____. *História e tradições da cidade de São Paulo*. Vol. II. *Burgo de estudantes (1828-1872)*. São Paulo: Hucitec, 1991.

_____. *História e tradições da cidade de São Paulo*. Vol. III. *Metrópole do Café (1872-1918) – São Paulo de Agora (1919-1954)*. São Paulo: Hucitec, 1984.

BUZZAR, Miguel Antônio. "A ideia de uma casa brasileira". In: *V Seminário Nacional Docomomo*, São Carlos, 2003.

CALLOWAYDIR, Stephen. *Le style Liberty: un siècle d'histoire d'un grand magasin londonien*. Paris: A. Colin, 1992.

CAMARGO, Ana Maria de Almeida. *Os primeiros Almanaques de são paulo: introdução à edição fac-similar dos Almanaques de 1857 e 1858*. São Paulo: Imesp/ Daesp, 1983.

CAMARGOS, Márcia. *Villa Kyrial: crônica da Belle Èpoque*. São Paulo: Ed. Senac, 2001.

CAMPBELL, Colin. *The romantic ethic and the spirit of modern consumerism*. Oxford: B. Blackwell, 1987.

CAMPOS, Cândido Malta. *Os rumos da cidade: urbanização e modernização em São Paulo*. São Paulo: Ed. Senac, 2002.

CAMPOS, Eudes. "Nos caminhos da luz, antigos palacetes da elite paulistana". *Anais do Museu Paulista: História e Cultura Material*, vol. 13, nº 1, jan-jun./2005.

CANNABRAVA, Iatan. *Casas Paulistas: fragmentos de uma utopia urbana*. São Paulo: Formate, 2000.

CANO, Wilson. *Raízes da concentração industrial em São Paulo*. Campinas: Unicamp-IE, 1998.

CARMAGNANI, Marcello. *El outro occidente: América Latina desde la invasión europea hasta la globalización*. México D.F.: Fondo de Cultura Econômica, 2004.

CARONE, Edgard. *Evolução industrial de São Paulo (1889-1930)*. São Paulo: Ed. Senac, 2001.

CARVALHO, Vânia Carneiro de & LIMA, Solange Ferraz de. *Fotografia e cidade: da razão urbana à lógica do consumo (Álbuns da Cidade de São Paulo: 1887-1954)*. Campinas; São Paulo: Mercado das Letras; Fapesp, 1997.

CASA ALLEMÃ. *Casa Allemã 1883-1933: Cicoencetenario*. São Paulo: Off. Da Sociedade Impressora Paulista, 1933.

CASTAREDE, Jean. *Le luxe*. Paris: Presses Universitaires de France, 1992.

CHARTIER, Roger. *A história cultural: entre práticas e representações*. Coleção *Memória e Sociedade*. Trad. Maria Manuela Galhardo. Lisboa; Rio de Janeiro, Difel; Bertrand do Brasil, 1990.

COQUERY, Natacha *et al. Marchands et consommateurs : les mutations de l'Europe moderne. Angleterre, France, Italie, Pays-Bas.* Tours: Presses Universitaires François-Rabelais, 2006.

COQUERY, Natacha (org.). *La boutique et la ville: commerce, commerçants, espaces et clientèles XVIe-XXe siècle.* Tours: Publication de l'Université François Rabelais, 2000.

COQUERY, Natacha. "Bijoutiers et tapissiers: le luxe et le demi-luxe à Paris dans la seconde moitié du XVIIIe siècle". *Colloque INHA*, Paris, nov. 2006.

_____. *L'hôtel aristocratique: le marché du luxe à Paris au XVIIIe siècle.* Paris: Publications de la Sorbonne, 1998.

CORNEJO, Carlos & SANTOS, Silvia Rita. *Casa Fretin 100 anos.* São Paulo: Studio Flash Produções Gráficas, 1995.

COSTA, Ângela Marques da & SCHWARCZ, Lilia Moritz. *1890-1914: no tempo das certezas.* Col. *Virando Séculos.* Coord. De Laura de Melo e Souza. São Paulo: Companhia das Letras, 2000.

COSTA, Cacilda Teixeira da. *O sonho e a técnica: a arquitetura do ferro no Brasil.* São Paulo: BSF, 1994.

COSTA, Jurandir Freire. *Ordem Médica e Norma Familiar.* 4ª ed. Rio de Janeiro: Graal, 1999.

COSTA, Lauro. *O alvorecer do automóvel em São Paulo de Piratininga – breves notas sobre veículos e transportes em São Paulo.* São Paulo: s./ ed., 1956.

COSTA, Luiz Antonio Severo da. *Brasil 1900-1910.* Rio de Janeiro: Biblioteca Nacional, 1980.

CROSSICK, Geoffrey & JAUMAIN, Serge. *Cathedrals of consumption: the European department store, 1850-1939.* Aldershot: Ashgate, 1998.

CRUZ, Heloisa de Faria (org.). *São Paulo em Revista: catálogo da Imprensa Cultural e de variedades paulistanas 1870-1930.* São Paulo: Arquivo do Estado/Cedic, 1997.

CRUZ, Heloisa de Faria. *São Paulo em papel e tinta: periodismo e vida urbana 1890-1915*. São Paulo: Educ, 2000.

D'ALESSIO, Vito. *Avenida Paulista: a síntese de uma metrópole*. São Paulo: Dialeto Latin American Documentary, 2002.

DANON, Diana Dorothéa. *São Paulo: Belle Époque*. São Paulo: Cia. Ed. Nacional; Edusp, 1974.

DARREL, Levi E. *A família Prado*. São Paulo: Cultura 70, 1977.

DEAECTO, Marisa Midori. "A Livraria Francisco Alves em São Paulo: os meios de expansão da leitura e o desenvolvimento do mercado livreiro (1894-1917)". In: *Seminário Brasileiro sobre o Livro e História Editorial*, Rio de Janeiro, 2004.

_____. "Anatole Louis Garraux e o comércio de livros franceses em São Paulo (1860-1890)". *Revista Brasileira de História*, 2008.

_____. *Comércio e vida urbana na cidade de São Paulo (1889-1930)*. São Paulo: Ed. Senac, 2002.

DEAN, Warren. *A industrialização de São Paulo (1880-1945)*. Trad. Octávio Mendes Cajado. São Paulo: Difel, 1971.

DESJEUX, Dominique. *La consommation*. Paris: Presses Universitaires de France, 2006.

DRAIBE, Sônia Regina. *Rumos e metamorfoses: um estudo sobre a constituição do Estado e as alternativas da industrialização do Brasil: 1930-1960*. Rio de Janeiro: Paz e Terra, 1985.

DURAND, José Carlos. *Arte, privilégio e distinção (artes plásticas, arquitetura e classe dirigente no Brasil, 1855-1985)*. São Paulo: Perspectiva, 1989.

_____. *Moda, luxo e economia*. São Paulo: Babel Cultural, 1988.

ELIAS, Norbert. *La civilisation des moeurs*. T. I: *La dynamique de l'Occident*. Trad. Pierre Kamnitzer. Paris: Calmann-Lévy, 1973.

_____. *La société de cour*. Trad. Pierre Kamnitzer & Jeanne Etoré. Paris: Gallimard, 1985.

_____. *Os alemães*. Rio de Janeiro: Zahar, 1997.

ELLIS JR., Alfredo. *O café e a Paulistânia*. São Paulo: Universidade de São Paulo, Faculdade de Filosofia, Ciências e Letras, 1951.

ESTRELA, Ely. *Os Sampauleiros, cotidianos e representações*. São Paulo: Educ/ Humanitas/Fapesp, 2003.

FABRIS, Annateresa; LEMOS, Carlos Alberto Cerqueira. *Ecletismo na arquitetura brasileira*. São Paulo: Edusp, 1987.

FAÇANHA, Astrid. "100 anos de moda paulistana". *Revista Go Where São Paulo*, ano V, nº 24, 2000.

FEATHERSTONE, Mike. *Consumer culture and postmodernism*. Londres: Newbury Park, Calif., New Delhi, Sage, 1991.

FERNANDES, Florestan. *A Revolução Burguesa no Brasil: ensaio de interpretação sociológica*. São Paulo: Globo, 2006.

_____. *Folclore e mudança social na cidade de São Paulo*. São Paulo: Anhembi, 1961.

FERNANDES, Suzana César Gouveia. *Marcas de Porcelana no Acervo do Museu Paulista*. Sup. Heloisa Barbuy. São Paulo, 1999 (datilo.).

FERRAZ, Queila. "Sobre dândis e antimoda masculina". *Fashion-Bubbles: moda, consumo, tecnologia e comportamento*. Revista Eletrônica de 29/06/2006. www. fashionbubbles.com/2006/sobre-dandis-e-antimoda-masculina.

FERRAZ, Vera Maria de Barros (org.). *Imagens de São Paulo: Gaensly no Acervo da Light, 1899-1925*. São Paulo: Fundação Patrimônio Histórico da Energia de São Paulo, 2001.

FERREZ, Gilberto. *A Fotografia no Brasil. 1840-1900*. Rio de Janeiro: Funarte/Pró-Memória, 1985.

FINE, Ben & LEOPOLD, Ellen. *The world of consumption*. Londres & Nova York: Routledge, 1993.

FINE, Ben. *The world of consumption: the material and cultural revisited*. 2 ed. London; New York, Routledge, 2002.

FONTANA, Josep. *Introdução ao estudo da História Geral.* Trad. Heloísa Reichel. Bauru: Edusc, 2000.

FRAGOLI JÚNIOR, Heitor. *Centralidade em São Paulo: trajetórias, conflitos e negociações na metrópole.* São Paulo: Cortez/Edusp, 2000.

FREYRE, Gilberto. *Casa-grande & senzala: formação da família brasileira sob o regime da economia patriarcal.* 28ª ed. Rio de Janeiro: Record, 1996.

_____. *Ingleses no Brasil: Aspectos da Influência Britânica sobre a vida, a paisagem e a cultura do Brasil.* 3ª ed. Rio de Janeiro: Topbooks, 2000.

_____. *Novo Mundo nos Trópicos.* 2ª ed. Rio de Janeiro: Topbooks, 2000.

_____. *Ordem e Progresso.* São Paulo: Global, 2004.

_____. *Sobrados e Mucambos: decadência do patriarcado rural e desenvolvimento urbano.* Rio de Janeiro: Record, 1996.

FURTADO, Celso. *Análise do "Modelo" Brasileiro.* Coleção Perspectivas do Homem, vol. 92. 7ª ed. Rio de Janeiro: Civilização Brasileira, 1982.

_____. *Desenvolvimento e Subdesenvolvimento.* Rio de Janeiro: Fundo de Cultura, 1961.

_____. *Formação econômica do Brasil.* 24ª ed. São Paulo: Cia. Ed. Nacional, 1991.

_____. *O mito do desenvolvimento econômico.* Rio de Janeiro: Paz e Terra, 1974.

GALLAGHER, John & ROBINSON, Ronald. "The imperialism of free trade". *The Economic History* Review, vol. I, nº 1, 1953.

GERODETTI, João Emílio & CORNEJO, Carlos. *Lembranças de São Paulo: a capital paulista nos cartões-postais e álbuns de memórias.* 3ª ed. São Paulo: Solaris Edições Culturais, 2000.

GRAHAM, Richard. *Britain and the onset modernization in Brazil. 1850-1914.* Cambridge: Cambridge University Press, 1968.

GUERRAND, Roger-Henri. *Moeurs citadines: histoire de la culture urbaine XIXe-XXe siècle.* Paris: Quai Voltaire; Édima, 1992.

HABERMAS, Jürgen. *A crise de legitimação no capitalismo tardio*. Rio de Janeiro: Tempo Brasileiro, 2002.

_____. *Mudança estrutural da esfera pública: investigações quanto a uma categoria da sociedade burguesa*. Trad. Flávio R. Kothe. Rio de Janeiro: Tempo Brasileiro, 1984.

HALLEWELL, Laurence. *O livro no Brasil: sua história*. 2ª ed. São Paulo: Edusp, 2005.

HEILBRUNN, Benoît. *La consommation et ses sociologies*. Paris: Armand Colin, 2005.

HEINZ, Flávio (org.). *Por outra história das elites*. Rio de Janeiro: Editora FGV, 2006.

HERPIN, Nicolas. "Au delà de la consommation de masse? Une discussion critique des sociologues de la modernité". *L'Année sociologique*, nº 43, 1993, p. 295-315.

HOBSBAWM, Eric J. & RANGER, Terence (orgs.). *A invenção das tradições*. Trad. Celina Cardim Cavalcante. 3ª ed. Rio de Janeiro: Paz e Terra, 2002.

HOBSBAWM, Eric J. *Da Revolução Industrial Inglesa ao Imperialismo*. Trad. de Donaldson Magalhães Garshagen. 5ª ed. Rio de Janeiro: Forense Universitária, 2003.

_____. *The Age of Empire (1875-1914)*. Nova York: Vintage Books Edition, 1989.

HOBSON, John A. *A evolução do capitalismo moderno*. São Paulo: Abril Cultural, 1983.

_____. *Imperialism: a study*. 2ª ed. Ann Arbor: Univ. of Michigan Press, 1987.

HOLANDA, Sérgio Buarque de. *Caminhos e fronteiras*. 3ª ed. São Paulo: Companhia das Letras, 1994.

_____. *Raízes do Brasil*. 26ª ed. São Paulo: Companhia das Letras, 1995.

_____. *Visão do Paraíso: os motivos edênicos no descobrimento e colonização do Brasil*. 6ª ed. São Paulo: Brasiliense, 1996.

HOMEM, Maria Cecília Naclério. *Higienópolis: grandeza e decadência de um bairro paulistano*. Coleção *História dos bairros de São Paulo*, vol. 17. São Paulo: Secretaria Municipal de Cultura-Departamento do Patrimônio Histórico, 1980.

_____. *O palacete paulistano e outras formas urbanas de morar da elite cafeeira: 1867-1918*. Martins Fontes, São Paulo, 1996.

HORKHEIMER, Max. *Eclipse da Razão*. São Paulo: Centauro, 2000.

IBGE. *Estatísticas Históricas do Brasil: séries econômicas, demográficas e sociais de 1550 a 1988*. Rio de Janeiro: IBGE, 1990.

JOUTARD, Philippe. "L'ouverture des connaissances et les mutations culturelles". In: DUBY, Georges (dir.). *Histoire de la France*, vol. 3. *Les temps nouveaux: de 1852 à nos jours*. Paris: Larousse, 1995.

JULIEN, Marie Pierre & ROSSELIN, Céline. *L'élite dans la société moderne: son rôle*. Paris: A. Colin, 1914.

MARX, Karl. *Grundrisse: foundations of the critique of political economy* (1857). Trans. Martins Nicolaus. Londres; Nova York: Penguin Books in association with New Left Review, 1993.

KELLNER, Douglas. *Jean Baudrillard. From marxisme to Postmodernism and Beyond*. Stanford: Stanford University Press, 1989.

KLINTOWITZ, Jacob. *A arte do comércio: São Paulo 1900-1930*. Vol. I. São Paulo: Ed. Senac, 1988.

KOSSOY, Boris. *"Álbum de photographias do estado de São Paulo, 1892"*: estudo crítico. São Paulo: Kosmos, 1984.

_____. *Origens e expansão da fotografia no Brasil: século XIX*. Rio de Janeiro: Funarte, 1980.

_____. *São Paulo, 1900. Imagens de Guilherme Gaensly*. São Paulo: Kosmos; CBPO, 1988.

KUGELMAS, Eduardo. *Difícil hegemonia: um estudo sobre São Paulo na Primeira República*. Tese (doutorado) – Universidade de São Paulo, São Paulo, 1986.

LAGO, Pedro Correia do. *Iconografia paulistana do século XIX*. São Paulo: Bolsa de Mercadorias & Futuros, 1998.

LANDES, David. *Prometeu desacorrentado: transformação tecnológica e desenvolvimento industrial na Europa Ocidental, desde 1750 até nossa época*. Trad. Vera Ribeiro. Rio de Janeiro: Nova Fronteira, 1994.

LANGLOIS, Simon. "Nouvelles orientations en sociologie de la consommation", *L'Année sociologique*, n° especial – Voies Nouvelles en Sociologie, vol. 52, n° 1, 2002, p. 83-103.

_____. "Une mutation radicale: l'avènement de la société de consommation", *Cap-aux-Diamants*, n° 59, outono 1999, p. 10-14.

LANNA, Ana Lúcia Duarte. *Uma cidade na transição. Santos: 1870-1913*. São Paulo; Santos: Hucitec; Prefeitura Municipal de Santos, 1996.

LASCH, Christopher. *The culture of narcisisism*. Londres: Abacus. 1980.

LAVER, James. *A roupa e a moda: uma história concisa*. São Paulo: Companhia das Letras, 1989.

LEME, Marisa Saenz. *Aspectos da evolução urbana de São Paulo na I República*. Tese (doutorado) – FFLCH-USP, São Paulo, 1984.

LEMOS, Carlos. *Alvenaria burguesa: breve história da arquitetura residencial de tijolos em São Paulo a partir do ciclo econômico liderado pelo café*. São Paulo: Nobel, 1985.

LEMPÉRIÈRE, Annick. "Mexico 'fin de siècle' et le modèle français". In: LEMPÉRIÈRE Annick *et al* (coord.). *L'Amérique Latine et les modèles européens*. Paris: Éditions l'Harmattan, 1998.

LEPETIT, Bernard de. *Por uma nova história urbana*. Organização Heliana Angotti Salgueiro. Trad. Cely Arena. São Paulo: Edusp, 2001.

LIMA, Heitor Ferreira. *Evolução industrial de São Paulo. Esboço Histórico*. São Paulo: Livraria Martins Editora, 1954.

LIMA, Heitor Ferreira. *História Político-Econômica e Industrial do Brasil*. São Paulo: Cia. Ed. Nacional, 1970.

LIMA, Tânia Andrade. "Pratos e mais Pratos: Louças Domésticas, Divisões Culturais e Limites Sociais no Rio de Janeiro, Século XIX". In: *Anais do Museu Paulista: História e Cultura Material*, nova série, vol. 3, jan.-dez., 1995, p. 129-191.

LIPOVETSKY, Gilles & ROUX, Eliette. *Le luxe éternel: De l'âge du sacré au temps des marques.* Paris: Gallimard, 2003.

LIPOVETSKY, Gilles. *L'empire de l'éphémère: La mode et son destin dans les sociétés modernes.* Paris: Gallimard, 1987.

LOURENÇO, Maria Cecília França (org.). *A casa de Dona Yayá.* São Paulo: Edusp, 1999.

LOVE, Joseph L. *São Paulo and the Brazilian Federation 1889-1937.* Stanford: Stanford University Press, 1980.

LURIE, Alison. *A linguagem das roupas.* Rio de Janeiro: Rocco, 1997.

LUZ, Nícia Vilella. *A luta pela industrialização do Brasil.* São Paulo: Difel, 1961.

MANDEL, Ernest. *O capitalismo tardio.* São Paulo: Abril Cultural, 1982.

MARCHAND, Roland. "Advertising and the American Dream: making way for modernity, 1920-1940". *Ethnohistory*, vol. 33, nº 4, outono 1986, p. 476-477.

MARINS, Paulo César Garcez. "Habitação e vizinhança: limites da privacidade no surgimento das metrópoles brasileiras". In: SEVCENKO, Nicolau (org.). *História da Vida Privada no Brasil,* vol. III: *República: da Belle Époque à era do Rádio.* Coord. da coleção: Fernando Novais. São Paulo: Companhia das Letras, 1998.

MARIUTTI, Eduardo Barros. *Colonialismo, imperialismo e o desenvolvimento econômico europeu.* Tese (doutorado) – Unicamp, Campinas, 2003.

MARQUES, Gabriel. *Ruas e tradições de São Paulo: uma história em cada rua.* São Paulo: Conselho Estadual de Cultura, 1966.

MARTINIERE, Guy. *Aspects de la coopération franco-brésilienne: transplantation culturelle et stratégie de la modernité.* Grenoble; Paris: Presses Universitaires de Grenoble; Éditions de la Maison des Sciences de l'Homme, 1982.

MARTINS, Ana Luiza. *Revistas em revista: imprensa e práticas culturais em tempos de República (1890-1922).* São Paulo: Fapesp/Edusp/Imprensa Oficial do Estado, 2001.

MARTINS, José de Souza. "O migrante brasileiro na São Paulo estrangeira". In: PORTA, Paula (org.). *História da cidade de São Paulo,* vol. 3: *A cidade na primeira metade do século XX.* São Paulo: Paz e Terra, 2004.

_____. *Conde Matarazzo: o empresário e a empresa – estudo de sociologia do desenvolvimento.* São Paulo: Hucitec, 1973.

MARTUCCELI, Danilo. *Sociologies de la modernité: l'itinéraire du XXe siècle.* Paris: Gallimard, 1999.

MARX, Karl. *Formações econômicas pré-capitalistas.* 2ª ed. Trad. João Maia revista por Alexandre Ardor a partir da edição inglesa de 1964. Rio de Janeiro: Paz e Terra, 1977.

_____. *O capital: crítica da economia política.* 3ª ed. Vol I, tomo II. Trad. Regis Barbosa e Flávio R. Kothe. São Paulo: Nova Cultural, 1988.

MAYER, Arno. *A força da tradição: a persistência do Antigo Regime. (1848-1914).* Trad. Denise Bottmann. São Paulo: Companhia das Letras, 1987.

McCRACKEN, Grant. *Culture and consumption: new approaches to the symbolic character of consumer goods and activities.* Bloomington: Indiana University Press, 1988.

McKENDRICK, Neil. "The Consumer Revolution". In: McKENDRICK, Neil *et al. The birth of a consumer society.* Londres: Publications Limited, 1982.

MELO, João Manoel Cardoso de & NOVAIS, Fernando Antônio. "Capitalismo tardio e sociabilidade moderna". In: SCHWARCZ, Lilia Moritz (org.). *História da Vida Privada no Brasil,* vol. 4: *Contrastes da intimidade contemporânea.* Coord. da coleção Fernando Antonio Novais. São Paulo: Companhia das Letras, 1998.

MELO, João Manoel Cardoso de. *O capitalismo tardio: contribuição à revisão crítica da formação e desenvolvimento da economia brasileira.* 10ª ed. Campinas: Editora da Unicamp, 1998.

MELO, Zélia Cardoso de Melo. *Metamorfoses da riqueza: São Paulo 1845-1895.* São Paulo: Hucitec; SMC, 1985.

MICELI, Sérgio. *Nacional estrangeiro: história social e cultural do modernismo artístico em São Paulo.* São Paulo: Companhia das Letras, 2003.

MILLER, Daniel (ed.). *Acknowledging consumption: a review of New Studies.* Nova York/Londres: Routledge, 1995.

MILLER, Michael B. *The Bon Marché: bourgeois culture and the department store 1869-1920.* Londres: Allen & Unwin, 1981.

MONBEIG, Pierre. *Croissance de la ville de Sâo Paulo.* Grenoble: Institut et Revue de Géographie Alpine, 1953.

_____. *Pionniers et planteurs de Sâo Paulo.* Paris: Armand Colin, 1952.

MONTEIRO, John M. "Dos campos de Piratininga ao morro da saudade". In: PORTA, Paula (org.). *História da cidade de São Paulo,* vol. I: *A cidade colonial.* São Paulo: Paz e Terra, 2004.

MORSE, Richard M. *Formação histórica de São Paulo: de comunidade à metrópole.* São Paulo: Difel, 1970. Edição revista e ampliada da obra *De comunidade à metrópole: biografia de São Paulo.* Trad. Maria Aparecida Madeira Kerberg. São Paulo: Comissão do IV Centenário da Cidade de São Paulo, 1954.

NEEDELL, Jeffrey D. *Belle Époque Tropical: sociedade e cultura de elite no Rio de Janeiro na virada do século.* Trad. Celso Nogueira. São Paulo: Companhia das Letras, 1993.

NICOLINI, Henrique. *Tietê: o rio do esporte.* São Paulo: Phorte, 2001.

O'DOUGHERTY, Maureen. "Auto-retratos da classe média: hierarquias de 'cultura' e consumo em São Paulo". *Dados,* Rio de Janeiro, vol. 41, n° 2, 1998.

OLIVEIRA, Lucia Lippi, *A questão nacional na primeira República,* São Paulo: Brasiliense, 1990.

PADILHA, Márcia. *A cidade como espetáculo: publicidade e vida urbana na São Paulo dos anos 20.* São Paulo: Annablume, 2001

PATERSON, Mark. *Consumption and everyday life.* Nova York/Londres: Routledge, s/d. Col. *New Sociology.*

PAULA, Eurípedes Simões de. "Contribuição Monográfica para o Estudo da Segunda Fundação de São Paulo". *Revista de História*, São Paulo, n° 17, 1958.

PENTEADO, Jacob. *Belenzinho, 1910: retrato de uma época.* 2ª ed. São Paulo: Carrenho Editorial, 2003.

PERROT, Philippe. *Le luxe: une richesse entre faste et confort XVIII-XIX siècle.* Paris: Seuil, 1995.

PETRONE, Maria Thereza Schorer. *O Barão de Iguape: um empresário da época da independência.* São Paulo: Cia. Ed. Nacional, 1976.

PETRONE, Pasquale. *São Paulo no século XX,* vol. II: *A cidade de São Paulo: estudos de geografia urbana.* Org. Aroldo Azevedo. São Paulo: Cia. Ed. Nacional, 1958.

PINÇON, Michel & PINÇON-CHARLOT, Monique. *Sociologie de la bourgeoisie.* Paris: La Découverte, 2000.

PINHEIRO, Joely Ungaretti. *Conflitos entre jesuítas e colonos na América Portuguesa: 1640-1700.* Tese (doutorado) – Unicamp, Campinas, 2007.

PONTES, José Alfredo Otero Vidigal & TOLEDO, Benedito de Lima de (orgs.). *São Paulo: Registros (1899-1940).* São Paulo: Eletropaulo, 1982.

PORTELA, Fernando. *Bonde: saudoso paulistano.* São Paulo: Terceiro Nome, 2006.

PRADO JR., Caio. *História econômica do Brasil.* São Paulo: Brasiliense, 1970.

_____. "Contribuição para a geografia urbana da cidade de São Paulo". In: *Evolução política do Brasil e outros estudos.* 2ª ed. São Paulo: Brasiliense, 1957.

_____. "O fator geográfico na formação e no desenvolvimento da cidade de São Paulo". In: *Evolução política do Brasil e outros estudos.* 2ª ed. São Paulo: Brasiliense, 1957.

_____. *Formação do Brasil contemporâneo.* 23ª ed. São Paulo: Brasiliense, 1996.

RAGO, Margareth. "A invenção do cotidiano na metrópole: sociabilidade e lazer em São Paulo, 1900-1950". In: PORTA, Paula (org.). *História da Cidade de São Paulo,* vol. 3: *A cidade na primeira metade do século XX.* São Paulo: Paz e Terra, 2004.

RANGEL, Renato Nunes. *A Pauliceia iluminada: o gás canalizado na cidade de São Paulo, 1870-1911*. Dissertação (mestrado em História da Ciência) – PUC-SP, São Paulo, 2002.

Reconstituição da Memória Estatística da Grande São Paulo. São Paulo: Secretaria dos Negócios Metropolitanos-Empresa Metropolitana de Planejamento da Grande São Paulo S/A, 1983.

RIOS, Marcos Calixto. "Breve Histórico da Rua XV de Novembro". Parte de pesquisa de Iniciação Científica intitulada *Uma rua em três tempos: o caso da XV de Novembro em São Paulo*. FAU-USP, São Paulo, 2005.

RIVIÈRE, Jean. *Oriente e Ocidente*. Trad. Margarida Jacquet e Irineu Garcia. Rio de Janeiro: Salvat, 1979.

ROCHE, Daniel. "Consommations et catégories sociales à l'époque moderne". In: CROIX, A. *et al. Eglise, education, lumières: histoire culturelle de la France (1500-1830)*. En l'honneur de Jean Quéniart. Rennes: Presses Universitaires, 1999, p. 329-337.

_____. *Histoire des choses banales: naissance de la consommation au XVIIe-XIXe siècle*. Paris: Fayard, 1997.

ROLNIK, Raquel. *São Paulo*. São Paulo: Publifolha, 2001.

ROSA, Marcelo. "Indivíduo e Sociedade na Transição para o capitalismo. O possível diálogo entre Norbert Elias e Florestan Fernandes". *Novos Estudos Cebrap*, nº 69, jul. 2004.

RUIZ, Rafael & TEODORO, Janice. "São Paulo, de Vila a Cidade: a fundação, o poder público e a vida política". In: PORTA, Paula (org.). *História da cidade de São Paulo, vol. I: A cidade colonial*. São Paulo: Paz e Terra, 2004, p. 72.

SAID, Edward. *Orientalism*. Nova York: Pantheon Books, 1978.

Sala São Paulo: café, ferrovia e metrópole. Coordenação editorial José Roberto Walker, pesquisa e texto Pedro José Braz, José Roberto Walker. São Paulo: Retrato Imaginário; Instituto Brasileiro pela Restauração e Preservação do Patrimônio Histórico, 2001.

SALGUEIRO, Heliana Angotti. *Cidades capitais do século XIX: racionalidade, cosmopolitismo e transferência de modelos.* São Paulo: Edusp, 2001.

_____. *La casaque d'Arlequin: Belo Horizonte, une capitale éclectique au 19e siècle.* Paris: Éd. de l'École des Hautes Études en Sciences Sociales, 1997.

SALIBA, Elias Thomé. "Histórias, memórias, tramas e dramas da identidade paulistana". In: PORTA, Paula (org). *História da cidade de São Paulo*, vol. 3: *A cidade na primeira metade do século XX.* São Paulo: Paz e Terra, 2004.

SANT'ANNA, Nuto. *São Paulo histórico: aspectos, lendas e costumes.* Vol. V. São Paulo: Departamento de Cultura, 1944.

SANTOS, Carlos José Ferreira. *Nem tudo era italiano: São Paulo e a pobreza (1890-1915).* São Paulo: Annablume, 1998.

SANTOS, Fábio Alexandre dos. *Domando as águas: salubridade e ocupação do espaço na cidade de São Paulo, 1875-1930.* Tese (doutorado em História Econômica) – Unicamp, Campinas, 2006.

São Paulo antigo, São Paulo moderno: álbum comparativo. Fotografias representativas de várias épocas da cidade de São Paulo. Álbum de 1905. São Paulo: Melhoramentos.

SCARDIGLI, Victor. *La consommation, culture du quotidien.* Paris: Presses Universitaires de France, 1983.

SCHMIDT, Afonso. *São Paulo de meus amores.* São Paulo: Brasiliense, s/d. Rio de Janeiro: Paz e Terra, 2003.

SCHORSKE, Carl E. *Vienne, fin de siècle: politique et culture.* Paris: Seuil, 1983.

SCHUDSON, Michael. "Delectable materialism: second thoughts on consumer culture". In: CROCKER, David A. & LINDEN, Toby (eds.). *Ethics of consumption: the good life, justice, and global stewardship.* Lanham: Rowman and Littlefield, 1997, p. 249-268.

SCHWARCZ, Lilia K. Moritz. *O espetáculo das raças: cientistas, instituições e questão racial no Brasil.* São Paulo: Companhia das Letras, 1993.

_____. *Retrato em branco e negro*. São Paulo: Companhia das Letras, 1987.

SCHWARZ, Roberto. *Ao vencedor as batatas: forma literária e processo social nos inícios do romance brasileiro*. São Paulo: Livraria Duas Cidades, 1981.

SEGAWA, Hugo. *Prelúdio da metrópole: arquitetura e urbanismo em São Paulo na passagem do séc. XIX ao XX*. São Paulo: Ateliê Editorial, 2000.

SEIGEL, Jerrold. *Paris Boemia: cultura, política e os limites da vida burguesa. 1830-1903*. Trad. Magda Lopes. Porto Alegre: L & P, 1992.

SEVCENKO, Nicolau. *Literatura como missão: tensões sociais e criação cultural na Primeira República*. São Paulo: Brasiliense, 1983.

_____. "A capital irradiante: técnica, ritmos e ritos do Rio". In: SEVCENKO, Nicolau (org.). *História da Vida privada no Brasil*, vol. 3: *República: da Belle Époque à era do rádio*. Coord. da coleção Fernando Antonio Novais. São Paulo: Companhia das Letras, 2001.

_____. *Orfeu extático na metrópole: São Paulo, sociedade e cultura nos frementes anos 20*. São Paulo: Companhia das Letras, 1992.

SILVA, Geraldo Gomes da. *Arquitetura do ferro no Brasil*. São Paulo: Nobel, 1986.

SILVA, Lígia Osório. *Terras devolutas e latifúndio: efeitos da lei de 1850*. Campinas: Editora da Unicamp, 1996.

SILVEIRA, Joel. *Grã-finos em São Paulo e outras notícias do Brasil*. São Paulo: Cruzeiro do Sul, 1945.

SIMMEL, Georg. "A metrópole e a vida mental". In: *O fenômeno urbano. Textos Básicos de Ciências Sociais*. Rio de Janeiro: Zahar, 1973.

_____. *A Filosofia da Moda e outros escritos*. Coleção *Biblioteca Universal*. Trad. Artur Morão. Lisboa: Edições Texto e Grafia, 2008.

SLATER, Don. *Consumer culture & modernity*. Cambridge: Polity Press, 1997.

SODRÉ, Nelson Werneck. *História da Imprensa no Brasil*. Rio de Janeiro: Graal, 1977

SOLÉ, Carlota & SMITH, A. D. *Modernidad y Modernización*. Col. Barcelona, Anthropos, 1998.

SOMBART, Werner. *Lujo y capitalismo*. 2ª ed. Trad. Luis Isábal. Madri: Alianza, 1979.

SORÁ, Gustavo. *Brasilianas: A Casa José Olympio e a instituição do livro nacional*. Rio de Janeiro: PPGAS do Museu Nacional/UFRJ, s.d.

SOUZA, Everardo Valim Pereira de. "A Pauliceia há 60 anos". *Revista do Arquivo Municipal*, São Paulo, vol. 202, 2004, p. 117-126.

SOUZA, Gilda de Melo e. *O espírito das roupas: a moda no século XIX*. São Paulo: Companhia das Letras, 1987.

SOUZA, Maria Adélia Aparecida de. *São Paulo: ville mondiale et urbanisme français sous les tropiques*. Paris: L'Harmattan, 1998.

SUSSEKIND, Flora. *Cinematógrafo das letras*. São Paulo: Companhia das Letras, 1987.

TAKEYA, Denise Monteiro. *Europa, França e Ceará*. São Paulo; Natal: Hucitec; Editora UFRN, 1995.

TARDE, Gabriel de. *Les lois de l'immitation*. (1890). Paris: Seuil, 2001.

TASCHNER, Gisela. "A Revolução do Consumidor". Relatório de Pesquisa nº 34. EAESP/FGV/Núcleo de Pesquisas e Publicações, 1997.

_____. "Raízes da cultura do consumo". *Revista USP*, nº 32, *Dossiê Sociedade de Massa e Identidade*, p. 26-43.

TAVARES, Maria da Conceição. *Da substituição de importações ao capitalismo financeiro*. Rio de Janeiro: Zahar, 1972.

THOMPSON, Edward Palmer. *A formação da classe operária inglesa*. Vol. II. Rio de Janeiro, Paz e Terra, 1987.

TOLEDO, Benedito Lima de. *Álbum Iconográfico da Avenida Paulista*. São Paulo: Ex Libris, 1987.

_____. *São Paulo: três cidades em um século*. São Paulo: Duas Cidades, 1983.

TRIGO, Maria Helena. *Os paulistas de quatrocentos anos: ser e parecer*. São Paulo: Annablume, 2001.

TURNER, Frederick Jackson. *The Frontier in American History*. 3ª ed. Nova York: Dover Publications, 1996.

VEBLEN, Thorstein. *A teoria da classe ociosa: um estudo econômico das instituições*. Trad. Olívia Krahenbuhl. São Paulo: Abril Cultural, 1983.

VELLOSO, Mônica Pimenta, "A cidade-voyeur: o Rio de Janeiro visto pelos paulistas". *Revista do Rio de Janeiro*, Niterói, vol. 1, nº 4, 1986.

VIOTTI DA COSTA, Emília. *Da monarquia à República: momentos decisivos*. São Paulo: Grijalbo, 1977.

WEBER, Max. "Classe, estamento e partido". *Ensaios de Sociologia*. 5ª ed. Rio de Janeiro: Zahar, 1982.

_____. *A ética protestante e o espírito do capitalismo*. Trad. José Marcos Mariani de Macedo. São Paulo: Companhia das Letras, 2005.

_____. *Economia e Sociedade: fundamentos da sociologia compreensiva*. 3a edição. Trad. Regis Barbosa e Karen Elsabe Barbosa. Brasília: Editora UnB, 1994.

WEGNER, Robert. "Sérgio Buarque de Holanda e a tese da fronteira". *Anais do XXII Encontro Anual da Anpocs*, Caxambu, MG, 1998.

WILLIAMS, Rosalind. *Dream worlds: mass consumption in late nineteenth century France*. Berkeley: University of California Press, 1982.

WINOCK, Michel. *La Belle Époque: La France de 1900 à 1914*. Collection Tempus. Paris: Perrin, 2002.

Agradecimentos

Escolher quem agradecer ao final de um trabalho é um processo sempre injusto. Sempre se lembra daqueles que estiveram mais presentes, professores, colegas e amigos. Pouco se lembra daqueles que, não sendo tão próximos, contribuíram com uma sugestão, um *insight* ou uma palavra amiga. Quase nunca se lembra daqueles que estiveram nos bastidores, auxiliando no processo de logística ou infraestrutura do trabalho.

Para evitar injustiças, não citarei muitos nomes. Aqueles que, porventura, venham a ler ou folhear este trabalho e que, algum dia, tenham cruzado o caminho de suas vidas com o da minha, sintam-se incluídos neste agradecimento. Este livro é, em primeiro lugar, um ato de gratidão a todos e a tudo.

Agradeço, primeiramente, às instituições que financiaram meu trabalho. À FAPESP, sem cujo apoio financeiro, esta publicação não teria sido possível. À CAPES e ao CNPQ, agradeço o período como bolsista, que me permitiu, durante três longos anos me dedicar ao exclusivamente à tarefa dos estudos.

Como não poderia deixar de ser, um dos nomes que, decididamente, tenho de citar, é o de meu orientador, Fernando Antonio Novais. Creio não conseguir, no entanto, traduzir em palavras a importância deste nome em minha vida. A precisão de pensamento, a correção de caráter e a sensibilidade de espírito foram para além do trabalho, influenciando minha forma de ser e de agir. Conduzir a vida com leveza e bom humor, a despeito dos momentos difíceis, é a maior lição que tiro de um trabalho conjunto de mais de dez anos.

Considero a presença de outros professores, agora colegas e amigos, fundamental no meu processo de formação como pessoa, como pesquisadora e professora. Agradeço a Ligia Osório, José Ricardo Barbosa Gonçalves, João Manoel Cardoso de Mello, José Jobson de Andrade Arruda e Geraldo Di Giovanni pelas muitas lições em muitas das "esferas de existência".

Amigos são inúmeros, nem sem ao certo quem poderia mencionar. Fernando Novais sempre diz que não podemos dizer inúmeros, a não ser que tratemos das estrelas do céu ou das gotas do mar, que não podem ser contadas. O mais correto – e ele me fez mudar isso em todos os pontos do texto em que eu dizia inúmeros, lembrem-se disso ao lerem – seria dizer numerosos. No entanto, posso considerar inúmeros os meus amigos, porque, dentro deste grupo, há os que foram meus colegas de graduação, mestrado e doutorado; os funcionários, alguns já aposentados, com quem pude contar em alguns dos momentos mais difíceis; alguns professores; colegas de trabalho. Amigos foram também aqueles que conheci na França, durante o período de estudos de doutorado, por quem, ainda hoje, nutro um respeito e um carinho incomensuráveis. Considero amigos alguns que aqui passaram, mas tiveram de continuar continuaram explorando outras sendas em outros lugares, deixando no entanto, uma palavra, um olhar, uma lição de vida. Os amigos podem até ser numerosos, não inúmeros; no entanto, inúmeras são as contribuições que me deram força no processo de concretização desse trabalho.

Agradeço à minha família: a meus pais, Lotilde e Odemir, e ao meu irmão Samuel. Um obrigado especial ao meu primo, Marcelo José Surpili, que tenho como a um irmão mais velho. Pelos momentos fáceis, que nos impulsionam docemente para a linha de frente do combate; pelos momentos difíceis que nos amadurece o espírito e faz caducar tolos rancores.

Esta obra foi impressa pela Graphium
em São Paulo no inverno de 2016. No
texto foi utilizada a fonte Minion Pro
em corpo 10,5 e entrelinha de 16 pontos.